Dictionnaire de
l'immigration
en France

Dans la même collection

Dictionnaire de la gauche
sous la direction d'Hélène Hatzfeld, Julian Mischi et Henri Rey

Dictionnaire de l'extrême gauche
Serge Cosseron

Dictionnaire de la droite
sous la direction de Xavier Jardin

Dictionnaire de l'extrême droite
sous la direction d'Erwan Lecœur

Dictionnaire de la colonisation française
sous la direction de Claude Liauzu

Dictionnaire de l'économie
sous la direction de Pierre Bezbakh et Sophie Gherardi

Dictionnaire du communisme
sous la direction de Stéphane Courtois

Dictionnaire de mai 68
sous la direction de Jacques Capdevielle et Henry Rey

Dictionnaire de la Russie
sous la direction de Pascal Cauchy

Dictionnaire de la Guerre Froide
sous la direction de Claude Quétel

Dictionnaire de la Grande Guerre
sous la direction de Jean-Yves Le Naour

Dictionnaire des mondes juifs
Jean-Christophe Attias et Esther Benbassa

Dictionnaire de l'Inde
Sous la direction de Catherine Clémentin-Ojha, Christophe Jaffrelot, Denis Matringe et Jacques Pouchepadass

Dictionnaire des banlieues
Béatrice Giblin

Dictionnaire de la Shoah
sous la direction de Georges Bensoussan, Jean-Marc Dreyfus, Édouard Husson et Joël Kotek

Dictionnaire des racismes, de l'exclusion et des discriminations
Sous la direction d'Esther Benbassa

Dictionnaire des esclavages
Sous la direction d'Olivier Pétré-Grenouilleau

Dictionnaire des États-Unis
Sous la direction de Daniel Royot

Dictionnaire de la France sous l'Occupation:
Éric Alary et Bénédicte Vergez-Chaignon

Dictionnaire universel de la Franc-Maçonnerie
Marc de Jode et Monique et Jean-Marc Carat

Dictionnaire du libéralisme
sous la direction de Mathieu Laine

Couverture : Visage de femme : Ph. © Masterfile et montage Ph. © Ikon Images/ Masterfile

© Larousse 2012
ISBN : 978-2-03-584839-0

Toute reproduction ou représentation intégrale ou partielle, par quelque procédé que ce soit, de la nomenclature et/ou du texte contenus dans le présent ouvrage, et qui sont la propriété de l'Éditeur, est strictement interdite.

Les Éditions Larousse utilisent des papiers composés de fibres naturelles, renouvelables, recyclables et fabriquées à partir de bois issus de forêts qui adoptent un système d'aménagement durable. En outre, les Éditions Larousse attendent de leurs fournisseurs de papier qu'ils s'inscrivent dans une démarche de certification environnementale reconnue.

Sous la direction de **Smaïn Laacher**

Dictionnaire de l'immigration
en France

LAROUSSE à présent

Avant-propos

Ce *Dictionnaire de l'immigration*, qui est le premier en France, s'impose aujourd'hui. Il rassemble en effet des connaissances qui rendent compte des transformations, d'une part, du fait migratoire au cours des XIXe et XXe siècle en Europe et plus particulièrement en France et, d'autre part, des transformations des institutions qui ont eu à connaître, en droit et en pratique, les différentes formes qu'ont pris successivement les mouvements migratoires à travers le temps et l'espace.

Ce dictionnaire permettra ainsi de mesurer à quel point les questions de migrations sont d'une grande importance politique et scientifique. Sur le plan politique, parce que les États, les institutions régionales et internationales prennent quotidiennement des décisions engageant la vie immédiate et future de millions de non-nationaux (hommes seuls et familles). Sur le plan scientifique, parce que l'accumulation de données empiriques et les recherches innovantes conduisent plus ou moins significativement à un renouvellement des paradigmes et donc à des manières différentes de poser la question du traitement des étrangers.

Au-delà de l'intérêt que chaque lecteur peut trouver dans l'entrée de son choix, cet ouvrage permettra, par ailleurs, de comparer sur une longue période l'évolution des faits et des théories sur les migrations.

Ce sont là quelques raisons qui feront de ce dictionnaire un outil qui proposera à ses utilisateurs des connaissances reconnues et susceptibles de généralisation. Parce que le thème de la migration et des mouvements migratoires est au croisement et au cœur des sciences sociales, ce dictionnaire a combiné, autant que faire se peut, une pluralité de perspectives scientifiques : historique, juridique, économique, démographique, sociologique et anthropologique. Cela signifie que nous n'avons pas privilégié de regards par discipline sur un même thème, mais que, pour chaque entrée, nous avons fait appel à des spécialistes en mesure de situer les apports de leur recherche par rapport à d'autres recherches d'autres disciplines.

Smaïn Laacher

Les auteurs et leurs contributions

Cet ouvrage a été réalisé sous la direction de :

Smaïn **Laacher**, est sociologue, membre du Centre d'étude des mouvements sociaux (CNRS-EHESS) . • Questions : Existe-t-il une spécificité française en matière d'immigration ? ; Une citoyenneté sans appartenance nationale est-elle possible en France ? ; La fin du « modèle français d'intégration » ? ; Pourquoi une science de l'immigration est-elle si difficile ? • Temps forts : Le peuplement européen vers le Nouveau Monde ; Le tournant des années 1970 en Europe et en France (arrêt de l'immigration, etc.) • droit de vote des étrangers ; échec scolaire et éducation ; exil et paria ; familles immigrées ; **flux migratoires** ; hospitalité ; **identité nationale** ; mariage forcé ; passeurs ; régularisation ; Sangatte ; sans-papiers ; travail « clandestin ».

Les auteurs

Marianne **Amar**, est directrice du Groupement d'intérêt scientifique Histoire des migrations. • CNHI (cité nationale de l'histoire de l'immigration).

Armelle **Andro**, enseigne à l'Université Paris I-Panthéon Sorbonne, INED. • excision.

Cédric **Audebert**, est géographe, chargé de recherche CNRS à Migrinter (Poitiers). • **peuplement noir des Amériques.**

Jacques **Barou**, est directeur de recherches CNRS, membre de l'Unité mixte de recherche PACTE (Politiques publiques ACtion politique TErritoire), à Grenoble. • cités de transit ; logement.

Jacques **Barrot**, est vice-président de la Commission européenne chargé du dossier « Liberté, sécurité et justice ». • Commission européenne.

Nabil **Benbekhti**, est Officier de protection, UNHCR Paris. • apatridie ; Haut Commissariat des Nations unies pour les réfugiés.

Sophie **Body-Gendrot**, est professeure émérite de l'Université Paris-Sorbonne, chercheuse au CNRS (CESDIP/ministère de la Justice) et consultante sur les questions urbaines. • États-Unis.

Luc **Cambrézy**, est géographe, directeur de recherche à l'IRD (Institut de recherche pour le développement) et professeur à l'Institut français de géopolitique (IFG) à l'université de Paris-VIII. • Temps forts : Les nouvelles configurations mondiales après la Seconde Guerre mondiale et la figure du réfugié.

Sabah **Chaïb**, est sociologue et politologue associée au Centre ÉRASME, Paris-VIII. • affirmative action ; carte de séjour ; grands frères.

Catherine-Amélie **Chassin**, est maître de conférences HDR en droit public à la faculté de droit de l'Université de Caen Basse-Normandie, centre de recherche sur les droits fondamentaux et les évolutions du droit, EA 2132. • **droit communautaire des étrangers** ; réfugiés.

Véronique **De Rudder**, est sociologue, chercheuse au CNRS et membre de l'Unité de recherche migrations et société (URMIS), elle dirige la base de données bibliographiques RÉMISIS (Réseau d'information sur les migrations internationales, CNRS). • **banlieues** ; **ethnie** ; racisme.

Fabrice **Dhume**, est sociologue, chercheur à l'IS-CRA (Institut social et coopératif de recherche appliquée), et chargé de cours à l'université Paris VII-Denis Diderot. • communautarisme ; communauté(s) ; **multiculturalisme, multiculturel.**

Stéphane **Dufoix**, est maître de conférences HDR en sociologie (Université de Paris Ouest Nanterre, laboratoire Sophiapol) et membre de l'Institut universitaire de France. • diaspora.

Mireille **Eberhard**, est sociologue, et membre de l'Unité de recherche migrations et société (URMIS). • discriminations.

Estelle **Emsellen**, est chargée de missions à l'Unafo (Union nationale des associations gestionnaires de foyers de travailleurs migrants, de résidences sociales). • migrants âgés.

Amina **Ennceiri**, est secrétaire générale adjointe au HCI (Haut Conseil à l'intégration) de 2004 à 2009. • Haut Conseil à l'intégration (HCI).

Claire **de Galembert**, est chargée de recherche CNRS à l'Institut des Sciences sociales du politique, ENS de Cachan. • Église et immigration ; islam ; voile.

Jean-Pierre **Garson**, est expert indépendant, anciennement chef de la Division des Migrations internationales à l'OCDE. • OCDE.

Yvan **Gastaut**, est historien, maître de conférences à l'Université de Nice Sophia-Antipolis, membre du laboratoire URMIS (Unité de recherches Migrations Société UMR 205) à Nice et à Paris-VII. • Temps forts : Colonisation et immigration • antisémitisme ; Front national ; invasion ; seuil de tolérance.

Arlette **Gautier**, est professeure de sociologie à l'université de Brest ; co-directrice de l'école doctorale SHS de l'Université européenne de Bretagne et membre du comité de rédaction d'*Autrepart*, revue éditée par la Fondation nationale des Sciences politiques. • femmes dans les migrations.

Jean-Pierre **Goudailley**, est professeur de linguistique, faculté des Sciences humaines et sociales, Sorbonne Université Paris Descartes-Paris-V. • mots de l'immigration.

Catherine **Humblot**, journaliste, critique (*le Monde*), a collaboré à diverses revues dont *Migrations Société*. presse de l'immigration.

Fabien **Jobard**, est chercheur au CNRS, Centre de recherches sociologiques sur le droit et les institutions pénales. • police.

Riva **Kastoryano**, est directrice de Recherche au CNRS rattachée au CERI (Centre d'études et de recherches internationales) de Sciences-Po ; elle enseigne à l'Institut d'Études politiques de Paris. • Turquie.

Sylvain **Laurens**, est maître de conférences en sociologie, à l'université de Limoges. • aide au retour ; état-nation ; regroupement familial.

Christophe **Le Berre**, est maître de conférences à l'université Paris-Ouest Nanterre-La Défense, centre de recherches sur le Droit public. • droits des étrangers en France.

Luc **Legoux**, est maitre de conférences à l'Institut de démographie de l'Université Paris-I. • asile.

Marie **Lesclingand**, enseigne à l'Université Nice Sophia Antipolis, INED. • excision.

Romain **Liagre**, est docteur en géographie de l'Université de Lille ; actuellement chargé de mission au Centre d'appui au secteur bruxellois d'aide aux sans-abri. • cartographie des itinéraires migratoires.

Emmanuel **Ma Mung**, est directeur de Recherche au laboratoire Migrinter du CNRS, MSHS. • Chine et sa diaspora à travers le monde.

Éric **Marlière**, est maître de conférences à l'université de Lille-III, chercheur au CERIES EA 3589. • Marche pour l'égalité et contre le racisme.

Francesco **Martucci**, est professeur de droit public à l'Université de Strasbourg. • centres de rétention ; visa.

Laure **Michon**, es chercheur au sein du département « Recherche et Statistiques » de la mairie d'Amsterdam. • citoyenneté et participation politique.

Salima **Mokrani**, est responsable de la Coordination des affaires humanitaires (OCHA) à Man en Côte d'Ivoire. • hospitalité.

Anne **Morillon**, est sociologue, docteure en sociologie et membre de Topik - Collectif rennais de recherche et d'intervention en sciences humaines et sociales. Elle est aussi Juge assesseur à la Cour nationale du Droit d'asile nommée par le HCR. • mémoire.

Laurent **Mucchielli**, est directeur de recherches au CNRS (Laboratoire méditerranéen de sociologie, UMR 6127). Il a fondé et dirige l'Observatoire régional de la délinquance et des contextes sociaux en région PACA. • **délinquance.**

Michel **Peraldi**, est directeur de recherche au CNRS, membre du CADIS/EHESS, Paris. • **commerce à la valise ; routes et filières ; transnationalisme.**

Jacqueline **Perrin-Haynes**, est attachée statisticienne de l'INSEE ; actuellement en poste au ministère de la Solidarité et de la Cohésion sociale. • **activité des immigrés.**

Catherine **Quiminal**, est professeure émérite de l'université Paris-Diderot. • **polygamie.**

Aude **Rabaud**, est enseignante chercheure au laboratoire URMIS (UMR 205), maître de conférences en sociologie à l'université Paris-Diderot Paris-VII. • **minorités.**

Alain **Reyniers**, est anthropologue, professeur à l'Université catholique de Louvain (Louvain-la-Neuve, Belgique), et directeur scientifique de la revue Études tsiganes (Paris, France). • **Roms en Europe.**

Isabelle **Rigoni**, est chercheure, au laboratoire Migrinter du CNRS, Université de Poitiers. • **médias et immigration.**

Gildas **Simon**, est géographe, ancien professeur à l'Université de Poitiers où il a fondé le laboratoire Migrinter du CNRS et la *Revue européenne des Migrations internationales* ; médaille d'Argent du CNRS 1996. Il est l'auteur de *La planète migratoire dans la mondialisation* (A. Colin 2008). • **Temps forts : le peuplement européen vers le Nouveau Monde** • **émigration française ; Français à l'étranger ; transferts financiers.**

Serge **Slama**, est maître de conférences en droit public à l'université Évry-Val-d'Essonne, et au CREDOF, Paris Ouest-Nanterre. • **nationalité.**

Maryse **Tripier**, est professeur émérite de sociologie, université Paris-Diderot, Paris-VII. • **statistiques ethniques.**

Arnaud **Veisse**, est directeur du Comede (Comité médical pour les exilés). • **santé et immigration.**

Catherine **Wihtol de Wenden,** est directrice de recherche au CNRS (CERI Sciences-Po). Politologue et juriste, elle est l'auteur d'une vingtaine d'ouvrages sur les questions migratoires, et elle enseigne à l'Institut d'Études politiques de Paris et à l'Université La Sapienza (Rome). • **espace Schengen ; Union Européenne (les immigrés dans).**

L'article **OIM** (Organisation internationale pour les migrations) a été rédigé par des membres de cette organisation.

Sommaire

Questions sur l'immigration

Existe-t-il une spécificité française en matière d'immigration ? 15
    La terre et ses habitants
    Les déplacements de la population au xxe siècle
    La construction de la nation américaine
    Mouvements migratoires et nationalité

Une citoyenneté sans appartenance nationale
est-elle possible en France ? 22
    Le droit d'être citoyen dans une autre nation que la sienne
    Politiques européennes en matière de citoyenneté

La fin du « modèle français d'intégration » ?................................... 28
    Le mot « intégration »
    Peut-on parler d'un « modèle d'intégration »
    L'intégration une obligation personnelle
    Croire ou ne pas croire à l'intégration
    La « culture » comme enjeu culturel

Pourquoi une science de l'immigration est-elle si difficile ?................. 36
    Le fait migratoire : un enjeu de définition
    Penser les phénomènes migratoires, un effort récent
    Tout déplacement de populations est un phénomène complexe
    De quelques enjeux méthodologiques

Temps forts

Le peuplement européen vers le Nouveau Monde 45

    La révolution industrielle en Europe et l'ouverture aux migrations de masse

    Colonisation du Nouveau Monde et appel de l'espace

    Les héritages

Colonisation et immigration 56

    De l'assimilation à l'intégration

Les nouvelles configurations mondiales après la Seconde Guerre mondiale et la figure du réfugié 62

    Les trois principales lignes de fracture

    Les réfugiés dans le monde et en Europe

    De la chute du Mur aux attentats du 11 Septembre : dislocation, mondialisation et recomposition

Le tournant des années 1970 en Europe et en France 71

    Immigration ordinaire, immigration clandestine, asile et terrorisme depuis 2001

Dictionnaire 89

Annexes

    Liste des entrées du dictionnaire 432

    Liste des abréviations 433

    Bibliographie 436

Questions sur l'immigration

Existe-t-il une spécificité française en matière d'immigration ?

L'émigration, l'immigration et les mouvements de populations, quels que soient les espaces où ils se déploient, sont en réalité des processus d'une grande banalité. Ils sont inhérents à l'existence et à la construction des sociétés. Aucune société n'a échappé à ces grands facteurs de régulations démographiques. Mais il est vrai que tous les mouvements migratoires ne sont pas d'égale intensité selon les périodes historiques, ni ne prennent les mêmes formes, ni ne recouvrent les mêmes enjeux. Le présent d'une société ne s'éclaire qu'à la lumière de son passé historique. Ce n'est pas seulement vrai pour la France. Cette remarque élémentaire vaut pour tous les États-nations reconnus et se reconnaissant comme tels. Le caractère historiquement exceptionnel de la France en matière d'émigration et d'immigration n'a de sens que comparativement à d'autres pays voisins, que lorsque cette spécificité nationale est recontextualisée dans l'espace européen entre les XVIIIe et XXe siècles.

La terre et ses habitants

La surface de la terre n'a pas toujours été également habitée par les hommes. Certaines contrées étaient peuplées, d'autres très peu. Ainsi, au XVIIIe siècle, les Amériques, l'Australie et la Sibérie, d'une étendue de 70 millions de km^2, n'étaient peuplées que d'environ 20 millions de personnes. Aujourd'hui plus de 900 millions d'âmes y vivent. Au principe de cette nouvelle configuration populationnelle : des déplacements de populations et des mouvements migratoires d'une grande ampleur. Les migrations à petite ou grande échelle peuvent certes causer des déséquilibres ou des problèmes économiques, politiques et culturels aux sociétés d'origine comme aux sociétés d'accueil, mais elles sont aussi, en dernier lieu, un « mécanisme de respiration démographique de la planète », pour employer l'heureuse expression de Jean-Claude Chesnais. Lorsque les populations sont dans une période d'accroissement naturel important (chute de la mortalité avant la baisse de la fécondité, ce que les démographes appellent la première phase de la « transition démographique »), une des solutions possibles à la « pression démographique » réside dans l'émigration. Ce fut le cas de l'Europe au XIXe siècle. L'Angleterre est de ce point de vue exemplaire. Ce pays a connu entre 1750 et 1900 un accroissement très important de sa population grâce à la révolution industrielle, qui a permis aux jeunes gens de se marier plus tôt et donc d'avoir précocement des enfants. La population anglaise a quasiment été multipliée par six, passant de 7 500 000 à 41 500 000 habitants entre 1750 et 1900. En comparaison, la population française a à peine doublé, passant de 24 500 000 à 40 710 000 habitants pendant la même période. Malgré une suprématie économique, technique, financière, navale, etc., le marché du travail anglais ne pouvait offrir du travail à tout le monde. Cette situation a permis et encouragé une massive émigration anglaise vers les nouveaux mondes.

Le continent européen est celui qui, le premier, a produit le plus grand nombre d'émigrés. Les Européens partaient en masse aux Amériques (Canada, États-Unis et Amérique latine), en Nouvelle-Zélande, en Australie, en Afrique du Sud et en Sibérie. Ce mouvement mêlant la fuite de la misère et le désir de conquête a fait passer la population de ces contrées d'une trentaine de millions à plus de 200 millions en comptant les nouveaux arrivants. Pour mesurer le poids de cette émigration européenne, il suffit de prendre un seul exemple, celui de l'Irlande du XIXe siècle. Entre 1845 et 1849, environ un million d'Irlandais moururent de faim à cause d'une désastreuse récolte de pommes de terre, lesquelles constituaient le régime alimentaire de base du paysan irlandais, frappées du mildiou. Entre 1848 et 1950 plus de 6 millions d'Irlandais émigrèrent. La chute considérable de la population, de 6,2 millions en 1851 à moins de 4,5 millions en 1901, s'explique principalement par l'émigration. Plus globalement, c'est environ 60 millions de migrants qui quittent l'Europe entre 1820 et 1914, surtout vers l'Amérique.

Ainsi, une partie de la planète, très peu peuplée, voit sa structure démographique et son organisation sociale et symbolique se modifier irréversiblement à la suite d'un processus de peuplement causé par le « trop plein » de l'autre moitié de la planète, principalement la partie occidentale de l'espace européen. Environ un milliard d'hommes et de femmes vivent aujourd'hui sur ces grands espaces. Ce processus s'est fait sur la longue durée : environ trois siècles. Ce n'est que beaucoup plus tard que l'Europe est devenue le premier espace d'immigration. Dans ce long processus de transition démographique et migratoire, la faible natalité en France a été précoce, bien en avance sur les autres pays européens, particulièrement dans la paysannerie. Le phénomène est d'abord propre à la France, où les générations féminines nées depuis l'époque napoléonienne jusqu'à celles qui participent au baby-boom d'après la Seconde Guerre mondiale, ont une fécondité qui ne permet pas le remplacement des générations. Dès le milieu du XIXe siècle déjà, le manque de main-d'œuvre se faisait sentir en France de manière significative dans l'agriculture, l'armée, l'industrie et la construction. Ainsi, la présence d'immigrés en France devient une réalité sociologique et économique, pour ne pas dire une réalité nationale, vers la moitié du XIXe siècle (les immigrés constituent à cette période 1 % de la population française, seuil d'entrée dans une ère d'immigration). Comme le précise le démographe Jean-Claude Chesnais, la France a un siècle d'avance dans son processus séculaire de baisse de la fécondité mais elle a aussi un siècle d'avance dans son cycle migratoire. C'est bien cela qui fait de la France un pays particulier, d'autres diraient un « cas exceptionnel » : ce pays, contrairement aux autres pays européens, en particulier l'Angleterre et l'Irlande, n'avait pas de populations « en trop » à exporter pour aller peupler ou/et conquérir d'autres continents. L'Allemagne, la Grande-Bretagne, la Scandinavie, l'Autriche ne deviendront des pays d'immigration que dans les années 1960. Un peu plus tard, c'est au tour de l'Europe méridionale d'entrer dans une nouvelle ère d'immigration. À ce propos l'Italie constitue un autre cas exceptionnel. Ce pays a connu sans aucun doute l'émigration la plus importante quantitativement, et ce depuis la formation de son unité nationale sous Garibaldi, entre 1861 et 1871. De cette période jusqu'en 1960, ce sont des dizaines de millions d'Italiens qui ont émigré en Europe et dans les nouveaux mondes. Depuis les années 1980, l'Italie est devenue un important pays d'immigration.

Les déplacements de populations au XXe siècle

C'est la Première Guerre mondiale qui met un arrêt aux déplacements de populations européennes vers les nouveaux mondes. Ce moment historique est prolongé par la politique des États-Unis à l'égard de l'immigration. Pendant environ une cinquantaine d'années, de la Première Guerre mondiale jusqu'à la moitié des années 1960, les USA pratiqueront une politique des quotas d'immigration extrêmement restrictive. Autant dire, que pendant quasiment un demi-siècle l'Amérique s'est fermée au reste du monde. Nous sommes loin aujourd'hui de ces temps où les lignes de partage entre régions riches et régions pauvres se situaient au cœur même de l'Europe. Le Nord et le Sud comme métaphore signifiant la frontière (empiriquement non fondée) entre pays riches et pays pauvres a quitté l'Europe pour se déplacer vers la Méditerranée : Maghreb, Afrique subsaharienne et Moyen-Orient. Le Nord connaît aussi pauvreté et chômage de masse ; dans le Sud, il existe des différences sociales et économiques très importantes non seulement entre pays (le Qatar et le Tchad par exemple), mais aussi entre populations au sein d'un même pays (Brésil, Afrique du Sud, Algérie, etc.).

Mais si la France n'a pas encouragé ses habitants à émigrer vers d'autres continents, elle a néanmoins participé en tant que « grande puissance » d'alors à la conquête et à la domination de nombreux pays. Les migrations ne s'interprètent pas seulement en termes d'itinéraires ou de mobilités d'un pays à l'autre. Les migrants peuvent être aussi des conquérants – des voyageurs partant à la découverte et à la conquête de « nouveaux mondes ». L'Amérique, le Canada et l'Australie en sont de parfaits exemples. C'est en 1534 que le premier Européen, Jacques Cartier, aborde la côte atlantique du Canada dans l'idée explicite d'y créer des colonies. Mais ce projet attendra et ne verra le jour qu'après 1601. C'est Samuel de Champlain, un autre Français, qui fondera la première colonie française d'Amérique du Nord, l'Acadie. Au bord du Saint-Laurent est bâtie la ville de Québec, et cette portion du territoire deviendra la « Nouvelle-France ». Parallèlement à la colonisation française, les Anglais à leur tour entreprennent la conquête du Canada et entrent en guerre contre la France. Le Canada est bel et bien le produit d'une double conquête d'immigrés européens puisqu'il est la fusion de plusieurs colonies (françaises et anglaises) sous domination britannique. Les colons français qui refuseront la loi anglaise partiront s'installer en Louisiane, cet État des États-Unis où vivent encore leurs descendants. L'hétérogénéité de la population canadienne reflète l'histoire de son peuplement. Le Canada est constitué de plusieurs peuples : certains sont socialement, culturellement et institutionnellement dominants, les Canadiens français (catholiques) et anglais (protestants) ; d'autres constituent une multiplicité d'ethnies amérindiennes, dominées sous tous les rapports (culturel, linguistique, politique, etc.). Ce que nous venons de dire pour le Canada vaut pour l'Australie, pays de conquête et de conquérants immigrés. L'Australie, avant l'arrivée des Européens, était peuplée depuis des milliers d'années d'Aborigènes. L'exploration et la conquête totale du continent commencèrent en réalité vers les années 1770 avec le navigateur anglais James Cook, au nom du roi d'Angleterre. La colonisation européenne en Australie fut qualifiée par beaucoup – scientifiques, hommes politiques et défenseurs des droits de l'homme et des minorités –, comme une véritable « catastrophe » pour les Aborigènes : spoliation des terres, mépris de tous les droits, terres des Aborigènes considérées comme « désertiques » et « inoccupées », création de « réserves », etc. En 1920, on ne comptait plus que 60 000 Aborigènes, soit une baisse de 96 % de la population d'origine. Aujourd'hui, l'Australie compte environ une centaine de « communautés culturelles » distinctes réparties entre 4 000 organisations ethniques.

D'après le recensement de 1998, la nation australienne se composait comme suit : 76 % des Australiens sont nés en Australie, 13,1 % viennent du Royaume-Uni ou de l'Irlande, et 3,6 % sont originaires d'autres pays d'Europe (Italie, ex-Yougoslavie, Grèce, Allemagne et Pays-Bas), 1,8 % de Nouvelle-Zélande et 1,8 % d'Asie (Vietnam, Philippines et Chine).

La construction de la nation américaine

Quant aux États-Unis, la littérature concernant l'histoire de son peuplement est maintenant très abondante. Les États-Unis, comme le Canada et l'Australie, sont nés de la colonisation et de l'immigration européenne. Mais c'est aux États-Unis que l'immigration est perçue et élevée au rang de mythe fondateur de la nation américaine. Ce sont les Britanniques (80 %) qui vont constituer les premières et les plus importantes vagues migratoires du XVIIIe siècle. Ce n'est qu'au fil du temps que les Allemands, les Nordiques et les Hollandais vont devenir de plus en plus nombreux. Les historiens et les géographes de l'immigration distinguent trois grandes phases dans l'évolution de l'immigration aux États-Unis (Gildas Simon, 1995). Première phase, celle de la reconstruction après la guerre de Sécession (1860-1865) qui fit environ 400 000 victimes. On assiste alors à un mouvement d'immigration sans précédent : entre 1880 et 1921, ce sont environ 27 millions de personnes qui entrent légalement en Amérique, contre 10 millions entre 1820 à 1880. Le déclenchement de la Première Guerre mondiale, les attaques des navires par les sous-marins allemands, l'engagement du Canada et des États-Unis vont très fortement ralentir les flux migratoires en direction de ce pays. En 1917, le nombre de personnes entrant légalement aux États-Unis s'élèvera à 100 000 personnes. La seconde phase (1921-1945) résulte de la conjonction de deux faits majeurs : d'une part, un « isolationnisme » de l'Amérique se traduisant par la mise en place d'un « système de quotas selon les origines nationales » (qui ne fut réellement mis en place qu'à partir de 1929), et, d'autre part, la grande crise de 1929. L'effet automatique de ces deux événements politiques et économiques se traduisit par un ralentissement très net des flux d'entrées aux États-Unis : moins de 50 000 personnes par an de 1931 à 1938. Enfin, la troisième phase est celle d'une réouverture progressive de l'espace américain aux immigrés depuis 1945. Le nombre considérable de victimes de la Seconde Guerre mondiale, avec son flot de personnes déplacées, de réfugiés et d'apatrides, va modifier la politique migratoire américaine : à la politique des « quotas » on substituera la politique des « préférences nationales », c'est-à-dire des nationalités que l'on souhaite faire venir en Amérique.

Mouvements migratoires et nationalité

Si nous avons jugé nécessaire de mentionner le facteur décisif de l'immigration et des mouvements migratoires dans le processus de construction nationale et de peuplement de ces trois pays, c'est pour mieux éclairer les différences historiques, sociologiques et culturelles en matière de droit de visite et de droit de séjour des étrangers dans l'ordre national. Il y a une opposition pour ce qui est des conditions des immigrés, entre les pays qui se sont construits par l'immigration (le cas des USA) et les « vieilles » nations européennes, dont la France est probablement l'exemple le plus significatif. La représentation de l'immigré (ou de celui qui veut « entrer ») et, plus largement et plus politiquement, la gestion des entrants, des sortants et des « installés dedans » peuvent pertinemment s'apprécier au travers de la métaphore du « club » ou du « club-nation », selon la formule du sociologue Abdelmalek Sayad. Appliquée au cas français, la métaphore du « «club» évoque le club le plus assuré qui soit, le plus sûr de lui-même et le plus fortement institué. C'est lui qui, de la façon la plus exemplaire, illustre la manière d'entrer dans ce club, d'y séjourner, de s'y mouvoir, et aussi de quel prix se paient le séjour, le cheminement de l'intérieur, etc. » (Abdelmalek Sayad, 1990). Les lois et tous les règlements sur l'immigration sont à leur manière une série de frontières visibles et invisibles qui délimitent l'espace du « club » et les conditions pour y entrer, et en définitive pour y demander son adhésion. Pour un « club » relativement nouveau comme les États-Unis qui s'est construit et a fondé sa force sur l'immigration, la réalité migratoire n'a jamais fait l'objet de dénégation et de dissimulation. Tel n'est pas le cas pour un pays comme la France. Pour cette « vieille » nation, la dénégation et la dissimulation, voire l'omission de la réalité migratoire, furent au contraire constituées en une véritable posture nationale et étatique. C'est cette illusion ou cette cécité qui explique que pendant très longtemps l'immigration en France ne fut pensée que comme une affaire de présence provisoire, réductible à l'ordre de l'économique et du travail.

Questions sur l'immigration

Une citoyenneté sans appartenance nationale est-elle possible en France ?

Originellement, le citoyen de la Grèce antique est celui qui appartient en droit à la cité grecque ou « polis ». Cela signifie qu'il a le droit d'accomplir les actes et de jouir des privilèges réservés pour les seuls membres de la cité. Exercer des droits n'est possible qu'à la condition d'être admis, à un titre ou un autre, dans la communauté des citoyens légitimes. La *polis* grecque, si elle n'instaure pas l'égalité sociale et économique entre les citoyens, abolit la hiérarchie entre les hommes libres de plus de 18 ans, après qu'ils ont effectué leur service militaire (l'éphébie) de 18 à 20 ans, à condition qu'ils soient nés de père citoyen et, sous Périclès, à partir de 451 av. J.-C., de mère elle-même fille de citoyen. L'activité politique, les débats à l'agora (espace essentiel dans la vie des institutions démocratiques grecques) et la participation aux décisions de la cité (lois, guerre, justice et administration) étaient autant d'actes citoyens exclusivement réservés aux citoyens masculins, excluant du même coup tous les métèques, les esclaves et les femmes. Ainsi, ce n'était pas seulement les plus aisés des hommes grecs (seuls à pouvoir posséder la terre) qui pouvaient faire de la politique ; la cité grecque et sa gestion, dans toutes ses dimensions, étaient ethniquement réservées aux seuls Grecs.

La citoyenneté romaine est, quant à elle, différente puisqu'elle est fondée sur d'autres critères. Elle est d'abord définie en termes juridiques. Le *civis romanus* dispose de droits civils et personnels. L'étranger n'est pas totalement exclu de la société politique : pour les Romains, la citoyenneté ne se définit pas ethniquement mais universellement – sauf pour les femmes qui restent exclues de la citoyenneté et de son exercice politique.

Lors de la Révolution française, le terme reprend une vigueur nouvelle en s'opposant à la notion de *sujet*. La perspective est cette fois-ci égalitaire, c'est-à-dire sans hiérarchie de sexe, de condition ou de nationalité.

On peut discerner trois registres dans la notion de citoyenneté :

> Il y a la *citoyenneté civile*, qui correspond aux libertés fondamentales : liberté d'expression, égalité devant le droit et la justice, droit de propriété.

Il y a ensuite la *citoyenneté politique*, fondée sur la participation aux affaires publiques et qui comprend le droit de vote, le droit d'éligibilité, le droit d'accéder à certaines fonctions publiques et le droit d'être protégé par son État à l'étranger.

Il y a, enfin, la *citoyenneté sociale*, qui ouvre la possibilité de bénéficier de droits sociaux et économiques et aussi de protections sociales (droit à la santé, à l'assurance-maladie, droits syndicaux, associatifs, etc.).

Ce statut de citoyen (la notion de statut doit être ici entendue au double sens de textes fixant les garanties fondamentales accordées à une communauté politique, et de place octroyée à un individu ou à un groupe par cette même communauté) s'exerce dans le cadre national. Au sein de celui-ci la citoyenneté fait primer l'égalité des droits devant les différences. Le lien entre les citoyens est donc un lien politique, dans la mesure où un homme vaut un homme (un homme, une voix), mais il est aussi un lien ouvert et non ethniquement fermé : les droits liés à la citoyenneté des pays démocratiques, et particulièrement en France, sont des droits universels et abstraits. Mais, dès que l'on quitte le cadre national, les différences sont la règle. Aucun pays du monde n'établit une stricte égalité juridique et symbolique entre l'étranger et le national. Il existe des sociétés plus démocratiques et plus ouvertes que d'autres. Mais il n'existe pas de société où l'étranger *vaut* un national dans tous les registres de la vie juridique, politique, sociale, économique et culturelle.

Le droit d'être citoyen dans une autre nation que la sienne

Ce n'est pas le fait d'avoir des droits qui est problématique lorsqu'on est étranger et de les accorder lorsqu'on est un État. C'est le fait de ne pas avoir de droits quand on souhaiterait en posséder et de ne pas vouloir en donner lorsqu'on est en pouvoir d'en donner. C'est donc bien par les catégories de l'*absence de droits* et par le *refus d'État* d'en octroyer que l'on peut le mieux examiner et comprendre les enjeux fondamentaux liés à l'exercice ordinaire de la citoyenneté et aux liens si puissants entre citoyenneté et nationalité. Par sa seule présence insolite (le fait d'être là alors que sa *place naturelle* est ailleurs), l'étranger dénaturalise les liens fondamentaux entre naissance et nation, entre homme et citoyen, entre national et non-national. Autrement dit, la présence de non-nationaux permet de prendre la mesure de l'arbitraire légitime contenu dans les opérations de classification et de définition des immigrés et de l'immigration (ordinaire et clandestine), celles qui organisent l'inclusion et l'exclusion nationale, c'est-à-dire celles qui permettent ou qui interdisent le droit d'avoir des droits. Il n'est pas exagéré de dire que la présence de non-nationaux institue une sorte de faille dans l'ordre quasi naturel de la nation, qui, idéalement, ne devrait connaître que des nationaux.

Un citoyen en capacité de jouir de droits civiques et soumis à des devoirs envers cet État. Et c'est bien la communauté des citoyens qui constitue la nation. Mais, penser que la relation entre la nationalité et la citoyenneté serait une relation naturelle et universelle ne correspond pas à la réalité. Être d'abord le national d'un pays comme condition première pour pouvoir exercer sa citoyenneté n'est vrai que dans certains pays. C'est le cas de la France. Cette question recouvre en fait deux aspects, le droit de vote proprement dit et l'éligibilité. C'est l'éligibilité qui pose un problème majeur de souveraineté. En effet, la désignation des maires et des conseils municipaux a une incidence directe sur l'élection des sénateurs. Le Sénat participe à la souveraineté nationale. Le vote des étrangers non communautaires serait donc, à juste titre, en contradiction avec la Constitution. Celle-ci a bien été modifiée et un nouvel article (art. 88-3) a été ajouté, mais seulement au bénéfice des seuls nationaux appartenant à un des pays membres de l'Union européenne : « Sous réserve de réciprocité et selon les modalités prévues par le traité sur l'Union européenne signé le 7 février 1992, le droit de vote et d'éligibilité aux élections municipales peut être accordé aux seuls citoyens de l'Union résidant en France. Ces citoyens ne peuvent exercer les fonctions de maire ou d'adjoint, ni participer à l'élection des électeurs sénatoriaux et à l'élection des sénateurs [...] ». Ce ne sont pas seulement des arguments juridiques liés à des enjeux constitutionnels qui sont opposés aux partisans du droit de vote et d'éligibilité des étrangers aux élections municipales. Le plaidoyer en faveur du refus est un plaidoyer essentiellement politique dont voici, brièvement les grandes lignes :

> Il ne peut y avoir de citoyenneté française sans lien juridique à la nation française.
>
> « Donner » le droit de vote aux étrangers non communautaires reviendrait à leur reconnaître une « double nationalité de fait », il y aurait donc une injustice à l'égard de ceux qui ont sincèrement voulu devenir français par la naturalisation, afin de s'engager dans l'avenir de la nation.

Le droit de vote des étrangers irait à l'encontre de la construction d'une citoyenneté européenne.

Les étrangers ne demandent pas le droit de vote mais de l'emploi, de la sécurité, un logement et la réussite scolaire pour leurs enfants. Enfin le droit de vote doit être « l'aboutissement d'une démarche et non un préalable ».

Il n'est nullement question ici de reprendre un à un ces arguments pour en faire une critique raisonnable. Énonçons quelques principes qui vont à l'encontre d'un certain nombre d'idées reçues en la matière. Tout d'abord, la France est l'un des derniers États de l'Union européenne à (faire semblant de) croire qu'il suffit d'être le national d'un pays pour être « intégré » et montrer de l'intérêt et de la passion politique pour sa société.

Politiques européennes en matière de citoyenneté

Beaucoup d'autres pays, proches de la France (culturellement, confessionnellement et institutionnellement) et tout aussi attachés qu'elle à leur souveraineté, ont pris acte d'une nouvelle réalité : des millions d'immigrés vivent depuis plusieurs années dans l'espace européen, et leur participation politique à la vie locale peut être un réel facteur d'intégration à la vie de la nation. Pourquoi les étrangers communautaires ont-ils le droit de vote et d'éligibilité aux élections municipales mais n'ont-ils pas le droit d'être maire ou maire adjoint ? Pourquoi ce qui est possible en Angleterre ne serait-il pas possible en France ? Des pays comme la Suède, la Norvège, les Pays-Bas et le Danemark, dont le code de la nationalité est fondé sur le droit du sang, ont accordé le droit de vote aux étrangers. Malgré des conditions difficiles d'acquisition de la nationalité, le droit de vote a eu pour effet, entre autres, de favoriser la naturalisation. Certes, il ne faut pas surestimer le poids de ce facteur (l'octroi du droit de vote aux étrangers) dans le processus d'intégration sociale et culturelle. Lors des différentes élections européennes, la participation des citoyens communautaires a été relativement faible. Mais beaucoup d'immigrés non communautaires sont déjà présents et investis, directement ou indirectement, dans les affaires de leur ville ou de leur village, en payant des impôts, en participant à des activités associatives, politiques ou syndicales, etc. Le refus de « découpler » la citoyenneté de la nationalité (ou vice versa) renvoie en dernier lieu à l'enjeu majeur suivant : seuls ceux qui sont proches sous le triple rapport de la culture, de la confession et du territoire méritent cette entorse sans risque aux principes historiques et juridiques. La meilleure illustration de ce que nous venons de dire réside dans la discrimination entre ceux pour qui on peut accepter une dissociation entre nationalité et citoyenneté, les citoyens de l'Union européenne (incluant des personnes nouvellement naturalisées par l'un des pays membre de l'Union), et tous les autres, les immigrés du tiers-monde pour qui cette séparation ne semble pas encore admissible et parfois même pas encore pensable. Il est vrai que dans le cadre de la construction européenne cette relation entre nationalité et citoyenneté a été redéfinie. Pour beaucoup d'Européens de l'Union européenne, c'est-à-dire de nationaux d'un des États membres de l'Union européenne, il existerait une *citoyenneté européenne*. Celle-ci, résultant d'un nouvel ordre communautaire, s'oppose à l'idée d'une provenance unique des individus et des groupes et ne fixe plus, une bonne fois pour toutes, la *vérité* de leur identité (toujours au singulier) supposée être issue d'un système d'identification nationale. Cette citoyenneté européenne, loin d'être une abstraction ou une pure pétition de principe juridique, inclut le droit de circuler, de s'établir sans contrainte sur l'ensemble de l'espace de la communauté européenne, le droit de voter aux élections municipales et européennes dans un État membre dont on n'est pas le ressortissant, mais un simple résident, etc. Les *normes européennes* s'imposent aux États-nations. Pour ne prendre qu'un seul exemple, celui des droits de l'homme, les normes juridiques européennes ne sont pas sans effets ni contraintes sur les États nationaux : la Convention européenne des droits de l'homme permet à un citoyen européen (dans ce cas celui qui a la nationalité d'un des États qui a accepté le recours individuel) de saisir le Conseil de l'Europe, et à une personne d'un « pays tiers » (n'appartenant pas par la nationalité à un pays membre de l'UE) d'avoir recours à la Cour européenne des droits de l'homme. Dans ce mouvement d'élargissement et d'égalité des droits et des protections individuelles et collectives (lutte contre les discriminations sociales, sexuelles, sociales, etc.), de plus en plus nombreux sont les textes – particulièrement une directive européenne adoptée en 2003 – qui tendent à réduire sensiblement les discriminations entre Européens, d'un côté, et non-Européens installés depuis de longues années sur le territoire de l'Union européenne, de l'autre. C'est cette nouvelle configuration qui fait dire à de nombreuses associations que nous nous acheminons, pour les ressortissants des pays tiers, vers une « citoyenneté de résidence ». Certes, certains secteurs nationaux restent encore sous l'entière souveraineté des

États-nations comme par exemple la haute fonction publique. Mais il existe, en droit, une égalité de traitement entre nationaux et Européens communautaires en matière d'accès à l'emploi, d'égalité des salaires, d'avantages sociaux et fiscaux, etc. Ainsi, le découplage entre nationalité et citoyenneté dénaturalise cette relation que l'on croit consubstantielle, *naturelle*, et remet par conséquent en cause le paradigme politique dominant fondé sur la nationalisation et la territorialisation des droits. Il n'existe donc pas une seule forme de vérité et de rationalité en matière d'organisation des liens politiques et juridiques entre citoyenneté et État-nation. L'attachement (cela vaut en particulier pour un très grand nombre de pays au-delà de l'Union européenne) à un modèle nationaliste de l'appartenance nationale, en réalité ne concerne et ne vise que les groupes sociaux les plus fragiles et les plus précaires, ceux qui sont le plus exposés à toutes les formes de violences sociales, politiques, culturelles et économiques. Cette activité étatique et institutionnelle consistant à placer de plus en plus de populations aux confins du monde de la politique, de l'économie et de la citoyenneté (à l'œuvre aussi dans nos banlieues), à mettre les uns sur orbite, les obligeant à circuler en permanence mais sans droits et sans titres pendant que d'autres, décrétés victimes, ont pour seule activité l'attente interminable dans un camp, cette activité des États (séparément ou en commun), nous pourrions en résumer les effets fondamentaux par cette formule : à force de mettre à l'écart des millions d'individus pour les stocker aux lisières du monde des hommes, ceux-ci finissent par se sentir et se croire hors du monde. Telle est bien la définition de l'acosmie : le monde n'est plus un *souci commun* puisque de l'horizon des personnes a disparu l'idée même de politique comme liberté, puisqu'il est devenu impossible d'agir avec les autres.

La fin du « modèle français d'intégration » ?

Il n'est pas tenu un seul discours, qu'il soit militant, politique ou scientifique, sur l'immigration sans qu'immanquablement soit posée la question de la force ou de la faiblesse du « modèle français d'intégration ». Il ne se passe pas un jour sans que l'on se demande si le « modèle français d'intégration » n'est pas en « panne ». Il convient tout d'abord de se demander ce que l'on entend par « modèle », car au fond c'est probablement, dans cette expression du sens commun, la notion la plus mystérieuse, et du coup la moins interrogée.

Le mot « intégration »

Le mot « modèle » serait un emprunt à l'italien *modello* du XVIe siècle. Il est alors employé dans le sens d'une représentation « miniature » de ce qui sera construit en grand. Puis cette notion finira par prendre au fil du temps le sens d'« objet référent », puis d'« idéal à imiter ». Il va de soi que seul l'exemple est imité ou doit être imité. Quand au mot « intégration », il recouvre plusieurs définitions possibles, en pratique souvent interchangeables. Tantôt il désigne, au sens premier du terme, un ajout d'une unité (une population, une personne…) à une ou d'autres unités en vue de leur fusion souhaitée. Il peut aussi signifier une adaptation à un groupe, une société, etc. Enfin, l'intégration, au sens où l'entend le sociologue Émile Durkheim, s'inscrit dans une société qui se définit avant tout par des mécanismes d'intégration (au sens d'obéissance ou d'allégeance à une société nationale) et de régulation (reconnaissance et relative obéissance aux règles encadrant les comportements individuels et collectifs). L'intégration n'est donc pas une donnée ni un état. C'est un processus (ni naturel ni éternel) au cours duquel un individu ou un groupe, par exemple, s'insère avec ses caractéristiques sociales propres et trouve sa place dans une communauté politique. Ne pas trouver sa place, ne pas être à sa place, avoir le sentiment (fondé ou non n'a pas ici d'importance) d'être déplacé ou en dehors du système de place légitime, en un mot en dehors ou à côté de l'ordre national, c'est entamer l'unité de la société ; c'est-à-dire porter atteinte à sa cohésion sociale.

La notion d'intégration telle qu'elle vient d'être définie est éloignée de la notion d'assimilation. Celle-ci, au sens étymologique, signifie être semblable, être similaire. Nous ne sommes plus dans une logique d'adaptation mais d'adoption de la langue, des valeurs et des principes du groupe dominant ou de la communauté politique dominante. Dans l'adaptation il y a des compromis. Dans l'adoption il y a un abandon, contraint ou délibéré, de ses anciens schèmes de perceptions et d'action. Le paradigme de l'assimilation forcée s'est trouvé historiquement réalisé, il est vrai jamais intégralement, lors de la colonisation.

Peut-on parler d'un « modèle d'intégration » ?

Rapporté à l'immigration en France, que signifie donc l'expression « modèle d'intégration » ? En réalité, si on se donne la peine de se déprendre d'un langage quasi spontané dont on use à satiété à propos de cet objet de recherche et de polémique infinie, et de faire de l'histoire avec les historiens, on s'aperçoit qu'il n'y a jamais eu de modèle français d'intégration. Ce n'est pas là porter un jugement de valeur, ni d'ailleurs s'en féliciter ou le regretter. Tout d'abord, il est scientifiquement douteux de partir du présent pour imaginer ou se représenter le passé sans appui empirique ni connaissance des travaux des historiens en la matière. Dire « la République n'intègre plus » implique que celle-ci a eu, par le passé, une politique délibérée et assumée d'intégration des populations étrangères, au même titre que pour la classe ouvrière française ou les enfants des classes populaires grâce à l'institution scolaire. On ne peut pas même suggérer qu'il y aurait, d'une part, un âge d'or de l'immigration, période historique dans laquelle se serait déployé sans heurt ni malheur un modèle républicain d'intégration des populations étrangères, et, d'autre part, un présent qui signerait la faillite sociale, politique et culturelle de ce « modèle ». Les choses ne se sont pas passées ainsi. Les populations étrangères par le passé ont été progressivement incorporées par la société et ont fait progressivement corps avec la société. Sans, d'ailleurs, est-il nécessaire de le préciser, une grande intervention des politiques et de l'État.

L'immigration, en dehors de lois régissant la nature de la présence des étrangers sur le sol national et de leur respect de l'ordre social et national, fut le plus souvent l'affaire de l'économie et du patronat. Ainsi, cette lente incorporation des populations étrangères d'avant les années 1970 n'a pas été sans conflit, ni violence, ni racisme. L'intégration et la mobilité sociale relativement rapide des uns (les populations françaises et en particulier celles issues des classes populaires) ne furent possibles, dans une très grande mesure, que parce que les populations étrangères étaient fixées dans des espaces et des activités socialement réservées et dévalorisées, voire dangereuses. Les conditions d'existence des populations étrangères n'ont jamais été perçues comme équivalentes à celles des classes populaires françaises. Il n'y a pas eu de *symétrie* entre « immigrés et Français », sauf dans quelques revendications syndicalistes. La priorité des gouvernements qui se sont succédé depuis la IIIe République (le rôle de celle-ci a été fondateur), c'est *l'intégration* des classes populaires françaises à l'État-nation et aux modèles culturels bourgeois (éducation, consommation, modes de protestation, forme d'habitat, etc.). Protéger les uns de la concurrence par la maîtrise officielle des entrées, l'accès au marché du travail et à la nationalité française, c'était bien évidemment interdire aux autres (les étrangers) ce qui était réservé aux nationaux parce que nationaux. La maîtrise et le contrôle policier et juridique des flux ne sont pas une idée neuve même si les discours sur ces deux modes de régulation ne sont pas strictement semblables.

L'intégration une obligation personnelle

Pendant longtemps les immigrés ont été tenus à l'écart de droits sociaux, syndicaux et politiques. Qui sont autant de droits protecteurs donnant accès à l'exercice d'une citoyenneté ordinaire. Comment peut-on être « intégré » en étant exclu du droit d'avoir des droits ? C'est depuis peu (début des années 1980) que le personnel politique, les médias et la recherche en sciences sociales se sont intéressés avec exaltation ou méfiance non pas tant à « l'intégration » mais aux « personnes issues de la diversité » et de la place qui devait être réservée aux « minorités visibles » dans l'ordre national et la société. Et c'est aussi depuis peu qu'il est demandé explicitement aux immigrés et à leurs descendants des « efforts d'intégration » et de « respect des valeurs de la République ». Cela signifie que l'intégration repose ou doit reposer dorénavant sur la personne elle-même, et que ce processus devient une affaire de responsabilité personnelle. Pourtant de nombreuses études ont montré que l'intégration sociale et culturelle (que l'on soit étranger ou non – bien souvent la différence est mince lorsqu'on est pauvre) n'est pas seulement une affaire personnelle ou de simple bonne volonté. Le changement de position sociale, le rapport à la religion et à la langue (ou aux langues) maternelle[s] et celle[s] du pays d'accueil, sont conditionnés par des facteurs d'inertie puissants que seule une action collective et dans la longue durée peut positivement transformer. Bien entendu, l'État et son pouvoir d'octroyer ou de refuser la nationalité française est un élément central et décisif dans cette transformation. Mais si l'accès à la nationalité française peut, selon les cas et la période historique, favoriser une plus grande incorporation à la société française, il n'a jamais été au centre d'une politique volontariste d'intégration des populations étrangères. Et même dans le cas où il l'aurait été, les effets bénéfiques ne sont nullement automatiques. La nationalité française, quelle que soit la date de son acquisition, ne protège pas par elle-même (ou automatiquement, ou systématiquement, ou de fait) contre le chômage, le manque de qualification, les scolarités courtes et chaotiques, les maladies professionnelles et les accidents du travail, l'habitat délabré, les faibles ressources, etc.

Toutefois, les facteurs d'inertie sociale ne sont pas seuls en cause dans les processus lents ou rapides d'intégration. Les facteurs proprement politiques, parce qu'ils sont relativement autonomes, jouent un rôle spécifique et d'une grande importance. Sur le plan national, les clivages entre les partis de droite et les partis de gauche en matière d'immigration et de gestion des flux migratoires ne sont pas sans effets sur les conditions d'existence de ces populations. S'il y a des invariants entre ces « deux » familles politiques (loi sur l'entrée et le séjour, droit d'asile, expulsions, refoulement, etc.), il y a néanmoins des variations perceptibles entre elles et à l'intérieur même de chacune d'elles (« régularisation des sans-papiers au cas par cas » pour le Parti socialiste, « régularisation de tous les sans-papiers » pour l'extrême gauche, etc.). Aujourd'hui, et c'est là une donnée historique relativement nouvelle, les politiques migratoires volontaires ou non n'ont plus comme seul espace de déploiement les territoires nationaux. Les flux migratoires, les déplacements de populations, les demandeurs d'asile, l'immigration légale et illégale sont devenus des réalités et des enjeux internationaux. Cette configuration migratoire inédite met en tension deux mouvements : l'un correspond à un accroissement général, au niveau national aussi bien qu'international, des droits et de la protection à l'égard des étrangers ; l'autre se manifeste par une lutte contre « l'immigration clandestine » et se traduit indéniablement par une restriction de la liberté de circulation, une multiplication de lieux de « stockage » de populations sans titre de séjour ni de travail, et une progression du nombre de refoulés.

Après avoir examiné la notion de modèle d'intégration et sa réalité politique, venons-en maintenant à la notion d'intégration. La perspective adoptée ici sera résolument sociologique.

Croire ou ne pas croire à l'intégration

Tout d'abord, il ne faut pas ajouter aux multiples définitions en vigueur de nouvelles définitions supposées être plus pertinentes, ni s'autoriser à trancher sur le bien-fondé politique ou scientifique des définitions en concurrence. Elles doivent toutes faire l'objet d'une attention et d'un traitement d'une égale valeur car elles signifient toutes (c'est leur invariant) une modalité d'attestation d'un problème socialement constitué qui, pour perdurer, nécessite la reproduction d'un état d'adhésion. Qu'est-ce à dire ? Eh bien, qu'il faut tenir pour vrai, non pas ce que les *intégrationnistes* et leurs adversaires disent sur l'intégration, mais l'existence d'une *croyance de l'intégration*, exactement comme d'autres croient à l'existence des fantômes sans jamais en avoir vu, ou, ce qui revient au même, comme ceux qui ne croient pas en leur existence mais en ont peur dès que la nuit tombe. Par ailleurs, il est imprudent de penser que les discours sur l'intégration sont des discours qui s'illusionnent sur le monde. Prendre au sérieux cette croyance ne signifie rien d'autre que supposer vrai le fait de croire en l'intégration (ou non) des immigrés. Dire sa croyance, ou plus exactement croire (au sens wittgensteinien du terme, c'est-à-dire comme processus cognitif et non comme posture religieuse) que « les immigrés ne s'intégreront jamais », ce n'est pas produire un acte de compréhension sociologique, c'est porter un jugement de valeur sur les partisans de l'intégration. À l'inverse, adhérer à la croyance de l'intégration parce que le mot existe, que c'est une virtualité inscrite dans l'organisation dans toute société et que des « preuves » existent (« Les immigrés ne sont ni plus ni moins intégrés que les autres à même condition sociale », « Avec le temps, tous les immigrés finissent par s'intégrer », etc.), ce n'est pas davantage éclairer pourquoi et à quelles conditions cette croyance intégrationniste peut advenir, encore moins donner à comprendre comment une famille de huit enfants s'est profondément transformée entre l'aîné et le dernier, transformant du même coup entre le premier et le dernier le rapport au monde scolaire et social, à la fratrie et aux parents. C'est tout au plus, comme dit Jean Bazin, se *montrer compréhensif*. On peut n'avoir jamais vécu ou côtoyé (ce qui est loin d'être rare) des immigrés, à plus forte raison s'ils sont pauvres, et être convaincu que la question principale reste celle de la connaissance exacte des intentions et des capacités d'intégration des immigrés. Le croyant à l'intégration n'a pas besoin de voir ou de ne pas voir des « immigrés intégrés » pour se mettre dans un état de croyance. Le voudrait-il qu'il serait incapable de définir, objectivement, par quoi est défini et se définit un « immigré intégré » (ou le contraire). C'est plutôt l'inverse qui se passe. Pour ce type de croyance, il n'est nul besoin de preuve. Il en va des immigrés et de leur intégration comme des enjeux à propos d'apparitions de la Vierge : « La preuve de l'apparition, c'est qu'on est là ». Ainsi, nous pourrions dire que la preuve de l'intégration, c'est que nous sommes là et que nous ne cessons d'en parler. Voir ou croire ou ne pas voir et ne pas croire à l'intégration est une affaire relativement mineure. L'important pour faire exister le « problème » c'est que les intégrationnistes et leurs opposants, eux au moins, se voient, se parlent et croient en l'importance et à la légitimité de leurs controverses.

Cette disposition à croire ou cette entrée en croyance tient à une double raison.

La « culture » comme enjeu culturel

Tout d'abord, l'idéologie de l'intégration est, pour parler comme les ethnologues, un fait de culture. Quelle que soit la notion qui la désigne, le biais par lequel on l'aborde, elle est le principe constitutif de tout ordre social et national. Pour dire les choses autrement, elle est une catégorie centrale autour de laquelle s'articulent toutes les questions liées aux représentations de la cohésion sociale et de l'unité nationale. En un mot, elle est au fondement de l'ordre national et étatique. Prenons l'exemple de l'école. Celle-ci, de la IIe République jusqu'à la moitié du XXe siècle n'est rien d'autre, avec des intensités variables selon les époques, que la question de la maîtrise symbolique des conditions de production d'un *habitus national*, pour reprendre l'expression de Norbert Elias. De ce point de vue, la classe ouvrière du début du siècle dernier est un des groupes pour qui les effets attendus de la socialisation scolaire étaient son intégration nationale, c'est-à-dire son accession et son identification aux modèles culturels des classes supérieures. Mais il ne suffit pas qu'une société dispose d'un stock culturel sur l'intégration, sous forme de théories, d'images, de récits, d'histoires et de l'Histoire, de héros, etc., pour que soit réalisée, pour les plus disposés, l'entrée en croyance. Encore faut-il, et c'est la seconde condition, éprouver l'intégration, en faire soi-même concrètement l'expérience (quelles que soient la nature et les formes de cette expérience : politique, associative, syndicale, culturelle, etc.), en participant à la communion générale, en se comptant (preuve physique irréfutable), en se voyant, en communiquant. Bref, en se nommant, ce n'est pas tant l'objet qui est nommé (« l'intégration ») que l'existence d'une croyance individuelle et collective. Encore une fois, il importe peu de définir ce à quoi l'on croit. D'ailleurs, personne ne le sait, et pour cause, puisque l'intégration n'a pas besoin d'exister pour être crue et créer une disposition à croire. Et les multiples « preuves » si obstinément construites (« La réussite scolaire n'est-elle pas une preuve exemplaire de l'intégration ? », etc.), le déploiement d'un système discursif, semblable en tout point à la rhétorique épidéictique (louer ou blâmer : « Si on ne les intègre pas, voilà ce qui se passera », etc.), la production quotidienne de controverses portant sur les maux liés à l'immigration et les mots qui les désignent (différence culturelle, violence, banlieue, intégrismes religieux, etc.) en dernier lieu ne changent rien à l'affaire, ou si peu.

Quand les partisans de l'intégration et leurs adversaires (ils sont inconcevables les uns sans les autres) se conduisent comme des savants, c'est-à-dire règlent leur argumentation sur une logique de la collection et de l'accumulation de faits démontrant la validité de leurs propos, eh bien même dans ce cas la croyance ne tire pas sa manifestation de l'existence d'une relation entre une personne et un fait, elle est une relation à une représentation (ici celle de l'immigré), et tout l'effort du croyant va consister dans la recherche constante d'une validation aussi objective que possible de sa représentation. Et pour que cette représentation soit valide et validée, elle devra faire l'objet de tout un travail d'orthodoxie, de légitimation et d'universalisation (« Il n'y a pas d'autre voie que l'intégration », « L'immigration est une chance pour la France », etc.). Comme le remarque Jean Bazin à propos des fantômes, et l'analogie est loin d'être incongrue, bien au contraire : « À la limite, même lorsque l'objet de la croyance est reconnu comme imaginaire, reste encore le fait de la croyance : il n'y a pas de fantômes, mais on en parle depuis des siècles, les récits de leurs apparitions rempliraient des volumes ; c'est ce qui vient troubler la raison de Madame Du Deffand durant ses nuits d'insomnie. »

L'immigration de travail ou de peuplement ne peut pas être réduite et appréhendée exclusivement en termes d'intégration. La question de l'étranger et de sa place dans l'ordre social et national s'insère dans une problématique, non dans laquelle elle se dissout, mais beaucoup plus large : celle de la production des inégalités et des injustices. Le racisme, l'intolérance, l'exclusion et les discriminations ne sont pas des causes mais des conséquences de multiples injustices reconnues et jugées comme telles.

Pourquoi une science de l'immigration est-elle si difficile ?

Probablement que la première difficulté, lorsqu'il s'agit de réfléchir au fait migratoire, est de délimiter, intellectuellement et scientifiquement, cet objet dans le temps et dans l'espace.

Certes, les « grandes découvertes » ont initié la première phase de la mondialisation des mouvements migratoires. Les migrations européennes issues de grandes puissances maritimes (Portugal, France, Espagne, Angleterre et Hollande) liées aux implantations commerciales et à la colonisation, même si elles ne déplacent pas de grandes masses de migrants, constituent probablement, au XVIe siècle, la première forme moderne de « planétarisation migratoire » (Simon, 2008). Le XVIIIe siècle avec la traite transatlantique verra la déportation de plus 12 millions d'Africains. Le XIXe siècle est celui d'un nouveau contexte européen qui se caractérise par des départs en masse vers les « nouveaux mondes » et les pays nouvellement colonisés ; les crises économiques, les calamités naturelles et les famines se succèdent. Un exemple parmi d'autres : en Irlande, la grande famine de 1845 à 1849 provoque le décès d'un million de personnes et le départ d'un autre million vers les États-Unis. Enfin, le XXe siècle avec ses deux guerres mondiales marque le début du repli nationaliste et protectionniste dans la plupart des États de part et d'autre de l'Atlantique. Avec l'apparition d'une nouvelle figure, celle du *réfugié de masse* qui se compte aujourd'hui par dizaines de millions.

Le fait migratoire : un enjeu de définition

La définition du champ couvert ici par l'expression *fait migratoire dans le monde* induit la prise en compte des principaux éléments constitutifs des migrations et des circulations migratoires à l'échelle de la planète : immigration ordinaire, immigration clandestine, diasporas, migrations forcées, déplacements internes, demandeurs d'asile, réfugiés, flux migratoires et leur régulation. Les principales « routes » régulières et irrégulières vers l'Europe et les pays capitalistes développés partent d'Afrique, du Maghreb, du Moyen-Orient, et de l'Asie du Sud. Aujourd'hui, les « pôles-carrefours » majeurs des migrations sont : l'Amérique du Nord, l'Europe occidentale, les pays du Golfe, l'Australie et le Japon. C'est aussi dans ces pays (excepté pour les pays du Golfe) que se concentrent la recherche et les chercheurs sur l'immigration, que l'on trouve des revues et des laboratoires de recherche spécialisés dans les questions migratoires, que sont élaborées et discutées les théories et les méthodes, qu'existent des instruments de mesure et d'évaluation institutionnels des mouvements migratoires, que des États contribuent de manière significative au financement des recherches sur l'immigration. Les échanges, les coopérations et les réseaux de recherches et de chercheurs dans le domaine des études sur les mouvements de populations sont aujourd'hui nombreux. Une des caractéristiques du fait migratoire, et c'est là son trait le plus universel, est qu'il est un *déplacement* dans la géographie sociale et physique. Ce déplacement peut être conjoncturel ou sans cesse remis en cause. Dans ce dernier cas de figure, cette instabilité géographique permanente transforme ceux qui en sont victimes en perpétuels errants, exilés à vie. Aussi, le fait migratoire ne peut plus être envisagé, scientifiquement, politiquement et géographiquement comme un *fait exclusivement national* n'intéressant et ne préoccupant que la nation d'accueil ou les territoires de transit. Les traités, les conventions et les pactes internationaux sont aujourd'hui nombreux qui lient les États en matière de circulation des personnes, d'accueil des migrants, de protection des réfugiés et demandeurs d'asile et d'expulsion d'étrangers en situation de séjour irrégulier. Aussi, ce ne sont pas seulement les personnes ou les groupes qui circulent avec ou sans autorisation. Les théories, les méthodes, les problématiques elles aussi circulent, font l'objet d'emprunts, d'appropriation, d'« arrangement pratique », etc.

Mais de quoi parle-t-on lorsqu'on parle d'immigration ? Pendant longtemps, et d'une certaine façon aujourd'hui encore, les questions d'émigration et d'immigration ont été un monopole du discours militant et politique. Le discours sur ces populations ne peut pas être « confidentiel » ou n'intéresser que les spécialistes, quel que soit leur domaine d'expertise. L'intérêt pour l'immigration en France, mais ce constat vaut pour la grande majorité des pays de l'Union européenne, se construit initialement à partir des préoccupations de l'État et des institutions en charge des populations immigrées à intégrer. Les nombreux ouvrages de dénonciation et les très nombreux rapports officiels ont, d'une part, contribué très fortement à solidifier l'idée que les populations immigrées étaient des populations à « problèmes » et, d'autre part, ont activement participé aux débats politiques ne s'empêchant jamais de proposer des « solutions » ou des « réponses » aux questions posées par la puissance publique et par elle seule. La question fondamentale que pose l'immigration, quelle que soit la perspective adoptée pour y réfléchir (politique, militante ou scientifique), est celle de sa *présence* dans une nation qui n'est pas la sienne. D'où, d'ailleurs, l'importance du droit et des juristes (entrée et séjour des étrangers), mais aussi des démographes (peuplement et identité nationale) et des économistes (profits et coûts de l'immigration). L'immigration comme objet des sciences sociales et de la science historique est assez tardive en France.

Penser les phénomènes migratoires, un effort récent

Il faudra attendre la fin des années 1970 pour qu'apparaissent dans le champ académique français un enseignement à l'université sur l'immigration et des recherches indépendantes du pouvoir étatique et des administrations. Pourtant, la constitution d'un champ d'étude légitime n'empêchera nullement cette dernière d'être, dans la majorité de ses problématiques et de ses interprétations, trop souvent prisonnière des présupposés qui structurent les positions et les oppositions politiques et idéologiques en matière d'immigration. Tout se passe comme si ces millions d'êtres flottants, aujourd'hui massivement de partout et de nulle part, ne pouvaient se voir assigner comme seul mode d'intelligibilité que la production de concepts, de mots et de théories approximatifs. Précisément, des mots comme « seconde génération », « jeunes de la seconde génération », « intégration », « assimilation », « métissage », « école et immigration », « double culture », « vivre ensemble », « immigration », « réfugiés économiques », « réfugiés politiques », « immigrés clandestins », « discrimination positive », « illégaux », « exilés », « sans-papiers », « mémoire », « identité », « islam », « foulard », « statistique ethnique », etc., sont là pour rappeler non pas tant l'histoire du fait migratoire et de ses transformations morphologiques et symboliques, ni même l'état de la recherche scientifique dans ce domaine, mais l'histoire des controverses morales sur les immigrés (ou perçus comme tels) qui ont cours dans les espaces politiques et scientifiques dont on peut dire, sans risque d'erreur ou d'hypothèse inconsidérée, que ce sont là deux espaces structurellement liés, l'un tenant en partie son identité (et donc son pouvoir d'existence) dans sa relation et dans son opposition à l'autre. C'est au fil du temps que la nécessité s'est imposée, d'une part, de contribuer à *stabiliser* conceptuellement ce champ d'étude pensé et perçu dorénavant comme un champ dynamique, et, d'autre part, de le *décloisonner*, c'est-à-dire de le décrocher des attentes singulières, implicites ou explicites, des nombreuses communautés d'acteurs qui y chercheraient des savoirs définitifs ou des arguments de combat. Les questions de migrations sont d'une grande importance politique et scientifique : sur le plan politique parce que les États, les institutions régionales et internationales prennent quasi quotidiennement des décisions engageant la vie immédiate et future de millions de non-nationaux (hommes seuls et familles) ; sur le plan scientifique parce que l'accumulation de données empiriques et les recherches innovantes conduisent plus ou moins significativement à un renouvellement des paradigmes et donc à des manières différentes de poser la question du traitement des étrangers.

Tout déplacement de populations est un phénomène complexe

Aborder ce thème ne va jamais sans être confronté à une difficulté théorique majeure : comment penser dans le même mouvement l'émigration, l'immigration, la société et ses institutions ? Plus précisément : que peut-on penser sociologiquement sur l'émigration et l'immigration qui ne soit pas une pensée d'institution ? Bref, à quelle condition une science de l'immigration est-elle possible qui ne soit pas une pensée maintenue (ou se maintenant délibérément ou malgré elle) dans les limites de la raison d'État et d'intérêts institutionnels ? On sait à quel point l'immigration et l'État sont les deux faces d'une même pièce, puisque l'un ne peut pas exister sans l'autre, puisque l'un constitue un problème pour l'autre. On sait aussi que les enquêtes sociologiques dont les résultats accèdent au grand public et aux journalistes (ces derniers sont de parfaits relais auprès des chercheurs, des politiques, des militants et des multiples experts) sont très souvent financées par des institutions nationales, régionales (la Commission européenne) ou internationales (HCR, Banque mondiale, Bureau international du travail, etc.). Aussi, une des procédures pour contribuer à la construction de cette science de l'immigration est d'en faire d'abord et avant tout une science relationnelle, en ce qu'elle accorde la prépondérance aux relations. On aurait tort de penser que cela tombe sous le coup du bon sens scientifique. C'est même bien souvent le contraire. Construire une science des relations contre la force des évidences sociales et une certaine routinisation intellectuelle, particulièrement lorsqu'il s'agit d'émigration, d'immigration et d'immigrés, c'est s'opposer sans concession morale à des réalités substantielles composées de personnes ou de groupes, d'autant plus substantialisés qu'on peut les voir, qu'on peut les toucher du doigt, leur venir en aide, et avec lesquels on peut « souffrir ».

L'une des raisons probables de cet état social et scientifique de l'objet immigration réside dans le fait qu'il est, d'une part, objectivement subordonné au politique et, d'autre part, soumis à un constant ajustement méthodologique (interrogations, sources, concepts, etc.) lié au prestige et aux qualités sociales des populations étudiées, qui, si elles ne sont pas « les plus dominées des dominées » (autre expression et vision typiquement substantielles), n'en restent pas moins une fraction numériquement importante des groupes sociaux les plus pauvres économiquement.

Dire que cet objet est objectivement subordonné au politique signifie la chose suivante : ce sont les forces et les intérêts politiques qui sont, bien plus que les diverses disciplines en sciences sociales, en état d'imposer certaines problématiques plus que d'autres (il suffit de se référer, entre de nombreux thèmes, au débat sur « l'identité nationale » ou sur la « burqa »). Les divisions ou les différences de perspectives ne passent pas par les disciplines mais bien plutôt entre les frontières qui séparent des problématiques isolées les unes des autres : l'émigration sans l'immigration, l'immigration clandestine sans l'État-nation, les violences domestiques sans le droit et les institutions, etc. On ne le dira jamais assez, mais l'objet immigration est un objet surchargé de significations et un objet où l'investissement scientifique se mêle à de nombreux autres investissements. La raison fondamentale tient au fait qu'il est, plus que tout autre objet, constitué de populations dont l'existence et la légitimité sont liées inséparablement à l'ordre social (qui se rapporte à la vie en commun et à ses modes d'organisation), à l'ordre politique (en tant que représentation de l'ensemble des relations politiques qui caractérisent une société à un moment donné), et à l'ordre national. Précisons que la notion d'*ordre* ici ne signifie pas *l'ordre des choses* ou un ordre naturel préétabli, mais bien un système de relations dont on pense, par définition, qu'il est possible d'en produire l'intelligibilité. Ainsi, on peut faire la sociologie des membres du Conseil d'État et l'activité de cette grande institution ; faire l'histoire sociale de la constitution du groupe des ingénieurs ou étudier la pratique de la religion catholique en France sans référence explicite au maintien de l'ordre social sous toutes ses formes (démographique, juridique, culturelle, religieuse, etc.). Avec l'immigration et les immigrés, les choses se présentent et s'imposent aux uns et aux autres différemment. Quand on ne veut pas s'engager ouvertement sur le thème de la nation, il suffit de parler d'immigration ; quand on ne veut pas évoquer l'immigration, il suffit de convoquer et de soumettre à examen les problèmes de la nation.

Il existe une division du travail prégnante entre, d'une part, ceux, principalement des institutions d'État (Institut national de la statistique et des études économiques ; Institut national d'études démographiques ; Direction de l'animation de la recherche, des études et des statistiques, etc.), qui travaillent sur des échantillons volumineux et représentatifs (fréquences statistiques valables pour l'ensemble de la population française et relations générales de causalité) et possèdent, comme l'INSEE, le monopole du recensement de la population française, et, d'autre part, ceux qui, dotés des meilleures intentions du monde, d'une sorte de parti pris a priori, font prévaloir cette morale du défenseur de l'immigré sur une analyse sociologique réaliste. Dans le premier cas, pour mener à bien ce type d'activité il faut disposer de « gros moyens qu'en dernier recours seules les administrations sont capables de fournir, en l'occurrence l'INSEE, qui possède les résultats des recensements parmi lesquels on tirera l'échantillon, et les mairies, dont les actes d'état civil permettent d'accéder à des informations que ne contiennent pas les recensements. Tôt ou tard, l'État est donc partie prenante de ces grandes enquêtes auxquelles il apporte sa caution, ce qui légitime leurs résultats mais aussi les catégories qu'elles utilisent » (Smaïn Laacher, *Faits migratoires. De l'opinion à la connaissance*, Centre de ressources politiques de la ville en Essonne, 2010.).

De quelques enjeux méthodologiques

Dans le second cas, la lucidité (qui n'a rien à voir avec la posture scientiste) et la description objective l'emporteraient partout et toujours sur toute bienveillance même la plus politiquement acceptable. Et l'on peut se demander si le privilège exorbitant qu'a pris la méthode biographique dans les études sur l'immigration comme mode de connaissance dominant – pour ne pas dire exclusif – pour de nombreux chercheurs (confirmés ou amateurs), n'est pas un puissant vecteur de passions dramatisées ou de bons sentiments. Abdelmalek Sayad notait à propos de la méthode de « la biographie reconstituée » : « [...] quels qu'en puissent être les mérites, et n'en déplaise à ceux qui veulent voir en cet outil le prélude pour une "sociologie nouvelle", ne serait-elle pas seulement une des techniques auxquelles on recourt faute de disposer d'autres ressources et afin de compenser l'indigence de l'objet et, du même coup, l'indigence de la science de cet objet (absence d'une tradition d'études, absence d'archives et de documents objectifs, de données sociales rigoureusement recueillies et enregistrées, de séries statistiques suffisamment longues et homogènes, etc.). Contre cette sociologie du "petit" (socialement) – sociologie du "petit", c'est-à-dire sociologie des objets situés relativement au bas de la hiérarchie sociale des objets d'étude, ou "petite" sociologie ; on sait que la dignité intellectuelle des objets sociaux est à la mesure de la dignité sociale de ces mêmes objets qu'on a convertis en objet intellectuel –, un double procès d'intention peut être facilement et rapidement instruit : le double reproche, soit de verser dans une sorte de réductionnisme sociologique, reproche qui, ici, friserait l'accusation de racisme en son espèce de racisme scientifique ; soit de pécher contre l'universalisme de la science. Comment faire une sociologie du "petit" sans que cette sociologie soit "petite" ? On comprend alors certaines stratégies scientifiques (ou de scientifiques) qui croient devoir ennoblir l'objet "indigne" sur lequel elles travaillent, au risque de le dénaturer ou de le noyer dans un autre objet réputé d'une dignité (scientifique) plus élevée, à seule fin d'ennoblir du même coup le travail scientifique effectué sur cet objet ».

Il semble aujourd'hui impossible de réfléchir et d'écrire sur l'immigration, les immigrés et leurs descendants, quel que soit le statut juridique des uns et des autres (Français, étrangers ou en situation de séjour irrégulier), sans se demander ce que *réfléchir* et *écrire* (et aussi décrire) sur ces populations veut dire. Nous n'avons pas à l'esprit, en faisant ces remarques, l'inéluctable *acte autobiographique* rendant compte sur le mode distancié des choix des objets et des thèmes de recherche jalonnant une vie d'étude, ou, dans un registre un peu plus sophistiqué, la posture « auto-socioanalyse » (Bourdieu) ou « socio-analytique » (Sayad). La question ultime peut être formulée de la manière suivante : comment opérer (au sens d'opérations à construire et à mettre empiriquement en œuvre) pour obtenir un objet sociologique et comment le distinguer des discours concurrents sur l'immigration qui tous les jours fournissent dans les médias des lectures substantialistes (« Les jeunes sont… », « Les musulmans n'aspirent qu'à… », « Les immigrés sont victimes de discriminations », etc.), entremêlés d'affirmations désarmantes de naïveté énoncées sur le mode du cela va de soi (« L'État français est raciste ») ?

Temps forts

Le peuplement européen vers le Nouveau Monde

L'Europe est fondamentalement terre de migrations. Tout au long de son histoire, elle a connu d'extraordinaires brassages de populations : mouvements pacifiques ou violents, diffusions lentes ou exodes massifs, mais au XIXe siècle et jusqu'au déclenchement de la Première Guerre mondiale, elle a été le siège du mouvement d'émigration intercontinentale le plus important de toute l'histoire humaine : 60 millions de candidats environ embarquèrent pour les Amériques entre 1820 et 1914, dont 14 millions de 1900 à 1914. Les Amériques lui doivent une large part de leur peuplement, bien que l'attraction du Nouveau Monde ne doive pas masquer l'ampleur des courants européens vers d'autres territoires « ouverts » à la colonisation européenne (Afrique, périphéries asiatiques de la Russie, Australie, Nouvelle-Zélande), ni l'importance des flux issus d'autres continents, souvent sous des formes de travail contraint (*coolies trade* des Chinois et des Indiens vers la Caraïbe).

La révolution industrielle en Europe et l'ouverture aux migrations de masse

Même si chaque pays du continent a sa propre histoire migratoire, le contexte général du continent européen, dans la seconde moitié du XIXe siècle, ne peut qu'inciter aux départs en masse : calamités naturelles, fortes inégalités sociales, crises des sociétés agraires et artisanales en forte expansion démographique, confrontées à l'extension du système capitaliste et aux défis de l'industrialisation, répression politique face à l'éveil des nationalismes et au développement des mouvements républicains en Europe centrale et orientale, persécutions religieuses (pogroms contre les Juifs de Pologne et de Russie). Le rôle de la révolution industrielle dans la libération de la force de travail rurale et urbaine a été essentiel, principalement dans les îles Britanniques et en Allemagne ; de 1825 à 1920, près de 17 millions de personnes ont quitté le Royaume-Uni, dont 6 à 7 millions définitivement. À ces flux prirent successivement part les différentes régions européennes : en premier lieu les îles britanniques, puis la Scandinavie et l'Europe centrale et, à partir des années 1880 jusqu'en 1914, l'Europe orientale, Balkans et Russie, enfin l'Europe méridionale, exception faite de la péninsule Ibérique. L'hémorragie la plus énorme est celle de l'Italie : près de 15 millions d'Italiens embarquent pour le Nouveau Monde entre 1875 et 1913. 500 000 personnes quittent la Grèce entre 1880 et 1920, soit 20 % de la population d'alors. La France, pays le plus peuplé du continent au début du XIXe siècle, ne participe que faiblement au mouvement général.

Nul pays au monde n'a connu un exode aussi massif que l'Irlande dès la fin du XVIIIe siècle : les chiffres avancés généralement continuent d'étonner par leur énormité : 10 millions de départs entre 1780 et 1970, dont 3 millions entre 1845 en 1870 ; une diminution de moitié de la population totale (8 145 000 habitants en 1870, 4 390 000 en 1911), malgré une fécondité élevée. Un ensemble de raisons rend compte de l'exode massif de la population rurale : injustice profonde d'un système agraire et social dominé par l'aristocratie anglo-irlandaise, violence des crises économiques et politiques, maladie de la pomme de terre à l'origine de la Grande Famine qui provoque le décès d'un million de personnes entre 1846 et 1848, et l'émigration d'un autre million, dont les deux tiers vers les États-Unis, puissance de l'attraction du Nouveau Monde, solidarité clanique et efficacité des réseaux irlandais de part et d'autre de l'Atlantique. Les travaux récents des historiens (Williamson, O'Rourke, Hatton, 2006) démontrent que les trois variables-clés de ces migrations transatlantiques et du déplacement géographique de l'onde de départ du nord-ouest du continent européen vers le Sud, les Balkans et la Russie sont : le surpeuplement des campagnes (Irlande, Scandinavie, Italie et Portugal) empêchant l'accès des jeunes paysans à la terre ; le différentiel des niveaux de vie pour la main-d'œuvre non qualifiée à l'intérieur des « couples migratoires » de part et d'autre de l'océan ; le rôle des réseaux familiaux et sociaux entre pays d'installation et pays d'origine qui amènent les immigrés déjà installés outre-Atlantique à favoriser l'arrivée de nouveaux migrants, en prépayant leur traversée (la moitié des Suédois qui immigrèrent aux États-Unis dans les années 1880 émigrèrent ainsi), assurant de cette façon la poursuite du mouvement migratoire. Cette importance du rôle joué par les réseaux « transnationaux » est à souligner dans ces migrations historiques, car elle met en relief, dès cette période, leur fonction de structuration et l'intensité de la communication transatlantique (exemple des communautés allemandes du Mecklembourg, Bade K.J., 2002), l'articulation du local au global, signature territoriale de la mondialisation. De même, l'importance des retours vers les pays d'origine (la moitié des Italiens du Sud aux États-Unis seraient revenus dans leur pays) amène à nuancer le schéma traditionnel de l'émigration, dite de peuplement, qui convoque systématiquement le caractère définitif de l'immigration et la rupture des liens avec le pays d'origine.

La révolution technique dans le secteur des transports qui a rendu possible l'ouverture réelle de l'ensemble de la planète aux migrations de masse, avec l'apparition des navires à vapeur, l'abaissement du coût de la traversée de l'Atlantique. Certes, les systèmes de transport ne furent que des moyens de la mobilité mondialisée, mais sous l'effet de la concurrence, les compagnies maritimes jouèrent un rôle très actif comme agents recruteurs de nouveaux migrants dans toute l'Europe. L'espace migratoire européen est ainsi structuré par des itinéraires préférentiels qui aboutissent aux grands ports de l'Europe insulaire (Southampton, Liverpool) et continentale (Brême, Hambourg, Le Havre, Cherbourg, Bordeaux, Lisbonne, Gênes).

Colonisation du Nouveau Monde et appel de l'espace

De l'autre côté de l'Atlantique, de puissants facteurs d'appel (mise en valeur, aménagement des territoires, découvertes minières) ont fonctionné tant au nord qu'au sud du continent, mais c'est surtout l'expansion surprenante de l'économie américaine et l'énorme aspiration d'un État en pleine conquête territoriale qui expliquent véritablement ce déferlement de populations.

États-Unis et Canada

Les États-Unis et le Canada sont nés l'un et l'autre de la colonisation et de l'immigration européenne ; ce fait capital est à la base même de la formation de ces deux États (en 1620, arrivée des pèlerins du *Mayflower*, « pères fondateurs » de la colonie de la Nouvelle-Angleterre et à l'origine des États-Unis). Aux paroles de George Washington (« Les bras de l'Amérique sont ouverts pour accueillir non seulement l'étranger opulent et respectable, mais aussi les opprimés et les persécutés de toutes les nations et religions, à qui nous offrons de jouir de tous nos droits et privilèges si, par leur décence et la rectitude de leur conduite, ils savent s'en montrer dignes »), fait écho la formule célèbre de John Kennedy (« Nous sommes une nation d'immigrants »). L'ancienneté même du fait migratoire – qui ne doit pas faire oublier le peuplement premier des sociétés indiennes –, l'importance que lui ont toujours accordée ces deux États, les enjeux politiques et culturels qui se nouent autour de cette question sensible expliquent la résonance dans l'opinion publique des deux pays.

La reconstruction des États-Unis après la guerre de Sécession (1860-1865), qui fit 400 000 victimes, marque le début du plus formidable mouvement d'immigration qu'un État ait jamais connu à l'époque contemporaine. De 1880 à 1921, 27 millions de personnes sont entrées légalement aux États-Unis contre 10 millions de 1820 à 1880. Le rythme annuel d'entrées aux États-Unis passe de 300 000 personnes vers 1850 à plus de 1 million à partir de 1900 (dont les années 1907 et 1914, les *peak years*, constituent les sommets) et atteint 1,4 million à la veille de la Première Guerre mondiale, niveau de flux considérable pour l'époque et que ce pays n'a jamais retrouvé depuis, du moins sur le plan légal. La dynamique profonde de la ruée migratoire européenne vers les États-Unis d'Amérique, l'ouverture à l'émigration de toutes les populations – aux antipodes des politiques migratoires actuelles – répondent à l'appel provoqué par la mise en valeur des nouveaux espaces et le déplacement du front de la colonisation vers l'ouest (*Homestead Act* de 1862). Les migrants ne sont pas forcément des pionniers œuvrant aux avant-postes du déplacement de la frontière vers l'ouest, ils jouent plutôt le rôle d'arrière-garde du mouvement de colonisation, en fournissant la main-d'œuvre pour l'industrie, qui se développe à l'est, grâce au développement du marché dû à la colonisation qui progresse en direction de l'ouest (Bade K.J., 2002).

Traditionnellement les immigrants qui arrivent d'Europe aux États-Unis s'installent dans les principaux ports d'arrivée et les États du Nord-Est. La carte des entrées enregistrées dans la période 1900-1909 montre que plus des trois quarts des immigrants se fixent dans cette région : New York (32 % des entrées) ; les États de Pennsylvanie (19 %), du New Jersey, du Massachusetts (Boston), ainsi que dans ceux bordant les Grands Lacs, l'Ohio, l'Illinois. À l'ouest, la Californie et l'Oregon reçoivent moins de 3 % des immigrants légaux. New York a été pendant longtemps la porte d'entrée, le symbole même de l'immigration aux États-Unis avec l'îlot d'Ellis Island, au sud de Manhattan, où s'effectuaient jusqu'en 1954 toutes les formalités, les contrôles et les dernières sélections. Le désir de réussite et de promotion sociale, le rêve ou le mythe américain hantent l'esprit de ceux qui débarquent à Ellis Island et se préparent à se confronter aux dures réalités de la société américaine.

Mais le centre de gravité du peuplement européen se déplace vers les Grandes Plaines. Chicago devient l'une des destinations phares des immigrants européens : Allemands, Suédois, Italiens, Juifs d'Europe orientale qui arrivent en grand nombre dans cette ville industrielle placée en bordure de la Corn Belt, la plus riche région agricole de l'époque, à la croisée d'un réseau ferroviaire très dense et de la navigation sur les Grands Lacs. L'ampleur de l'apport migratoire éclaire la croissance exceptionnellement rapide de cette ville-champignon, dont la population s'accroît à une vitesse sidérante, passant de 4 400 habitants en 1840 à plus de 3,3 millions en 1930. Les immigrants et enfants d'immigrants européens (*foreign white stock*) constituent alors les trois quarts des effectifs urbains. C'est dans cet univers bigarré, incluant la petite minorité noire (l'un des premiers temples du jazz), qu'est fondée l'école de Chicago dont les sociologues (Ernest Burgess, 1886-1966 ; Robert Ezra Park, 1864-1944 ; William Isaac Thomas, 1863-1947) développent les théories sur les dynamiques sociales et l'organisation spatiale de cette ville à majorité d'immigrants.

Chaque composante importante du peuplement d'origine européenne possède une place spécifique dans l'espace américain. Le rôle fondamental dans le peuplement et la mise en valeur de l'espace sont tenus, dès les origines, par l'immigration britannique : on compte 80 % de Britanniques dans la première vague migratoire du XVIIIe siècle ; encore 50 % dans la seconde qui amène 5 millions de migrants (1820-1860), mais la participation des « continentaux » (Allemands, Hollandais, Nordiques) augmente. Les Britanniques (Anglais, Écossais, Gallois), les Allemands, les Scandinaves ont donné au nouvel État ses structures juridiques, ses bases linguistiques, sociales et culturelles ; les WASP (*White Anglo-Saxon Protestants*) dirigent et régissent la nouvelle société américaine. Implantés traditionnellement dans le Nord-Est, ils se déplacent ensuite vers la côte pacifique et, en premier lieu, la Californie. Les descendants des Irlandais, groupe longtemps stigmatisé, restent très regroupés dans les États du Nord- Est (Boston, New York, Philadelphie), et dans l'Illinois ; ce sont fondamentalement des urbains. Leur percée sociale date de la fin du XIXe siècle grâce à leur sens politique (ils votent massivement démocrate) et à leur forte organisation sociale chapeautée par l'Église catholique. Ils ont abandonné les métiers manuels pour les professions du tertiaire, la banque, le syndicalisme, le sport, le journalisme. Ils réussissent bien dans les métiers fondés sur les relations humaines. Le symbole de leur réussite a été l'élection de John Kennedy en 1960. Les Allemands représentent le second groupe d'origine européenne. Profondément liés à toute l'histoire du peuplement et de la mise en valeur des États-Unis, ils ont fondé de nombreuses colonies dans les Appalaches, où la communauté des Amish pratique encore aujourd'hui le mode de vie et l'économie des premiers colons. Ils ont apporté une contribution très importante à la mise en valeur agricole et industrielle du pays. Leur répartition géographique est fortement centrée sur le Nord-Est et les grandes plaines du Centre nord. Leur insertion sociale a été difficile. On leur reproche de ne pas se mélanger aux autres groupes ; en 1969, on ne compte plus qu'un tiers de mariages entre Allemands contre les deux tiers au début du siècle. La Première Guerre mondiale déclenche une vague d'antigermanisme qui est probablement à l'origine du déclin de la culture germanique aux États-Unis.

Les descendants des Italiens sont issus d'une immigration très tardive qui a été fortement alimentée jusqu'aux années 1960. Si la première vague migratoire était originaire du nord de l'Italie, la majorité, d'ascendance très modeste, est venue du Mezzogiorno. La majorité de cette population est restée concentrée dans les États du Nord-Est et dans la région des Grands Lacs (Chicago, Detroit). De religion catholique et très attachés aux valeurs de la famille et de leur groupe d'origine, lentement scolarisés, ils ont eu beaucoup de mal à se frayer un chemin dans la société américaine. Ils se sont spécialisés dans les métiers de l'agriculture, du commerce, de la banque (fondation de la Bank of America). Les Juifs constituent un groupe spécifique plus lié par sa culture religieuse que par ses origines géographiques, même si un tiers est originaire de l'Europe de l'Est (Pologne, Russie surtout). Leurs débuts furent très difficiles, surtout pour les plus pauvres qui arrivaient de Russie. Ils se firent une spécialité dans la confection (Singer invente la machine à coudre) et le petit commerce. Leur promotion au sein de la société américaine, qui repose essentiellement sur l'instruction, leur réussite sur le plan industriel, scientifique et artistique, est certaine, tout comme leur influence dans le système politique.

Mais avec la montée en puissance de la « nouvelle immigration » provenant d'Europe orientale et méridionale qui submerge l'ancienne (les Anglo-Saxons ne représentent plus entre 1900 et 1910 que le tiers des effectifs), le dispositif réglementaire aux frontières se resserre et discrimine les immigrants, notamment selon leurs origines (*Asiatic Barried Zone*, 1917). Le déclenchement de la guerre et la mobilisation en Europe, les attaques des navires neutres par les sous-marins allemands, l'engagement du Canada puis des États-Unis dans le conflit marquent la fin véritable de cette grande période d'immigration européenne (moins de 100 000 entrées en 1917). Dès la fin de la guerre, une reprise s'annonce avec 800 000 entrées en 1920 et l'on évoque dans la presse américaine ces millions d'Européens prêts à s'embarquer pour l'Amérique du Nord. Mais l'opinion publique américaine devient de plus en plus hostile à l'immigration, les partisans de l'isolationnisme devenus majoritaires au Congrès font voter une série de lois qui aboutirent à l'établissement du « système des quotas selon les origines nationales » ; l'arrivée de la grande crise économique parachève la fermeture du continent nord-américain. Pour la première fois dans l'histoire américaine, le nombre de retours dans les pays d'origine, au cours de la période 1931-1935, est même supérieur à celui des arrivées (127 000 retours volontaires en Europe en 1933 contre 23 000 arrivées). Le début de la Seconde Guerre, la généralisation des hostilités à une grande partie de la planète gèlent la situation migratoire, exception faite des réfugiés venus d'Europe et tout particulièrement des Juifs victimes du nazisme. De nombreux écrivains, artistes et chercheurs, dont Albert Einstein, trouvent alors refuge aux États-Unis.

Le Canada a participé, mais de manière plus limitée sur le plan des effectifs, à ce vaste phénomène d'appel et d'immigration si caractéristique des « pays neufs ». Dans cet immense territoire, plus vaste en superficie que celui des États-Unis mais beaucoup plus réduit en espace utilisable dans la pratique en raison du climat, le mouvement d'entrée n'a jamais cessé depuis l'arrivée des premiers colons français et britanniques à l'origine du Canada et qui ont marginalisé les premiers occupants, Indiens et Inuit. Alors que l'immigration française s'est arrêtée dès la fin du XVIIe siècle, la venue des Anglo-Saxons a continué pratiquement sans interruption jusqu'à la Première Guerre mondiale, assurant le peuplement des Provinces maritimes de l'Ontario avant de se diffuser dans l'Ouest canadien. Après la formation de la Confédération (1867), le mouvement d'entrée s'accélère dans les dernières années du XIXe siècle (130 000 entrées en 1883 contre 30 000 dans les années 1870) et culmine en 1914 (400 000 entrées en

1913). De 1893 à 1914, plus de 2 millions d'immigrants européens sont entrés au Canada, soit plus qu'au cours de toute son histoire.

Le peuplement de cet immense territoire constitue une sorte de défi au milieu naturel en raison de la longueur et de la rigueur de l'hiver (épaisseur de la couverture neigeuse, brièveté de la période végétative pour les cultures, isolement géographique). L'étroitesse de l'espace habitable coincé entre la frontière américaine et les limites naturelles dictées par la rigueur du milieu a ordonné la géographie du peuplement européen. Celui-ci s'est étendu vers l'ouest en fonction de l'avancée des grands axes ferroviaires dont les différentes compagnies ont joué littéralement un rôle de locomotive dans la progression vers le Pacifique. Le Canadian Pacific Railway a concédé principalement aux immigrants près de 10 millions d'hectares répartis tout au long des 4 685 km de la voie. Si la localisation des colons français est restée fortement concentrée dans le couloir du Saint-Laurent (Québec), les immigrants britanniques se sont diffusés vers l'ouest, les Grands Lacs et surtout la Prairie dont l'espace devient une véritable marqueterie ethnique à dominante britannique (Manitoba sud).

Par la loi sur l'immigration (1869), le Canada est sans doute l'un des premiers États au monde à afficher une politique officielle en ce domaine. Des critères précis pour l'entrée sur le sol canadien sont exigés sur le plan de la santé, de la moralité, des moyens de subsistance. Des discriminations raciales apparaissent ici également. Des restrictions sont apportées à l'entrée des Asiatiques, notamment des Chinois, mais sans aller jusqu'à l'interdiction totale comme aux États-Unis. La mobilité de part et d'autre de la frontière avec les États-Unis est très élevée : arrivées d'Américains au Canada et surtout départs de Canadiens vers les États-Unis. À bien des égards, le Canada fonctionne comme une sorte de sas vers les États-Unis ; ainsi, de 600 000 à 800 000 Canadiens français seraient partis s'installer aux États-Unis entre 1840 et 1930. Après l'interruption de la Première Guerre mondiale, le mouvement reprend fortement, mais au cours de l'entre-deux-guerres le Canada durcit, comme son voisin, sa politique d'immigration en établissant notamment, par la loi de 1923, un classement très sélectif pour les futurs immigrants. On accueille en priorité les personnes venant des pays fondateurs (Grande-Bretagne, France), puis les migrants de Scandinavie, des États-Unis, ainsi que ceux des vieux « dominions » britanniques qui bénéficient de la clause de la nation la plus favorisée ; ensuite viennent les autres groupes dont l'immigration est littéralement filtrée ; enfin, les Asiatiques et les populations de couleur dont l'entrée est véritablement découragée, si ce n'est totalement impossible. L'effet de ces mesures et l'impact de la crise font chuter considérablement le nombre des immigrants (de 1 203 000 pour la période 1921-1931 à 150 000 au cours de la décennie suivante).

Amérique latine
L'établissement des Européens de la péninsule Ibérique au sud du tropique du Cancer est intimement lié au début des grandes découvertes, puis à l'appropriation coloniale entérinée par le traité de Tordesillas (1494) qui délimite la ligne de partage (*marcation*) entre Espagne et Portugal. L'émigration ibérique s'est portée initialement vers les territoires de la zone intertropicale favorable aux cultures de plantation, mais s'est étendue ensuite vers les espaces de climat tempéré au sud du Brésil et dans les pays du cône sud (Sud-Brésil, Uruguay, Argentine, Chili) où elle a été rejointe par les migrants originaires d'Allemagne et d'Italie.

Les Espagnols furent nombreux à s'établir dans l'immense empire colonial qu'ils s'étaient taillé dans l'Amérique tout entière, exception faite du Brésil et de l'Amérique du Nord anglo-saxonne et française. Plus de 3 millions d'Espagnols quittent légalement leur pays entre 1880 et 1914 (257 000 départs en 1912, 157 000 en 1920), puis 2 millions entre 1914 et 1945 (effet de la guerre civile espagnole). Cette émigration transocéanique s'est longtemps alimentée dans l'Espagne atlantique : Galice, Asturies et Pays basque. Pour les migrants issus de ces régions de forte densité humaine, aux structures familiales solides mais où la micro-agriculture familiale ne parvenait plus à contenir la pression d'une démographie très active, l'embarquement pour l'outre-mer symbolisait alors l'espoir. Beaucoup d'Espagnols, rejoints ensuite par les Italiens et les Allemands, émigrent vers le Rio Grande do Sul, Buenos Aires et les vastes territoires de la Pampa.

L'espace migratoire des Portugais est resté longtemps polarisé par le Brésil, joyau de leur empire colonial. Le mouvement se précipite sous l'appel sans cesse renouvelé des différents cycles de l'économie de plantation et de l'exploitation intensive des ressources minières (Minas Gerais), et ce, jusqu'à l'abolition de la traite des esclaves (1888). La fin de l'esclavage au Brésil accélère le développement d'une immigration venue d'Italie du Nord, par l'octroi de primes aux employeurs d'ouvriers européens. De 1835 à 1890, le gouvernement de ce pays promulgue plusieurs lois afin de favoriser cette immigration. Le phénomène est d'autant plus actif que le Portugal, qui débute sa transition démographique, s'endort dans une économie agricole archaïque ou inégalitaire et regarde passer au loin la révolution industrielle. L'ampleur du prélèvement humain effectué dans les métropoles européennes au profit des espaces outre-atlantiques ou tropicaux fut considérable. Le Portugal perd au profit du Brésil 1,4 million de personnes au XIXe siècle, soit le tiers environ de sa population totale (3,8 millions en 1864), et encore 1 million au cours de la première moitié du XXe siècle. Cette expérience brésilienne donne à l'émigration sa légitimité sociale au sein de la société de départ et lui permet d'acquérir avec la mise en place de réseaux, une forte culture migratoire que la population portugaise saura mobiliser lors du grand mouvement de départ vers la France dans les années 1950-1960 (M. Poinard 1991).

Buenos Aires, fondée en 1536, et dont on a dit qu'elle a été « la plus européenne des villes américaines » (ville de la Belle Époque avec son plan et ses immeubles « haussmanniens »), est probablement l'un des lieux les plus symboliques de l'appel migratoire sur le continent sud-américain. La croissance prodigieuse de la cité établie sur la rive sud du Rio de la Plata (90 000 hab. en 1855, 663 000 en 1895, 2 millions en 1914) est due à l'intensité de l'immigration (espagnole, anglaise et principalement italienne), qui a apporté la moitié des effectifs urbains au cours de cette période. L'ascension sociale des immigrés est relativement facile dans cette ville en pleine expansion. Port unique des immigrants entrant en Argentine, métropole incontestée de tout le territoire par l'organisation du réseau de communications, elle reste la tête de pont des relations de la Pampa à l'Europe et conserve son attrait migratoire jusqu'au déclenchement de la grande crise économique de 1929, qui signe le déclin de l'immigration de masse des Européens.

Les héritages

Par rapport aux migrations massives du passé, l'Europe ne joue plus aujourd'hui qu'un rôle très secondaire dans l'alimentation des flux migratoires du monde en raison du développement économique et de l'achèvement de la transition démographique dans ces pays dont la fécondité s'est effondrée et qui n'arrivent plus à assurer leur propre renouvellement, exception faite de l'Irlande et de la France. Néanmoins, l'émigration européenne actuelle vers le Nouveau Monde, bien que très affaiblie par rapport aux flux considérables du passé, demeure une composante du paysage migratoire de l'autre côté de l'Atlantique : plus de 2 millions de ressortissants des pays de l'Union européenne ont quitté leur pays pour les États-Unis depuis 1970. Alors que les migrations de qualifiés s'alimentent désormais dans les grandes métropoles européennes, les autres flux vers l'Amérique se caractérisent toujours par leur spécificité régionale (Écosse, Galice, nord du Portugal, Açores), et souvent encore leurs origines rurales. En Grèce, les départs vers l'outre-mer proviennent du sud du pays et des îles, alors que les migrations vers l'Allemagne et les autres pays de l'UE s'alimentent dans les régions du Nord, en Thessalie, en Macédoine.

Enfin, les différents États européens embarqués dans l'histoire de cette grande aventure transocéanique ont hérité de ce passé migratoire un tissu très fort de liens transatlantiques humains, économiques, culturels, qui ont été en 1949 à l'origine du traité de l'Atlantique Nord (OTAN). Il découle aussi de ce passé diversifié de pays d'émigration des approches spécifiques de la migration, qui s'expriment, au sein même de l'UE, par les différences très sensibles entre les États dans la perception et la gestion des questions migratoires actuelles (vision politique, rapports de l'étranger au national, droit de la nationalité).

⇢ émigration française (partie Dictionnaire)

Colonisation et immigration

De l'assimilation à l'intégration

La question de l'immigration en France ne se résume pas, loin s'en faut, à l'immigration dite « coloniale » et « post-coloniale ». Une grande partie des migrants venus en France au cours des XIXe et XXe siècles est d'origine européenne ou extra-européenne mais sans lien avec un quelconque passé colonial, à l'image des Italiens, Polonais, Belges, Espagnols, Portugais et plus récemment des personnes originaires des anciens pays de l'Est ou de Turquie.

Cependant, depuis les décolonisations intervenues au cours des années 1950 et 1960 et plus particulièrement depuis la fin de la guerre d'Algérie, les migrants les plus visibles sur le sol français ont été incontestablement les ressortissants des anciennes colonies françaises et tout particulièrement les populations originaires d'Algérie, territoire découpé en trois départements français de 1848 à 1962. Cette omniprésence, faisant du « Nord-Africain » puis du « Maghrébin », de la « première », de la « deuxième » voire des « troisième » et « quatrième » générations, la principale cible des discours racistes, met en lumière le poids du passé colonial dans l'opinion publique au sujet de la « question » de l'immigration. Inversement, l'histoire coloniale qui retrouve une place importante après avoir été délaissée pendant plusieurs décennies par les chercheurs ne saurait se limiter à la seule thématique des migrations : son champ d'investigation est bien plus vaste.

Le lien entre immigration et colonisation relève à la fois d'une démarche complexe, mêlant histoire et mémoire, démarche scientifique et militante.

La société française n'en finit pas de constater aujourd'hui l'importance de son héritage colonial. Le mode de gestion des populations issues de l'immigration depuis plusieurs décennies par l'appareil d'État s'inscrit dans la continuité de la gestion passée des populations « indigènes ». Il en va de même pour l'opinion publique et l'imaginaire collectif.

Partie prenante d'une spectaculaire expansion européenne sur le reste de la planète, la France règne sur un vaste empire colonial à la fin du XIXe siècle. La domination militaire, politique, économique, sociale et culturelle, justifiée en partie par le principe bienveillant de la « mission civilisatrice », est le maître mot. Aux temps de la conviction, partagée par la majorité des Français de métropole, de l'existence d'une inégalité entre races inférieures et races supérieures, une véritable « idéologie coloniale » est développée sous le second Empire et plus encore sous la IIIe République.

Ce mode de pensée irrigue la science autant que les imaginaires en façonnant une image de l'indigène que la France envisag de progressivement « assimiler ». Convaincus que leur modèle est sans faille, les Français, dans leur majorité, se sentent capables, à l'instar d'un Jules Ferry, de transformer les plus obscurs peuples colonisés en bons Français. S'assimiler c'est progressivement délaisser ses valeurs pour épouser celles de la France qui donnera à chacun les moyens de se hisser dans la hiérarchie sociale et nationale. Cette croyance, vite déçue malgré la persistance des discours officiels toujours optimistes, ne se diffuse pas sans satisfaire à un besoin d'exotisme exprimé par les Français déjà saisis par la vogue orientaliste : « zoos humains » et expositions coloniales sont autant d'occasions d'exhiber avec grand succès les populations de son Empire entre la fin des années 1870 et le début des années 1930.

En effet, entre discours et réalité l'écart est de taille. L'administration et le législateur français n'ont jamais réellement envisagé d'octroyer à la masse des indigènes une égalité de traitement. Leur situation est pire que celle réservée aux travailleurs immigrés venus des pays européens pour qui la France a pu apparaître comme une terre d'accueil, voire comme une nouvelle patrie dans la seconde partie du XIXe siècle. Entre 1881 et 1945, le « Code de l'indigénat », ensemble de textes législatifs d'exception, maintient une partie des populations locales de l'Empire dans un régime spécial facilitant leur contrôle et surtout leur répression. Exclus de la vie politique, les indigènes, à quelques exceptions près, restent des « sujets » de l'Empire, certes détenteurs de la nationalité française, mais jamais citoyens à part entière, perçus jusqu'au bout comme une « race » inférieure. L'islam est l'un des principaux arguments pour maintenir la population indigène en marge de la Nation. Le poids des stéréotypes fonctionne pour faire de « l'Arabe » le membre d'une population faiblement assimilable aux valeurs nationales. Lorsque la situation commence à évoluer à partir de 1945-1946, il est trop tard, l'édifice impérial se lézarde et l'idéologie de « l'assimilation », toujours martelée comme un leitmotiv, relève de plus en plus de la chimère.

Certes, ceux qui sont rangés dans la catégorie « indigène », sujets français et donc titulaires de papiers d'identité, peuvent circuler au sein de l'Empire ainsi que vers la métropole, mais cela se fait au détriment du principe de l'État de droit. Les déplacements sont soumis aux décisions discrétionnaires de l'Administration qui impose par exemple le recrutement de centaines de milliers d'hommes, travailleurs et soldats, pendant la Première Guerre mondiale. Devenus inutiles et indésirables après la victoire de 1918, les mêmes qui ont survécu sont renvoyés sans ménagement dans leur région d'origine avant d'être à nouveau sollicités lors de la Seconde Guerre mondiale.

Avec le souffle de la décolonisation, certains intellectuels et hommes politiques considèreront que l'ambition française de rassembler les populations colonisées sous sa bannière a fait long feu. Parmi ceux-ci, le général de Gaulle juge impossible de transformer des « musulmans » en « Français », donc une confession en une nationalité, craignant une véritable « invasion ». Le caractère inassimilable des populations nord-africaines ou africaines a servi d'argument pour accompagner les décolonisations mais aussi pour justifier plus tard le souhait de voir les migrants maghrébins quitter le territoire français.

Avec l'émergence de la société « post-coloniale », la condition et l'image de l'immigré se substituent progressivement à celles de l'indigène. Les discriminations, bien qu'adaptées à un contexte différent sous des formes renouvelées, restent de même nature, à l'image notamment du tabou persistant sur le « métissage » et les « mariages mixtes ». La « fracture coloniale » se perpétue à l'égard des travailleurs immigrés : recrutés en masse pendant la période des Trente Glorieuses (1945-1975), ils sont tenus à l'écart de la société française. En effet, hormis le lieu de travail, rares sont les occasions de se mêler à la population. Leur univers est celui du bidonville ou du garni au sein desquels ils côtoient d'autres migrants. Sans voix ni dignité, ceux que l'on a désigné sous le terme « Arabes » sont victimes d'un rejet généralisé. Considérés comme incapables de vivre en harmonie avec les Français, ces migrants dits de la « première génération », venus des anciennes colonies et ayant vécu les indépendances ont essuyé un racisme sourd et parfois violent comme en 1973 dans la région marseillaise où, à la suite d'un fait divers tragique mettant en cause un Algérien, des « ratonnades » ont été organisées, véritables « arabicides » provoquant la mort de plusieurs dizaines de personnes.

Au cours de cette période, l'adaptation des anciens colonisés à la France ne semblait pas fondée dans la mesure où, selon les discours publics et officiels, leur présence en France était jugée provisoire.

C'est avec leurs enfants et petits-enfants que la question de l'immigration se pose différemment au début des années 1980. En effet, malgré le fait que ces jeunes soient français au titre du droit du sol qui accorde la nationalité française aux individus nés en France de parents étrangers, ils subissent le même sort que leurs parents. Même s'ils n'ont pas connu la migration, ils sont victimes de discriminations à l'embauche et au logement. L'hostilité à leur égard est telle que des violences ne manquent pas d'alimenter la rubrique des faits divers. Le maître mot politique et médiatique qui se diffuse au cours des années 1980 est « intégration ». Il s'agit du côté de la société française de faire un effort pour accepter ces enfants de migrants considérés par la majorité comme extérieurs à la Nation, mais aussi, du côté de ces jeunes de faire des efforts pour devenir « pleinement français ». Avec l'intégration prônée aussi bien par la droite conservatrice que par la gauche, on retrouve des relents de « l'assimilation ». Et même si certains expliquent que « l'intégration » est plus souple et plus moderne que « l'assimilation » d'antan, la réalité du processus apparaît similaire. Certes, on promet que « l'intégration » c'est souscrire aux valeurs françaises sans toutefois négliger totalement l'appartenance familiale, mais dans les faits, il s'agit d'une injonction. Ainsi, jusqu'à l'installation du Haut Conseil à l'intégration institué en 1989 par le gouvernement Rocard, cette terminologie connaît une belle carrière dans une époque où la thématique de la diversité commence à apparaître dans l'espace public. Toutefois, de la même manière que pendant l'époque coloniale, dispositifs officiels et mises en scène de parcours de réussite, notamment dans le sport, la chanson ou le cinéma, ne sont pas forcément le signe d'un succès abouti. En effet, les préjugés étant tenaces, prôner « l'intégration » n'empêche pas un durcissement législatif sur les conditions d'entrée et de séjour en France, sur l'accès à la nationalité, sur la question des « banlieues » ou du port du « voile islamique » à partir des années 1980.

Comme jadis avec la faillite de l'idéologie de « l'assimilation », les discours sur « l'intégration » ayant investi le champ public depuis les années 1980 comme un rouage essentiel du « modèle français » semblent désormais dépassés. Émeutes urbaines, sifflets de l'hymne national lors de compétitions sportives, islamisme : plusieurs incidents médiatisés ont donné l'occasion à l'opinion publique de juger que de nombreux « jeunes issus de l'immigration » ne sont pas « intégrés » que ce soit par absence de volonté ou en raison d'« incompatibilités culturelles ».

Les travaux sur l'histoire de l'immigration sont nombreux depuis une ou deux décennies. Une bonne partie porte sur la période « postcoloniale », c'est-à-dire sur le temps présent privilégiant les populations originaires des anciennes colonies. La référence douloureuse à la guerre d'Algérie, et tout particulièrement aux « massacres » du 17 octobre 1961, est considérée avec raison comme une matrice des attitudes positives ou négatives à l'égard des immigrés sous la Ve République. Les « guerres de mémoires » (rapatriés, OAS, appelés, harkis, immigrés) qui en découlent sont la preuve d'une incapacité généralisée à surmonter un conflit aux grilles d'interprétations multiples, à partir duquel certains groupes nourrissent un ressentiment exacerbé.

À cette inflation éditoriale correspond l'apparition de cette thématique jusqu'alors occultée dans les programmes d'enseignement secondaire : il n'est plus possible de dire aujourd'hui que l'immigration est un objet d'étude marginal ou le parent pauvre de l'enseignement, d'autant que le débat public a greffé la période coloniale à la « question de l'immigration » ; ce mélange explosif suscite une passion médiatique qui éloigne le sujet de la connaissance historique pour le rapprocher de postures militantes parfois teintées d'anachronismes et d'injonctions abusives à la « repentance ». Le succès du film *Indigènes* de Rachid Bouchareb en 2006 met bien en évidence ce besoin de mémoire et de reconnaissance bien compris et relayé par la société civile. La scène finale du film active le lien entre colonisation et immigration : le seul survivant des soldats maghrébins enrôlés pour participer à la libération de la France croupit seul dans la chambre misérable d'un foyer pour vieux immigrés.

Le passé colonial « qui ne passe pas » rejaillit tout particulièrement en 2005 avec la loi du 23 février dont l'article 4, adopté puis abrogé par décret tient à affirmer le « rôle positif » de la colonisation. La controverse autour de cette loi est relancée à l'occasion des émeutes dans les banlieues en novembre de la même année. Plusieurs observateurs insistent abusivement sur le lien entre « jeunes issus de l'immigration » et « populations issues de la colonisation », jusqu'à l'amalgame : certains discours attribuent le « malaise des banlieues » à la seule mémoire coloniale, oubliant que l'essentiel se joue sur un terrain social. L'appel des « indigènes de la République », diffusé en janvier et signé tout au long de l'année 2005 par des milliers de personnes principalement issues de l'immigration, insiste sur le fait que la France reste un État colonial dans la mesure où le principe de l'égalité devant la loi n'est pas respecté et que la figure de l'indigène continue à motiver l'action politique, administrative et judiciaire. Aussi, la décolonisation de la République reste-t-elle à l'ordre du jour selon les acteurs de ce mouvement.

Faire le lien entre colonisation et immigration autour du rapport de la France à ses indigènes et à ses immigrés est devenu une nécessité pour comprendre les nouveaux contours de l'identité nationale. Il s'agit désormais de considérer des catégories de population minoritaires qui pendant longtemps ont été totalement ignorées dans le champ public national.

Les nouvelles configurations mondiales après la Seconde Guerre mondiale et la figure du réfugié

La fin de la Seconde Guerre mondiale marque l'ouverture d'une nouvelle ère dans les relations internationales. Alors que la création des Nations unies annonce le choix de privilégier le dialogue à toute solution militaire dans la gestion des conflits, trois espaces majeurs de confrontation dessinent la trame de la géopolitique mondiale : les guerres d'indépendance liées à la décolonisation (1945-1975), la guerre froide (1947-1989), le conflit israélo-arabe (1948-2012). Conséquence de ces conflits, aux 40 millions de réfugiés ou de déplacés hérités de la Seconde Guerre mondiale succéderont des cohortes encore plus nombreuses de populations exilées. À partir des années 1990, les formes et la nature des rivalités se font plus complexes. L'effondrement de l'URSS, l'irruption du « terrorisme international », la naissance de nouvelles puissances nucléaires, les enjeux pétroliers (Caucase, golfe Persique) et le rôle croissant des pays émergents ont contribué à une recomposition des situations géopolitiques. Il en va de même pour les mouvements de réfugiés, de plus en plus inscrits dans celui, plus englobant, des migrations internationales.

Les trois principales lignes de fracture

En 1945, le nombre d'États officiellement reconnus s'élevait à 72 (contre 53 en 1914). Par la suite, ce nombre n'a pas cessé d'augmenter : 89 en 1955, 157 en 1975 et 194 en 2006.

La décolonisation

C'est la première cause de cette évolution. La Charte des Nations unies, faisant suite à la création de l'organisation en 1945, est ratifiée en juin de la même année par les 50 États membres. Elle reprend le principe hérité des grandes révolutions du XVIIIe siècle consacrant le « droit des peuples à disposer d'eux-mêmes ». Pour parer aux ambiguïtés relatives à la notion de « peuple », plusieurs déclarations successives de l'ONU conduisirent cependant à restreindre ce droit à l'autodétermination aux populations d'Afrique et d'Asie anciennement colonisées par les États européens.

Entre 1945 et 1949, les Néerlandais abandonnent leur souveraineté sur l'Indonésie. Du côté britannique, après la partition de l'Inde et du Pakistan en 1947, la Malaisie, la Birmanie et Singapour accèdent à l'indépendance entre 1948 et 1958. Après l'indépendance accordée au Laos en 1949, la défaite de la France à Diên Biên Phu en 1954 signe son retrait de l'Indochine. En Afrique, entre 1950 et 1962 toutes les colonies (et les quelques tutelles) britanniques, belges et françaises accèdent à l'indépendance, souvent au prix de guerres aussi coûteuses que désastreuses (guerre d'Algérie). On tend à considérer que le mouvement de décolonisation ne s'achève véritablement qu'avec le départ du Portugal de la Guinée (1974), de l'Angola et du Mozambique (1975). Mais l'histoire de la décolonisation n'en est pas à son dernier soubresaut. L'Érythrée gagne son autonomie en 1991 sans que cessent pour autant les tensions avec l'Éthiopie. L'indépendance du Timor-Oriental (ancienne colonie portugaise) n'est acquise qu'en 1995, après vingt-cinq ans de violences. Et la question sahraouie, liée à l'abandon par l'Espagne du Sahara occidental (annexé par le Maroc), reste en suspens.

La guerre froide
La dissuasion nucléaire interdisant la guerre totale entre les États-Unis et l'URSS (crise des missiles en 1962), la rivalité entre les deux camps s'est reportée sur de nombreuses « guerres par procuration » afin d'asseoir (ou de maintenir) dans ces pays un régime à leur convenance. Dans cette logique hégémonique de dimension planétaire, il existe peu de conflits et de crises de pouvoir qui puissent être déchiffrés sans la prise en compte de cette politique de *containment* (théorie des dominos).

En Asie, le *statu quo* consacrant la scission de la Corée après la guerre entre la coalition américaine et le bloc communiste (1950-1953) est le symbole par excellence de la guerre froide. Le départ des Américains du Sud-Vietnam (1973) ne marque pas pour autant la fin des conflits en Asie du Sud-Est (Cambodge). D'autres affrontements, davantage circonscrits (Bangladesh, Sri Lanka, Népal…), se nourrissent également des rivalités entre puissances régionales (Chine, Inde, Pakistan, Irak, Iran).

En Afrique
Les guerres d'indépendance, comme les guerres civiles sur lesquelles elles ont ensuite débouché, ont pour la plupart été parées de la rhétorique idéologique de l'époque : communisme contre capitalisme. Mais l'interprétation de ces conflits doit dépasser la logique binaire des guerres par procuration. Ces affrontements suivaient le plus souvent des lignes de fracture plus anciennes. Et, au-delà de l'explication commode sur « l'artificialité du

tracé des frontières », l'enjeu plus fondamental de ces rivalités était celui de l'émergence d'un sentiment national qui aurait permis de transcender les luttes pour l'accès au pouvoir, instrumentalisant les identités ethno-régionales ; des clivages que les anciennes puissances coloniales avaient souvent exacerbés dans le passé (Rwanda).

En Amérique latine, l'affrontement entre l'Est et l'Ouest s'exerce dans le contexte de pays indépendants depuis le XIXe siècle. Du Chili au Guatemala, les guerres qui ont marqué le cours des années 1970-1980 sont pour la plupart à déchiffrer dans la perspective d'une puissance américaine se sentant menacée à ses portes par la diffusion à l'ensemble du continent du modèle de la révolution castriste. Cette opposition frontale conduit les deux camps à des positions radicales. Pendant que les États-Unis soutiennent coups d'État et dictatures militaires, Moscou entretient les « régimes progressistes » et les mouvements de « guérilla révolutionnaire ». Avec le coup d'État militaire au Chili en 1973, les guerres « civiles » du Salvador et du Nicaragua sont emblématiques de ces guerres par procuration.

Le conflit israélo-arabe

À la fin de la Seconde Guerre mondiale, la vague de réfugiés juifs venus d'Europe conduit le Royaume-Uni à se retirer de la Palestine (sous mandat britannique depuis la SDN). Avec la création de l'État d'Israël en 1948, commence alors une longue série de conflits avec les pays arabes, dont les enjeux portent autant sur les conditions et la légitimité de la création de cet État que sur le droit à un État pour le peuple palestinien et le sort de ses réfugiés dispersés dans de nombreux pays de la région. Les enjeux géopolitiques dans la région dépassent d'ailleurs très largement le seul cadre du problème israélo-palestinien. Les guerres du Liban (Syrie), de l'Irak et de l'Iran, de l'Irak et du Koweït, la permanence de régimes politiques autoritaires, la question des minorités (ethniques et religieuses), ainsi que les intérêts particuliers des pays producteurs de pétrole, sont quelques-uns des nombreux éléments à prendre en compte dans cette problématique complexe.

Les réfugiés dans le monde et en Europe

On l'a vu, ces trois espaces de confrontation sont à l'origine de conflits douloureux et souvent inscrits dans la très longue durée. Une autre évolution notable à souligner concerne la nature même de ces conflits armés qui affectent directement et de manière croissante les populations civiles. Conséquence de ces évolutions, le problème des réfugiés en quête de protection et fuyant leur pays est devenu une question qui touche tous les continents.

Selon la convention de Genève, est considéré comme réfugié toute personne qui « craignant avec raison d'être persécutée du fait de sa race, de sa religion, de sa nationalité, de son appartenance à un certain groupe social ou de ses opinions politiques, se trouve hors du pays dont elle a la nationalité et qui ne peut ou, du fait de cette crainte, ne veut se réclamer de la protection de ce pays ; ou qui, si elle n'a pas de nationalité et se trouve hors du pays dans lequel elle avait sa résidence habituelle, ne peut ou, en raison de ladite crainte, ne veut y retourner ». D'abord destinée aux populations européennes victimes de la guerre, des dictatures communistes et des événements antérieurs à 1951, cette définition, amendée par le protocole de New York de 1967, devient ensuite applicable à l'ensemble des pays signataires.

Au regard de ces évolutions juridiques, les statistiques relatives au nombre de réfugiés sont à interpréter avec prudence. En 1951, les chiffres publiés par le HCR (Haut Commissariat des Nations unies pour les réfugiés) font état de 2 120 000 réfugiés dans le monde (dont 58 % dans la seule Europe et 25 % en Amérique du Nord). Ne sont pas pris en compte dans ce dénombrement les 700 000 à 800 000 réfugiés palestiniens ayant fui Israël en 1948 (on estime qu'ils sont aujourd'hui 4,6 millions). Dans les années 1960, la question des réfugiés devient planétaire mais c'est à partir de 1976 que cette évolution semble inexorable. Les 5 millions de réfugiés sont atteints en 1978 ; près de 9 millions en 1980, 12 millions en 1985, 18 millions en 1992… Une nouvelle inflexion s'opère alors et la réduction progressive du nombre de réfugiés (constante jusqu'à 2010) est à l'image de la pacification d'un certain nombre de situations conflictuelles en Asie (Vietnam, Cambodge), en Europe (Yougoslavie) et en Afrique (Mozambique, Sud-Soudan, Angola, Sierra Leone, Liberia). Au début du XXIe siècle, le HCR estime que les migrations forcées affectent 42 millions de personnes : dont 11,4 millions de réfugiés, 26 millions de déplacés internes et près de 1 million de demandeurs d'asile. Contrairement à l'immédiat après-guerre, les pays en voie de développement accueillent actuellement les quatre cinquièmes des réfugiés. Dans la longue durée, c'est l'Asie, avant l'Afrique, qui a payé le plus lourd tribut en matière de populations réfugiées.

Mais, dans la mesure où des centaines de milliers d'exilés n'étaient pas statutairement reconnus comme réfugiés, ces chiffres – qui traduisent surtout l'élargissement progressif du champ de compétence du HCR – ne reflètent pas l'ampleur réelle des mouvements de population que la somme de tous ces conflits a pu provoquer au cours des six dernières décennies. À titre d'exemple, le plus important transfert de populations d'après-guerre, consécutif à la partition de l'Inde en 1947, provoque l'exil de 6 millions de musulmans de l'Inde, et le départ de 9 millions d'hindous et de sikhs du Pakistan (ils sont suivis plus tard, en 1971, par 10 millions de « réfugiés » fuyant le Bangladesh).

En Europe, à la suite des drames du Vietnam et du Cambodge, la fin des années 1970 marque le début d'une arrivée significative de populations en provenance du Sud-Est asiatique : entre 1978 et 1980, 400 000 Vietnamiens fuient vers l'Occident (boat people). De même, mise à part la question des réfugiés palestiniens, la guerre du Biafra (1978), l'invasion soviétique en Afghanistan (1979), la guerre Iran-Irak (1980-1987) constituent des événements majeurs qui génèrent d'importants flux de populations mais qui, par leur médiatisation, contribuent également à une prise de conscience croissante du problème des réfugiés. En Amérique latine, les dictatures militaires et les guerres civiles des années 1970-1980 produisent un nombre plus limité de réfugiés même s'il est vrai que l'Europe et l'Amérique du Nord prennent une part de cette charge. En Afrique, les guerres par procuration demeurent moins nombreuses, mais elles sont dévastatrices (Mozambique, Angola, Éthiopie-Somalie). Pourtant, dans les années 1990, la fin de l'affrontement Est-Ouest ne met en rien un terme aux conflits internes qui embrasent une bonne partie du continent.

De la chute du Mur aux attentats du 11 Septembre : dislocation, mondialisation et recomposition

L'histoire des deux dernières décennies hérite bien entendu des tensions passées et des conflits non résolus, mais se construit aussi au regard des nouvelles configurations géopolitiques. Dans l'extrême diversité des conflits récents, quelques axes permettent d'éclairer la question. Le premier est celui résultant de l'effondrement de l'URSS. La naissance de nouveaux États et la « production » de 25 000 km de frontières supplémentaires se sont produites dans une très grande confusion et dans un climat de violence qui ravive deux principaux foyers de tension, les Balkans et le Caucase. Conséquence non négligeable de ce bouleversement, 25 millions de Russes se trouvent éparpillés dans la quinzaine d'États nouvellement créés en 1991.

L'effondrement de l'Empire soviétique contribue à replacer au centre de l'actualité la question du droit des peuples à disposer d'eux-mêmes. Si la plupart des pays satellites d'Europe centrale se libèrent de la tutelle sans trop de dommages, le processus de dislocation de la Yougoslavie (1991 et 1998) jette 2 millions de déplacés et 700 000 réfugiés sur les routes. Au-delà, ce conflit – qui exprime l'impossibilité ou le refus de la coexistence de plusieurs « nations » dans un seul État (6 peuples, 3 religions) – bouscule deux principes fondamentaux du droit international : l'intangibilité du tracé des frontières et le caractère inacceptable de l'acquisition de territoires par la guerre. Après le fiasco de l'intervention soviétique en Afghanistan (1979), la Russie, douloureusement humiliée par la désintégration de l'URSS, manifeste désormais son souci de préserver ou de reconquérir son influence, voire sa domination, sur sa périphérie méridionale et occidentale. En percevant l'éventuelle intégration de ces pays dans l'Europe (Ukraine) ou dans l'OTAN comme une provocation et une menace pour sa sécurité (bouclier antimissiles), la Russie instaure peu à peu un nouveau climat de « post-guerre froide ». Et, dans un contexte de forte dépendance de l'Occident vis-à-vis des hydrocarbures du Caucase, les deux blocs d'hier se retrouvent souvent face à face. La question de leur relation avec les pays arabo-musulmans est d'autant plus cruciale que cette ligne de fracture nourrit la théorie du « choc des civilisations ».

Le soutien des États-Unis à l'égard d'Israël alimente d'ailleurs cette théorie. Favorisant l'épanouissement d'un antiaméricanisme dont se sont nourries les positions les plus extrêmes – et notamment les actions « terroristes » des fondamentalistes musulmans –, les attentats du 11 septembre 2001 marquent de ce point de vue un tournant. Ils ont conduit les États-Unis à prendre la tête de deux coalitions armées en Afghanistan puis en Irak. Deux interventions que la Russie, encore exsangue, n'a pas eu les moyens diplomatiques et politiques de contrer mais qui ont en revanche permis au gouvernement de Vladimir Poutine (au nom de la « lutte contre le terrorisme ») de reprendre la main dans les régions séparatistes du Caucase (Tchétchénie).

Parallèlement aux prétentions hégémoniques et aux ambitions des puissances régionales, partout dans le monde, de nombreuses minorités aspirent à l'indépendance et luttent contre des États dont la domination est jugée illégitime et discriminatoire. Mais – à l'est comme à l'ouest et au nord comme au sud – tout se passe comme si la fin d'un monde bipolaire avait autant libéré les revendications démocratiques et sécessionnistes que la répression destinée à les museler. Parfois trop rapidement qualifiés de « guerres sans nom », ces conflits montrent pourtant que le débat sur le « droit des peuples à disposer d'eux-mêmes » est loin d'être clos. Il reste que ces conflits se déroulent dans des climats bien particuliers : une décolonisation violente ou traumatisante suivie d'une construction nationale fragile, une monopolisation du pouvoir protégé par une armée mercenaire, un accaparement des ressources au profit de la classe dirigeante et de ses dépendants, une transition démocratique inaboutie ; le tout, le plus souvent, dans un contexte de sous-développement et d'extrême pauvreté (Somalie, Angola, Liberia, Sierra Leone, Rwanda, RDC, Kenya, Soudan…). Ces conflits sont parfois le prolongement douloureux d'indépendances qui ont connu le pire (Angola, Rwanda, Soudan…) ou s'inscrivent dans des situations de domination politico-militaire qui s'apparentent à des « formes coloniales » de contrôle politique du territoire et de ses populations (Tchétchénie, Ingouchie, Tibet…).

Pour conclure, de nombreux signes témoignent d'une très importante redistribution des cartes. La Chine, montrée du doigt sur la question des droits de l'homme et devenue la seconde puissance économique mondiale (et le premier financeur du déficit des États-Unis), fait une entrée remarquée en Afrique en s'y assurant l'accès aux matières premières et l'ouverture de nouveaux marchés. Elle y défend sans complexe ses intérêts au Soudan, un pays pourtant classé sur la liste des « États voyous » par les États-Unis. De nouvelles puissances nucléaires menacent les équilibres régionaux antérieurs (Inde, Pakistan, Corée du Nord, Iran…). Et au total, quels que soient les pays et leurs régimes politiques, la concurrence acharnée à laquelle se livrent les principales économies de la planète conduit au plus grand pragmatisme en matière de gestion des conflits. Sur fond de conflit israélo-arabe, de menace iranienne, et d'incertitudes liées aux « printemps arabes », l'Europe négocie avec les pays du Maghreb pour mieux endiguer les flux de migrants tentant de franchir la Méditerranée…

Réfugiés et migrants, des destins de plus en plus mêlés ?

Aux profonds changements évoqués ci-dessus, il convient d'ajouter l'apparition de nouveaux acteurs qui pèsent d'un poids considérable dans la gestion des populations réfugiées. L'intrusion du devoir d'ingérence dans la diplomatie, la spectaculaire émergence de l'assistance humanitaire, la médiatisation des conflits et de leurs conséquences, ainsi que la pression qu'exercent les opinions publiques sur les pouvoirs politiques, sont autant de paramètres qui doivent désormais être pris en compte. Pour ces raisons, mais aussi du fait de la très grande diversité des situations locales, il n'existe pas de « portrait type » du réfugié. La seule évocation des différentes origines concernées ne peut d'ailleurs pas suffire à caractériser une population réfugiée ; au sein d'une même nationalité, l'âge, le sexe, le niveau de scolarisation, la qualification professionnelle, voire l'appartenance à telle ou telle communauté ethnique ou religieuse, sont autant d'éléments de différenciation. Le « choix » du pays de destination pèse également d'un poids très lourd dans le destin de ces populations. Un réfugié somali confiné dans un camp au Yémen ou à la frontière du Kenya n'est évidemment pas dans la même situation qu'un compatriote « réinstallé » en Amérique du Nord ou dans un pays scandinave. D'autre part, les enfants de réfugiés sont parfois moins soucieux de retour vers leur pays « d'origine » que d'intégration dans le pays d'accueil ou de poursuite vers un ailleurs plus prometteur.

Cela pose la question de la perméabilité des différentes catégories de migrants. Diverses études montrent en effet que l'histoire des réfugiés est loin d'être linéaire. Nombreux sont ceux qui passent du statut de réfugié, à celui de migrant en situation irrégulière pour devenir ensuite déplacé interne et, éventuellement, retrouver plus tard le statut de réfugié. Ces itinéraires heurtés témoignent de la difficile reconstruction des sociétés et des individus bien après qu'une solution aux conflits ait pu être trouvée. Pour toutes ces raisons, et bien que le contexte économique ne soit en aucune manière un critère pris en compte dans le droit des réfugiés, la question plus vaste des migrations de travail ne peut être totalement dissociée. S'agissant de ces dernières, les différentiels de développement et la mondialisation des économies ont en effet favorisé un rapide accroissement des flux de migrants internationaux. Réfugiés compris, ces flux concernent 75 millions d'individus en 1965, 150 millions en 1990, 191 millions en 2005 et autour de 240 millions en 2010.

Cette évolution s'inscrit dans un contexte paradoxal et difficile pour les migrants comme pour les demandeurs d'asile. Depuis la crise pétrolière (1973) et ses conséquences en matière d'économie et d'emploi, la question de l'immigration devient un sujet de clivage politique qui conduit progressivement la plupart des pays européens à un contrôle renforcé des frontières et à ce que l'on appelle « l'externalisation de l'asile » dans les pays de transit. Les « flux mixtes », dans lesquels les réfugiés sont statistiquement de plus en plus minoritaires, alimentent la controverse sur les « vrais » et « faux » réfugiés tout en compliquant singulièrement la détermination du statut de réfugié. La mobilisation visant à reconnaître un droit et un statut aux migrants économiques – comme, depuis quelques années, aux « réfugiés de l'environnement » – alimente encore davantage le débat. Bénéficiera-t-il aux victimes des conflits et des violations des droits de l'homme ? La question reste ouverte.

Le tournant des années 1970 en Europe et en France

Immigration ordinaire, immigration clandestine, asile et terrorisme depuis 2001

L'histoire européenne des migrations, entre le début du XIXe siècle et la veille de la Première Guerre mondiale, a été principalement une migration prolétarienne, et le franchissement des frontières ne suscitait ni vigilance ni anxiété politique particulière de la part des États. Excepté pour la France, c'est au cours du XIXe siècle que les phénomènes migratoires vont devenir d'une grande importance et une donnée essentielle pour les sociétés et les relations entre diverses aires géopolitiques (en Europe et hors d'Europe). Pas avant. Quant au XXe siècle, celui de l'apparition en masse des réfugiés et des apatrides, les mouvements migratoires trouvent leurs origines dans des modifications politiques majeures et une généralisation du système étatique. L'Europe, dans les années 1950, était encore le principal foyer d'émigration. L'inversion des flux entre le Nord et le Sud date historiquement de la moitié du XXe siècle. Aujourd'hui, c'est du Sud que partent la majorité des migrants. En France, de l'après-guerre jusqu'à la fin des années 1970, selon les contraintes et les demandes du marché du travail, de nombreux secteurs de l'activité économique sont concernés par l'emploi des clandestins. Cette réalité est parfaitement connue et ne prête nullement à polémique. Le clandestin de l'époque n'est pas perçu et désigné comme un enjeu politique pour la société, l'État, l'économie, ou même les organisations professionnelles. Il n'est pas encore un être familier et les médias ne s'y intéressent pas. En un mot il n'est pas un problème national. Pourquoi ? Parce que la politique générale en matière d'immigration a consisté à introduire ou à laisser s'introduire (dans les deux cas sans formalités administratives) des travailleurs immigrés pour répondre aux pressions de l'économie d'après-guerre et ensuite procéder à leur régularisation systématique. Cette situation s'est perpétuée jusqu'en 1974, date de la suspension de l'immigration de travailleurs permanents. Autrement dit, le mouvement de régularisation individuelle des immigrés accompagnait toujours deux mouvements intimement liés, celui de l'immigration et celui de l'industrialisation et de la modernisation de l'économie française. Bien entendu, le droit du travail et l'ordonnance de 1945 sur l'entrée et le séjour des étrangers ignoraient le terme de clandestin ou celui d'immigration clandestine. De 1974 jusqu'à la loi de décembre 1991 (associant très explicitement dans le même texte lutte contre « le travail clandestin » et « immigration clandestine »), sur fond de crise et de chômage de masse, les débats sur l'immigration, la fraude fiscale et le partage du travail font apparaître l'immigration clandestine comme un facteur aggravant ou principal de nombreux maux de la société française. Nous sommes historiquement dans une période de redéfinition de l'immigration et du statut des immigrés. Non seulement l'État suspend l'arrivée de travailleurs immigrés, « ferme » ses frontières et contrôle plus rigoureusement les flux migratoires, mais, parallèlement à cette activité que l'on peut qualifier de police au sens strict, les textes et les rapports mettant en garde contre les méfaits de l'immigration clandestine vont se multiplier. Indépendamment du débat permanent et des nombreuses modifications législatives sur le code de la nationalité et l'ordonnance de 1945 sur l'entrée et le séjour des étrangers, ce ne sont pas moins de six lois (1972, 1985, 1987, 1989, 1991, 1997) sur le travail clandestin qui toutes mentionnent explicitement la relation de cause à effet entre l'immigration clandestine, l'emploi dissimulé et la précarisation juridique et sociale des immigrés ordinaires.

Mais, sans nul doute, les attentats de septembre 2001 contre les États-Unis, vont contribuer de manière décisive à une nouvelle perception des phénomènes migratoires. Il suffit d'être attentif aux travaux de l'Union européenne pour se rendre compte que, dorénavant, ces trois termes, l'immigration (au sens large), le terrorisme et une définition du réfugié et des critères d'octroi de l'asile sont systématiquement associés. (Un Conseil des ministres s'est réuni début août 2004 pour rendre plus concret un programme pluriannuel sur l'immigration en Europe, le terrorisme et une politique commune de définition du réfugié et des critères d'octroi de l'asile.) Petit à petit, de restrictions en durcissement, l'immigration ordinaire, l'immigration clandestine, l'asile et le terrorisme ont été constitués en une *problématique indifférenciée*. Parallèlement aux questions difficiles que pose aux sociétés démocratiques l'intégration sociale et culturelle de nombreuses populations étrangères ou issues de l'immigration, cette sensibilité politique nouvelle des États européens (et pas seulement propre aux pouvoirs publics français) à ces « flux sauvages » va être à l'origine de la multiplication des lieux d'interception et d'enfermement d'étrangers en situation irrégulière : contrôler, surveiller, intercepter, enfermer et expulser sont autant d'activités qui dessinent un nouveau mode de gestion bureaucratique et institutionnel de l'immigration et des mouvements migratoires.

Ces lieux publics ou privés où sont placées ces populations en trop se comptent par centaines au sein de l'Union européenne. Le réseau Migreurop recensait au milieu des années 2000 plus de 300 lieux où des agents de contrôle (publics ou privés) retiennent et regroupent des personnes étrangères (hors UE) qui ont enfreint la loi sur l'entrée et le séjour des étrangers. Continues et symboliques, avec le tracé de la frontière Schengen sur la carte, ou discontinues avec ces nombreux lieux d'enfermement, les politiques de lutte contre l'immigration illégale qui s'élaborent aux frontières extérieures empruntent dans leur forme et leur contenu des pratiques et des stratégies militaires. À l'échelle européenne, cette kyrielle de lieux met en exergue notamment les détroits maritimes où des moyens militaires sont aussi employés. Trois exemples parmi d'autres. Ceuta et Melilla, deux enclaves espagnoles en territoire marocain, ont leurs frontières terrestres délimitées par des murs grillagés et des miradors, assistés de radars de haute technologie. Dans le détroit de Gibraltar, le Système intégré de vigilance électronique SIVE) conçu par la Guardia Civil, les bateaux militaires pour la surveillance du trafic dans la mer d'Alborán et les expulsions collectives sont autant de mesures visant à freiner l'immigration clandestine. En Grèce, les patrouilles des garde-côtes grecs s'inscrivent dans une stratégie de *containment*, en tentant de repousser les embarcations des illégaux au plus près des côtes turques. (Selon le réseau européen United for Intercultural Action, 6 300 clandestins sont décédés aux frontières de l'Union européenne entre 1993 et 2005.) Il est inutile de rechercher sur une carte ces lieux de mise à l'écart des indésirables. Ils n'ont leur place sur aucun atlas et ne s'égrènent pas, contrairement à ce que l'on pourrait croire, sur les pourtours des pays ou près des frontières. Ils se situent dans les villes ou à leur périphérie, dans les aéroports internationaux ou dans les espaces invisibles d'un banal paysage. Leur vocation n'est pas d'être vus ni de durer éternellement, à l'instar des prisons ; seuls les barbelés qui les entourent signalent leur présence. Demain, ce centre d'enfermement aura peut-être disparu ou été remplacé par un autre plus loin. Le clandestin aura reçu une « invitation à quitter le territoire » ; autrement dit une invitation à poursuivre son errance, à rechercher un autre lieu d'arrivée dans un autre pays. Ce que Georges Perec, à propos des nouveaux immigrés qui arrivaient à New York au début du XXe siècle et transitaient par

Ellis Island, résumait ainsi : « […] rien n'était encore acquis, où ceux qui étaient partis n'étaient pas encore arrivés, où ceux qui avaient tout quitté n'avaient encore rien obtenu ».

Il est bien question, ici et toujours, de frontières. Ce qui donne un sens et une légitimité à leur protection, ce n'est pas qu'elles soient devenues une affaire exclusive de l'État-nation. Dans un registre complémentaire, la frontière au quotidien ne peut pas se résumer à une simple question de police. Se protéger, protéger son territoire et ses ressortissants, réguler et discipliner les flux et les stocks migratoires vont bien au-delà d'une démonstration de la force et du droit de l'État. La frontière comme mode d'exclusion légitime est la manifestation d'une volonté symbolique faite au nom du peuple : se préserver du « dehors », sélectionner les « entrants » et contrôler les « présents ». Autant de conditions nécessaires pour persévérer dans son être national et ainsi maintenir l'opposition entre le national et le non-national, seul garant du principe de discrimination positive pour les nationaux. Aujourd'hui, en matière d'immigration, l'enjeu politique, social et culturel pour les États n'est pas l'immigré ordinaire mais celui qui s'invite dans la nation sans invitation des « maîtres » des lieux.

Mais pourquoi l'Étranger sans droits est-il devenu pour les sociétés riches et démocratiques une véritable hantise, une idée fixe ? Parce que, par sa seule présence insolite, il dénaturalise les liens fondamentaux entre naissance et nation, entre homme et citoyen, entre national et non-national. Autrement dit, la présence de non-nationaux permet de prendre la mesure de l'arbitraire légitime contenu dans les opérations de classification et de définition des immigrés et de l'immigration (ordinaire et clandestine), celles qui organisent l'inclusion et l'exclusion nationale, c'est-à-dire celles qui permettent ou qui interdisent le droit d'avoir des droits.

Au fond, la présence de non-nationaux institue une sorte de faille dans l'ordre quasi naturel de la nation, qui, idéalement, ne devrait connaître que des nationaux. Ne pas percevoir cet enjeu capital, c'est se condamner à ne pas comprendre pourquoi la naturalisation des étrangers représente un élément constitutif de l'identité de tous les États-nations. Au fondement de cette idée que tout étranger (quel que soit son statut) dont la présence s'éternise doit nécessairement trouver sa fin par une naturalisation, et donc sa « disparition » en tant qu'étranger, il y a la croyance que le principe de nativité et le principe de souveraineté sont liés pour l'éternité dans le « corps du sujet souverain », pour reprendre la formule d'Agamben. Les mots sont là pour nous le rappeler. L'étymologie de nation (*natio*) signifie « naissance ». Naître dans une nation, c'est être comme naturellement le national de celle-ci. Non seulement, au moins depuis la fin de l'Ancien Régime et la Déclaration des droits de l'homme et du citoyen, il n'y a pas d'écart ou d'opposition entre *natio* (la naissance) et nation (l'espace plein de la souveraineté) parce qu'ils se confondent, mais en naissant au bon endroit (dans sa nation), la reconnaissance et l'attribution des droits et les protections qui leur sont attachées ne sont possibles que si l'homme, un homme parmi les hommes, le pur homme en soi (G. Agamben), présuppose le citoyen. Or le clandestin est un homme dont on refuse qu'il présuppose un jour le citoyen.

Il s'agit bien ici du clandestin et de lui seul, et non de l'immigré ordinaire, du demandeur d'asile ou du réfugié. À propos de la catégorie de réfugié, faisons deux remarques d'importance.

La première a trait à la définition légitime du réfugié. Est réfugiée au sens de la Convention de Genève de 1951, la personne qui a déposé une demande d'asile et qui, après instruction de celle-ci, a obtenu le statut de réfugié. La Convention de Genève énumère cinq causes de persécution. On peut être persécuté à cause de sa « race », sa « religion », sa « nationalité », son « appartenance à un certain groupe social », ses « opinions politiques ». En France, l'instruction est d'abord effectuée par l'Office français de protection des réfugiés et apatrides (OFPRA) qui accorde ou rejette les demandes de reconnaissance du statut de réfugié ; ses décisions sont susceptibles d'appel devant la Cour nationale du droit d'asile (CNDA).

Le réfugié politique
La seconde remarque concerne la notion de « réfugié politique ». Celle-ci n'a en réalité aucune existence juridique. Elle n'est mentionnée nulle part dans la Convention de Genève de 1951. Pourtant elle est sur toutes les langues et c'est elle qui surgit spontanément dès qu'il s'agit de juger une persécution ou une demande de protection. Cette notion du sens commun produit deux effets à l'insu même des personnes qui la prononcent. Le premier est un effet d'ennoblissement de la condition d'immigré, le situant au point le plus haut de la hiérarchie de l'excellence attendue pour un immigré (qu'il soit réservé, reconnaissant, scolarisé, désirant rapidement s'intégrer, etc.). Ici c'est l'action politique revendiquée qui qualifie la légitimité de la demande qui est aussitôt assimilée à l'engagement (au don de soi), au

combat pour la liberté et les valeurs universelles. Autant de qualités qui sont chères au pays qui offre sa protection. Le second effet est un effet de sélection : avoir fait de la politique, au sens où on l'entend dans les régimes parlementaires et démocratiques, est la posture la plus recevable, la moins contestable, la moins suspicieuse pour le demandeur d'asile. Si l'adjectif « politique » a pour effet de grandir le réfugié en en faisant un immigré convenable, l'adjectif « clandestin » a quant à lui pour vocation de noircir l'immigré, faisant de lui un être irrespectueux des conventions.

Le sans-papiers et le clandestin
Certes, des mots tels que « migrants, immigrés clandestins, sans-papiers, réfugiés économiques, clandestins, réfugiés politiques, illégaux, exilés », etc., sont des mots du langage ordinaire qui se substituent en permanence les uns aux autres sans jamais poser de problèmes de compréhension, puisque pour tous, ces mots renvoient à une seule et même réalité : la présence de *celui qui n'est pas là depuis le début*. Mais, objectivement, il existe des différences structurales entre le monde des sans-papiers et le monde des clandestins. Les sans-papiers sont un problème politique qui relève de la dispute, de la négociation et du marchandage entre forces sociales et institutions. Les clandestins (en transit ou non) relèvent de l'urgence humanitaire. Les sans-papiers sont devenus un peu plus que les porteurs d'une simple revendication, celle de vouloir vivre et travailler en France. Ils possèdent aujourd'hui un nom commun, se rassemblent sous une identité commune et défendent une cause commune. Cela signifie plusieurs choses importantes. Tout d'abord, cette action a pris naissance et a accédé à la reconnaissance par la protestation et la mobilisation collective, c'est-à-dire jamais isolément mais en coordination avec d'autres sphères de la société (l'Église, les intellectuels, les artistes, etc.). Ce fut non pas une, mais LA condition première pour qu'un tel mouvement social puisse exister. Ensuite, cette sollicitation ne se déroule pas dans un face-à-face singulier entre l'État et la personne, mais s'inscrit et trouve sa légitimité politique dans un cadre collectif élaboré dans la seule perspective d'établir un rapport de forces favorable à la demande de régularisation. Enfin, cet étranger, dépourvu d'identité légale mais non d'existence publique, est une sorte de nouvel exclu qui prétend perturber l'ordre naturel de la frontière entre nationaux et non-nationaux en s'invitant dans le politique. Et c'est au politique qu'ils réclament que celui-ci leur attribue officiellement, au vu

et au su du monde, un nom reconnu afin qu'ils puissent être nommés, cet acte étant impossible sans identité, elle-même ne commençant à produire des « capacités » que si elle est dotée d'un titre, le titre de séjour, à la fois principe de constitution d'une appartenance et du droit d'accéder à certains avantages. Bref, avec les sans-papiers, l'institution d'une communauté fermée et proportionnelle devient à la fois fragile, aléatoire, non définitive.

Cette figure se sépare résolument de celle du clandestin. Dans la représentation collective, ce dernier a partie liée pendant un temps plus ou moins long au secret et aux pratiques subreptices, au sens d'obtenir par surprise, à l'insu de la volonté d'autrui. Il correspond, pas toujours à tort, aux images dominantes qui peuplent les discours politiques et médiatiques sur tous ces émigrés de nulle part et tous ces immigrés en tous lieux. Autant de populations disponibles et visibles dans ces pays transformés en vastes camps ravagés par la pauvreté et la guerre civile, deux phénomènes structuralement liés.

Violation de l'hospitalité d'État et existence officieuse, voilà les deux éléments constitutifs de la figure du clandestin. Celui-ci n'est pas exclusivement une personne en trop ou de trop, celui qui s'introduit dans la demeure d'autrui sans y avoir été autorisé. Il est celui qui perturbe l'ordre des nations et l'appartenance naturelle à une nation. La question de la place de l'immigration dans l'ordre national et l'économie perd de son intensité au profit d'un débat sur la présence de l'immigration clandestine perçue et définie en tant que violation du « chez soi » et illégalité insupportable. Donc susceptible d'une réaction privée, familialiste ou nationaliste. Ce sont tous les pays de l'Union européenne qui sont confrontés à cette présence inattendue. Des millions de clandestins vivent au sein de l'UE et ne peuvent pas ou ne veulent pas être reconduits dans leur pays d'origine. Il n'est nullement exagéré de dire que nous avons là, en grand nombre, des nationaux sans États vivant dans des nations qui les transforment en apatrides de fait, c'est-à-dire des immigrés de partout et de nulle part. L'apparition, dans l'espace européen, de ce phénomène de masse date du début des années 1990.

Bref, le sans-papiers a déjà une « place » et tente de la légaliser. Le clandestin ne cesse d'en chercher une et devient, à cause de sa mobilité contrainte et de son absence d'assignation territoriale, un danger pour l'équilibre écologique, politique, humain et culturel de nos sociétés. Plus encore, ce danger est renforcé par ce qu'il est coutume d'appeler « l'appel d'air » : le premier appelle le second qui appelle le troisième, etc.

Attardons-nous sur cette notion importante car elle ne cesse de revenir dans le discours politique lorsqu'il s'agit de maîtrise et de contrôle des flux migratoires.

Cette notion suggère, dès qu'elle est prononcée, une véritable naturalisation des phénomènes sociaux. Ce ne sont pas les rivalités et les compétitions politiques entre les groupes sociaux, les États, et plus largement les rapports de dominations internationales qui sont au principe des déséquilibres économiques, écologiques et culturels. Ce sont des « flux », des « vagues », des « colonnes », des « masses », des « déplacements », etc., qui se présenteraient aux portes des pays riches sous la forme d'une nature en mouvement, sujette aux jaillissements et aux soubresauts spontanés, et donc par nature imprévisible, irrationnelle et incontrôlable. Aussi, pour la sécurité de tous et le maintien de l'ordre social, il importe de rechercher inlassablement les outils et les actions les plus appropriés pour dompter cette nature. Pour la soumettre non pas à l'imaginaire d'une société pure mais à une volonté souveraine de sélectionner entre ceux qui sont socialement dignes, malgré leur pauvreté, d'être reçus dans les pays riches et ceux qui ne méritent pas (ou pas encore) un geste de solidarité (économique) ou de protection (politique) de notre part. Ne pas se laisser envahir par mégarde : telle est la préoccupation politique majeure des pouvoirs d'État aujourd'hui en matière d'immigration, au Nord comme au Sud.

L'appel d'air suggère explicitement des flux de populations non maîtrisés dont la trajectoire est unidirectionnelle. Ainsi, il suffit de laisser se créer une occasion structurale (l'existence d'un centre d'accueil, d'une règle de droit qui serait « généreuse », d'une frontière mal « fermée », etc.) pour inciter ou suggérer aux immigrés là où ils se trouvent dans le monde de venir dans les sociétés développées toujours plus nombreux : les « premiers » arrivés informant ceux qui attendaient un signe. Avant les années 1970, c'est-à-dire avant l'arrêt de l'immigration de travail, le contrôle des frontières n'avait rien à voir avec ce qui se passe et se pratique aujourd'hui ; les gens venaient, partaient, restaient ou se fondaient juridiquement par la naturalisation. De la Seconde Guerre mondiale jusqu'à la moitié des années 1970, la majorité des étrangers qui pénétraient en France le faisaient sans contrat de travail et sans convention de main-d'œuvre. Ils entraient (souvent dans les camions des entreprises qui les recrutaient) en situation irrégulière presque toujours et, le plus normalement pour l'époque, on les régularisait après coup. L'État n'avait jamais cherché à contrarier cette gestion patronale de la main-d'œuvre immigrée. Quasiment personne, alors, ne s'offusquait, ni n'agitait la logique fatale de l'appel d'air. Mais la croyance en l'existence inéluctable de déplacements de populations se dirigeant comme un seul homme vers les mêmes aires géoculturelles repose sur une sorte d'imaginaire statistique profondément inquiet : « Il y en a tellement qui arrivent ou qui veulent venir que bientôt on ne saura plus *où on est ni qui on est.* »

Qu'en est-il du point de vue statistique ? Même si les controverses sont sur ce thème sans fin car personne ne dispose de chiffres exacts, on peut néanmoins donner des ordres de grandeur raisonnables et peu contestables. Les populations en mouvement (migrants, réfugiés et personnes déplacées) représentent entre 130 et 170 millions de personnes. Cela ne représente que 2 à 2,5 % de la population mondiale. Ce n'est donc pas la moitié de la population du globe qui ne cesse de se « diriger » sur les pays capitalistes développés mais une minorité de la population mondiale (7 milliards recensés en 2011) qui cherche refuge ou un confort minimum dans un pays susceptible de le leur offrir. Par ailleurs, on sait qu'un réfugié sur deux provient de six pays seulement : Somalie, Bosnie-Herzégovine, Soudan, Irak, Burundi et Afghanistan. Et un réfugié sur trois vit en Iran et au Pakistan. Par ailleurs, les historiens et les géographes nous montrent qu'aujourd'hui les vagues d'immigration à travers le monde, quantitativement, sont beaucoup moins importantes que les flux migratoires lors de la seconde moitié du XIXe siècle, lors de la conquête du Nouveau Monde et de l'expansion coloniale. On oublie trop souvent que l'Europe était encore dans les années 1950 le principal espace de départ des émigrés. L'inversement des flux entre le Nord et le Sud est en réalité très récent. Actuellement, c'est indéniablement du Sud que partent la majorité des migrants. Mais la France n'est nullement aux avant-postes des pays si désirés : « Sur le plan des populations résidentes, des stocks, les États-Unis, qui continuent d'exercer leur traditionnelle attraction sur le reste du monde, sont le premier pôle mondial d'accueil avec 28 millions de personnes nées à l'étranger en 1999, soit 10 % de la population américaine, devançant largement un second groupe constitué de l'Inde et du Pakistan (8,6 millions et 7,3 millions), et de l'Allemagne (7,3 millions). Un troisième groupe abrite entre 2 et 5 millions d'étrangers : Canada (5 millions), Australie

(4,4 millions), Arabie saoudite (4 millions), Côte d'Ivoire (3,4 millions), France (3,2 millions de personnes de nationalité étrangère), Royaume-Uni (2,2 millions), Hongkong (2,2 millions). En tête des pays d'immigration qui ont enregistré le solde migratoire positif le plus élevé au cours de la décennie 1990-2000 viennent les États-Unis (1,1 million en moyenne annuelle), puis l'Allemagne (359 000), la Russie (320 000), le Canada (141 400), l'Italie (116 100), Singapour (61 800), Israël (45 400). Globalement, les pays de l'Union européenne ont gagné 8 640 000 migrants au cours de la période, soit 864 000 par an en moyenne ; la France présente l'un des soldes les plus faibles, 55 000 par an, d'après l'Insee » (Gildas Simon).

Si maintenant nous examinons les parcours empruntés illégalement par les migrants, nous voyons qu'on peut sans grande difficulté répartir en cinq groupes les trajets parcourus par ces populations. Nous avons tout d'abord l'immigration clandestine en provenance d'Asie, essentiellement du Sri Lanka, de Chine, du Pakistan, d'Afghanistan et du Bangladesh, puis celle issue de l'Afrique de l'Est, composée de clandestins venus du Soudan, du Kenya, d'Égypte, d'Éthiopie et de Somalie. Les clandestins qui partent de l'Afrique de l'Ouest viennent du Nigeria, du Niger, du Mali, du Cameroun, du Togo, du Ghana, du Liberia, de Guinée, de Côte d'Ivoire. Ceux qui quittent l'Europe de l'Est sont issus de Russie, du Caucase, de Moldavie, d'Ukraine, de Biélorussie et de Géorgie. Enfin, les clandestins qui viennent du Moyen-Orient sont issus d'Irak, d'Iran et de Turquie. Dans leur grande majorité ces populations se dirigent de manière aléatoire vers les pays européens les plus riches, les États-Unis, la Russie et l'Ukraine. Mais il y a des particularités. Les flux migratoires en provenance du sous-continent indien et de l'Asie centrale se dirigent massivement vers le golfe Persique. Quelques exemples. Les étrangers représentent 25 % de la population à Oman, 71 % dans les Émirats arabes unis et environ 78 % au Qatar. La multiplication des moyens de transport et donc leur nécessaire combinaison dépendent de la distance à parcourir. Pour les plus fortunés des immigrés venus d'Asie, l'avion est le moyen de transport bien sûr le plus cher (entre 10 000 et 15 000 euros avec un faux passeport coréen ou japonais) mais aussi le plus rapide, le plus sûr et surtout le plus direct, vers Paris par exemple. Pour les moins fortunés désirant prendre l'avion pour un « bout de chemin », le voyage s'arrête dans les pays de l'Est. Puis ils prennent la route vers l'Europe en camion et à pied lorsqu'il s'agit de passer la frontière germano-tchèque. D'autres modes de transport sont mobilisés quand on quitte l'Afrique de l'Ouest. Remonter vers le nord de l'Afrique pour atteindre Melilla, la « petite Espagne », s'effectue d'abord par la route en camion puis par pateras sur les côtes andalouses, enfin on poursuit la remontée vers le nord de l'Europe par camion. Tous ces voyages sont proprement impossibles à réaliser en solitaire, sans préparation ni soutien financier et technique de la part de tiers. Le départ, le parcours et les fréquents accidents qui peuvent survenir durant le trajet sont pris en charge ou encadrés par des collectifs (la famille au sens large, les amis, les filières de passeurs, etc.) dont les intérêts divergent. Faux passeport, intermédiaire que l'on paie pour disposer d'informations fiables sur la réputation des passeurs : le clandestin est aidé, porté et transporté par les uns et avec d'autres. Du point de vue du voyageur, être transporté illégalement n'a rien de condamnable : « Il faut bien que quelqu'un nous aide », dit-on souvent.

Ainsi, contrairement à une vision dominante, il y a actuellement une grande diversification des trajectoires et des modes de déplacement. Surtout l'espace des causes produisant ces flux et ces trajectoires s'est complexifié : les guerres civiles, les conflits régionaux, les pouvoirs dictatoriaux, les famines et les catastrophes « naturelles », séparément ou se conjuguant, successivement ou alternativement, obligent à quitter son pays, à s'exiler provisoirement ou durablement ailleurs que chez soi. Pour toutes ces populations issues de sociétés où le mode de régulation dominant des rapports sociaux est fondé sur la violence, l'arbitraire et la corruption, le contexte général est le même : ils viennent de pays dont on peut dire que l'insécurité militaire, sociale et économique, la négation des droits, et l'imposition des modèles culturels et religieux dominants, sont des réalités structurelles permanentes. Les différents éléments constitutifs de cette insécurité générale sont objectivement et subjectivement indissociables pour les personnes qui partent de leur pays. Tous les propos recueillis au cours des nombreuses enquêtes renvoient, d'une manière ou d'une autre, à ce constat qui est en même temps une dénonciation d'une situation devenue intolérable. La violence d'État ou celle des groupes non étatiques ou para-étatiques ne sont nullement des phénomènes localisés et conjoncturels. La violence et l'arbitraire structurent l'ensemble des champs sociaux : celui de l'économie, comme ceux de la politique, de la culture et du droit.

Massivement, et contrairement à une croyance fort répandue, les déplacements collectifs de populations s'effectuent, dans un premier temps, toujours près de leur terre natale, c'est-à-dire dans des pays frontaliers et qui ressemblent quelque peu à celui qu'ils ont quitté : autoritaire et sous-développé. Et, les conflits militaires et les catastrophes « naturelles » s'éternisant, le retour chez soi se faisant chaque jour de plus en plus improbable, la seule solution qui reste est d'aller ailleurs, un peu plus loin, vers d'autres contrées plus accueillantes, même si les conditions d'existence n'y sont pas meilleures.

Ceux qui partent savent deux choses avec certitude, probablement les seules : rien n'est plus possible dans le monde que l'on veut quitter ; avec le départ, tout est possible. Dans ce possible est incluse l'hospitalité dans un pays susceptible de la donner. On le sait sur un mode pratique, parce qu'on sait que d'autres avant soi (connus et inconnus) ont fait l'expérience de l'exil, du refuge et de l'asile. Et que cette expérience est universelle parce que constitutive de la condition humaine et que « *quand il n'y a pas de sécurité, il n'y a pas d'avenir* ». Cela signifie concrètement que leur départ est le signe objectif qu'ils ont épuisé la certitude et l'espoir d'être aidés ou de recevoir de l'aide de la part de leur société et de leurs autorités, aide attendue ou normalement escomptée dès lors qu'il y a vie en société et relations sociales : respect des personnes, reconnaissance symbolique, liberté d'opinion, droit au travail, libre choix de son lieu de résidence, liberté de déplacement, etc. En réalité, le départ désigne quelque chose d'infiniment plus important que le manque de travail ou même la dégradation économique des conditions d'existence ; il prend acte de la dépossession de la confiance dans le monde, celui qui nous a vu naître, celui qui nous fait femme ou homme parmi nos semblables.

L'internationalisation des flux migratoires, le renforcement des contrôles aux frontières dans l'espace Schengen et les prix de plus en plus élevés des voyages légaux ou illégaux ont multiplié et complexifié les itinéraires des immigrés clandestins et par là même accru l'importance des pays de transit : « Je suis resté environ un an en Turquie pour travailler au noir car je n'avais plus d'argent pour continuer mon voyage. » Ainsi, la traditionnelle distinction entre pays d'émigration et pays d'immigration devient bien souvent sans pertinence. Ce qui apparaît de plus en plus, ce sont des pays « aux combinaisons de plus en plus complexes de fonctions ou de rôles. La Turquie, le Mexique, la Malaisie, le Sénégal et le Maroc illustrent le cas de ces pays à fonctions multiples où se combinent flux de départs et de retours définitifs ou temporaires, et transit de migrants non nationaux, et où l'émigration économique n'exclut pas l'accueil temporaire ou définitif de réfugiés » (Gildas Simon).

Une dernière précision à propos des personnes qui quittent leur pays pour des raisons « politiques », « économiques » ou « culturelles ». Autant de raisons supposées être aisément identifiables et qui trouvent leur traduction dans des catégories juridiques codifiant divers statuts : réfugié, salarié et étudiant. En pratique, il semble quasiment impossible de ramener le départ de chez soi à *une raison* – fût-elle apparemment dominante et reconnue par le droit. La règle, c'est toujours un faisceau de raisons inextricablement liées entre elles qui poussent à partir. On est bien plutôt en présence d'un système complexe dans lequel chaque facteur de départ identifié comme tel est lié à tous les autres et agit et interagit en permanence avec tous les autres. C'est bien souvent (mais pas systématiquement) indécidable. Prenons le cas d'une femme, membre ou non d'une minorité, nullement persécutée personnellement mais simplement parce qu'elle est une femme dans une société qui organise et codifie consensuellement l'inexistence sociale (la mort symbolique) et la mort physique des femmes. Celle-ci quitte son pays et sa famille pour demander l'asile dans un pays européen afin d'échapper à l'enfermement ou à la peine de mort, ou simplement parce qu'elle désire faire l'expérience de l'autonomie sociale par le travail ou les études : est-elle une « migrante économique » ou une personne dont la demande de protection est légitime ? Les femmes violées, battues, exploitées ou assassinées le sont par des hommes qui violent, qui frappent, qui exploitent et qui assassinent. Le plus souvent en toute impunité. Le sens de cette violence est à rechercher dans la relation de pouvoir sans limite que les uns exercent sur les autres. De ce point de vue, elles ont des « craintes personnelles » (selon la formule consacrée) parce qu'elles ont peur des hommes qui les persécutent, et ces craintes sont tout aussi recevables et légitimes que tous les autres critères de la Convention de Genève. Dans les sociétés qui autorisent la violence publique et privée envers les femmes, la responsabilité de cette violence ne doit pas être interprétée seulement comme autant d'actes isolés ou privés d'individus pris isolément : le pouvoir masculin sans limite est inscrit dans les structures sociales et fonde symboliquement l'ordre du monde et des rapports de domination (qui implique ici la violence physique) des hommes sur les femmes. Cette domination et cette violence excluantes sont de bout en bout politiques et de surcroît légitimées officiellement par toutes les institutions, en premier lieu par l'État (si ce n'est en droit, c'est en pratique ; le résultat est exactement le même).

Mais il ne suffit pas de vouloir partir pour réussir à quitter son pays sans autorisation. Les conditions de possibilité du départ sont profondément liées à l'état des ressources disponibles et possiblement mobilisables. Ressources très inégalement distribuées (en quantité et en qualité) dans l'espace des candidats à l'aventure migratoire. À cet égard, il importe de mentionner que les facteurs de sélection (ressources financières, position sociale, capital scolaire, etc.) de ces candidats ne sont pas seulement endogènes ; ils sont aussi exogènes. Plus précisément, la lutte contre les « passeurs » produit des effets pervers insoupçonnés jusqu'alors : l'exercice de leur commerce se compliquant à cause d'un resserrement des contrôles aux frontières de l'espace Schengen, leur adaptation n'est pas sans effet ni sans lien structural avec une forme de sélection sociale des candidats qui souhaitent se rendre clandestinement dans les pays occidentaux. La clandestinité est ici le seul moyen d'arriver à bon port. Ainsi, un mode efficace de sélection sociale de ces populations dans le pays d'origine réside dans la convergence d'un double mécanisme : celui, d'une part, d'un effort constant des États européens, en particulier, pour verrouiller les frontières aux « clandestins », et celui, d'autre part, du travail non moins constant des organisations de « passeurs » à faire payer au prix fort des voyages devenant de plus en plus aléatoires et risqués. C'est cette configuration inédite et qui tend à se généraliser qui autorise à penser qu'il existe comme une sorte de *complicité objective* (mais, il importe de le préciser, dénuée de toute idée de complot ou de manigances secrètes) entre les États nationaux de la Communauté européenne qui sont aux avant-postes de la lutte contre « l'immigration clandestine » et les entreprises de passage illégal dans la montée des prix du voyage et, partant, dans la difficulté croissante pour tous ceux prétendant accéder à ce bien rare ou ce bien premier qu'est la possibilité de vivre dans un pays sûr.

L'hospitalité est une des lois supérieures de l'humanité, une loi universelle, bref un droit naturel ; aussi est-elle, par définition, inaliénable et imprescriptible dans son fondement. En revanche, l'accueil, au sens juridique et politique du terme, obéit à des contraintes d'État. À ce propos, les juristes nous rappellent qu'en droit français l'admission au séjour n'est nullement un droit absolu. Certes l'État est tenu de respecter les libertés fondamentales : liberté de circulation, liberté d'opinion et de croyance, droit à la protection en cas de persécution, liberté de mariage, de vivre en famille et d'avoir une vie de famille normale, droit à la protection sociale dès lors que l'étranger est en situation régulière, etc. Mais le législateur peut, en fonction d'impératifs nationaux ou de l'intérêt général, mettre en place des mécanismes de « régulation des flux migratoires » dans un sens restrictif. Par la force, s'il le faut, en expulsant l'indésirable. L'État ne serait d'ailleurs plus l'État, c'est-à-dire qu'il ne serait plus conforme à son essence, celle de fonder son organisation et sa raison d'être sur la volonté d'avoir prise sur les corps et sur les choses, bref sur la vie, s'il ne cherchait pas à compter, vérifier, contrôler, maîtriser la circulation des personnes et des populations, autant que le corps social dans son ensemble. Accueillir, c'est permettre, sous certaines conditions, l'inclusion chez soi ; amener le particulier (un étranger singulier) dans l'espace de son universalité (la nation ou l'ordre national). Le problème que l'étranger en trop (celui qui s'invite sans invitation) pose à l'État est qu'il empêche ce dernier de mener à bien son projet d'une communauté close et proportionnée. Avec ces êtres flottants, immigrés de partout et de nulle part, les comptes (dans tous les sens du terme) ne peuvent jamais être établis une bonne fois pour toutes. C'est donc bien à une gestion du nombre (celui des entrées, des sorties, des naissances, des naturalisations, des délinquants, des clandestins, des demandeurs d'asile, etc.), et dans une certaine mesure du normal et de l'anormal (regroupement familial autorisé ou interdit, soins interdits ou autorisés selon le statut juridique, etc.) auquel est confronté le pouvoir d'État avec ces populations de non-nationaux qui sont sous sa souveraineté et sa responsabilité sans lui appartenir.

Dictionnaire

A

l'activité des immigrés Il convient tout d'abord de définir certaines notions prises en considération dans cette étude de l'activité des immigrés. Un chômeur au sens du BIT (Bureau international du travail) est une personne en âge de travailler (conventionnellement 15 ans ou plus) qui répond simultanément à trois conditions : il n'a pas travaillé au cours de la semaine de référence ; il est disponible pour travailler dans les deux semaines ; il a entrepris des démarches effectives de recherche d'emploi ou a trouvé un emploi qui commence dans les trois mois. Le taux de chômage au sens du BIT est le nombre de chômeurs rapporté à la population active totale au sens du BIT (actifs ayant un emploi et chômeurs). Le taux d'activité est le rapport entre la population active et la population totale de même sexe et de même âge.

En 2007, d'après l'enquête « Emploi » de l'INSEE, 27,8 millions de personnes de 15 ans ou plus résidant en France métropolitaine sont actives, c'est-à-dire en emploi ou au chômage au sens du Bureau international du travail (BIT). Parmi elles, 2 380 000 sont immigrées selon la définition du Haut Conseil à l'intégration (HCI) : elles sont nées à l'étranger et étaient de nationalité étrangère à la naissance (certaines ont pu acquérir la nationalité française par la suite, les autres restant étrangères). Les actifs immigrés représentent ainsi 8,6 % de l'ensemble des actifs.

Taux d'activité. En 2007, 67 % des immigrés de 15 à 64 ans ont un emploi ou en recherchent un (70 % pour les non-immigrés). Le taux d'activité des femmes immigrées est inférieur à celui des femmes non immigrées : respectivement 57 % et 66 %. Ces taux d'activité varient fortement selon les pays de naissance. Selon le recensement de la population, les immigrées nées au Portugal ont des taux d'activité très élevés, en particulier avant 23 ans et après 57 ans. Les immigrées nées en Espagne, en Afrique subsaharienne ou au Cambodge, Laos, Vietnam sont nettement moins actives que les non-immigrées vers 18-28 ans ; mais avec l'âge, leur taux d'activité se rapproche progressivement de celui des non-immigrées. Les immigrées nées dans le Maghreb et en Turquie sont beaucoup moins actives que les non-immigrées : à tout âge, les premières sont au maximum deux tiers à être présentes sur le marché du travail, et rarement plus de la moitié pour les secondes. Le taux d'activité des hommes immigrés est supérieur à celui des non-immigrés, mais l'écart est faible : 78 % contre 74 %. Leurs profils d'activité se différencient peu selon les origines, avec des nuances en début et fin de vie active.

Le taux d'activité des personnes arrivées en France depuis plus de dix ans est supérieur de 7 points à celui des migrants présents depuis trois à dix ans.

Chômage. En 2007, 361 000 immigrés de 15 ans ou plus étaient au chômage, d'après l'enquête Emploi. Les immigrés représentent ainsi 16 % des chômeurs, alors qu'ils ne constituent que 9 % de la population active. Leur taux de chômage est deux fois plus élevé que celui des non-immigrés : 15,2 % contre 7,3 %. Les immigrés sont plus nombreux à occuper des emplois peu ou non qualifiés et sont donc davantage exposés au chômage. Mais même à catégorie socioprofessionnelle équivalente, les actifs immigrés demeurent plus souvent sans emploi.

Parmi les immigrés, les femmes sont plus touchées par le chômage que les hommes : leur taux de chômage est de 17,3 %, contre 13,5 %. Pour les non-immigrés, l'écart entre le taux de chômage des hommes et celui des femmes est de 1 point.

Comme les autres actifs, les jeunes immigrés sont plus touchés par le chômage que leurs aînés. Le taux de chômage des immigrés diminue avec l'âge, mais il reste à un niveau élevé dans toutes les tranches d'âge.

À diplôme égal, les immigrés demeurent plus souvent au chômage que les autres : le taux de chômage des immigrés qui détiennent un diplôme de l'enseignement supérieur est près du triple de celui des autres actifs de niveau équivalent.

Les immigrés actifs nés dans un pays de l'Union européenne sont beaucoup moins exposés au chômage que les autres.

Les immigrés arrivés en France depuis moins de dix ans, à l'exception des Européens du Nord, ont un taux de chômage supérieur de 9 points à celui des immigrés arrivés antérieurement.

Diplômes. Parmi les 30-64 ans, les immigrés actifs sont trois fois plus nombreux que les non-immigrés à ne posséder aucun diplôme (37 % contre 12 %, d'après les enquêtes annuelles de recensement de la population). En revanche, la proportion de ceux qui ont un diplôme du supérieur se rapproche de celle des non-immigrés (25 % contre 29 %).

Le niveau de formation des hommes immigrés est très proche de celui des femmes immigrées : la part des actifs qui ne possèdent aucun diplôme est identique pour les deux sexes (37 %). La proportion de femmes immigrées possédant un diplôme de l'enseignement supérieur est légèrement supérieure à celle des hommes, mais elle est inférieure de 5 points à celle des femmes non immigrées.

Parmi les 30-64 ans, les immigrés originaires de Turquie, du Portugal et, dans une moindre mesure, du Maroc ou de Tunisie sont particulièrement nombreux à n'avoir aucun diplôme. À l'inverse, une part importante des immigrés originaires des pays européens – autres que l'Espagne, l'Italie ou le Portugal – possède un diplôme de l'enseignement supérieur.

En 2005, un immigré actif sur trois, présent en métropole depuis moins de dix ans, possède un diplôme de l'enseignement supérieur, contre un sur cinq parmi ceux arrivés auparavant.

Qualification. Les immigrés occupent principalement des emplois d'ouvriers ou d'employés : c'est le cas pour 62 % d'entre eux contre 51 % des autres actifs ayant un emploi.

46 % des hommes immigrés actifs sont ouvriers, contre 35 % des hommes non immigrés. Les hommes immigrés sont plus souvent ouvriers non qualifiés : quand ils sont ouvriers, ils occupent dans 43 % des cas des postes non qualifiés, contre 36 % pour les non-immigrés. Les cadres représentent 13 % des actifs immigrés et 16 % des actifs non immigrés.

Le tiers des femmes immigrées en emploi occupent des postes d'employées non qualifiées, contre une sur cinq pour les femmes actives non immigrées. Les femmes immigrées sont très présentes dans les métiers des services directs aux particuliers : 22 % exercent ce type de profession, contre 10 % des autres actives.

Plus de quatre immigrés sur dix venus du Maroc, du Portugal ou de Turquie sont ouvriers. Les immigrés originaires d'Afrique subsaharienne sont plus souvent employés (39 %) que l'ensemble des immigrés actifs. Les immigrés venus des pays d'Europe autres que l'Espagne, l'Italie et le Portugal sont davantage cadres ou exercent plus souvent une profession intermédiaire.

La très grande majorité des immigrés actifs ayant un emploi est salariée (87 %).

Secteurs d'activité. Les immigrés, comme le reste de la population en emploi, travaillent désormais majoritairement dans le tertiaire (73 % pour les immigrés et 75 % pour les non-immigrés). Dans certains secteurs, plus de 20 % de la main-d'œuvre est constituée par des immigrés : le nettoyage, les services domestiques et les entreprises de sécurité. La présence des salariés immigrés dans la construction reste très forte : 16 % de la main-d'œuvre est immigrée contre 8 % pour l'ensemble des secteurs.

En Île-de-France, 69 % des salariés des entreprises de nettoyage et 66 % des personnes employées par les ménages sont immigrés.

⇢ transferts financiers

affirmative action

L'expression « affirmative action » désigne des mesures mises en œuvre dans des espaces et des contextes historiques différenciés (par exemple, dans l'Inde coloniale et postcoloniale, aux États-Unis à partir des années 1960, et actuellement en Afrique du Sud, au Brésil, en Malaisie, au Canada, et au Royaume-Uni). Le principe commun à ces mesures vise à garantir le principe de non-discrimination voire à désigner des mesures de traitements différentiels de groupes jugés défavorisés.

Dès les années 1960. Aux États-Unis, l'expression « affirmative action » apparaît au milieu des années 1960 dans deux textes, toujours en vigueur et constituant le pilier du dispositif de répression de la discrimination raciste et sexiste en matière d'emploi : il s'agit d'une part, du titre VII de la loi de 1964 relative aux droits civiques (*Civil Right Act*) et d'autre part, du décret présidentiel 11-246 du 25 septembre 1965 imposant aux entreprises cocontractantes de l'État fédéral l'engagement à ne pas se rendre coupables de discrimination, en raison de la race, des croyances ou de l'origine nationale. L'élimination de pratiques discriminatoires concrètes, intentionnelles, imputables à un agent clairement identifié, constitue le cadre juridique originel auquel s'est ajoutée une idée devenue le symbole de l'*affirmative action*. Le 4 juin 1965, dans un discours célèbre prononcé à l'université Howard, le président Lyndon Johnson développe la métaphore du coureur, au départ d'une course, tout juste délivré de ses chaînes, et ne parvenant pas à combler son handicap. Ce discours sera suivi de directives fédérales, lesquelles enjoignent les employeurs de recruter des personnes issues des minorités afin d'assurer leur représentativité dans l'emploi. En 1966, le Department of Labour a commencé à utiliser des classifications raciales dans ses dossiers pour évaluer l'ampleur des pratiques discriminatoires à l'embauche. L'*affirmative action* devenait ainsi une « *color consciousness* » là où les défenseurs des droits civiques avaient mis en avant la « *color blindness* » (l'indifférence à la couleur de peau). Le poids du contexte (émeutes dans les quartiers noirs, projet de société johnsonnienne de guerre contre la pauvreté et pour l'intégration sociale et économique des Noirs) explique en grande partie ce virage.

Le domaine de l'éducation. L'*affirmative action* s'est ainsi lentement affirmée et c'est dans le domaine de l'éducation qu'elle s'est particulièrement illustrée, à l'instar des mesures prises par les prestigieuses universités de Harvard, Yale et Princeton, érigées en modèle par la Cour suprême. Elles ont permis l'accès à l'université de personnes noires ou issues de minorités en élargissant les bases du recrutement (appartenance à une minorité, sportifs de haut niveau ou « talents » à valoriser). À la lumière des travaux universitaires, ces critères ne dérogent pas en réalité à la tradition discriminatoire prévalant dans ces prestigieuses universités (hier, application de quotas officieux à l'égard de certains groupes, maintien du recrutement privilégié des enfants d'*alumni* [anciens élèves] ou de personnes fortunées). L'arrêt un temps des mesures d'*affirmative action* dans certaines universités a mis en évidence l'impact positif de ces mesures pour les personnes noires ou issues de certaines minorités, appartenant aux couches les plus favorisées de leur groupe.

Les mesures d'*affirmative action* se caractérisent essentiellement par leur pragmatisme et le principe d'une action provisoire dans le temps. Cela explique le relatif bricolage technique d'ensemble au point de renvoyer l'image d'une vaste bureaucratie qui définit, classe, compte en fonction de critères raciaux, sexuels, culturels, nationaux, linguistiques.

L'*affirmative action* s'est imposée contre une opinion publique majoritaire, laquelle condamne les discriminations mais est réticente voire hostile aux mesures d'*affirmative action*, associées aux objectifs chiffrés et aux classifications raciales. L'*affirmative action* est devenue pour ses détracteurs l'emblème d'une bureaucratisation excessive, cible privilégiée des partisans du « moins d'État ». Le recours au mot « quota » dans les débats publics vaut dénonciation de l'iniquité des mesures aboutissant à évincer des candidats jugés plus méritants et à exacerber les tensions entre les groupes. Pour ses partisans, le maintien de l'*affirmative action* est jugé essentiel dans le dispositif de politique antidiscriminatoire et des améliorations sont préconisées afin de pallier les insuffisances et les effets pervers reconnus.

La « discrimination positive » en France. L'importation en France des débats outre-Atlantique autour de l'*affirmative action* renforce la confusion, ce dont atteste la polémique sémantique autour de l'expression « discrimination positive ». Le modèle américain est invoqué en France dans le dessein de contester la conception traditionnelle de l'égalité formelle au profit du principe nouveau d'équité visant à assurer l'égalité des chances, au besoin par le recours à une « discrimination positive ». Dans un rapport public portant sur l'égalité (1996), le Conseil d'État signale que l'expression « discrimination positive » n'apparaît pas formellement mais la notion occupe néanmoins d'ores et déjà une place importante au sein du corpus juridique français : une abondance de textes législatifs et réglementaires implique une différenciation de traitement en fonction des critères de l'âge, du sexe, de l'existence d'un handicap ou de la localisation géographique sur le territoire national. Selon le rapport du Conseil d'État, la « discrimination positive » est une catégorie particulière de « discrimination justifiée » qui s'accorde avec les volets redistributeurs et régulateurs de l'État providence. La « discrimination positive » invite les politiques publiques à mieux cibler ses destinataires et comme le montre depuis une trentaine d'années la tendance des politiques d'insertion ou de lutte contre les exclusions, à se concentrer sur « ceux qui en ont besoin » (populations ou territoires, à l'instar de la politique de la ville). La « lutte contre les discriminations », impulsée à l'échelon européen depuis les années 2000, a contribué, en France,

à relier les problématiques de réduction des inégalités avec celles de la promotion de la diversité culturelle ou religieuse.
⇢ discriminations

aide au retour

L'aide au retour est un dispositif public qui consiste à promouvoir le départ volontaire de travailleurs étrangers vers le pays dont ils sont ressortissants à travers l'octroi ponctuel d'une incitation financière individualisée. Mises en place d'abord par la France puis par l'Allemagne à compter des années 1970, ces mesures ont été activées au nom de la crise économique et du chômage mais n'ont connu généralement que peu de succès auprès des travailleurs étrangers et n'ont concerné qu'un petit nombre de personnes. Promue en France à compter de 1975 par les secrétaires d'État aux travailleurs immigrés successifs (Paul Dijoud et Lionel Stoléru), puis reprise en Allemagne à compter de 1979, l'aide au retour est aussi appelée parfois RAV, retour assisté volontaire. Cette idée d'une incitation financière au retour s'inspire des expérimentations plus anciennes et confidentielles menées dès les années 1960 dans le cadre des premières politiques de coopération par le gouvernement français en direction de ses anciennes possessions.

De la formation-réinsertion à l'invention de l'aide au retour. Les premiers dispositifs d'aide au retour ont été menés en France par une institution dépendante du ministère des Finances et de la direction du Trésor : la Caisse centrale de coopération économique (CCCE). Entre 1945 et 1971, sous l'impulsion de son directeur André Postel-Vinay (ancien résistant, futur directeur de la Population des migrations et secrétaire d'État aux travailleurs étrangers entre 1972 et 1974), cet organisme public encourage le développement de solutions administratives « alternatives » en direction des travailleurs étrangers issus des anciennes colonies françaises. Inspiré par les doctrines catholiques sociales et tiers-mondistes, André Postel-Vinay prône une approche « globale » de l'immigration liant qualification des travailleurs immigrés et développement des pays du Sud. Cette position est proche de celle portée par les collaborateurs de la revue *Économie et Humanisme* qui défendent dans les années 1960 l'idée que « les immigrés doivent acquérir dans les pays développés une véritable formation professionnelle et humaine, et des compétences multiples utilisables, à leur retour au pays d'origine ». En 1961, les bureaux en charge de la formation au sein de la CCCE sont transformés en un établissement de formation professionnelle baptisé Centre d'études financières économiques et bancaires (le CEFEB). Comme le précisent ses rapports d'activité, l'établissement basé à Paris forme alors chaque année près de 400 travailleurs immigrés dans l'objectif que ces derniers constituent une « partie des cadres des services publics ou des organismes à caractère financier, monétaire ou bancaire » des pays nouvellement indépendants. Le corps enseignant du CEFEB est constitué d'inspecteurs ou de chefs du service de la Caisse centrale qui ont « presque tous vécu de nombreuses années en Afrique ». Les cours, « enseignés d'une manière vivante » et qui « font largement appel à la méthode des cas », sont censés fournir une formation diplômante « en matière de banque, de monnaie, de comptabilité, de finances publiques et d'échanges extérieurs ». À compter de 1962, mais surtout de 1964, l'Indépendance algérienne et les premiers accords de main-d'œuvre entraînent la fusion des structures de coopération financière propres à l'Algérie avec la Caisse centrale. Dans le cadre d'une augmentation de l'aide structurelle en direction de l'Algérie, ces projets de formation-réinsertion se multiplient alors et un ensemble de dispositifs à l'intention des travailleurs immigrés algériens est lancé les invitant à regagner l'Algérie. À compter de 1969, un projet plus ambitieux de « réinsertion-formation » de migrants algériens en Algérie propose la formation de travailleurs dans le secteur du bâtiment et des travaux publics : 150 moniteurs se voient ainsi offrir un statut de fonctionnaire, un salaire garanti à l'Institut national de formation professionnelle algérien et un logement de fonction s'ils acceptent d'entrer dans le programme. Ces projets relativement coûteux pour la CCCE reçoivent l'aval du gouvernement algérien qui est particulièrement favorable à la réintégration de travailleurs qualifiés sur le marché du travail algérien. Si ces projets d'aide à la réinsertion sont parfois tombés dans l'oubli, ces diverses expériences constituent des précédents administratifs dans lesquels les projets successifs viendront puiser (la CCCE est associée à tous les projets successifs d'aide au retour mis en œuvre à compter de 1975). La crise économique va toutefois en changer profondément le sens.

L'abandon de l'idée de formation au profit d'une simple compensation financière.
D'abord menée autour d'une expérimentation « pilote » auprès de travailleurs marocains de Longwy en 1974, l'aide au retour est lancée

publiquement en 1975 sous l'impulsion du secrétaire d'État Paul Dijoud puis de Lionel Stoléru. Ce dispositif, qui sera rapidement rebaptisé par la presse « le million de Stoléru », fait passer au second plan l'idée de formation-réinsertion au profit d'une simple compensation financière immédiate et d'un accord signé par l'intéressé pour un « retour définitif ». 10 000 francs nouveaux sont donnés à chaque travailleur étranger qui s'engage ainsi à ne plus revenir sur le territoire français et à remettre avant son départ ses cartes de séjour et de travail. On estime qu'environ 2 200 personnes auraient bénéficié fin 1977 de ce dispositif qui ne tarde pas à se voir invalidé du point de vue du droit. Les quatre arrêts rendus les 7 juillet et 24 novembre 1978 par le Conseil d'État annulent, en effet, plusieurs dispositions prises par circulaires sur l'aide au retour et rappellent notamment l'incompatibilité des mesures d'interdiction de réadmission sur le territoire français pour certains ressortissants disposant d'une libre circulation garantie par des accords bilatéraux signés par la France (comme pour le Togo, le Cameroun, etc.). Dans l'arrière-cour du travail administratif, la mise en application du dispositif a également soulevé plusieurs problèmes humains douloureux. Les archives de la Direction de la population et des migrations, garde la trace de dossiers de contentieux d'enfants retournés au pays sous contrainte de leur père mais sans leur consentement ou de personnes souhaitant revenir en France pour raisons humanitaires malgré l'accord de non-retour signé. Plusieurs travaux ont également montré les difficultés de réinsertion de ces migrants dans leur société dite « d'origine ». Le dispositif est néanmoins réactivé sous le gouvernement socialiste par le secrétaire d'État François Autain (1981-1983) au nom de la relance de la politique de coopération puis à nouveau sous la cohabitation par un décret du 16 octobre 1987 qui rend toujours possible son activation par les services administratifs « pour les travailleurs étrangers privés involontairement de leur emploi ». Au niveau français, c'est désormais l'OIM qui s'occupe de sa mise en œuvre. Au niveau européen, le dispositif est aujourd'hui également promu par la Commission européenne via la Direction générale à la coopération comme un volet complémentaire à la signature d'accords de réadmission et parallèlement à l'établissement de l'Agence européenne pour la gestion de la coopération opérationnelle aux frontières extérieures (FRONTEX).

antisémitisme La présence de populations de religion juive en France étant ancienne, l'antijudaïsme est un sentiment qui a très tôt animé une certaine hostilité à leur égard.

Mais ce rejet prend à la fin du XIXe siècle une réelle ampleur sous la forme d'un antisémitisme populaire. Il s'agit non plus de stigmatiser la seule appartenance religieuse, mais de rejeter les Juifs en tant que « communauté » menaçant l'équilibre national. Cette attitude, qui gagne l'Europe entière, apparaît dans l'Hexagone à travers le quotidien catholique *la Croix*, qui, créé en 1883, se revendique comme le journal « le plus antijuif de France ». Le journaliste et homme politique Édouard Drumont joue un rôle important dans l'expression de l'antisémitisme sous la IIIe République : son essai *la France juive*, publié en 1886 et qui ramasse tous les stéréotypes ambiants sur le Juif, devient un véritable best-seller, et son journal ouvertement antisémite *la Libre Parole*, créé en 1892 connaît une vaste audience. Thème majeur de l'extrême droite et des nationalistes, l'antisémitisme gagne également les autres partis politiques, y compris à gauche. Une série de préjugés comme ceux du « juif errant », du « cosmopolite sans racine », du « peuple déicide », adeptes de meurtres rituels, le fantasme de « finance mondiale aux mains des Juifs » capables de dominer la planète de manière occulte ou encore la conviction que les Juifs appartiennent à une race spécifique qu'il s'agit de dominer sont largement diffusés, notamment dans la presse.

Dans ce cadre, le scandale de Panamá et surtout l'affaire Dreyfus placent la question de l'antisémitisme au cœur d'un questionnement sur l'identité nationale au tournant du XXe siècle. À partir de 1894, la condamnation d'Alfred Dreyfus, Français d'origine alsacienne et de confession juive, pour avoir prétendument livré des documents secrets de l'armée française à l'Empire allemand, bouleverse plusieurs années durant une société française divisée en deux camps : « dreyfusard » et « antidreyfusard ». Finalement innocenté et réhabilité en 1906, Alfred Dreyfus, ce Juif intégré, cristallise autour de sa personne le débat sur le racisme ambiant à l'encontre des Juifs.

Un temps en sourdine pendant la période de la Première Guerre mondiale, l'antisémitisme réapparaît avec davantage de force encore au début des années 1930 à la faveur de la crise économique et politique que traverse la France. Dans un pays gagné par le chômage et les difficultés sociales, l'arrivée de Juifs étrangers, et notamment allemands, fuyant le nazisme est mal acceptée, d'autant que certains scandales comme, début 1934, l'affaire Stavisky, du nom d'un escroc mondain juif d'origine polonaise, viennent alimenter l'image d'une république corrompue, développant un antiparlementarisme sur fond d'antisémitisme. Le Juif est la cible de nombreux mouvements nationalistes comme l'Action française de Charles Maurras et autres ligues d'extrême droite à l'image du francisme dirigé par Marcel Bucard et de la Solidarité française du commandant Renaud, créées en 1933 avant le Parti populaire français, fondé en 1936 par l'ex-communiste Jacques Doriot. Rassemblant une masse importante d'adhérents et de sympathisants, ces mouvements s'appuient sur un ensemble de publications antisémites qui connaissent elles aussi une large audience : journaux, revues ou encore ouvrages tels ceux de Louis-Ferdinand Céline publiant son roman *Voyage au bout de la nuit* en 1932, puis les pamphlets *Bagatelles pour un massacre* et *l'École des cadavres* en 1937 et 1938. Quelques scientifiques, à l'instar de l'ethnologue Georges Montandon publiant en 1939 un article intitulé « La solution ethno-raciale du problème juif », complètent un ensemble de discours faisant du Juif le bouc émissaire de la société française.

Avec la victoire du Front populaire aux élections législatives du printemps 1936, l'antisémitisme connaît un sommet avec la nomination du socialiste Léon Blum à la présidence du Conseil : un déferlement de haine piloté notamment par les hebdomadaires antisémites *Gringoire*, *Candide* et *Je suis partout* s'exprime à son encontre. La formule de Charles Maurras, s'exprimant le 15 mai 1936 dans *l'Action française*, illustre cette violence qui prend la forme d'un véritable appel au meurtre : « C'est en tant que juif qu'il faut voir, concevoir, entendre, combattre et abattre le Blum ».

Dans une France vaincue et occupée à partir de 1940, au sein de laquelle vivent environ 330 000 Juifs, le gouvernement de Vichy met en place un antisémitisme d'État, Philippe Pétain érigeant cette forme de racisme au rang de doctrine officielle en lien avec l'idéologie nazie dominante : lois sur le statut des Juifs entre 1940 et 1942, parmi lesquelles le port obligatoire de l'étoile jaune à partir de juin 1942 en zone occupée ; création en 1941 d'un Commissariat général aux questions juives dirigé par Xavier Vallat ; saisie de biens juifs et aryanisation ; arrestation et internement de Juifs étrangers et français dans des camps (notamment la rafle dite « du Vél'd'Hiv » les 16 et 17 juillet 1942); déportations vers l'Allemagne et vers les camps d'extermination (76 000 personnes en 79 convois).

Après 1945, si l'antisémitisme a connu une nette régression, ses manifestations restant cantonnées dans des milieux extrémistes de droite, sa réapparition a marqué la vie publique au cours des années 1980 sous différentes formes: attentats tels celui de la rue des Rosiers en 1982; profanations de sépultures comme à Carpentras en 1990; racisme ordinaire reposant sur des préjugés, à l'image, en 2006, de l'affaire Ilan Halimi, ce garçon enlevé, rançonné, torturé et tué par une bande de jeunes au motif que les « Juifs ont de l'argent ». La montée du « négationnisme », visant à remettre en cause l'existence de la Shoah, et les dérives d'attitudes antisionistes trop radicales ont également permis l'expression de nouvelles formes d'antisémitisme au sein de la société française.

Forme particulière de racisme, l'antisémitisme resurgit régulièrement dans l'espace public français à des degrés divers et au gré de contextes historiques spécifiques. Il apparaît pour certains comme un moyen de justifier ou d'expliquer les maux du temps, au mépris de tout ancrage dans la réalité.

apatridie

L'apatridie désigne la situation d'un individu, un apatride, qu'aucun État ne considère comme son ressortissant par application de sa législation relative à la nationalité. Cette situation juridique entraîne de nombreuses conséquences, notamment l'impossibilité d'être titulaire de droits, de bénéficier de la protection nationale d'un État ou d'avoir un statut juridique. Il y a près de 6,6 millions d'apatrides dans le monde. Cependant, ce chiffre ne reflète pas réellement l'ampleur du phénomène dans la mesure où tous les États ne tiennent pas une comptabilité rigoureuse en la matière. On estime ainsi à 12 millions le nombre réel de personnes affectées par l'apatridie.

Plusieurs causes à l'apatridie. Il existe diverses populations apatrides dans le monde, comme les Royinghas en Birmanie, les Kurdes en Syrie, certaines catégories de populations dans les États du Golfe ainsi que les Palestiniens ou encore les Sahraouis. Un individu peut naître apatride, parce que ses parents sont eux-mêmes apatrides, mais il peut aussi le devenir par la suite lorsqu'il perd sa nationalité. Il existe ainsi de nombreuses causes à l'origine de l'apatridie. Un État peut décider de priver arbitrairement un individu, où un groupe d'individus, de sa nationalité, comme ce fut le cas pour les Kurdes de Syrie en 1962. Des individus peuvent se retrouver apatrides suite à la dissolution de leur État (ex-Yougoslavie, ex-Union soviétique) ou simplement parce que leur État n'existe pas (Palestiniens, Sahraouis). L'apatridie peut ainsi résulter d'une volonté d'opprimer un individu ou une partie de la population, où encore de la volonté de nouveaux États d'exclure certaines catégories de personnes de son groupe initial de nationaux. Pourtant, l'article 15 de la Déclaration universelle des droits de l'homme de 1948 dispose que « Tout individu a droit à une nationalité », sans préciser cependant quel État devrait accorder la nationalité, ni dans quelles circonstances. D'autres instruments internationaux relatifs aux droits de l'homme prévoient des dispositions destinées à éviter la privation arbitraire de nationalité. Pour exemple, l'article 7 de la Convention internationale des droits de l'enfant, adoptée par les Nations unies en novembre 1989, indique que les enfants doivent être enregistrés à leur naissance et acquérir une nationalité. Déjà en 1949, alors que des millions de réfugiés et d'apatrides étaient encore dispersés à travers l'Europe en ruine, les Nations unies établirent un comité chargé d'examiner la possibilité de rédiger une convention révisée et globale relative au statut international des réfugiés et des apatrides. La Convention relative au statut des réfugiés a été adoptée le 28 juillet 1951 et un protocole sur les apatrides devait y être ajouté.

Une convention spécifique. Cependant, la question de l'apatridie étant une question distincte de celle des réfugiés, elle a fait l'objet d'une convention spécifique, adoptée par les Nations unies le 4 décembre 1954. Ce texte, intitulé Convention relative au statut des apatrides, vise à conférer non pas une nationalité aux apatrides, mais un statut légal de protection permettant l'existence juridique et l'accès aux droits. Une seconde convention internationale, adoptée dans le cadre des Nations unies le 30 août 1961, vise quant à elle à prévenir et traiter certaines causes à l'origine de l'apatridie. Elle contient des dispositions permettant l'accès à une nationalité afin d'éviter que les situations d'apatridie ne se perpétuent dans les temps. L'article 11 de cette convention prévoyait la mise en place d'un organisme international auquel les individus pourraient s'adresser pour bénéficier de ses dispositions. L'Assemblée générale des Nations unies a cependant décidé, le 10 décembre 1974, de confier cette responsabilité au Haut Commissariat des Nations unies pour les réfugiés (HCR). Dans le cadre de son mandat en matière d'apatridie, le HCR recherche donc des solutions pour des individus ou des groupes d'individus apatrides, mais assiste également les États afin de les aider à développer des législations ne permettant pas l'apatridie. Malgré l'existence de ces instruments internationaux, la situation de nombreuses populations apatrides dans le monde n'a toujours pas été résolue. En outre, les deux conventions des Nations unies de 1954 et de 1961 n'ont recueilli qu'une faible adhésion de la part des États. Seuls soixante-deux pays ont ratifié la convention de 1954 et trente-trois seulement celle de 1961. L'action internationale des États en matière d'apatridie a été complétée par des initiatives régionales, notamment au sein du Conseil de l'Europe. Deux conventions y ont été adoptées, l'une le 6 novembre 1997 et l'autre le 19 mai 2006. Le premier texte, la Convention européenne sur la nationalité, vise à faciliter l'acquisition de la nationalité et la réintégration dans la nationalité d'origine, limiter les possibilités de perte de nationalité, empêcher le retrait arbitraire de la nationalité et régler la situation de personnes qui risquent de devenir apatrides à la suite d'une succession d'États, c'est-à-dire lorsque plusieurs États se créent suite à la disparition où à la modification d'une entité étatique. Le deuxième texte porte spécifiquement sur ce type de situations puisque la Convention sur la prévention des cas d'apatridie en relation avec la succession d'États élabore des règles plus détaillées en vue de prévenir ou de réduire autant que possible les cas d'apatridie résultant de créations ou de modifications d'États. La dimension régionale de ces deux textes en limite cependant la portée.

Une question toujours sensible. La question de l'apatridie demeure une question sensible, et, hormis les cas individuels, de nombreux États considèrent que l'octroi de la nationalité à des groupes d'individus apatrides peut altérer leurs équilibres politiques ou sociaux. En outre, très peu d'États ont mis en place des procédures permettant d'identifier et de donner un statut juridique aux apatrides. En France, pays signataire de la convention des Nations unies de 1954, c'est l'Office français de protection des réfugiés et apatrides (OFPRA) qui est chargé de recevoir les demandes de statut d'apatride. Les recours contre les décisions négatives de l'OFPRA en la matière relèvent des tribunaux administratifs.

⇢ Haut Commisariat pour les réfugiés (HCR)

asile

L'asile est un mode politique de protection des personnes persécutées ; instrument de justice, il exclut les tyrans de sa protection. Ce n'est pas la vie humaine qui est protégée mais le droit politique de ne pas être persécuté en raison de son appartenance ou de ses idées. Organisé par les pays d'accueil ou leurs émanations internationales, l'asile répond à leurs préoccupations en matière de politique internationale, migratoire et intérieure. L'intérêt stratégique d'accueillir les dissidents communistes et les besoins en main-d'œuvre d'après-guerre ont généré le régime de Genève basé sur le droit de quitter son pays. Les politiques migratoires restrictives et l'écroulement du monde communiste ont remis en cause ce système. Aujourd'hui, c'est le droit de rester en sécurité dans son propre pays, l'ingérence dite humanitaire, et l'asile sur place qui sont mis en avant. La protection des persécutés reste assujettie aux intérêts du pouvoir.

Les fondements

L'asile est à l'origine un lieu réputé inviolable placé sous la protection des dieux. De la plus haute antiquité jusqu'au XVIe siècle, les personnes poursuivies pour délit de droit commun peuvent se réfugier dans les sanctuaires, temples, et autres églises en espérant que le répit ainsi obtenu et la médiation des autorités religieuses permettent de trouver une solution au conflit. L'asile a ainsi une fonction de justice de proximité qui renforce le pouvoir des autorités locales. Cet asile des sanctuaires est supprimé progressivement au XVIe siècle avec le développement des monarchies absolues qui ne peuvent accepter ce pouvoir concurrent sur leur territoire. La protection des dieux a de plus ses propres limites puisque les personnes en conflit politique ou religieux avec les autorités ne peuvent guère se réfugier en ces lieux, certes sacrés, mais placés de fait sous le pouvoir de ces mêmes autorités. Les personnes risquant d'être persécutées doivent donc, comme aujourd'hui, chercher asile en d'autres pays. Les persécutions étant par définition des traitements injustes et cruels, protéger les étrangers persécutés reste une question de justice et de pouvoir associé, mais cette fois-ci sur la scène politique internationale.

La Révolution française inscrit l'asile dans la problématique des droits de l'homme : « Le peuple français donne asile aux étrangers bannis de leur patrie pour la cause de la liberté, il le refuse aux tyrans » (article 120 de la Constitution de 1793). L'asile révolutionnaire protège la vie libre en société, il s'oppose évidemment à la déshumanisation des victimes de persécution, mais il n'est pas humanitaire puisqu'en excluant les tyrans il n'est pas neutre et ne protège pas la vie dans l'absolu. Bien que très peu appliquée durant la période révolutionnaire, cette conception politique de l'asile aura une très grande influence sur l'asile moderne.

La gestion de l'asile dans un cadre international se met en place progressivement au début du XXe siècle sous l'effet de l'importance du nombre de personnes déplacées dans toute l'Europe par de nombreux conflits (Première Guerre mondiale, génocide arménien, révolution russe, guerre gréco-turque, etc.). Des accords internationaux sont alors élaborés au cas par cas pour établir les droits de groupes particuliers de populations victimes de persécutions.

Le régime de Genève

Après la Seconde Guerre mondiale, la protection contre les persécutions est intégrée au système de l'ONU. Les grandes lignes de cette protection sont définies dans la Déclaration universelle des droits de l'homme de 1948 (DUDH) : « Devant la persécution, toute personne a le droit de chercher asile et de bénéficier de l'asile en d'autres pays. Ce droit ne peut être invoqué dans le cas de poursuites réellement fondées sur un crime de droit commun ou sur des agissements contraires aux buts et aux principes des Nations unies » (article 14). La formulation de la DUDH est plus juridique que celle de la Constitution de 1793 mais l'idée reste la même : en excluant les personnes ayant commis des actes contraires aux valeurs de l'ONU, la DUDH adopte le principe d'un asile politique et non humanitaire.

Le choix d'un mode de protection international contre les persécutions basé sur le droit de quitter son pays est en phase avec le contexte de l'époque en termes de politique étrangère et de politique migratoire des pays occidentaux. D'une part, avec le début de la guerre froide, toute protection directe internationale dans les pays souverains est impensable, mais offrir l'asile aux personnes persécutées par les régimes du bloc opposé est une ingérence indirecte qui comporte peu de risques et permet de disqualifier ces régimes en dévoilant dans les démocraties occidentales leur caractère persécuteur. D'autre part, les intérêts économiques des pays d'accueil vont également dans le sens d'un accueil des immigrés politiques puisqu'à l'époque les besoins de main-d'œuvre sont importants et l'immigration nécessaire.

Le contrôle de l'immigration par les pays d'accueil, acte fondamental de souveraineté, est toutefois préservé dans la DUDH puisque le droit de chercher asile implique l'accord du pays d'accueil et n'est en aucun cas un droit à l'asile qui s'impose aux États. Les auteurs de la DUDH ont d'ailleurs préalablement fixé les limites de la liberté de circulation par l'absence de droit à entrer dans un pays autre que le sien. « Toute personne a le droit de circuler librement et de choisir sa résidence à l'intérieur d'un État. Toute personne a le droit de quitter tout pays, y compris le sien, et de revenir dans son pays » (article 13).

Le Haut Commissariat des Nations unies pour les réfugiés (HCR) est créé fin 1950, et dès l'année suivante la Convention relative au statut des réfugiés, signée à Genève le 28 juillet 1951, inscrit dans le droit international la conception politique de l'asile formulée par la DUDH, mais en l'assortissant d'importantes précautions.

En France, l'Office français de protection des réfugiés et apatrides (OFPRA) est créé en 1952 pour attribuer le statut « convention de Genève » aux réfugiés et gérer leur état civil. La Commission des recours des réfugiés, renommée en 2007 Cour nationale du droit d'asile (CNDA), est créée en même temps pour instruire les recours contre les rejets de l'OFPRA.

La convention de Genève rompt avec la définition des réfugiés par groupe de population et adopte une définition générale basée sur les craintes individuelles de persécution. Seuls les réfugiés palestiniens restent placés sous la protection d'un organisme spécialisé, l'Office de secours et de travaux des Nations unies pour les réfugiés de Palestine dans le Proche-Orient (sigle anglais UNRWA) créé en 1949, un an avant le HCR. Ils constituent à ce titre encore aujourd'hui une exception.

La conception politique de l'asile est affirmée dans la définition du réfugié : est réfugiée toute personne « craignant avec raison d'être persécutée du fait de sa race, de sa religion, de sa nationalité, de son appartenance à un certain groupe social ou de ses opinions politiques » (article 1A2). Les auteurs de crimes contre la paix ou contre l'humanité, de crimes de guerre, de droit commun en dehors du pays d'accueil, ou d'actes contraires aux buts et aux principes des Nations unies sont exclus du bénéfice du statut de réfugié (article 1F a,b,c). Ce n'est pas la vie humaine qui est protégée mais le droit politique de ne pas être persécuté à cause de son appartenance ou de ses idées.

La première précaution est d'ordre diplomatique : peut-on reconnaître officiellement les craintes de persécution sans reconnaître tout aussi officiellement le caractère persécuteur des pays d'origine des réfugiés ? Au prix d'une certaine contradiction avec la définition du réfugié, le préambule de la convention affirme sa neutralité en exprimant « le vœu que tous les États, reconnaissant le caractère social et humanitaire du problème des réfugiés, fassent tout ce qui est en leur pouvoir pour éviter que ce problème ne devienne une cause de tension entre États ». La convention de Genève offre ainsi aux États le choix d'accueillir les réfugiés au nom de la liberté en condamnant l'État persécuteur (dissidents soviétiques), ou au nom des sentiments humanitaires pour éviter toute forme de condamnation d'un pays ami.

La précaution principale se trouve dans les silences de la convention. Ce texte de 24 pages est totalement muet sur les procédures de reconnaissance de la qualité de réfugié et sur le droit au séjour associé au statut de réfugié. En étant laissés maîtres des procédures, les États sont libres d'interpréter restrictivement ou non les critères de la convention, et par conséquent de moduler le nombre de personnes auxquelles ils reconnaissent la qualité de réfugié.

Ultime précaution, la convention ne s'applique à l'origine que pour des événements survenus avant le 1er janvier 1951, les États contractants devant de surcroît préciser s'ils limitent ou non la portée géographique de leur engagement aux événements survenus en Europe. Cette précaution s'avère vite superflue, la convention de Genève est un outil efficace et les pays occidentaux souhaitent pouvoir gérer dans ce cadre les nouveaux conflits qui résultent de l'extension du conflit entre les deux blocs à l'ensemble du monde. Les réserves de temps et d'espace de la convention de Genève sont donc levées par un protocole relatif au statut des réfugiés signé à New York en 1967.

Il reste cependant une contradiction : comment intégrer la gestion des camps de réfugiés en Afrique dans le cadre du régime de Genève alors que les États occidentaux, se référant à l'esprit de la convention, estiment que le réfugié est une personne ayant des craintes individuelles de persécution ? Des instruments régionaux spécifiques sont donc élaborés. Le principal est la convention de l'Organisation de l'unité africaine de 1969 qui reprend la définition du réfugié de la convention de Genève mais y ajoute un deuxième alinéa. « Le terme "réfugié" s'applique également à toute personne qui, du fait d'une agression, d'une occupation extérieure, d'une domination étrangère ou d'événements troublant gravement l'ordre public dans une partie ou dans la totalité de son pays d'origine ou du pays dont elle a la nationalité, est obligée de quitter sa résidence habituelle pour chercher refuge dans un autre endroit à l'extérieur de son pays d'origine ou du pays dont elle a la nationalité. »

Le régime de Genève basé sur le droit de partir repose dès lors sur deux piliers : une définition individuelle du réfugié pour les personnes trouvant refuge en Occident ; une définition collective pour les flux massifs dans le tiers-monde.

L'évolution du contexte

Le choc pétrolier et la crise économique de 1973 entraînent un renversement des politiques migratoires. L'immigration économique peu qualifiée n'est plus utile ; au contraire, c'est son arrêt complet qui est perçu comme une nécessité en période de croissance du chômage. Le gouvernement français essaie même de stopper l'immigration familiale avant d'être contraint de l'accepter en 1978 par le Conseil d'État en vertu du droit fondamental de vivre en famille. Le régime de Genève n'est cependant pas immédiatement remis en cause car les conflits par procuration entre l'Ouest et l'Est sont en pleine expansion dans le tiers-monde. En France, le gouvernement décide dès 1975 de participer à la réinstallation des réfugiés du Vietnam, du Cambodge et du Laos fuyant le péril communiste après la chute de Saigon. Durant dix ans, les réfugiés de ces trois pays forment l'immense majorité des demandes et leur reconnaissance quasi automatique masque la croissance des rejets pour les réfugiés des autres nationalités.

La remise en cause du régime de Genève apparaît dans le milieu des années 1980 : l'intérêt politique de l'accueil en Europe faiblit avec les évolutions du bloc de l'Est ; la croissance des flux en provenance des pays pauvres avive la contradiction avec la politique migratoire économique ; la médiatisation des expulsions d'immigrés économiques illégaux par charter induit une augmentation des détournements de la procédure d'asile par des illégaux présents de longue date cherchant à échapper aux expulsions. La chute du mur de Berlin en 1989 achève le processus. La protection des réfugiés a cependant encore un atout, elle symbolise l'attachement à la défense des droits de l'homme, et les pays européens ne peuvent renoncer à cette image. Mais dans un monde devenu unipolaire, la protection ne passe plus uniquement par l'accueil, et si les droits de l'homme ont jusqu'ici protégé le texte de la convention de Genève d'une remise en cause frontale, une politique visant à réduire les flux de demandeurs d'asile vers l'Europe est mise en place progressivement depuis le début des années 1990.

La maîtrise des flux

La principale justification de la politique de maîtrise des flux de demandeurs d'asile est la lutte contre la fraude. La protection des réfugiés impose d'éviter l'engorgement des procédures par des immigrés économiques qui invoquent des risques de persécution fictifs pour tenter d'obtenir un droit au séjour au titre de l'asile. La maîtrise des flux repose sur un enchaînement de moyens.

La dissuasion. Chaque pays européen cherche à être moins attractif que ses voisins en durcissant régulièrement ses conditions d'accueil. En France, la réduction des délais de procédure et la suppression dès 1991 du droit automatique au travail pour les demandeurs d'asile s'inscrivent dans cette logique.

L'endiguement. Les contrôles sont délocalisés dans les pays de départ et délégués aux entreprises de transport par l'obligation qui leur est faite de vérifier avant embarquement la validité des visas, rendus obligatoires pour tous les ressortissants des pays d'origine des demandeurs d'asile, sous peine d'une amende de 5 000 euros par personne transportée plus la prise en charge des frais de retour. L'endiguement concerne ainsi tous les demandeurs d'asile, qu'ils craignent avec raison ou non des persécutions, malgré la protection de la convention de Genève qui prévoit dans son article 31 que l'entrée irrégulière sur le territoire du pays d'accueil ne fait pas obstacle à une demande d'asile. Formellement, la loi française respecte cependant la convention puisqu'elle prévoit que l'amende n'est pas infligée « lorsque l'étranger a été admis sur le territoire français au titre d'une demande d'asile qui n'était pas manifestement infondée » (article L625-5 du Code de l'entrée et du séjour des étrangers et du droit d'asile). Dans les faits, les entreprises de transport n'ont aucune possibilité de deviner si la demande d'asile sera considérée ou non comme infondée et elles ne peuvent prendre le risque d'encourir une amende très nettement supérieure au prix du voyage à vendre. Les demandeurs d'asile sans visa sont donc irrémédiablement condamnés à ne pas pouvoir emprunter les modes de transport légaux et à se heurter aux moyens militaires mis en œuvre pour protéger les frontières extérieures de l'UE.

Le refoulement. Les demandeurs sans visa utilisent des réseaux de passeurs* et arrivent dans l'UE par voie terrestre en franchissant de multiples frontières. Ces itinéraires complexes sont mis à profit pour tenter de refouler les demandeurs. Le HCR a énoncé le principe que « les gens ont le droit de chercher refuge, mais ils n'ont pas le droit de choisir un lieu d'asile à leur convenance... Les réfugiés sont censés demander l'asile dans le premier pays sûr où ils arrivent. » En vertu de ce principe, un accord de réadmission est établi entre tous les pays de l'UE (règlement Dublin II). En complément, des accords de réadmission bilatéraux avec les pays tiers permettent en théorie de renvoyer en cascade les demandeurs à la périphérie de l'UE. En pratique, malgré la création d'un fichier dactyloscopique européen (Eurodac), apporter la preuve qu'un demandeur a séjourné dans un pays voisin n'est pas aisé et les procédures de refoulement restent peu efficaces.

Le rejet de la demande. L'obligation de mentir sur son itinéraire pour échapper au refoulement et la difficulté d'exprimer devant des officiers de protection les violences subies induisent des discours stéréotypés. Légalement il n'est pas demandé de preuves des persécutions, la décision repose sur l'intime conviction des agents instruisant la demande, mais sans preuve irréfutable et avec des parties de discours stéréotypées, comment convaincre du bien-fondé de ses craintes ? En 2007, les rejets représentent 73 % de l'ensemble des décisions dans l'UE à 27.

L'expulsion. C'est le point faible du dispositif : les déboutés qui ne peuvent être expulsés, notamment pour des raisons matérielles lorsque les pays d'origine sont en guerre, sont en France laissés dans l'illégalité, en attendant qu'ils tentent leur chance ailleurs.

L'externalisation. Ce mot décrit d'une part la politique de l'UE d'aide aux pays frontaliers de l'Union (notamment le Maroc) pour mettre en place des procédures d'asile de type européen, de sorte que les réfugiés soient protégés avant d'atteindre l'Europe. D'autre part, il décrit le projet anglais de n'autoriser les demandes d'asile pour l'UE qu'à partir de camps situés à l'extérieur de l'UE dont le statut reste à définir.

Le régime d'asile européen commun

L'harmonisation de l'asile en Europe débute en 1985 avec l'accord de Schengen dont le volet asile est l'ancêtre du règlement Dublin II cité plus haut. Le traité d'Amsterdam de 1997, entré en vigueur en 1999, communautarise les questions d'immigration et d'asile relevant auparavant de la souveraineté des États. L'asile européen est organisé par un ensemble de directives qui s'imposent aux États.

– La directive Accueil 2003/9/CE « relative à des normes minimales pour l'accueil des demandeurs d'asile dans les États membres ». Ces règles sont établies sur le plus petit dénominateur commun et permettent notamment aux États membres d'« obliger un demandeur à demeurer dans un lieu déterminé ».

– La directive Qualification 2004/83/CE « concernant les normes minimales relatives aux conditions que doivent remplir les ressortissants des pays tiers ou les apatrides pour pouvoir prétendre au statut de réfugié ». Cette directive se superpose à la convention de Genève. Elle précise les critères d'attribution du statut de réfugié de la convention (les auteurs de persécutions et les instances de protection peuvent désormais être des acteurs non étatiques) et prévoit un titre de séjour de trois ans minimum pour les réfugiés reconnus (dix ans actuellement en France). Elle crée une protection subsidiaire assortie d'un titre de séjour de un an pour les personnes à qui la qualité de réfugié n'est pas reconnue mais qui risquent la peine de mort, la torture ou « des menaces graves et individuelles… en raison d'une violence aveugle ».

– La directive Procédure 2005/85/CE « relative à des normes minimales concernant la procédure d'octroi et de retrait du statut de réfugié dans les États membres ». Elle introduit les concepts de pays d'origine sûrs et de pays tiers sûrs qui permettent de rejeter les demandes après un examen allégé. Un pays est considéré sûr s'il veille au respect des principes de liberté, de la démocratie et de l'état de droit, ainsi que des droits de l'homme et des libertés fondamentales. Aucun réfugié ne devrait pouvoir provenir d'un pays qui respecte réellement ces principes. La liste française comporte actuellement 17 pays d'origine sûrs dont, par exemple, la Serbie et la Turquie. L'Albanie et le Niger ont été retirés de cette liste en 2008 après un recours en Conseil d'État.

Les disparités de protection dans l'UE restent cependant importantes. Dans le « Pacte européen sur l'immigration et l'asile » adopté à Bruxelles en 2008, le Conseil européen s'engage à « bâtir une Europe de l'asile » et décide « d'inviter la Commission à présenter des propositions en vue d'instaurer, si possible en 2010 et au plus tard en 2012, une procédure d'asile unique comportant des garanties communes et d'adopter des statuts uniformes de réfugié d'une part, de bénéficiaire de la protection subsidiaire d'autre part » dans le but d'offrir « un niveau de protection plus élevé ».

Toutefois, cette ambition de protection est en décalage avec la politique suivie, comme l'atteste la création de la protection subsidiaire. Celle-ci n'est pas conçue pour compléter la protection de la convention de Genève. En effet, les rares nouvelles situations couvertes pouvaient être incluses dans la protection classique par la directive Qualification et les politiques d'endiguement et de refoulement n'auraient pas lieu d'être si on souhaitait protéger plus efficacement les réfugiés. L'objectif de la protection subsidiaire est d'attribuer un titre temporaire à ceux qui ont réussi à pénétrer en Europe et que l'on ne peut expulser en raison des risques avérés qu'ils encourent dans leur pays. Ce statut engendre un affaiblissement de la protection et représente déjà dans les statistiques 2007 du HCR 51 % de l'ensemble des statuts délivrés dans l'UE à 27.

La nouvelle organisation mondiale de l'asile

L'importance des contrôles migratoires dans le cadre de la mondialisation inégalitaire et l'évolution des rapports de force internationaux façonnent une nouvelle approche de l'asile. Le principe fondamental de l'accueil des persécutés comme réponse à l'impossibilité de les protéger sur place est remis en cause par l'émergence d'un monde unipolaire et la reconnaissance du droit d'ingérence. Financé essentiellement par les contributions volontaires des États, le HCR défend aujourd'hui le « droit de rester en sécurité dans son propre pays » qui justifie la mise en sourdine de son ancien combat pour le droit de quitter son pays.

Les personnes déplacées dans leur propre pays sont ainsi devenues la principale catégorie de population relevant du HCR (14,4 millions contre 10,5 millions de réfugiés fin 2008) et sa mission recoupe de plus en plus celle des ONG humanitaires. L'asile interne offert dans les zones sous protection de l'ONU rappelle les sanctuaires de l'Antiquité, il a une fonction de justice et de maintien de l'ordre local qui renforce le pouvoir des pays contributeurs.

L'asile actuel comporte ainsi trois branches inégales : l'asile sur place, de loin le plus important puisque, si les déplacés internes restent par définition dans leur pays, plus de 80 % des réfugiés trouvent également asile dans leur région d'origine ; l'asile « convention de Genève », conservé comme vitrine de l'attachement aux droits de l'homme mais offert à un nombre réduit de réfugiés ; la protection subsidiaire pour ceux que l'on n'a su ni endiguer ni refouler. La liberté de choix du pays d'asile est définitivement abandonnée. Les principales victimes de cette nouvelle organisation sont les combattants de la liberté dans les régimes stables de type libyen : ils ne peuvent être protégés sur place par l'ONU et, sans passeport ni visa, ils ne peuvent chercher asile en Europe qu'au péril de leur vie en tentant de déjouer la vigilance des gardes frontières européens.

→ Haut Commissariat pour les réfugiés (HCR)

B

banlieues

Dictionnaires et encyclopédies rappellent que, historiquement, la « banlieue » est un « territoire », c'est-à-dire un espace géographique soumis à un pouvoir, le plus souvent localisé en une ville-centre. Ainsi, attesté en France dès le XIIIe siècle, le vocable « banlieue » désigne-t-il l'étendue d'une (ou, en fait, de plusieurs) lieue(s) soumise(s) à la juridiction d'un seigneur puis d'une autorité municipale. Deux idées-forces, donc, constituent le fonds sémantique du mot : la périphérie et la dépendance politique. Au fil du temps, cependant, certaines banlieues ont été annexées administrativement à la ville (en France, au cours des années 1850-1870), tandis que d'autres sont demeurées ou devenues des communes indépendantes. La désignation « banlieue » renvoie donc à un fait matériel, spatio-politique, qui ne dit rien de ses usages ni de ses usagers.

En France, toutefois, les significations du terme « banlieue » outrepassent depuis longtemps cette objectivité. L'expression « banlieue chic » ou « aisée » désigne les domaines qui, depuis le XVIIIe siècle, ont été conquis par les classes supérieures, souvent sur d'anciennes propriétés aristocratiques ou ecclésiastiques, tandis que celle de « banlieue résidentielle » évoque les lotissements généralement plus tardifs, pavillonnaires notamment, habités par les classes moyennes. Mais, depuis au moins la fin du XIXe siècle et les débuts de l'industrialisation, « banlieue », sans autre précision, renvoie plutôt aux espaces ruraux progressivement urbanisés autour des grandes villes et habités, au départ, par des paysans prolétarisés, pour certains « sur place », pour d'autres en provenance de régions rurales, de France puis d'ailleurs…

Loger les « classes souffrantes » et civiliser les « classes dangereuses »

Comme le « faubourg » et la « zone », dont elle ne se distingue pas tout à fait, cette « banlieue » fait l'objet d'une dépréciation à la fois spatiale, sociale et politique. L'image en est celle de lieux mal construits, mal habités, laids, sales, tristes et dangereux. Il est vrai que le début du XXe siècle a connu un essor des taudis et des constructions aléatoires que les spéculations foncière et immobilière débridées ont stimulé. Près de Paris, en particulier, règne une véritable anarchie urbanistique, avec des baraques de jardin utilisées comme habitations et la commercialisation de terrains dépourvus de toute viabilité (« scandale des lotissements »). Les « banlieusards » sont vus, comme des « péquenauds » (« faire banlieue » est ridicule), des étrangers (l'Église part « en mission » auprès de ces « peuplades de contrées inexplorées », comme dans les colonies), voire, selon le mot ironique de Marx, comme des « barbares qui campent aux portes de la cité ». La presse relaie cette image des « classes dangereuses » qui se traduit en exigence de répression (contre les « apaches », par exemple, premières bandes de jeunes prolétaires plus ou moins délinquants) et de surveillance policière contre tout risque insurrectionnel.

Après diverses réalisations philanthropiques et patronales (cités ouvrières, corons), des lois successives – de la loi Siegfried (1890) à la célèbre loi Loucheur de 1928, qui marque le premier engagement financier de l'État dans le logement social – aident la construction privée, puis publique (municipale, départementale) de logements collectifs pour les « classes laborieuses » – « habitations ouvrières » puis « habitations à bon marché » (HBM) – et favorisent l'accession à la petite propriété familiale.

Les conceptions hygiéniste et moralisatrice s'entrecroisent : il faut fournir des logements sains (on recense alors, en ville, les « îlots tuberculeux ») à des familles qui vivront « bourgeoisement » et dont le chef sera préservé de l'alcoolisme comme du socialisme…

De leur côté, les communes industrielles et ouvrières conquises progressivement par le Parti communiste, puis par les autres partis alliés dans le Front populaire, font du logement social une priorité municipale. Revendiquant le titre de « banlieues rouges », elles célèbrent les vertus du « collectif » contre l'égoïsme bourgeois et la ville capitaliste. La droite conservatrice s'affole de voir se constituer « l'armée prête à l'émeute » de « millions de prolétaires agglomérés », qui, « le grand soir venu […] envahira la vieille cité bourgeoise ».

Planifier l'urbanisme de la civilisation industrielle et faire du logement une question de solidarité nationale

À l'issue de la Seconde Guerre mondiale, la crise du logement, aggravée par les destructions, est multiforme : pénurie quantitative (un logement sur quatre est surpeuplé, une personne sur trois est concernée), mais aussi déficience qualitative (la moitié des habitations sont sans eau courante…), risques sanitaires (humidité, vermine, asphyxie, épidémies) voire périls immédiats (incendie, écroulement…). Les sans-abri se multiplient. Pour autant, le logement ne constituera pas une priorité avant le milieu des années 1950. C'est alors que des mouvements caritatifs et/ou réformateurs, parfois issus de la Résistance, font d'une politique volontariste capable d'absorber l'exode rural, de faire face au baby-boom, d'assurer la santé et l'ordre publics, une condition de la croissance. Sous leur influence, l'État s'engage dans une toute nouvelle direction : construire en nombre des logements sociaux tout en maîtrisant les formes de l'extension urbaine. Pour la première fois, la question du logement est posée comme un enjeu de solidarité nationale.

À côté des logements d'urgence et des « cités » destinés à accueillir les sans-logis et les expulsés des îlots insalubres en rénovation, la construction de ce que l'on nommera plus tard les « grands ensembles » s'inscrit dans ce puissant courant modernisateur et planificateur.

L'implantation en périphérie permet de minimiser la charge foncière et d'offrir des espaces « vierges » à aménager. Construire beaucoup et vite pousse à l'adoption d'une logique industrielle, à l'instar de celle qui s'impose pour les biens de consommation. La préfabrication et la taylorisation des tâches favorisent la concentration du secteur du bâtiment.

Les « grands ensembles », comme certaines « cités », ont des caractéristiques qui rompent avec toutes les modalités antérieures de développement urbain : discontinuité territoriale avec le tissu et les voies de communication préexistants ; changement radical d'échelle ; modélisation du bâti (tours, barres), des « unités d'habitation », des circulations ; pétrification de la hiérarchie entre espaces privé et public ; distribution bureaucratique des logements ; consommation dirigée ; normalisation des modes d'occupation ; police des relations de voisinage, voire familiales…

De 1954 à 1975, six millions de logements sociaux ont été construits, le parc de logements s'est accru de moitié, neuf villes nouvelles sont en cours de réalisation.

Croissance économique aidant, la détente sur le marché du logement a été réelle. Les couches moyennes (cadres moyens, employés) et ouvrières qualifiées ont, les premières, bénéficié de ces habitations à loyer modéré (HLM) qui leur ont fait, à proprement parler, découvrir un confort inconnu jusque-là – ce dont elles se félicitent à longueur d'enquêtes…

Si le mépris de classe s'exprime immédiatement sous ses modalités habituelles d'horreur du nombre et de répulsion esthétique, les premières critiques des « cités » et « grands ensembles » sont plutôt venues des élites sociales et réformistes. Dès la fin des années 1950, des psychosociologues et des médecins dénoncent les effets délétères – en particulier sur les femmes et les enfants – de ces espaces « inhumains », séparés, homogènes, monotones et artificiels puisque privés de repères urbains autant que de « véritable » contact avec la nature. « Le mal des grands ensembles », d'articles de journaux en enquêtes sociales, décrit un état dépressif chronique des habitants (la « sarcellite », selon une trouvaille journalistique à succès) et une sociabilité juvénile de groupes livrés à eux-mêmes, donc potentiellement déviante. Henri Lefebvre dénonce l'urbanisation industrielle qui fait de la ville un produit, « réduit l'habiter à l'habitat » et « désurbanise l'urbanité », tandis que les défauts d'habitabilité des logements, notamment en matière de fonctionnalité et de souplesse d'aménagement (absence de lieu pour bricoler, interdiction de diviser ou réunir des pièces…) ressortent de nouvelles enquêtes sociologiques.

Retour du libéralisme… et de la crise du logement

Avec la croissance économique et la stabilité de l'emploi, la détente du marché du logement ouvre aux cadres, employés et ouvriers qualifiés l'accès à la propriété, notamment à la maison individuelle qui demeure un idéal partagé. Celui-ci a d'ailleurs continué d'être encouragé, y compris pour les familles populaires (ainsi, entre 1969 et 1977, 70 000 « chalandonnettes » bon marché ont été si mal édifiées que l'affaire se termine en scandale). C'est cette « mobilité résidentielle ascendante » qui a permis aux ouvriers et employés peu qualifiés d'entrer enfin dans le logement social.

En fait, alors que la politique publique du logement social a cherché à s'affranchir de la spéculation foncière, celle-ci n'a guère été limitée dans le secteur privé. Jusqu'au milieu des années 1970, ce renchérissement a été compensé par l'augmentation des salaires. Mais cette politique « boiteuse » a contribué à accroître la ségrégation résidentielle :

les centres-villes restaurés sont « reconquis » par les couches aisées. Ils s'embourgeoisent (on parlera plus tard de « gentrification ») tandis que les banlieues populaires se prolétarisent…

Même si, en 1976, l'Union des organismes HLM estime à encore un million et demi le nombre des « mal logés », un puissant courant libéral cherche, tout au long de la décennie, à désengager l'État et à « restaurer les mécanismes "naturels" du marché » – en fait à déférer aux banques le financement du logement. Sous prétexte que les grands ensembles sont « facteurs de ségrégation, *peu conformes aux aspirations des habitants et sans justification économique sérieuse* », la construction des grands ensembles est stoppée en 1973. Mais la véritable rupture politique intervient en 1977, quand la loi Barre réserve en priorité l'argent public à « l'aide à la personne » (prêts immobiliers, aide personnalisée au logement) aux dépens de « l'aide à la pierre » (à la construction). La production de logements sociaux, et même de logements privés, régresse rapidement. Une nouvelle crise du logement se profile avec le retournement de conjoncture.

La paupérisation des banlieues ouvrières

L'expansion économique et l'accès au logement social ont participé de l'intégration dans la société globale d'une bonne partie de la classe ouvrière. Une autre partie est cependant restée en marge : celle de ses nouveaux membres – immigrés, d'Afrique du Nord et du Portugal, notamment – supplétifs de la croissance. Ces travailleurs sans qualification reconnue, arrivés en masse au cours des années soixante peuplent les hôtels meublés, les garnis, les taudis et les bidonvilles… L'ensemble de la société, et eux-mêmes, le plus souvent, pensent qu'ils ne resteront pas en France. La pensée dominante attribue à l'envoi d'argent au pays ou à l'épargne en vue du retour leur acceptation d'un habitat souvent catastrophique (incendies, asphyxies, maladies). La presse ne s'y intéresse que pour évoquer l'« ailleurs social » que constituent à la fois les bidonvilles et leurs habitants, évoquant (sans l'humour caustique de Marx) les « morceaux de tiers-monde établis aux portes de nos villes ».

En dépit d'une loi de 1964 et de la mobilisation d'organisations chrétiennes et d'extrême gauche, le scandale de ces conditions de vie n'éclatera publiquement qu'au jour de l'An 1970, avec le décès de cinq travailleurs africains qui cherchaient à chauffer leur taudis à Aubervilliers.

La résorption de l'habitat insalubre et des bidonvilles amorce l'entrée, progressive et « par le bas » (souvent après un passage par des sous-logements sociaux tels les « cités de transit »), des familles immigrées dans le parc social. Elle libère, en même temps, de nouvelles réserves foncières au front d'urbanisation (Nanterre, Champigny…).

La décennie 80 cumule et combine différents facteurs d'une crise grave et protéiforme, que le logement social subit de plein fouet. Les coûts d'entretien ou de réhabilitation du bâti augmentent (nombre d'immeubles rapidement édifiés révèlent leurs défauts de conception et/ou se dégradent). La désindustrialisation réduit les ressources des communes ouvrières au moment même où le remboursement de leurs emprunts est le plus élevé. La crise économique s'enracine, et le chômage, les emplois partiels et précaires nourrissent une paupérisation qui s'étend et touche de nouveaux segments de population (invalides du travail, femmes seules avec enfants, jeunes sans qualification…). Les demandes d'aide sociale explosent. Tout ceci se produit au moment même où les familles immigrées accèdent enfin de façon significative au logement social. Elles subissent, ici, un « seuil de tolérance » qui limite leur présence à 20 % du total des ménages et, tout au contraire, là, elles sont rassemblées pour combler la vacance d'appartements dont personne d'autre ne veut.

« Banlieues à problèmes » et « politique de la ville »

Bien que quelques précurseurs aient anticipé les difficultés prévisibles de ces zones d'habitat social, l'« été chaud des Minguettes », qui succède en 1981 à d'autres jacqueries urbaines passées par pertes et profits, sonne l'heure de la mobilisation, de la panique sociale à l'invention de la « politique de la ville ».

Les ainsi nommées « banlieues » deviennent unanimement l'objet de rumeurs, de rapports officiels, de recherches, de statistiques, de dispositifs, de lois, qui tous concourent finalement, quelles qu'en soient les intentions, à renforcer leur stigmatisation en tant que territoires à part, peuplés de « cas sociaux » et de jeunes « déracinés », en proie à l'anomie, la conflictualité et la déviance ! C'est le retour des « classes dangereuses », avec la transmutation de leurs réelles difficultés en stéréotypes péjoratifs et la même horreur pour les lieux qu'ils occupent. Mais le visage de la banlieue a pris les couleurs post-coloniales de « l'immigré », puis du « jeune de banlieue », dont il n'est plus même besoin de préciser l'origine africaine, tant cela va de soi. On se dispute sur l'usage du mot « ghetto ». Les organismes HLM ne peuvent plus investir. Bientôt, ils augmenteront leurs loyers et commenceront à se décharger d'une part de leur patrimoine en vendant des logements et en détruisant des immeubles.

Les mesures prises dans le cadre d'une « politique de la ville » faiblement dotée – contrairement à ce qui s'écrit à longueur de colonnes – et sans planification à long terme, alternent accompagnement social des habitants, réhabilitations cosmétiques et changements d'échelle d'intervention, de l'immeuble au quartier puis à la communauté urbaine. La politique sociale du logement n'est nullement une priorité et se borne à encourager l'offre du secteur privé ou à remplacer les logements sociaux détruits. L'empilement ou la succession de lois et de dispositifs n'endigue pas le retour d'une crise quantitative du logement. La spéculation est débridée : entre 1997 et 2007, le prix du mètre carré a plus que doublé (+ 140 %) et les loyers ont augmenté de moitié (+ 43 %), selon *L'état du mal-logement en France. Rapport annuel 2009* (Fondation Abbé Pierre pour le logement des défavorisés). La loi obligeant les communes comptant moins de 20 % de logements sociaux à en construire ou à verser une amende « de solidarité » n'a pas contraint les municipalités aisées : la moitié la contourne la loi ou choisit de payer l'amende. De même, la loi Solidarité et Renouvellement urbains de 2000, qui visait à lier les interventions publiques en matière de logement à l'aménagement territorial, n'a connu qu'une application partielle et a contribué à renforcer les images négatives des « banlieues à problèmes ». En 2001, la destruction d'une partie des grands ensembles forme le programme politique d'un Premier ministre !

Contenir les nouvelles « classes dangereuses »

Le temps ne ralentit pas l'accroissement des inégalités. Les centres-villes s'enrichissent et se muséifient, en proie à une spéculation qui s'institutionnalise (banques, assurances, fonds de pension). Les quartiers dits « sensibles » cumulent des taux de chômage plus élevés (en particulier chez les jeunes) et des revenus plus faibles que les moyennes régionale ou nationale. Les jeunes, d'une part, et les familles « monoparentales », d'autre part, y sont deux fois plus nombreux. Les familles qui parviennent à les quitter sont remplacées, parfois, par de plus démunies encore. Les discours politiques et médiatiques sur « la banlieue » se sont figés depuis déjà longtemps. À la « pathologie » – tout à la fois sociale, urbaine et civique – censée caractériser les ensembles de logements populaires s'opposent des discours moralisateurs et des mesures normalisatrices, voire de pure diversion. La première grande manifestation pour l'égalité et contre le racisme de 1983, emblématiquement partie de la banlieue lyonnaise, n'a reçu que des réponses partielles et principalement idéologiques, qui ont fait saillir des « différences » (culturelles, religieuses…), là où émergeait la prise de conscience d'une communauté de situation. Le monde « des banlieues » est atomisé alors que le stéréotype l'unifie artificiellement. Depuis, ce sont des explosions de colère sporadiques qui rythment de façon aléatoire, souvent en réponse à ce qui est vécu comme de graves injustices policières, les « cités » où sont maintenus comme en autant de culs-de-sac des familles « captives » de leur logement et d'éternels « jeunes » que l'école rejette souvent sans diplôme ni formation, livrés à toutes sortes de discriminations, aux « petits boulots », aux trafics de diverse ampleur, au harcèlement policier et à la répression judiciaire. La « racaille » remplace l'« apache » !

La première réponse aux émeutes de 2005, qui se sont, pour la première fois étendues à de nombreuses villes, a été la proclamation de l'état d'urgence ! Les considérant comme « territoires perdus de la République », cette dernière, loin de chercher à les réintégrer traite ces banlieues en « ennemi intérieur ».

C

carte de séjour L'omniprésence du mot et de la chose dans la vie des immigrés dit l'importance de ce précieux sésame, attestant de leur légalité et de leur légitimité à vivre sur le sol de la société d'accueil. En France, la genèse de la carte de séjour se situe au tournant des années 1880, au cours desquelles la liberté de circulation des migrants des pays frontaliers est remise en cause. L'institutionnalisation et la codification du clivage entre « nationaux » et « non-nationaux », les préoccupations policières liées aux mobilités individuelles et les politiques protectionnistes en matière de marché du travail conduisent à l'institution d'une carte de séjour pour les migrants de l'extérieur : sa délivrance dépend d'une autorisation du ministère de l'Intérieur et du ministère du Travail. Le binôme carte de séjour et fichage des étrangers, mis au point par les services du ministère de l'Intérieur à partir des années 1880, fut un moyen essentiel selon l'historien Gérard Noiriel, pour faire appliquer hier la politique d'immigration.

Il en va encore de même aujourd'hui : la carte de séjour constitue le levier majeur par lequel l'État manifeste ses prérogatives en matière d'immigration. Si pour l'époque contemporaine, l'ordonnance de 1945 a fixé les grands principes en ce qui concerne l'entrée et le séjour des étrangers, les modifications législatives incessantes apportées depuis cette date témoignent de la gestion étatique en termes d'un flux et d'un stock migratoire à réguler. Cette gestion étatique des titres de séjour constitue un facteur de sécurité ou d'insécurité juridique majeure. Différentes catégories de titres de séjour sont délivrées, en fonction de la durée octroyée (« carte résident », « carte de séjour temporaire »), des motifs de séjour (« travailleur », « étudiant », « immigration familiale », « carte retraité », « réfugiés et demandeurs d'asile ») et de l'origine communautaire ou extra-communautaire des ressortissants. Au sein de ce dernier groupe, la variabilité des accords bilatéraux entre États induit des différences de traitement.

→ droit des étrangers en France

cartographie des itinéraires migratoires clandestins

Le géographe qui souhaite cartographier les routes migratoires clandestines se trouve confronté à de nombreuses difficultés. En premier lieu, c'est la spécificité même de la population, les clandestins, qui est source de trouble. Ce sont des individus qui évoluent à la marge du temps et des espaces conventionnels de la société, et qui empruntent des trajectoires qui ne sont ni linéaires ni continues, mais au contraire ponctuées de ruptures et de discontinuités temporelles et spatiales. De fait, leurs pratiques des espaces traversés ne sont pas non plus figées. Il est donc complexe de saisir graphiquement leurs chemins, mais aussi de représenter cette dynamique de recomposition des espaces qu'ils territorialisent parfois, qui sont sans cesse en (re)formation (un espace peut assurer séparément ou en même temps des fonctions de transit, d'arrivée, de départ).

Les chiffres donnent une vision partielle et partiale. Néanmoins, si le voyage clandestin est complexe à cerner et à représenter, l'exercice cartographique est particulièrement intéressant pour mieux saisir la clandestinité et notamment le voyage en clandestinité. Il faut ainsi préciser les biais méthodologiques et respecter différentes étapes afin de produire des outils de connaissance et d'analyse.

La mobilisation de bases de données statistiques sur les recensements de migrants clandestins (police, douanes, organisations non gouvernementales, etc.) est la première étape indispensable pour réaliser des cartes d'itinéraires migratoires clandestins. Ces chiffres sont à utiliser avec précaution, ne reflétant qu'une vision partielle et partiale de la réalité. Il est aussi important de croiser les différentes sources, quelles que soient leurs origines de production. Néanmoins, les cartes qu'ils permettent de produire ne sont absolument pas à déconsidérer, par les informations cruciales qu'elles apportent et la réalité certaine qu'elles dépeignent.

L'approche uniquement quantitative se révèle pourtant parfois limitée, et il est judicieux de l'enrichir en collectant, sur le terrain, un matériel qualitatif sur la base de récits de vie et de voyage collectés auprès des migrants. L'exercice est plus complexe et périlleux, par la valeur subjective des informations recueillies grâce aux entretiens, et par la difficulté à les traiter et à les interpréter. Il faut manipuler ce matériel qualitatif avec précaution, recouper, comparer, superposer les informations. Les récits de voyage et leurs représentations cartographiques permettent d'aller un peu plus loin dans la compréhension de ces phénomènes socio-spatiaux, notamment dans la manière de « vivre » la route, de (re)territorialiser certains espaces traversés, de s'approprier les espaces. Cela permet aussi de mieux saisir comment la route, selon le mode de transport employé (voiture, camion, bateau) et les caractéristiques physiques de l'espace traversé (air, terre, mer), correspond à chaque fois à une spatialité et une temporalité différentes, et donc à une représentation spatiale spécifique par les migrants. La démarche cartographique doit ainsi essayer de saisir au mieux toute cette complexité, en intégrant le plus souvent possible une dimension dynamique aux travaux des géographes (changement d'échelle, évolution des lignes représentant la route suivie, etc.).

Ce travail qualitatif nécessite une réelle rigueur et comporte des risques. Le passage d'une lecture informative à une lecture analytique de ces récits impose de prendre en compte l'inégale qualité des récits, de prendre au sérieux les conditions matérielles et psychologiques dans lesquelles ont été vécus et endurés ces voyages. Le voyage clandestin constitue un espace de vulnérabilité pour les migrants, propice à la génération de traumatismes divers. La combinaison de ces différents éléments engendre des stratégies conscientes ou non de refoulement des souvenirs et d'oublis, ou au contraire de focalisation sur quelque événement tragique et douloureux qui masquerait les autres étapes du trajet.

Notion particulière d'espace et de temps. De manière générale, il est important de considérer le rapport pour le moins particulier que les clandestins entretiennent avec la notion de temps et d'espace.

Leur rapport à l'espace d'abord, puisqu'ils sont cachés, qu'ils évoluent de manière plus ou moins (in)visible. Physiquement visibles, ils vivent leur quotidien le plus souvent aux marges des espaces les plus fréquentés. L'ambiguïté tient au fait qu'ils sont à la fois très visibles (le long des routes, dans les centres commerciaux et les espaces publics), et à la fois volontairement ou non cachés. Ce sont des « êtres flottants » (S. Laacher, 2007), visibles et invisibles, présents partout et nulle part à la fois.

Leur rapport au temps ensuite, qui est de fait complètement altéré durant toute la durée du voyage. Ils s'inscrivent dans une temporalité complexe qui leur est propre, très éloignée du temps commun régulé par l'alternance travail/repos, jour/nuit ou semaine/week-end.

Ce brouillage des repères spatio-temporels ajoute à la complexité de cartographier ces itinéraires clandestins.

Deux éléments méthodologiques majeurs sont aussi à prendre en compte : les biais classiques de l'entretien et de la traduction, ainsi que le rapport à l'enquête, c'est-à-dire ici l'ambiguïté du statut de chercheur/enquêteur qui, aux yeux du migrant, revêt un statut aux contours flous de « journaliste-chercheur-policier ». Personnage symbolique auquel il n'est pas impératif ni nécessaire de dire la vérité, et auquel il est difficile de faire confiance en tant que clandestin.

Le voyage se crée et se recrée au cours du récit, où les faits réels et imaginés, le vécu et les impressions, le vrai et le faux, l'extrême précision et le flou s'entremêlent. La carte produite est ainsi nécessairement une carte approximative, puisqu'elle retranscrit une géographie du souvenir et de l'affectif, une géographie parfois aussi imaginaire. Mais c'est souvent dans ces représentations parfois déformées que s'analyse le mieux la complexité des réalités migratoires clandestines.

Le danger de l'instrumentalisation. Enfin, il faut remarquer que faire paraître « au grand jour » ces itinéraires, grâce à la carte, dans différents types de médias pose question. La carte est un instrument manipulé, mais aussi instrument de manipulation. Il faut alors s'interroger sur les destinataires et les utilisateurs de ces cartes : responsables politiques, militants pour la protection des migrants, associations, citoyens, etc. Rappelons-nous que chacun de ces acteurs est susceptible, volontairement ou non et à sa manière, de détourner ce type de cartes de leur usage strictement informatif et scientifique, de les instrumentaliser.

⇢ flux migratoires

centres de rétention

En France, la rétention administrative désigne l'enfermement d'un étranger au motif que celui-ci est entré ou séjourne de façon irrégulière sur le territoire national. Elle a été consacrée en droit, au début du septennat de François Mitterrand, par la loi du 29 octobre 1981 relative aux conditions d'entrée et de séjour des étrangers en France.

L'enfermement des étrangers date cependant des années 1930. Au titre des « mesures relatives à certains étrangers indésirables », un décret-loi du 12 novembre 1938 relatif à la situation et à la police des étrangers prévoyait que l'étranger faisant l'objet d'une mesure d'expulsion pouvait être soit emprisonné, soit astreint à résider dans des lieux fixés par le ministre de l'Intérieur.

Ce sont ces textes qui avaient été invoqués pour justifier l'enfermement d'étrangers dans la gare maritime d'Arenc à Marseille. Entre 1964 et 1975, la police avait en effet retenu dans ce « centre d'hébergement » des étrangers en attente d'éloignement, sans que l'autorité judiciaire ne se fût prononcée. « Événement monstre » en droit des étrangers, cette affaire a provoqué la prise de conscience du vide juridique en matière d'enfermement des étrangers, l'ordonnance de 1945 demeurant silencieuse sur ce point. Il faut attendre les lois Bonnet de 1980 et Peyreffite de 1981 pour que l'administration soit habilitée à priver de liberté un étranger en vue de son éloignement.

Les CRA et la « culture de la performance ». La loi Questiaux du 29 octobre 1981 fixe le premier régime de la rétention administrative. Les premiers centres de rétention administrative (également désignés par l'acronyme CRA) et locaux de rétention voient le jour. On comptait ainsi 13 CRA pour la décennie 1980-1990. Fin 2009, 25 centres pour 1 718 places sont dénombrés. Un arrêté du 21 mai 2010 donne une liste de 26 CRA.

Cette augmentation est la conséquence du durcissement de la politique de lutte contre l'immigration irrégulière. La rétention administrative est en effet l'accessoire de l'éloignement de l'étranger en situation irrégulière. Dès lors que des objectifs chiffrés d'éloignement sont fixés par le gouvernement, le recours à la rétention augmente nécessairement. On voit même apparaître une « culture de la performance », pleinement assumée par le gouvernement. Celui-ci a mis à disposition des préfectures des « pôles interservices d'éloignement » dont l'efficacité est mesurée « à la lumière d'un indicateur, le "taux de performance des CRA", qui se calcule en rapportant le nombre d'étrangers en situation irrégulière placés en rétention administrative au nombre de retenus reconduits » (Rapport CICI, p. 77).

Pour 2009, le ministère de l'Intérieur a dénombré 30 270 étrangers placés en rétention pour une durée moyenne de 10,2 jours ; 80 307 arrêtés de reconduite à la frontière et obligations de quitter le territoire français ont été prononcés, 15 336 ont été exécutés, le nombre d'éloignements effectifs s'élevant à 29 288. Dans ce contexte, la mobilisation associative pour la défense des droits des étrangers est particulièrement vive, eu égard aux risques pesant sur les libertés fondamentales.

Caractère non pénal. La rétention administrative constitue une mesure privative de liberté. Cela justifie sa durée limitée dans le temps, son contrôle par l'autorité judiciaire et par le Contrôleur général des lieux de privation de liberté. Dès les lois Bonnet et Questiaux, la rétention administrative est clairement distinguée de la détention pénale. Cette dernière désigne, soit une mesure préventive décidée à l'encontre de personnes faisant l'objet de poursuites pénales, soit une peine infligée par le juge pénal. La rétention administrative est en revanche une mesure administrative destinée à préparer l'éloignement des étrangers en situation irrégulière.

Le caractère non pénal de la rétention administrative a deux implications. D'une part, le régime de la garde à vue n'est pas applicable aux étrangers en situation irrégulière. D'autre part, la rétention ne peut pas s'effectuer dans des locaux pénitentiaires, lesquels sont réservés à des détenus condamnés par le juge judiciaire ou en instance de jugement. Le Code de l'entrée et du séjour des étrangers et du droit d'asile (Ceseda) consacre ainsi un titre V de son livre V à la « rétention d'un étranger dans des locaux ne relevant pas de l'administration pénitentiaire ». La rétention administrative doit dès lors s'effectuer dans des locaux spéciaux qualifiés de « centres de rétention administrative » que l'on distingue des « locaux de rétention ». Souvent situés dans des hôtels de police ou des commissariats, ces locaux accueillent provisoirement les étrangers dans l'attente de leur transfert en CRA. Ces derniers sont en revanche des locaux fermés dans lesquels les étrangers en situation irrégulière sont placés sous la surveillance soit de la police nationale soit de la gendarmerie nationale. Leur gestion matérielle n'est pas confiée à l'administration pénitentiaire, mais à des concessionnaires privés.

Des restrictions aux émeutes. Les CRA se distinguent ainsi des maisons d'arrêt et des établissements pour peine, d'autant que les étrangers y jouissent d'une relative liberté de mouvement. Selon le Contrôleur général des lieux de privation de liberté, les CRA se composent généralement de deux secteurs : les « lieux de vie » comprenant les chambres où la circulation est libre et les « zones administratives » dont l'accès est soumis à autorisation (CGLPL, Rapport 2010, p. 54).

Dans le fonctionnement quotidien des CRA, des restrictions peuvent être imposées aux étrangers, comme parfois la remise à l'administration – et donc la privation au cœur de la rétention – d'objets à leur arrivée (stylos, briquet, déodorant, etc.), l'usage des menottes, voire le confinement en « chambres d'isolement ». Le Contrôleur général a ainsi souligné que « les gestes les plus simples de la vie quotidienne […] sont soumis à d'étroites réglementations » qui, bien que motivées par la volonté de limiter les incidents, alimentent les tensions (p. 55). Celles-ci peuvent aboutir à des émeutes, comme l'incendie en 2008 du CRA de Vincennes à la suite du décès d'un rétentionnaire. Ces restrictions sont d'autant plus contestables que leur fondement juridique est incertain. Tout au plus reposent-elles sur un règlement intérieur, dont un arrêté du 2 mai 2006 a établi un modèle, tandis qu'une circulaire du 14 juin 2010 harmonise les pratiques dans les CRA.

Des conditions de détention contestables. Depuis les lois Bonnet et Questiaux, l'enfermement des étrangers est étroitement lié à l'État de droit. Derrière la rhétorique législative, il s'agit de concilier l'efficacité de la politique migratoire avec les droits des étrangers. C'est pourquoi la procédure conduisant à la rétention administrative est strictement encadrée par le Ceseda. L'autorité préfectorale décide la rétention pour une durée ne pouvant excéder 48 heures Le juge des libertés et de la détention doit se prononcer sur le prolongement de la détention dont la durée totale est limitée. Initialement fixée à six jours, la durée maximale de rétention n'a eu de cesse de s'allonger au gré des réformes législatives, atteignant 32 jours, puis aujourd'hui 45 jours.

En rétention, les étrangers ne sont pas privés de leurs droits. À son arrivée au CRA, ces droits sont en principe notifiés à l'étranger en application de l'article L. 553-1 du Ceseda. Lors de son séjour au CRA, l'étranger est assisté par l'Office français de l'immigration et de l'intégration (OFII) ou par une association conventionnée, ce qui garantit une information, notamment en ce qui concerne les recours pouvant être engagés.

Le cas des familles. Ce sont davantage les conditions matérielles du séjour dans les CRA que dénoncent tant le Contrôleur général que les associations.

La rétention doit s'effectuer dans des conditions respectueuses de la dignité humaine, tandis qu'il convient de garantir le droit de mener une vie familiale normale. À cet égard, deux hypothèses sont à distinguer. Si l'étranger placé en CRA est séparé de sa famille, il doit disposer des moyens de garder contact avec celle-ci ; les conversations téléphoniques, la correspondance épistolaire, les visites des familles constituent autant de moyens d'assurer le maintien d'un contact, dont l'effectivité est cependant tributaire des pratiques propres à chaque CRA (voir Rapport CGLPL, p. 216-224).

L'étranger peut être retenu avec sa famille, en particulier les parents avec leurs enfants ; en 2009, la Cimade a dénombré 318 enfants en rétention. Contestée par les associations, cette pratique n'est pas attentatoire à la dignité humaine selon un arrêt de la Cour de cassation du 10 décembre 2009, validant la rétention de familles avec des nouveau-nés. Dans un arrêt du 19 janvier 2010 (Muskhadzhiyeva et autres contre Belgique), la Cour européenne des droits de l'homme a considéré que la rétention en Belgique d'une mère tchétchène avec ses trois enfants a constitué un traitement inhumain et dégradant. Pour éviter le dommage psychique pour les enfants, il était nécessaire en l'occurrence de libérer la famille. Le Contrôleur général des lieux de privation de liberté invite quant à lui à privilégier dans ce cas l'assignation à résidence plutôt que d'enfermer des enfants dans un CRA.

⇢ expulsion

la Chine et sa diaspora à travers le monde

La diaspora chinoise est le résultat d'un processus migratoire amorcé au milieu du XIXe siècle. Principalement implantée en Asie du Sud-Est, elle est également présente en Amérique du Nord, en Europe, en Amérique latine et en Afrique.

Elle est animée par des réseaux migratoires et économiques actifs qui assurent son fonctionnement en tant que corps social transnational autonome.

L'ouverture de la Chine et la reprise des migrations depuis ce pays contribuent à son renforcement.

La diaspora chinoise dans le monde

On peut évaluer à 35 ou 40 millions le nombre de « Chinois d'outre-mer », c'est-à-dire les personnes directement originaires de Chine et les descendants de migrants antérieurs (*huaqiao-huaren* en chinois). Leur effectif au début des années 1980 était de l'ordre de 20 millions. Ce quasi-doublement en une trentaine d'années est pour partie dû à l'accroissement naturel de cette population mais surtout à la reprise des migrations au départ de la Chine

Les Chinois d'outre-mer sont présents sur tous les continents et leurs effectifs sont supérieurs à 10 000 dans 53 pays ; leur nombre dépasse les 100 000 dans 23 pays et le million dans 9 pays.

L'Asie du Sud-Est en accueille 75 à 80 %, notamment l'Indonésie, la Thaïlande et la Malaisie. Leur répartition très inégale à l'échelle mondiale est le reflet des migrations historiques.

La part des Chinois d'outre-mer dans la population des différents pays d'établissement est très variable. Inférieure à 1 % dans les pays occidentaux (exception faite du Canada, 3,7 %), en Amérique latine et en Afrique, elle est de 2 à 3 % en Indonésie et aux Philippines, de 10 à 15 % en Thaïlande et à Brunei, mais elle atteint près de 25 % en Malaisie et 80 % à Singapour.

Formation de la diaspora

Les jonques chinoises ont sillonné durant des siècles les mers de la Chine méridionale, et marins, commerçants, artisans, hommes de peine se sont établis nombreux dans les ports des archipels du Sud-Est asiatique. Mais la migration de masse prend son véritable essor au milieu du XIXe siècle avec la conjonction de deux séries de phénomènes.

Les guerres de l'Opium (1839-1842 et 1856-1860) opposant la Chine à la Grande-Bretagne – celle-ci voulant en imposer le commerce, très lucratif pour ses négociants – et la révolte consécutive des Taiping (1851-1864) provoquent, particulièrement dans les provinces du Sud, principaux foyers de départ encore aujourd'hui, des bouleversements sociaux et des famines considérables.

Parallèlement, d'autres phénomènes créent un appel en force de travailleurs : l'abolition progressive de l'esclavage a pour conséquence une demande de main-d'œuvre pour remplacer le travail servile aux Amériques et dans les îles sucrières de l'océan Indien, du Pacifique et des Caraïbes, alors que dans le même temps, la colonisation de l'Asie du Sud-Est entraîne de son côté l'instauration du *coolie trade* des traités des guerres de l'Opium.

L'établissement de la « traite des coolies » autorise en effet les puissances coloniales à embaucher des travailleurs pour mettre en valeur les territoires de leurs dépendances. Cette traite va provoquer des flux de départ vers les Caraïbes, les îles de l'océan Indien et la Polynésie, et surtout vers l'Asie du Sud-Est. Ces travailleurs sont pour la plupart des paysans dépossédés, des journaliers agricoles sans emploi, des petits propriétaires ruinés. La très grande majorité d'entre eux vient des provinces du sud de la Chine, principalement le Guangdong, le Fujian et le Hainan. Ils sont recrutés dans le cadre de contrats de travail misérables qui garantissent en principe leur retour. Nombre d'entre eux reviennent au pays à la fin de leur contrat mais beaucoup, souvent floués par leurs employeurs, restent sur place.

Parallèlement se développent des migrations plus spontanées vers de nouvelles destinations (Amérique du Nord, Australie), mais aussi vers des lieux où sont déjà établis leurs compatriotes en Asie du Sud-Est, dans différents domaines d'activité : agriculture, mines, chemins de fer, industrie, domestiques…

Au début du XXe siècle, on estime à 8 ou 10 millions le nombre de Chinois d'outre-mer, plus de 90 % d'entre eux étant localisés dans le Sud-Est asiatique. Plusieurs milliers d'individus sont également présents dans les archipels de l'océan Indien et du Pacifique, et plusieurs centaines de milliers sont installés le long de la côte occidentale américaine, depuis le Canada jusqu'au Chili.

Durant les décennies suivantes, les migrations se poursuivent depuis les provinces du sud de la Chine essentiellement vers les colonies chinoises déjà établies. Les réseaux migratoires se renforcent entre les aires d'origine et les principaux pôles d'installation, mais aussi entre ces différents établissements, dans tout l'espace du Sud-Est asiatique et, à plus large échelle, en Amérique du Nord et en Australie, au Mexique et à Cuba, à Singapour et en Afrique du Sud.

Ces migrations ont progressivement donné naissance à une diaspora caractérisée par la multipolarité de son implantation (installation dans plusieurs pays), par l'interpolarité de ses relations (liens migratoires, économiques, informationnels, affectifs entre les différents lieux d'implantation) et par le développement d'un sentiment d'appartenance à un même corps social sur la base d'une origine commune. Sous l'apparente uniformité de cet ensemble, il y a une grande diversité de situations tant sur le plan de l'insertion dans les sociétés locales, allant de la discrimination la plus forte à l'assimilation quasi complète, que sur celui des positions économiques : ouvriers des ateliers, agriculteurs des forêts tropicales, richissimes hommes d'affaires, petits colporteurs ou commerçants prospères.

Mais aussi sur le plan linguistique. Car la Chine du Sud-Est est caractérisée par l'existence de langues chinoises très diversifiées qui sont à la base de filières et de réseaux migratoires, économiques et informationnels distincts fonctionnant chacun selon un système fondé sur des locuteurs originaires d'un même territoire et donc parlant une même langue. De sorte que la diaspora chinoise se présente comme une diaspora de diasporas, un réseau de réseaux. Si elle trouve son unité dans un sentiment d'appartenance à une même entité, elle manifeste plus concrètement sa cohésion dans le développement de relations économiques entre les différentes diasporas.

Une diaspora entrepreneuriale

L'immigration chinoise a produit dans la plupart des pays où elle s'est établie une organisation économique particulière. Anciens coolies et autres prolétaires se sont souvent installés en tant que commerçants ou petits entrepreneurs (blanchisserie, restauration, confection, petite industrie mécanique…). Ils emploient principalement une main-d'œuvre chinoise.

Cette forme particulière d'organisation, qui s'est mise en place progressivement, distingue la diaspora chinoise des autres populations migrantes. Elle se traduit par l'existence de dispositifs économiques locaux où les entreprises sont liées entre elles sur le plan du financement, de l'approvisionnement, de l'information, de la main-d'œuvre. Ces petits entrepreneurs sont liés entre eux aux niveaux national ou international. Les entreprises (le plus souvent familiales et de petite taille) jouent comme on le voit un rôle fondamental au point que l'on peut parler de « diaspora entrepreneuriale ». Cela ne signifie pas que les Chinois d'outre-mer soient tous des entrepreneurs, loin de là, mais simplement que les entreprises sont des éléments cruciaux dans l'organisation et la reproduction des communautés de la diaspora

Cette organisation en « clusters » économiques sur une base ethnique a des effets importants sur les migrations chinoises de travail dans un pays donné – dans le passé et à l'époque contemporaine – car une de leurs caractéristiques est qu'elles correspondent moins à une demande de main-d'œuvre des marchés du travail des pays de destination qu'à une demande des entreprises chinoises déjà établies dans ces pays. La multiplication de ces entreprises provoque une immigration de main-d'œuvre qui contribue à leur développement, ce qui en retour renforce la demande. Il y a ainsi une intégration forte entre réseau économique et réseau migratoire. L'existence de réseaux migratoires bien établis entre les différents pôles de la diaspora mais aussi avec la Chine garantit l'allocation de main-d'œuvre.

Les Chinatowns comme théâtres et comme nœuds de réseaux

Les manifestations les plus visibles de la présence de la diaspora chinoise sont les Chinatowns. Elles symbolisent cette présence aux yeux des sociétés d'installation et s'exposent comme les théâtres et lieux de sa mise en scène. Les innombrables boutiques et restaurants, la profusion des enseignes lumineuses, la densité et la multiplicité des activités, le trafic incessant de la population offrent l'image d'une société laborieuse et commerçante. Les Chinatowns sont devenues dans les pays occidentaux des lieux de consommation exotique et de dépaysement par le moyen du décor, de l'atmosphère, des produits et de la nourriture proposés. Cette mise en scène culmine au Nouvel An chinois lorsque les danses du dragon attirent des spectateurs de plus en plus nombreux.

Pour les Chinois d'outre-mer, les Chinatowns jouent donc un rôle essentiel de présentation de soi pour l'extérieur. Mais ces images positives sont contrebalancées par celles de l'illégalité, de la clandestinité, du secret que cacheraient les façades des boutiques, trafics en tout genre, drogue, prostitution, tripots de jeu, exploitation, règlements de comptes, mafia et triades.

C'est un tout autre rôle que ces Chinatowns jouent pour la diaspora. Elles sont des lieux de consommation et d'approvisionnement en produits et en services les plus divers (agences immobilières, services juridiques, banques, salons de beauté, lieux de loisirs, de rencontre, de culte…). Elles sont aussi le sas d'entrée des migrants, lieu de transit, d'emploi et de logement. Également centres financiers, lieux de concentration des activités économiques, d'échange de produits et d'information, de négociation des affaires, elles apparaissent comme les principaux nœuds du réseau de réseaux que constitue la diaspora et jouent à ce titre un rôle fondamental dans la structuration des flux diasporiques.

Certaines sont d'implantation ancienne comme les Chinatowns de Cho Lon (Saigon) ou de Nagasaki, et parmi les plus importantes on compte celles de New York, San Francisco, Toronto, Vancouver, Paris, Londres, Lima, Singapour, Bangkok, Kuala Lumpur.

La population d'origine chinoise en France

On peut distinguer deux grands groupes. L'un est constitué par les personnes d'ascendance chinoise originaires de régions où existe une diaspora, principalement en France les pays de l'ancienne Indochine (Vietnam, Laos, Cambodge). Il est lui-même composé de groupes ethniques très divers mais provenant tous à l'origine de la Chine méridionale (Chaozhou, Hakka, Hokkiens, Cantonnais, etc.).

L'autre groupe est formé par les migrants venus directement de Chine, notamment de la province du Zhejiang, et, depuis la fin des années 1990, des provinces de la Chine du Nord-Est. Le groupe le plus anciennement installé est celui du Zhejiang. Sa présence, qui remonte à l'entre-deux-guerres, est à mettre en relation avec la venue de 140 000 travailleurs sous contrat durant la Première Guerre mondiale. Une grande partie des Chinois du Sud-Est asiatique en France est composée des réfugiés arrivés à partir du milieu des années 1970 à la fin du conflit indochinois.

On peut estimer de façon très approximative l'ensemble de cette population à 300 000-400 000 personnes, dont la majorité est localisée dans l'agglomération parisienne. Depuis une dizaine d'années l'immigration en provenance de la Chine continentale se renforce alors que celle venue d'autres parties du monde se stabilise.

La reprise des migrations et le renforcement de la diaspora

L'ouverture de la Chine s'est manifestée sur le plan migratoire par la libéralisation des conditions de départ à partir du milieu des années 1980. Extrêmement restrictives jusque-là, elles sont à l'origine d'une reprise des migrations qui s'est traduite par une augmentation sensible du nombre de sorties qui sont passées de 57 000 en 1982 à 757 000 en 2000, selon les recensements de Pékin.

La reprise de l'émigration concerne en premier lieu les provinces du sud de la Chine, aires historiques de départ, mais depuis les années 1990 d'autres régions contribuent au mouvement: les concentrations urbaines de Shanghai et de Pékin et les provinces du Nord-Est (Heilongjiang, Liaoning et Jilin), théâtres de restructurations industrielles très profondes qui ont affecté des millions de personnes. Ces dernières alimentent des flux migratoires importants vers l'Europe et la France.

Les pays économiquement développés sont devenus des destinations privilégiées, comme en témoigne l'augmentation du nombre de Chinois d'outre-mer en Amérique du Nord et en Europe. Du début des années 1990 au milieu des années 2000, les États-Unis et le Canada ont vu leurs effectifs augmenter de, respectivement, 1,7 million et 1 million; au Japon, ils ont été multipliés par quatre et, en Italie et en Espagne, par sept ou huit. En France, ils approchent les 400 000 et en Australie ils s'élèvent à 670 000.

De nouvelles destinations sont apparues telles que les pays d'Europe centrale et orientale qui comptent plusieurs dizaines de milliers de migrants, la Sibérie orientale où plusieurs centaines de milliers de Chinois auraient immigré – parmi lesquels de nombreux paysans qui ont repris les terres agricoles délaissées par leurs prédécesseurs soviétiques –, l'Asie centrale, et, plus récemment, l'Afrique et l'Amérique latine.

Les migrations entre les différents pôles d'installation ont été importantes dans les décennies précédentes, telles celles en provenance du Vietnam, du Cambodge et du Laos vers d'autres pays d'Asie du Sud-Est et vers l'Europe et l'Amérique du Nord dans les années 1970 et 1980 (près de 2 millions de Chinois de la diaspora établis dans ces pays). Les migrations interpolaires persistent dans des conditions moins dramatiques à partir d'autres aires d'origine et vers d'autres destinations mais elles sont maintenant largement dépassées par les migrations directement originaires de la Chine continentale.

Aujourd'hui les migrations de main-d'œuvre restent majoritaires. Il est vraisemblable que la plus grande majorité alimente les innombrables « clusters » économiquesde la diaspora chinoise. Mais elles se font dans des conditions de plus en plus difficiles compte tenu du durcissement sans précédent des politiques migratoires des pays d'immigration. En conséquence, les filières migratoires clandestines se sont considérablement renforcées et constituent le principal canal d'entrée, donnant lieu à un fructueux trafic

Parallèlement à ces migrations prolétaires se déploie une migration commerçante directement originaire de Chine. Elle est liée au développement de la production de biens de consommation destinés à l'exportation et à l'accroissement du nombre de petits entrepreneurs dans ce pays. Une partie d'entre eux choisit de s'établir à l'étranger en s'appuyant sur les réseaux migratoires en place et distribue la production chinoise : confection, textile, bicyclettes, motocyclettes, outillage, produits électroménagers, électroniques, informatiques...

Bien qu'ils s'installent dans les mêmes espaces, ces nouveaux commerçants diffèrent de leurs homologues fixés depuis plus longtemps du fait qu'ils immigrent souvent avec les fonds nécessaires à leur établissement, alors que c'est dans le pays d'installation que les autres, anciens salariés d'entreprises, ont constitué leur capital selon un processus bien établi (économies personnelles, système de tontines...). Ce phénomène se traduit fréquemment par l'ouverture de centres de distribution de gros pour l'approvisionnement des détaillants, qu'ils soient chinois ou autochtones, constituant ainsi des sortes de comptoirs commerciaux. Dans la région parisienne plusieurs centaines de grossistes importateurs se sont établis depuis le début des années 2000 : dans le XIe arrondissement, dans le Sentier et plus encore dans les entrepôts d'Aubervilliers.

On trouve le même cas de figure en Italie, notamment à Naples, en Espagne ou encore à Budapest. On observe le même schéma d'installation en Afrique du Sud où l'un des plus importants de ces centres est localisé à Johannesburg et approvisionne des commerçants venus de tout le pays et des pays voisins (Botswana, Zimbabwe, Angola...), ou encore au Nigeria. Des « pionniers » s'installent dans d'autres pays comme le Maroc, le Sénégal, le Ghana ou le Cameroun, et l'on compte maintenant plusieurs centaines de commerçants dans chacun de ces pays.

À côté de ces migrations fortement articulées à la diaspora et aux réseaux établis se développent d'autres flux comme l'émigration d'étudiants et de personnes qualifiées ou très qualifiées, encouragée par les autorités de Chine continentale pour perfectionner la formation de ses élites. Au début des années 2000, on comptait 460 000 étudiants à l'étranger, dont plus de la moitié aux États-Unis, 20 % en Europe et 4 % en France. Leur nombre cumulé de 1985 à 2004 est de 815 000. Ces migrations temporaires se transforment en migrations définitives lorsque les étudiants décident de s'établir dans le pays, ce qu'ont fait les trois quarts d'entre eux durant la période considérée.

Par ailleurs, elles ont parfois modifié profondément la composition socioprofessionnelle de la population d'origine chinoise dans le pays, comme au Japon par exemple où ces nouveaux venus représentent une part importante de la population d'origine chinoise.

Les autres flux qui ne sont pas directement liés à la diaspora sont les migrations de travail temporaires et contractuelles pour le compte de grandes entreprises chinoises dans le cadre de chantiers internationaux de travaux publics et d'équipement en infrastructures routières, ferroviaires, pétrolières. Ces entreprises importent le matériel, ainsi que le personnel qui repart en Chine à la fin du contrat. Ces migrations très encadrées s'effectuent également pour le compte d'agences chinoises qui vendent cette force de travail à des entreprises de pays demandeurs de main-d'œuvre dans le cadre d'accords bilatéraux au Proche- et au Moyen-Orient et en Asie du Sud-Est.

Ces migrations sont en forte augmentation et ont concerné 597 000 personnes en 2004 contre 264 000 en 1995. Mais au total et relativement à la diaspora et aux autres flux, ces migrations restent modestes. En 2003, près des trois quarts de ces travailleurs contractuels se trouvaient en Asie, et 14 % en Afrique.

La diaspora chinoise et la Chine

Sur le plan politique les Chinois d'outre-mer ont joué un rôle important dans la lutte contre la dynastie Qing et pour l'instauration de la république en 1912, notamment en finançant le mouvement démocratique. C'est dans ces communautés que Sun Yat-sen, leader du mouvement et premier président de la République de Chine, lui-même émigré du Guangdong à Hawaï à l'âge de treize ans, crée une organisation visant au renversement du pouvoir impérial. Et c'est dans les années 1920 que des étudiants chinois comme Zhou Enlai et Deng Xiaoping fondent en France une organisation qui deviendra le Parti communiste chinois.

Durant la seconde moitié du XXe siècle le contrôle des communautés chinoises d'outre-mer est l'objet d'une âpre compétition entre la Chine communiste et Taïwan, montrant l'intérêt que les deux Chine rivales portent à la diaspora.

Sur le plan économique, la diaspora a joué un rôle décisif dans le développement de la Chine à travers une politique très favorable aux investissements des Chinois d'outre-mer. Dès les années 1980, les capitaux provenant de la diaspora sont largement majoritaires dans les investissements étrangers en Chine. Et en 2004 près des deux tiers des

60 milliards de dollars d'investissements étrangers en Chine proviennent de la diaspora chinoise.

Les relations entre la Chine et les Chinois d'outre-mer sont marquées selon les époques par la volonté des autorités chinoises de les contrôler, l'indifférence à leur égard ou l'hostilité. L'évolution récente indique que l'on ne se trouve plus dans le cadre des rapports entre un État et des assujettis momentanément hors de son pouvoir qui, au motif d'un patriotisme allant de soi, devraient tout de même allégeance à la mère patrie. Ce changement peut s'interpréter comme la reconnaissance de facto de la diaspora comme entité autonome ayant sa propre vie. Elle n'est plus considérée comme un rejeton devant obéissance mais de façon plus pragmatique comme un partenaire privilégié susceptible de servir les intérêts du pays. De sorte que la diaspora chinoise est moins une extension de la Chine qu'un corps social transnational, persévérant en son être et vivant pour lui-même.

La diaspora chinoise – à l'instar des autres diasporas – est une entité sociale, spatiale et historique qui, en tant que telle, a sa propre autonomie. Mais autonomie ne signifie pas autarcie, tout au contraire. Car cette entité se transforme dans ses relations avec les sociétés d'installation et la Chine qui constituent le milieu général dans lequel et par lequel elle existe, se reproduit et se perpétue.

Voir TABLEAU pages suivantes :
La diaspora chinoise dans le monde dans les années 2000-2005

La diaspora chinoise dans le monde dans les années 2000-2005 (estimations en milliers)

Pays dont la population d'origine chinoise est supérieure à 10 000 personnes	Estimations en milliers
TOTAL MONDE	35 000 à 40 000
ASIE dont	28 000 à 30 000
Indonésie	7 500
Thaïlande	7 100
Malaisie	7 100
Singapour	3 500
Vietnam	1 300
Philippines	1 150
Birmanie	1 100
Japon	610
Cambodge	340
Laos	190
Corée du Sud	140
Brunei	70
Israël	15
AMÉRIQUES dont	5 500 à 6 000
États-Unis	3 380
Canada	1 610
Pérou	500
Argentine	60
Panamá	50
Brésil	50
Venezuela	50
Jamaïque	30
Mexique	23
Costa Rica	20
Guatemala	15
Cuba	10
EUROPE dont	2 000 à 2 500
Fédération de Russie	990

Pays dont la population d'origine chinoise est supérieure à 10 000 personnes	Estimations en milliers
France	400
Royaume-Uni	375
Italie	145
Pays-Bas	140
Espagne	125
Allemagne	65
Serbie	50
Autriche	30
Belgique	30
Portugal	20
Irlande	16
Hongrie	15
Suisse	13
OCÉANIE dont	900 à 1 000
Australie	670
Nouvelle-Zélande	150
Tahiti	15
Papouasie-Nouvelle-Guinée	10
Samoa occidentales (ancien nom des Samoa)	10
AFRIQUE dont	400 à 600
Afrique du Sud	250
Angola	70
Nigeria	50
Madagascar	30
Maurice	27
Réunion	25
Algérie	19
Zimbabwe	10
Soudan	10

Sources diverses dont : recensements nationaux ; Institute of Chinese Studies, Ohio State University ; Overseas Compatriot Population Distribution, Republic of China 2005 ; articles de presse ; travaux de recherche.

les cités de transit Dans les années qui suivent la Seconde Guerre mondiale, le nombre de mal logés étant considérable, le ministère de la Reconstruction invente la formule des cités de transit qui doivent fournir aux ménages sans abri un toit décent avant qu'ils puissent accéder à une catégorie de logement social correspondant à leurs ressources.

Cette formule est surtout développée dans les années 1960-1970 pour permettre la résorption des grands bidonvilles qui s'étaient constitués aux abords de Paris et d'autres villes. La période de transit n'est pas seulement considérée comme un temps d'attente mais les décideurs de l'époque veulent en faire un moment d'apprentissage de la vie dans une cité HLM. Daté de 1971, le rapport Trintignac définit les objectifs de l'action sociale à mener dans ces cités occupées par des ménages immigrés venus des bidonvilles. Il s'agit de faire disparaître le lien supposé de nature « tribal » qui rend les familles incapables de se passer les unes des autres, pour faciliter leur accès à une autonomie jugée indispensable pour leur permettre de vivre ensuite au sein de la population française. De ce fait, un nombre important d'éducateurs et d'animateurs est embauché pour encadrer la population des cités de transit. Si au cours des premières années de fonctionnement, celles-ci jouent effectivement un rôle de « sas » vers l'habitat social ordinaire, elles prennent ensuite très vite une fonction d'habitat de caractère presque permanent pour les populations qui succèdent aux premières vagues d'occupants. Leur statut provisoire qui justifie leur caractère de logement spécifique s'avère être un piège.

Construites en matériaux provisoires qui permettent un assemblage rapide et implantées sur des terrains périphériques en attente d'aménagement, elles sont prévues pour une durée de vie de dix ans et les familles ne doivent en principe pas y rester plus de deux ans. En fait, plusieurs d'entre elles ont été occupées pendant près de vingt ans par les mêmes ménages. Elles connaissent au fil du temps une dégradation de leur bâti qui provoque parfois des incendies dramatiques comme en 1978 à Saint-Denis.

Sur le plan social, elles contribuent à maintenir les familles dans un isolement urbain et une dépendance vis-à-vis des services socio-éducatifs. Cela ne facilite guère leur relogement après la destruction des dernières cités au cours des années 1980. Par ailleurs, s'il y a bien eu des cités de transit dans le quartier des Francs-Moisins et à La Courneuve, elles ont été résorbées au début des années 1980 et les bâtiments qui, par la suite ont fait l'objet de réhabilitation et de rénovation sont des HLM de différentes catégories mais pas des cités de transit.

⇢ logement des immigrés

citoyenneté et participation politique

L'étude de la participation des personnes issues des immigrations (c'est-à-dire les personnes nées à l'étranger et leurs descendants) à la vie politique de la cité est relativement récente dans les pays européens. C'est à la faveur de la conjonction de l'immigration de masse et de l'extension des droits civiques puis politiques qu'une réflexion est menée sur la place des populations immigrées dans les processus politiques. C'est surtout au Royaume-Uni, en Allemagne, aux Pays-Bas, en Belgique et dans les pays scandinaves que l'on a, depuis les années 1980, développé une connaissance jusque-là essentiellement nord-américaine.

Selon ces études, les immigrés et leurs descendants votent généralement moins que la moyenne nationale ; par ailleurs, détenir la nationalité du pays de résidence s'avère être un facteur déterminant pour l'inscription sur les listes électorales (dans les pays où une telle inscription est nécessaire) et pour le vote le jour des élections. On observe également un attachement fort et constant aux partis de gauche, ce qui est expliqué essentiellement en référence à l'appartenance des populations immigrées au monde ouvrier et au fait que ce sont généralement les partis de gauche qui ont inclus des immigrés en leur sein et défendu leurs intérêts.

L'Europe n'est pas unitaire. Malgré ces constantes en ce qui concerne la participation politique des personnes d'origine immigrée, de nombreuses différences existent entre pays européens. L'une de ces différences concerne la définition du corps électoral et l'octroi des droits politiques. Dans la majorité des pays de l'Union européenne, certaines catégories d'étrangers ont des droits politiques sur la base de la résidence et d'accords de réciprocité et/ou de liens historiques entre pays. Ainsi, les citoyens des anciennes colonies britanniques ont des droits politiques au Royaume-Uni. L'idée qui sous-tend une telle définition du corps électoral est que le « vivre ensemble » (de fait, par la résidence) est le fondement du lien politique. C'est d'ailleurs essentiellement au niveau local que les étrangers ont pu acquérir le droit de vote. Une logique différente prévaut en

France, mais aussi en Allemagne et en Italie : celle de l'indissociation entre la citoyenneté et la nationalité. Autrement dit : l'appartenance (juridique, par la nationalité) à la nation fonde la légitimité politique. Dans ces pays, une exception est faite depuis peu pour les citoyens des pays de l'Union européenne, qui ont obtenu le droit de vote aux élections municipales et européennes. Pour autant, en France, l'idée que seules ont le droit de vote et d'éligibilité les personnes de nationalité française reste fortement ancrée, à la fois dans les textes de loi et dans les esprits. C'est par le biais d'un droit en matière de nationalité* et de naturalisation relativement ouvert, grâce au droit du sol et aux conditions d'accession à la naturalisation peu sévères, que les personnes d'origine étrangère peuvent participer au processus électoral français.

Une participation difficile à évaluer. L'état des connaissances sur la participation politique des Français issus des immigrations est largement limité par l'absence de statistiques permettant de la mesurer. Les études concernant l'inscription sur les listes électorales, la propension à aller voter, la candidature et l'élection des personnes d'origine immigrée se sont faites avec des méthodes différentes, des définitions de population divergentes et conduisent à des résultats parfois contradictoires. Récemment, des études basées sur l'utilisation conjointe d'échantillons de l'Insee (l'échantillon démographique permanent et l'échantillon pour l'étude de la participation politique) montrent pour les Français d'origine non métropolitaine des taux de participation inférieurs à ceux d'autres groupes de population. Pour autant, globalement, il semblerait qu'une fois inscrits sur les listes électorales, les immigrés votent dans les mêmes proportions que le reste de la population (si l'on prend en compte l'âge, le niveau d'éducation et le statut socio-économique).

Une « diversité » peu représentée. Pour ce qui est de l'élection de personnes dites, depuis peu, « de la diversité », à savoir issues des immigrations étrangères et extra-hexagonales, l'image en France est contrastée, marquée à la fois par une longue histoire de personnages marquants (Raphaël Élizé, élu maire en 1929 ; Gaston Monnerville, membre du gouvernement puis président du Sénat en 1959 ; Léopold Sedar Senghor, élu député en 1945, Nafissa Sid Cara, secrétaire d'État en 1959, etc.) et par une présence globalement limitée des personnes issues des immigrations dans les instances élues, et ce jusqu'à ce jour. En 2009, trois membres de l'Assemblée nationale et quatre membres du Sénat (sur, respectivement, 555 et 305 élus de l'Hexagone) ont des origines antillaises ou étrangères. Au niveau local, on peut noter une plus forte présence d'élus issus des immigrations, et une forte progression de leur nombre depuis les dernières élections, mais peu d'entre eux ont des positions de pouvoir (maire, premier ou deuxième adjoint).

Les personnes issues de l'immigration n'ayant pas la nationalité française sont certes exclues du processus électoral, mais peuvent recourir à d'autres formes de participation politique. L'action et la mobilisation politique au sein d'associations (partis politiques notamment) et de syndicats, la participation aux organismes paritaires ou professionnels, le droit de manifestation et de pétition sont ouverts à tous les résidents, de même que, localement, les conseils des étrangers extra-communautaires.

⇢ nationalité

la Cité nationale de l'histoire de l'immigration (CNHI)

En octobre 2007, la Cité nationale de l'histoire de l'immigration ouvre ses portes à Paris, dans le Palais de la Porte Dorée, construit pour l'Exposition coloniale de 1931. Cet événement marque l'épilogue d'une mobilisation entamée dans les années 1980. La montée du Front national et les revendications citoyennes des enfants d'immigrés installent alors l'immigration au cœur du débat public. Dans le domaine scientifique, plusieurs travaux majeurs contribuent à constituer cette histoire en champ autonome. En matière culturelle, le patrimoine se trouve questionné, redéfini et progressivement élargi à des objets jusque-là tenus à l'écart. Au tournant des années 1980, avec l'arrivée de la gauche au pouvoir, émerge une politique culturelle d'intégration qui articule le social et le culturel, à travers deux institutions : le Fonds d'intervention culturelle du ministère de la Culture et le Fonds d'action sociale, destiné aux immigrés, qui finance un nombre croissant d'actions culturelles. Mais il faut le « moment Bicentenaire » en 1989 pour faire émerger l'idée d'un musée. Plusieurs initiatives isolées, prises dans le sillage des commémorations, débouchent l'année suivante sur la création de l'Association pour un musée d'histoire de l'immigration. Elle réunit des scientifiques, notamment Pierre Milza qui en est le président, Claude Liauzu, Gérard Noiriel, Janine Ponty, Madeleine Rebérioux, Dominique Schnapper, Émile Temime, Patrick Weil, Anne Morelli, et un acteur associatif, Zaïr

Kedadouche, président de France-Plus. Mais le projet tourne court faute de soutien institutionnel suffisant.

De longues étapes avant l'idée d'un musée. Dans la décennie qui suit, le contexte mémoriel et culturel se modifie en profondeur. Dès les années 1970, la Seconde Guerre mondiale et l'extermination des Juifs ont suscité une résurgence des mémoires dans l'espace public auquel l'État apporte, par étapes, une réponse juridique et commémorative qui va servir de modèle à d'autres processus de reconnaissance. En 2001, sont ainsi votées la loi reconnaissant le génocide arménien et celle qui définit la traite et l'esclavage comme crimes contre l'humanité. Ces nouveaux usages du passé mobilisent des immigrés et leurs descendants, mais leurs interventions ne se font pas forcément au nom des origines et ne s'agrègent pas en mémoire collective des migrations.

Sur le terrain, notamment dans le cadre de la politique de la ville, les actions culturelles en direction des immigrés se développent et se substituent souvent aux outils classiques de la politique sociale. Localement, cette évolution contribue à structurer un réseau d'acteurs qui va tenir un rôle décisif dans la relance d'un lieu dédié à l'histoire de l'immigration.

En 2001, une nouvelle initiative, portée par l'association Génériques et Patrick Weil, reçoit une réponse favorable du Premier ministre Lionel Jospin, qui confie une mission officielle à Rémi Schwartz, conseiller d'État, et Driss El Yazami, délégué de Génériques. Depuis 1991, le rapport de force entre acteurs a changé. Les historiens n'occupent plus une place centrale, les associations sont confortées comme interlocuteurs à part entière mais c'est désormais l'État qui fixe les objectifs et la méthode. Le rapport remis fin 2001 affiche une ambition : la future institution doit favoriser l'intégration autour d'un récit partagé du passé. Mais l'idée du musée suscite encore des réticences dans les associations et chez les professionnels du patrimoine. Concrètement, cette initiative ne débouche sur aucune décision mais elle pose des principes et mobilise les acteurs qui feront aboutir le projet de la Cité.

Une mise en place du musée contestée. En avril 2003, un comité interministériel adopte 55 mesures pour relancer la politique d'intégration, parmi lesquelles figure la création d'un « centre de ressources et de mémoire de l'immigration ». La mission de préfiguration, confiée à Jacques Toubon, remet son rapport l'année suivante. Le 16 novembre 2006, un décret du ministère de la Culture porte création de la Cité nationale de l'histoire de l'immigration. Le nouvel établissement naît à la croisée de plusieurs politiques publiques. Chargé de « rendre compte des parcours d'intégration des populations immigrées dans la société française », il ressort d'abord des politiques migratoires. Il s'intègre aussi dans une politique de la mémoire inaugurée par Jacques Chirac en 1995. Non sans inflexion, elle reconnaît la responsabilité de l'État dans les pages sombres de l'histoire du pays. Mais dans le même temps, elle prône la réconciliation autour d'une « vraie » France qui n'aurait pas failli : pour l'immigration, le futur musée doit en rendre compte. La Cité est aussi le produit des politiques culturelles. Le label de « musée national », accordé à l'établissement et doté de la plus haute légitimité, intègre l'immigration dans le patrimoine national. Mais en assumant l'héritage de l'Association pour le développement des relations interculturelles (ADRI) et en réservant une place officielle au réseau d'acteurs associatifs, la Cité prend acte des mutations culturelles. Quant à l'histoire, le terme figure dans l'intitulé de l'institution en lieu et place de la mémoire, mais son écriture reste encadrée par l'État qui définit dans le décret ses questionnements et ses usages.

Ce compromis nécessaire entre les acteurs du projet se trouve rapidement remis en cause. Dès 2005, plusieurs polémiques ont réactivé les passés « qui ne passent pas » : publication du manifeste « Nous sommes les Indigènes de la République » ; mobilisation contre la loi du 23 février qui reconnaît le rôle positif de la colonisation ; débat autour d'une date commémorative de la traite négrière, de l'esclavage et des abolitions. Dans ce contexte, certains contestent l'existence de la Cité et son installation dans un bâtiment hérité du passé colonial. À l'automne, ces tensions mémorielles se trouvent redoublées par une violente crise sociale, lors de l'embrasement de nombreuses villes de banlieue. En mai 2007, la création du ministère de l'Immigration, de l'Intégration, de l'Identité nationale et du Développement solidaire provoque le retrait de huit des historiens qui ont accompagné le projet depuis la mission de préfiguration.

Un geste fort. Le « traité de mémoire » fondateur du projet débouche ainsi sur une rupture, puisque deux des acteurs historiques ont modifié leur position. L'État ne fait plus de l'intégration le cœur de sa politique d'immigration ; les historiens, dans leur majorité, restent à l'extérieur de l'institution. Dans ses premières années d'existence, la Cité apparaît donc fragilisée, d'autant que le soupçon d'illégitimité n'est pas levé dans le champ patrimonial. Mais son existence demeure un geste symbolique fort, qui porte une reconnaissance de l'immigration par la nation, sans renoncer à écrire l'histoire.

commerce à la valise

Ils, et elles – car ce sont plus souvent des femmes –, transportent sur leur dos, dans le coffre de leur voiture, toutes les marchandises que l'on désire dans leur pays et qui n'y arrivent pas par les modes réguliers de commerce. Ils piétinent aux postes-frontières, font vivre les compagnies maritimes et encombrent de leurs grands sacs en plastique, dits «cabas», tous les enregistrements des lignes aériennes d'un grand nombre de destinations.

En élargissant le concept aux voitures d'occasion, le «commerce à la valise» est aujourd'hui l'un des modes les plus ordinaires d'approvisionnement d'une grande partie des pays du Sud et facteur de mobilité vers les places marchandes dédiées à ce commerce. Le chiffre est difficile à vérifier ; on pense néanmoins que dans les années 1990 le *trabendo*, nom familier algérien de ce commerce, fournissait près de 80 % des besoins quotidiens du pays. À Istanbul, lorsque la ville devint le grand marché des pays de l'ex-empire soviétique, c'est par millions que Russes, Ukrainiens, Polonais, Moldaves, Bulgares, Roumains venaient chercher les parfums, les vêtements, les pièces auto, les bijoux, en de véritables norias qui alimentaient les marchés renaissants de Moscou, Kiev et Belgrade. Version moderne du colportage et de la contrebande, ce commerce entretient des rapports étroits avec les dynamiques migratoires.

Entre cadeaux et marchandises. On peut en effet inscrire le commerce à la valise dans une double filiation. D'abord, il n'est jamais qu'un prolongement commercial du rituel des cadeaux à la famille que tout migrant accomplit scrupuleusement. Dès qu'ils sont établis et peuvent régulièrement revenir au pays pour les vacances, ils le font chargés de cadeaux. C'est là évidemment une manière de montrer son aisance et sa réussite ; c'est là tout en même temps, manière de s'acquitter de la dette symbolique contractée envers le groupe, la contrepartie à l'absence ; c'est enfin, parce que les cadeaux sont distribués en quantité à toute la famille élargie, une manière de montrer qu'on connaît encore les rangs et les liens et qu'on les respecte : la valeur marchande du cadeau est minutieusement ajustée au lien du migrant à celui à qui il l'offre. Les plus chers, électroménager, voiture, sont réservés à la famille proche.

Vu le volume des biens transportés, les masses financières investies, le rituel des cadeaux aura tôt fait de développer en Europe toute une économie et des savoir-faire, pour partie appropriés par les migrants eux-mêmes, pour partie par les commerçants qui s'y spécialisent. Ainsi naissent dès les années 1970 des quartiers marchands dans quelques grandes agglomérations françaises, qui seront dits un peu rapidement « ethniques », car ils vendent en réalité non pas des produits spécifiques mais les produits-phares des retours. C'est sans conteste à Belsunce, quartier central de Marseille, que se crée le plus important de ces lieux marchands. À la fin des années 1980, chaque week-end voit affluer des centaines de milliers de chalands dans les cinq cents boutiques du quartier, capables de remplir les voitures en partance vers l'Algérie, puis vers tout le Maghreb et plus tard l'Afrique francophone, avec de l'électroménager, des pièces auto, les sept robes de la mariée, l'or et les bijoux, ainsi que les denrées alimentaires dont manque le pays.

Des filières commerciales. Le trabendo se développe d'autant plus en Algérie que le pays est soumis aux contraintes de l'économie rentière socialiste, marqué par la pénurie de biens mais bénéficiant d'une grande disponibilité d'argent (même inégalement réparti). C'est aussi en provenance des pays de l'Est socialiste que, après la chute des murs, vont s'organiser les grands flux de commerce vers l'Europe puis quasi exclusivement vers la Turquie et Istanbul où des entrepreneurs sauront, comme à Marseille, organiser les logistiques qui attirent les « fourmis » commerçantes. Mais on sort alors de la logique des cadeaux pour voir s'organiser des filières commerciales. En effet, à partir des années 1990, frappés de part et d'autre par le chômage – une fragilisation générale de la condition de migrant –, apparaissent des groupes sociaux qui vont en quelque sorte professionnaliser le savoir-faire, et plus encore le savoir acheter et le savoir transporter des premières générations.

Des femmes principalement. Au Maghreb, Algérie et Tunisie surtout, ce sont des jeunes, chômeurs diplômés, étudiants, qui vont réinvestir les routes marchandes en quelque sorte à contresens, vers Marseille d'abord, puis, lorsque les frontières françaises se ferment, vers Naples, Alicante,

Damas, Alep, et Istanbul, la « ville mondiale » du commerce à la valise. Mais l'essentiel du commerce à la valise est d'abord pratiqué par des femmes, souvent issues de classes moyennes davantage que des mondes populaires. Des femmes, entre 25 et 45 ans, souvent mères de famille divorcées, veuves, célibataires, donc affranchies du contrôle et des interdits patriarcaux, tout en conservant leur place dans les réseaux de voisinage et de familiarité à l'intérieur desquels s'organise très souvent le commerce. En effet, si le commerce à la valise alimente des marchés informels, aussi bien au Maghreb que dans les pays de l'Est européen, l'essentiel des échanges se fait plutôt dans les arrière-boutiques, chez les coiffeurs ou dans les hammams par exemple, à domicile, lors des fêtes. La figure la plus usuelle est celle d'une femme qui prend les commandes de bijoux, de vêtements, dans son entourage familial ou de voisinage, et organise à domicile des « soirées » de vente. Le crédit n'est pas rare, comme les vocations. C'est souvent en accompagnant une voisine ou une cousine que commence l'expérience du voyage commercial.

Le voyage commercial n'est donc pas, au sens classique du terme, une migration. Certes, la régularité des « navettes » vers l'Europe peut à terme susciter des vocations migrantes ; elles sont rares néanmoins et davantage masculines. Le commerce à la valise est d'abord une manière de « partir pour mieux rester » et assurer à la fois un niveau de revenu impossible à constituer par le salariat, et le maintien du foyer.

⇢ transnationalisme

Commission européenne en matière d'immigration et d'asile

Au cours des dix dernières années, les fondements d'une politique commune en matière d'immigration et d'asile ont été progressivement posés dans le cadre des programmes de Tampere (1999-2004) et de La Haye (2004-2009). Le Conseil européen a approuvé en octobre 2008 le « Pacte européen sur l'immigration et l'asile » (document du Conseil 1344) qui donne une impulsion nouvelle – dans un esprit de responsabilité mutuelle et de solidarité entre les États membres, mais aussi de partenariat avec les pays tiers – au développement de cette politique commune. Le pacte, qui dresse un cadre général, devra être suivi de mesures concrètes, juridiques ou pratiques. La définition de ces objectifs communs sera poursuivie dans le futur programme de Stockholm qui succédera en 2010 au programme de La Haye, auquel la Commission a apporté sa contribution dans une communication présentée en juin 2009 (*Un espace de liberté, de sécurité et de justice au service des citoyens*).

Le domaine de l'immigration et de l'asile relève des compétences de la Communauté européenne en vertu des articles 61 à 69 du traité instituant la Communauté européenne. Le traité contient des dispositions particulières quant au rôle de la Commission dans ces matières.

La Commission intervient à différents niveaux. Elle a un *pouvoir d'initiative* qui lui permet de proposer, dans le respect du principe de subsidiarité et de proportionnalité, des actes législatifs. Dans les matières concernées, la Commission dispose du monopole de ce pouvoir d'initiative. Elle est également *la gardienne des traités* c'est-à-dire qu'elle veille au respect du droit communautaire et de la méthode communautaire. Ainsi, dans l'hypothèse où les actes législatifs adoptés ne sont pas correctement transposés ou appliqués par les États membres, elle peut déclencher, en vertu de l'article 226 du traité, une procédure d'infraction. Finalement, la Commission dispose également d'un *pouvoir d'exécution* qui lui permet notamment de mettre en œuvre les budgets alloués : ainsi, il existe quatre fonds européens dans les domaines de l'immigration et de l'asile, dotés de plus de 4 milliards d'euros pour la période 2007-2013.

Le rôle de la Commission s'exerce en étroite coopération avec les autres institutions européennes et les États membres.

Depuis 1999, les progrès concrets réalisés en matière d'immigration et d'asile sont significatifs : suppression des contrôles aux frontières intérieures sur la plus grande partie du territoire européen, adoption d'une politique commune des visas, harmonisation des contrôles aux frontières extérieures et des normes minimales communes applicables à l'asile*, rapprochement de certaines conditions d'immigration légale, coopération dans le domaine de la lutte contre l'immigration irrégulière, création de l'agence FRONTEX, et mise en place de fonds communautaires dédiés à ces questions ne sont que quelques illustrations des avancées accomplies.

Dans le futur, sur les nouvelles bases juridiques et procédures offertes par le traité de Lisbonne, des efforts supplémentaires seront faits pour gérer l'immigration de façon plus concertée, équilibrée et solidaire, mais aussi plus transparente, un suivi annuel de la mise en œuvre des engagements du pacte ayant été mis en place. La construction d'un cadre commun pour l'admission des migrants économiques sera poursuivie, à la suite de l'adoption, en mai 2009, de la directive relative aux travailleurs hautement qualifiés (établissant les conditions d'entrée et de séjour des ressortissants de pays tiers aux fins d'un emploi hautement qualifié), en tenant compte des besoins des marchés du travail de l'UE. L'intégration des immigrants légaux, qui est la clé d'une immigration réussie, sera activement recherchée, en renforçant les droits des migrants, en identifiant des cadres de référence communs pour leur accueil (« modules européens »), et en aidant les États à mieux comparer et évaluer les résultats de leurs politiques. Parallèlement, l'immigration irrégulière doit être fermement combattue, dans le respect des droits de l'homme. Les directives relatives au retour des ressortissants de pays tiers en situation irrégulière et aux sanctions contre les employeurs de ressortissants de pays tiers en situation irrégulière, adoptées en juin 2009, constituent des jalons importants dans ce domaine. La mise en œuvre de cette politique fera dans le futur l'objet d'une évaluation approfondie au regard d'une part, de son effectivité, d'autre part, de la protection des groupes de migrants les plus vulnérables, notamment des mineurs non accompagnés. Les efforts d'éradication du trafic et de la traite des êtres humains seront par ailleurs poursuivis énergiquement. En matière de contrôle des frontières, l'Union européenne continuera à développer une gestion intégrée de celles-ci et à renforcer la coopération opérationnelle entre États membres, dans laquelle FRONTEX joue un rôle clé. Ces différentes actions nécessitent par ailleurs un dialogue approfondi et une coopération véritable avec les pays tiers, dans la continuité de l'approche globale adoptée en 2005.

communautarisme Le terme de « communautarisme » a fait irruption récemment dans le vocabulaire français. Apparu épisodiquement dans les années 1980, dans le discours public, il n'est entré dans le dictionnaire au mieux qu'en 1997 (Petit Larousse). Il est le plus souvent utilisé pour son flou et ses implicites, sans être défini – si ce n'est à travers une tentative d'objectivation de Pierre-André Taguieff. Ce néologisme s'impose dans le débat public, non pas pour désigner des faits sociaux inédits, mais en relation avec une inflexion des discours politiques. Par exemple, si le terme a été abondamment utilisé entre les années 2003-2005, à l'occasion de la polémique qui a abouti au vote d'une loi interdisant le « voile* » à l'école, il n'a été que très peu employé lors de la première polémique médiatico-politique sur le « voile », en 1989 (« affaire de Creil »). En quinze ans, le même thème politique a changé d'interprétation, en même temps que le référentiel politique a évolué dans un sens ethnonationaliste – c'est-à-dire une logique nationaliste qui se réfère à une conception ethnique de la nation. Le terme de « communautarisme » signale et consacre cette évolution, en même temps qu'il en a été l'un des instruments.

Quasiment absente du débat public jusqu'aux années 1990, cette notion s'est imposée, dans la presse nationale, principalement en deux temps : une première étape en 1993-1994, et une seconde autour de 2001. Deux événements précis ont servi de support à l'imposition de cette notion, tous deux liés au thème du « terrorisme islamique ». Le premier est « l'affaire Khaled Kelkal », du nom de ce jeune homme qui a grandi à Vaulx-en-Velin et a été soupçonné d'avoir co-organisé des attentats à Paris, en lien avec le Groupe islamique armé (GIA) algérien ; il a été abattu par la gendarmerie le 29 septembre 1995 devant les caméras. Le second événement qui a fourni au terme sa légitimité est le « 11 septembre 2001 », date des attentats contre le World Trade Center à New York ; ces derniers ont été mis en œuvre par des jeunes hommes dont l'un au moins a grandi en France. Ces événements ont tous deux été interprétés comme le fait que le terrorisme n'aurait pas sa source seulement à l'étranger, mais que la France elle-même serait susceptible de « nourrir en son sein » de futurs « terroristes » susceptibles de se retourner par la suite contre elle.

Un sens péjoratif et menaçant. L'imposition de ce terme dans les discours publics traduit donc le retour de l'idée d'un « ennemi intérieur » – idée qui resurgit régulièrement en temps de guerre (cf. le thème de la « cinquième colonne »). C'est pourquoi ce terme sert souvent d'insulte politique, de disqualification de personnes, de groupes ou d'initiatives, en les soupçonnant d'*infidélité* à la communauté nationale. Le terme de « communautarisme » est en conséquence chargé d'un sens nettement et systématiquement péjoratif. Les discours politiques qui s'y réfèrent relèvent d'une figure idéologique fondée sur l'opposition entre un « modèle républicain » et d'autres, concurrents, qui menaceraient, lit-on souvent, de le « subvertir », le « gangrener », le « grignoter », le « saboter », etc. À l'instar de l'idée de « repli communautaire », c'est aussi un terme policier qui justifie au moins un appel à la vigilance, et souvent une logique du soupçon. Celle-ci se fixe tout particulièrement sur l'islam, mais dans le temps son application s'étend aux mouvements homosexuels, féministes, etc., tous supposés « communautaires ». À l'inverse de l'idée de « repli communautaire », toutefois, celle de « communautarisme » sert des discours catastrophistes, organisés par un sentiment d'urgence d'une menace ; le terme est un appel à la défense, dans une référence explicitement guerrière. Ces discours appellent au moins à un retour en force d'une politique d'« intégration républicaine », et souvent aussi d'une logique d'ordre policier si ce n'est militaire (à titre d'exemple, ce mot a servi de justification à l'envoi de l'armée face à la révolte des banlieues fin 2005).

Malgré les apparences, ce terme fonctionne très différemment d'autres concepts formellement proches, car formés sur la même racine. La *communautarisation*, par exemple, désigne un processus de *mise en commun*, ou plus spécifiquement, la gestion commune par plusieurs États de droits et de ressources (typiquement, les espaces et ressources maritimes). C'est à ce titre que l'on peut parler de la communautarisation européenne. Il en va très différemment de « communautarisme » : d'une part, ce terme ne décrit pas un processus de mise en commun réel, et il est plus souvent utilisé dans un registre général et flou qu'il ne sert à désigner des situations précises ; d'autre part, cette notion a pour référent et horizon le niveau national, et peut être justement utilisée pour dénoncer dans l'Europe une dépossession des États-nations.

Un signifiant de revendications. Ce terme est souvent relié, dans les discours français, à l'idée d'un « modèle libéral anglo-saxon » que l'on oppose à un « modèle républicain français ». Il est alors rapproché du terme nord-américain *communautarianism*, qui renvoie à un débat philosophique opposant notamment des approches « libérale » et « communautarienne ». Ce débat porte sur les principes de justice et de reconnaissance politique de communautés ou de minorités, lesquelles seraient susceptibles d'être le support de droits et de protections spécifiques. De ce fait, certains auteurs attribuent au terme de « communautarisme » une origine anglo-saxonne : ce serait, selon Louis-Georges Tin, « un argument qui vient de l'extrême droite anglaise et de l'extrême droite américaine pour dénier la légitimité du mouvement des Civil Rights » (« droits civiques »). Mais, si le terme de « communautarisme » fonctionne en effet comme un déni de légitimité de revendications égalitaristes, il traduit mal les enjeux du contexte nord-américain, dans lequel l'idée de *communities* a un sens assez différent du contexte français. Aussi, plutôt qu'une traduction d'un terme issu du débat nord-américain, l'idée de « communautarisme » apparaît spécifique à l'espace socio-géopolitique français – bien qu'elle soit parfois reprise par la suite dans d'autres pays (Belgique, etc.). Utilisé par les opposants à des demandes de reconnaissance ou à des affirmations identitaires (par exemple, la Gay Pride), ce terme sert à renvoyer ces manifestations politiques à un statut étranger. Comme si ces revendications n'avaient pas de sens ici et qu'elles n'étaient qu'un produit importé ou imposé par un « modèle anglo-saxon » hégémonique menaçant un « modèle français ». Le terme de « communautarisme » exprime ainsi une *réaction* à des évolutions politiques de la société française.

communauté(s)

Étymologiquement, le terme « communauté » désigne un groupe humain « qui a un lien en commun ». Couramment, il s'applique à un groupe partageant selon les cas une histoire, une culture, un territoire, une langue, des valeurs, des objectifs, des propriétés et des institutions communes. Ce terme nous est tellement familier, et il est utilisé dans tellement de langages (commun, politique, scientifique...), qu'il est enveloppé d'un sentiment d'évidence. Ceci d'autant que la définition générale offre une grande plasticité ; le terme est couramment appliqué à toutes sortes de groupes et associations : communautés européenne, ethnique, virtuelle, de croyants, d'agglomération, de métier, de biens, etc. Il a en outre une valeur centrale dans de nombreuses théories des sciences sociales, ce qui en banalise l'usage. Enfin, ce terme apparaît également évident car il est investi d'affectif, particulièrement dans son usage politique. Cette évidence cache pourtant une grande polysémie et une diversité de référents.

Identité et solidarité d'un groupe. Cette notion a une histoire de plusieurs siècles en philosophie politique, avant qu'elle ne devienne, chez les sociologues de la fin du XIXe siècle, l'une des « catégories fondamentales de la sociologie pure » (Ferdinand Tönnies), censée désigner une des « formes élémentaires de la vie sociale » (René König). Le sociologue Ferdinand Tönnies est connu pour avoir systématisé l'opposition conceptuelle entre « communauté » et « société », qui va marquer durablement le débat. Le terme de « communauté » y désigne une collectivité qui existe antérieurement aux individus, et dans laquelle ils s'inscrivent à la naissance. La notion est liée à l'idée de parenté et de territoire, et pour Tönnies, toute autre communauté est une extension, éventuellement métaphorique, de ce principe familial. Aussi le terme a-t-il une référence organique ou naturelle (celle du sang, de la terre…), tandis que le terme de société (ou association) est censé caractériser une collectivité émanant de la volonté des individus et donnant lieu, symboliquement ou juridiquement, à un contrat.

L'idée de communauté renvoie à un groupe qui confère à ses membres une *identité* et les engage dans un principe de *solidarité*. C'est pourquoi elle est souvent investie de connotations morales et affectives et/ou de croyances, telle la présupposition que la communauté aurait un fort pouvoir intégrateur. A contrario, les autres types de collectivités font souvent l'objet d'analyses inquiètes sur leur tendance à distendre le lien social. Par exemple, des sociologues ont vu dans la dynamique de la société une tendance à l'anomie (absence de loi, d'ordre, de structure ou désintégration des normes), ou dans celle de la ville moderne un défaut de solidarité, d'identité et d'homogénéité (contrairement aux communautés villageoises) censés expliquer les désordres sociaux. En fait, le nom même de communauté semble investi d'un sens normatif, qui lui confère des qualités propres (taille réduite, force des liens, homogénéité du groupe, solidarité importante…) – et aussi les défauts de ses qualités, avec la critique d'un fort contrôle social des membres du groupe. Ainsi, la communauté semble être implicitement la norme à laquelle se mesure l'idée même d'intégration sociale.

Entre sentiment d'appartenance et différenciation. Le sens majeur de la notion réside dans le *sentiment d'appartenance*, donc dans un principe *affectif*. Une appartenance à un groupe ne devient communauté « que si elle est ressentie subjectivement comme une caractéristique commune », dit le sociologue Max Weber. À travers ce processus de *communalisation*, les membres s'identifient au groupe et en font une source et un réceptacle de sens ; en retour, la communauté fait l'objet d'une évaluation positive et d'un récit qui la justifie. Toute communauté est donc « imaginée », même si elle revendique et met en jeu des éléments objectifs. L'imaginaire collectif et les sentiments qu'il inspire sont l'un des ressorts les plus puissants du processus de communalisation. Ils sont construits et entretenus à la fois par une activité régulière de *communication*, et par une activité rituelle de *communion*. Il faut ici souligner le rôle crucial joué par des institutions telles que les médias ou l'école, dans la construction et la transmission d'un attachement affectif, dans l'élaboration d'une image de la communauté, et dans la diffusion de ses normes et de ses valeurs auprès de ses membres.

Le sentiment de communauté s'élabore à travers la différenciation avec d'autres, dans l'interaction entre le « dedans » et le « dehors » du groupe. Entre « Nous » et « Eux » sont établis une frontière et un partage du monde sensible, fondés sur l'idée d'une *propriété commune* – soit des éléments matériels et/ou symboliques, que *nous* pensons avoir en propre et qui *nous* distinguent. Cette propriété est défendue contre ceux qui font figure d'étrangers, ou éventuellement contre des membres du groupe jugés indignes et *excommuniés*. La communauté fonctionne à l'image d'un « club », avec ses conditions d'entrée et ses normes de conformité. L'homogénéité qu'ont voulu voir les observateurs résulterait donc d'une « logique d'exclusion », au sein de laquelle un groupe s'identifie à un territoire, à des biens et des valeurs communs, qu'il défend en s'opposant des outsiders (Norbert Elias). En ce sens, la communauté n'est pas une collectivité primaire ; c'est le produit d'interactions sociales qui, à toutes époques, fabriquent des groupes identitaires qui se distinguent par une dynamique de contrôle social d'autant plus forte qu'il s'agit de souder le groupe contre d'autres.

La communauté nationale supérieure à toutes les autres. En France, le discours politique sur les communautés est très lié au point de vue étatico-national, et souvent à un schéma nationaliste. En témoignent l'usage distinct du singulier (la communauté) et du pluriel (les communautés), ainsi que la fixation implicite d'un sens ethnico-religieux, au sein du débat public. On dénie, d'un côté, toute légitimité aux « communautés » minoritaires (ou minorités), au motif de l'unicité de l'État-nation, et du fait que ces corps intermédiaires feraient écran entre l'individu et l'État. On investit, de l'autre, le langage des communautés sur un mode gestionnaire, donc dépolitisé (communauté européenne, communautés urbaines, etc.). Et l'on réserve le terme singulier et majuscule de la *Communauté* au récit hégémonique sur la Nation. La logique nationaliste veut que la « communauté nationale » ait une valeur par principe supérieure à toutes les autres. Mais si en théorie l'idée de nation met l'accent sur l'histoire, comme principe de formation de la communauté, la référence est de fait souvent celle des « origines » (cf. le discours sur « Nos ancêtres les Gaulois »). La nation est donc définie sur un mode ethnique, et l'on a affaire à un discours *ethnonationaliste*.

Cette conception rend difficile le débat sur d'autres approches, telle qu'en propose la philosophie *communautarienne*, en Amérique du Nord. Celle-ci plaide pour une reconnaissance des identités communautaires, contre une logique libérale qui pense la primauté de l'individu et son détachement à l'égard d'appartenances collectives. Elle invite à voir le rôle majeur des « communautés » dans la production de sens et de valeurs. Mais l'assimilation de ces questions à du « communautarisme » (traduction erronée du terme anglais *communautarianism*), en France, empêche le débat. Le discours opposant sans cesse République et communautarisme, ou Communauté et communautés, peut ainsi être compris selon l'enjeu de maintenir un discours hégémonique sur les conditions auxquelles la société française peut se dire une *communauté*.

D

délinquance et immigration Faire un lien entre immigration et délinquance consiste à penser que les pratiques délinquantes (surtout celles des jeunes) s'expliquent par quelque chose en rapport avec leurs origines étrangères (tel ou tel aspect de leurs mœurs, de leur « culture », de leurs modèles conjugaux ou familiaux, de leurs religions, etc.) ou bien avec leur situation d'extranéité et de « déracinement ».

Or deux constats permettent de comprendre qu'il y a dans tout cela une erreur de logique qui ne pardonne pas (Mucchielli, 2011). Premier constat : les immigrés et leurs enfants devenus français ne constituent pas une petite minorité, ils sont au contraire très nombreux ; en 2010, on estime que les immigrés et leurs descendants totalisent environ 11,7 millions de personnes, soit plus d'un sixième de la population totale. Deuxième constat : le nombre de jeunes pratiquant régulièrement la délinquance constitue au contraire une petite minorité. Faisons ici un calcul approximatif : si nous prenons pour point de repère large le nombre de mineurs et de jeunes majeurs suivis au titre de la délinquance au cours d'une année par la Protection judiciaire de la jeunesse et le secteur habilité, on dénombre environ 160 000 jeunes en 2010. Et si nous admettons pour simple raisonnement que la moitié de cette population sont des jeunes « descendants d'immigrés » (cela peut être beaucoup plus dans certaines agglomérations, mais c'est aussi beaucoup moins dans les autres territoires), cela ferait donc 80 000 jeunes. Cette approximation indique l'écart existant entre, d'un côté, quelques dizaines de milliers de personnes et, de l'autre côté, plusieurs millions.

Chez les immigrés et leurs enfants, comme dans le reste de la population, la délinquance ne concerne qu'une petite minorité de familles. Dans n'importe quelle ville de France, les jeunes engagés dans la délinquance constituent une minorité même à l'échelle de leur quartier, et même à l'échelle d'un quartier classé ZUS et à la mauvaise réputation. A contrario, les immigrés et leurs enfants sont très majoritairement des personnes respectant la loi. Or, en toute logique, si la délinquance avait quelque chose à voir avec la condition de migrant ou de descendant de migrant, elle devrait concerner toutes ces populations. Tous ces raisonnements sur le lien entre délinquance et immigration sont donc faux dans leurs prémisses. S'il y a une surreprésentation des étrangers dans la population sous main de justice, c'est pour d'autres raisons ; sans doute deux principales.

Des discriminations évidentes. L'argument est fréquent : les étrangers sont surreprésentés dans la population carcérale et, plus généralement, dans la population délinquante poursuivie par les polices et la justice. Toutefois le comptage des « personnes mises en cause » par les policiers et les gendarmes dépend en amont de l'élucidation des affaires. Et la majorité des faits constatés ne sont pas élucidés, de façon extrêmement variable selon les types d'infractions. En outre, l'élucidation dépend en amont des plaintes mais aussi des initiatives policières, en particulier les contrôles sur la voie publique.

Or, c'est un fait que ces contrôles ciblent les étrangers en raison principalement de la couleur de la peau. C'est ce que l'on appelle couramment en France les « contrôles au faciès », à l'étranger le « profilage ethnique » (Lévy, Zauberman, 2003 ; Pager, 2008). Une équipe de chercheurs français l'a pour la première fois, en 2008, testé scientifiquement. Elle confirme que ces contrôles se fondent sur l'apparence des gens : leur sexe (surtout les hommes), leur âge (surtout les jeunes), leur habillement (des styles comme « hip-hop » ou « gothique ») et la couleur de leur peau (davantage les Noirs et les Maghrébins). Concernant ce dernier point, les résultats sont sans appel : le fait d'avoir la peau noire entraîne un risque d'être contrôlé 3 à 11 fois supérieur selon les sites, et le fait d'avoir le type maghrébin un risque 2 à 15 fois supérieur selon les sites étudiés (Jobard, Lévy, 2009).

En outre, certaines infractions concernent par définition les étrangers. Ce sont ce que nous appelons la « délinquance administrative », constituée par les infractions à la police des étrangers, mais aussi les délits de faux documents d'identité et autres documents administratifs ainsi que le délit de travail clandestin. Pour calculer un taux d'étrangers parmi les mises en cause policières, il faut donc les soustraire.

Tenant compte de tous ces biais, qu'en est-il de la délinquance des étrangers et de son évolution ces dernières décennies selon les statistiques de police ? La part de la délinquance des étrangers dans les statistiques de police n'a cessé de diminuer : d'environ 14 % des personnes poursuivies à la fin des années 1970, elle est passée à environ 10 % de nos jours. À quelques rares exceptions près, comme les vols à l'étalage (délinquance de pauvres par excellence), la part des étrangers parmi les personnes mises en cause a baissé en trente ans dans toutes les catégories d'infractions tandis que leur poids global dans la population est stable.

Les statistiques judiciaires confirment que la structure de la délinquance des étrangers est globalement similaire à celle des nationaux. Toutefois, elles indiquent aussi que les étrangers sont plus lourdement sanctionnés, notamment plus souvent condamnés à des peines de prison, avec moins de sursis et des peines plus longues (Jobard, Nevanen, 2007). Ce n'est pas une discrimination volontaire mais une sorte de cercle vicieux reposant sur la situation de précarité à la fois juridique et sociale de beaucoup d'étrangers. Qu'ils aient ou non des titres de séjour réguliers, les étrangers poursuivis pour des infractions commises sur le territoire français présentent par définition moins souvent que les nationaux des « garanties de représentation » aux procès : domicile, situation familiale, emploi. Dans de nombreuses situations, lorsqu'ils sont saisis par la police ou la gendarmerie, les magistrats du parquet peuvent craindre que les étrangers ne se présentent pas à des convocations ultérieures, voire même qu'ils ne puissent pas les convoquer faute d'adresse. Ils ont donc plus fréquemment recours à la procédure de comparution immédiate au cours de laquelle les magistrats décident plus souvent de les placer en détention provisoire, ce dont les condamnations finales tiendront généralement compte afin de « couvrir » les mois effectués en détention provisoire. Pour toutes ces raisons, les étrangers sont donc particulièrement visibles dans le système pénal, davantage que ce que leur poids véritable dans la délinquance justifierait.

Une plus grande fragilité face à certains facteurs de délinquance classique. Ces statistiques relatives aux étrangers ne disent rien sur les jeunes « issus de l'immigration », cible favorite des discours xénophobes. De fait, l'observation des populations poursuivies par la police et la justice indique qu'il existe bien, du moins en apparence, une « surreprésentation » de cette partie de la jeunesse dans la délinquance poursuivie, au moins dans les grandes agglomérations. Apparente parce que cette surreprésentation disparaît presque totalement lorsque l'on s'aperçoit que le facteur (la variable en termes statistiques) dit « ethnique » dans le débat public dissimule en réalité trois autres facteurs (variables) qui sont le lieu de résidence (le quartier), les résultats scolaires (l'échec ou l'orientation vers les filières dévalorisées) et la taille des fratries (les familles nombreuses). Il faut donc aller voir plus loin que l'apparence et surtout cesser de présupposer que la délinquance de ces jeunes recèle des spécificités irréductibles. Tout montre au contraire qu'elle s'explique globalement de la même façon que celle des jeunes « non issus de l'immigration » ou que celle des jeunes issus de l'immigration à des époques antérieures, par exemple les années 1960. Pour le comprendre, il faut repartir de la base, c'est-à-dire de l'analyse des processus psychosociaux qui déterminent les problèmes de socialisation (en famille, à l'école, dans la rue) et le parcours délinquant d'un jeune quel qu'il soit (Mohammed, 2011). C'est ce que l'on peut élaborer sociologiquement à travers les concepts d'inscription sociale des pratiques délinquantes et de construction identitaire du rôle délinquant (Mucchielli, 2011).

⇢ police

diaspora Diaspora est un mot grec. Il apparaît pour la première fois au IIIe siècle avant l'ère chrétienne, dans la traduction en grec de la Torah, le livre sacré des Hébreux. Dans cette Bible grecque, connue sous le nom de Bible des Septante en raison des soixante-dix traducteurs qui y auraient travaillé, « diaspora » signale la punition divine – la dispersion à la surface de la terre – qui attend les Juifs s'ils n'obéissent pas aux commandements de Yahvé. Entre le Ier et le IIe siècle après J.-C., les Pères de l'Église utilisent le terme « diaspora » pour désigner la condition de peuple élu des chrétiens avant de le réserver aux Juifs, faisant ainsi de la dispersion du peuple juif (après la destruction du Second Temple de Jérusalem en 70 après J.-C.) une malédiction divine. Pendant plus d'un millénaire, le sens du mot ne varie guère puis, à partir du milieu du XVIIIe siècle, une église protestante allemande, les Frères moraves, appelle ainsi les communautés protestantes vivant en pays catholique, faisant ainsi de « diaspora » l'équivalent de « minorité religieuse ».

Réservé au champ religieux. Le terme ne fait son entrée que tardivement dans les dictionnaires français (à partir des années 1920) et, jusque dans les années 1980, sa définition se réfère exclusivement à la dispersion antique du peuple juif voire, dans certains cas, à la communauté juive dispersée. Pourtant, les usages du terme en français, repérables depuis les années 1830 (très souvent dans la traduction de textes allemands), montrent une réalité différente. Tout d'abord, au moins jusque dans les années 1950, il signale moins l'existence contemporaine d'une communauté juive dispersée de par le monde qu'un épisode historique survenu dans l'Antiquité. Ensuite, au XIXe siècle, il est largement utilisé pour décrire la situation des minorités protestantes en terre chrétienne. Enfin, il est majoritairement confiné au domaine religieux, tout au moins jusqu'au milieu du XXe siècle. À partir de cette époque, la stabilité sémantique du terme sur la longue durée va être bouleversée par plusieurs processus : un formidable élargissement de son aire sémantique, une forte augmentation de la fréquence d'usage et une grande accélération de son pouvoir d'attraction.

Élargissement au sens de « communauté » dispersée. Ces transformations résultent notamment de la sécularisation des usages du terme au profit d'une insistance plus grande sur l'idée de communauté dispersée vivant loin de sa terre ou de son pays. Dès les années 1930, on évoque ainsi le cas des Arméniens. Dans *les Migrations des peuples* (1955), le géographe Maximilien Sorre regroupe sous le mot diaspora les Juifs, les Grecs, les Arméniens, les Levantins et les Chinois, considérés comme des « minorités nationales en terre étrangère », qu'elles possèdent ou non un État. Non seulement le classement de ces populations comme diasporas va progressivement se banaliser dans les textes académiques ainsi que dans les journaux, mais les dictionnaires vont prendre acte de cet élargissement à partir du début des années 1980. D'autres populations suivent rapidement, qu'elles soient nationales (les Indiens depuis la fin des années 1950), culturelles (c'est le cas de la diaspora noire ou diaspora africaine décrite par les ethnologues Alfred Métraux puis Roger Bastide dans les années 1950 puis 1960), voire régionales. En effet, l'usage d'expressions telles que « diaspora auvergnate » (dès les années 1930) ou « diaspora bretonne » (années 1960) permet de signaler la migration de populations régionales au-delà des frontières françaises ou vers la capitale. En revanche, l'expression « diaspora corse », qui fait son apparition dans les années 1960 dans les milieux autonomistes ou nationalistes et reste plus usitée que jamais aujourd'hui, vise bien plus à démontrer l'existence d'une minorité culturelle ou nationale dont la présence sur le territoire français relèverait non de la migration interne mais de la migration vers l'étranger.

On pourrait multiplier les exemples de populations ainsi classées comme diasporas (diasporas cambodgienne, tibétaine, russe, irlandaise, caribéenne, cap-verdienne, turque, iranienne, etc.). Depuis le début des années 1990, c'est devenu un terme assez courant pour évoquer l'existence d'une communauté ethnique, nationale ou religieuse en dehors de ses frontières. Dans les médias (télévision, presse, radio) comme dans les publications scientifiques, il a remplacé des termes comme « exil » ou « communauté étrangère ». Par ailleurs, à la faveur des premières réflexions sur la mondialisation et en lien avec le développement extraordinaire de technologies de l'information et de la communication permettant de rester en contact malgré la distance (fax, téléphone portable, Internet), l'idée de dispersion a commencé à perdre son caractère négatif. Elle a même parfois acquis une valeur positive extrêmement forte, diaspora devenant le symbole d'une réalité postmoderne faite d'hybridation, de mobilité, de nomadisme et de cosmopolitisme. Il s'ensuit qu'il connaît des usages métaphoriques débridés, parfois très éloignés non seulement de l'origine du mot, mais aussi de ses acceptions les plus courantes.

Une signification très vaste. Le sens du mot diaspora est désormais lui-même très dispersé, au point qu'il n'est pas rare de constater plusieurs changements sémantiques dans un seul et même texte, parfois dans le même paragraphe. Il est possible de distinguer au moins neuf acceptions principales :

– un ensemble populationnel statistique, donc un nombre ;

– une communauté ethnoculturelle, ou religieuse, organisée sur plusieurs territoires, éventuellement décomposée en sous-diasporas : séfarade et ashkénaze pour les Juifs, gujarati ou telugu pour les Indiens ;

– l'ensemble des ressortissants expatriés d'un État. De plus en plus, on évoque la diaspora française ;

– une population « ethnique » vivant sur un territoire national, une communauté fondée sur l'origine ;

– une logique migratoire particulière, par exemple une diaspora commerçante ;

– une condition à la fois historique et morale, individuelle ou collective, qui peut être interprétée comme étant positive ou négative : être un peuple en diaspora ;

– un ensemble de groupements politiques luttant pour l'obtention d'un État, la restauration de l'indépendance de leur État ou la chute d'un régime politique jugé illégitime. On parle ainsi de la diaspora tchétchène, de la diaspora tibétaine ou de la diaspora cubaine ;

– un espace géographique de dispersion, qui peut aller de pair avec l'absence d'un État (les Kurdes de la diaspora) ou la présence d'un État (les Marocains de la diaspora) ;

– enfin, par extension, une dispersion plus générale. Les footballeurs français dans les clubs étrangers sont présentés comme la « diaspora tricolore » tandis que François Bayrou estime en octobre 2007 que la « diaspora des élus » centristes vers la majorité UMP ne va pas durer.

Cet élargissement du sens du mot diaspora concerne aussi bien le langage courant que le vocabulaire des sciences humaines et sociales. Jusqu'aux années 1980, les usages scientifiques fonctionnent par analogie avec l'exemple du peuple juif. On ne trouve pratiquement aucune tentative visant à définir ce qu'est une diaspora pour ensuite vérifier l'éventuelle appartenance à cette catégorie de telle ou telle population ou forme sociale. En revanche, depuis plus de vingt ans, et ce à l'échelle mondiale, on voit fleurir les définitions.

On peut les rassembler en trois types. Les définitions ouvertes insistent sur l'existence de groupes ethniques minoritaires issus de la migration qui concilient la résidence dans un pays et un fort attachement à une patrie d'origine. Elles n'imposent pas de critère formel pour la classification comme diaspora, à l'inverse des définitions catégoriques qui vont énumérer un ensemble de propriétés devant toutes – ou la plupart pour certains – être satisfaites pour entrer dans la catégorie diaspora. Enfin, là où les deux premiers types de définitions mettent l'accent sur l'existence d'un centre originel (terre, pays ou État) structurant la diaspora, les définitions proposées par les tenants d'une approche anti-essentialiste insistent au contraire sur l'unité dans la dispersion et sur la recomposition culturelle incessante du lien à l'origine. Cette dernière définition repose sur une figure de style, l'oxymoron, qui vise à produire un effet de paradoxe en associant deux idées contradictoires : ici, l'identité diasporique est caractérisée non par la fixité mais par une constante ré-élaboration.

Le mot dans le sens général de la migration. Le débat sur la définition d'une diaspora a fait rage dans les milieux académiques au cours des années 1990 et 2000. Toutefois, de plus en plus, l'usage du terme diaspora se passe de toute définition ou se contente d'un horizon à la fois large et lâche, car le mot a acquis le pouvoir de parler de lui-même et de potentiellement embrasser tout ce qui est migratoire. Tout ou presque peut alors devenir diaspora, voire diaspora de diaspora, comme invite à le penser Edgar Morin lorsqu'il écrit que l'humanité constitue « un fétu de la diaspora cosmique » et que l'histoire humaine commence par une « diaspora planétaire sur tous les continents ». Au commencement était la diaspora.

discriminations

L'étymologie du terme « discriminer » renvoie au fait d'établir une distinction entre des objets, selon des critères définis. En premier lieu, il s'agit donc d'une activité permanente et quotidienne de la pensée. Il est cependant rare que ce terme soit utilisé de manière aussi « neutre », tant est prégnante sa connotation négative. Car discriminer, ce n'est pas uniquement faire une distinction, c'est traiter ce qui a été distingué de manière différente et défavorable.

Dans une société égalitaire, une inégalité de traitement est discriminatoire lorsqu'elle se fonde sur des critères contraires à la liberté d'opinion (appartenance à un parti ou un syndicat) ou sur des critères relevant de la naissance ou de la naturalisation (origine, généalogie, sexe, orientation sexuelle). Indépendants de toute volonté individuelle, ces derniers précèdent l'individu et s'opposent aux statuts acquis par l'accomplissement individuel.

Qualification juridique de la discrimination

Sur le plan juridique, la notion de discrimination a été introduite par la loi contre le racisme du 1er juillet 1972, qui crée l'infraction pénale de discrimination raciale. Par la suite, le législateur va étendre à la fois la liste des critères de distinction prohibés, les domaines dans lesquels les discriminations sont combattues ainsi que la forme qu'elles peuvent prendre. Nous verrons toutefois que la seule approche juridique ne suffit pas à rendre compte des mécanismes et des effets constitutifs de la discrimination.

Discrimination directe. Dans la législation française, le critère de la distinction établie est au cœur de sa qualification juridique pénale. Le Code pénal, dans son article 225-1 stipule : « constitue une discrimination toute distinction opérée entre les personnes physiques à raison de… ». Suit une liste de 18 critères parmi lesquels figurent l'« origine », l'« appartenance ou la non-appartenance, vraie ou supposée, à une ethnie, une race, ou une religion déterminée » ainsi que le « patronyme ». Néanmoins, la distinction ainsi opérée ne tombe sous le coup de la loi pénale que si elle consiste en l'un des comportements expressément visés par l'article 225-2, parmi lesquels on trouve le refus de fournir un bien ou un service ou encore le refus d'embauche.

Le Code pénal spécifiant qu'il n'y a point de crime ou de délit sans intention de le commettre, cette définition vise à la fois l'identification d'un auteur individuel ou collectif et le caractère intentionnel de son acte. Le Code pénal s'en tient donc à une appréhension directe de la discrimination. Cette acception reste cependant limitée. En effet, apporter la preuve des intentions du discriminateur est d'autant plus difficile que les différences de traitement s'insèrent le plus souvent dans des cadres concurrentiels, où des justifications telles que « la personne n'a pas le profil » ou « elle ne présente pas suffisamment de garanties » peuvent facilement venir masquer les motifs proprement discriminatoires. De plus, cette approche repose sur une adéquation entre les représentations et les pratiques. Or, leur articulation est complexe, et il n'y a pas nécessairement d'enchaînement entre elles. Ainsi, un employeur peut tout à fait émettre des propos racistes à l'encontre d'un groupe particulier tout en choisissant d'embaucher des personnes de ce même groupe pour effectuer des emplois saisonniers, harassants et très mal payés. De même, un bailleur n'a pas besoin d'être raciste pour avoir des pratiques discriminatoires.

Discrimination indirecte. La notion de discrimination indirecte permet de dépasser l'approche « intentionnaliste » de la discrimination directe en mettant l'accent non plus sur la motivation de l'acte mais sur son résultat. Bien que présente depuis 1976 dans la législation britannique, cette notion a été introduite en France, sous l'impulsion du droit communautaire, par la loi du 16 novembre 2001. Elle se réfère à « une disposition, un critère ou une pratique neutre en apparence, mais susceptible d'entraîner [...] un désavantage particulier ». Pour la déterminer, l'intention de discriminer n'est pas prise en compte à partir du moment où la mesure affecte plus que d'autres des personnes présentant une caractéristique particulière. Cela ne signifie pas que la discrimination ne puisse pas être intentionnelle, mais plutôt que l'intention n'est pas un préalable à sa constatation. Ainsi, le fait d'interdire l'accès à un camping aux caravanes à double essieu constitue une discrimination indirecte car cette mesure, en apparence neutre, aboutit à exclure du terrain de camping les « gens du voyage ». Il en est de même pour la préférence accordée aux enfants du personnel pour les emplois saisonniers d'été, critère qui peut contribuer à reproduire des phénomènes discriminatoires anciens au regard de la composition de ladite entreprise.

La mise en évidence du caractère systémique des discriminations. Une troisième approche de la discrimination, non prise en compte par le droit français mais considérée, par exemple, dans le droit canadien, est la « discrimination systémique ». Marie-Thérèse Chicha-Pontbriand la définit comme « une situation d'inégalité cumulative et dynamique résultant de l'interaction de pratiques, de décisions ou de comportements, individuels ou institutionnels, ayant des effets préjudiciables, voulus ou non, sur les membres de groupes [déterminés] ». Plus qu'une forme à proprement parler, il s'agit d'une perspective dynamique et processuelle, qui met l'accent sur les enchaînements de causes et d'effets constitutifs de la discrimination. Comme le précise Véronique De Rudder, la discrimination systémique cherche à mettre au jour « des comportements et des forces – sociales, économiques, politiques, institutionnelles – qui concourent à produire [les discriminations], dans une perspective d'analyse des logiques sociales de construction et de reconduction des inégalités et des différences ». Dans cette approche, les discriminations sont considérées comme l'actualisation d'un rapport social de domination qui engendre et désavantage des groupes mis en situation minoritaire. Si l'on considère le domaine du travail et de l'emploi, la discrimination systémique se concrétise par une surreprésentation de ces groupes dans des niches économiques du marché secondaire (intérim, travail domestique), ou encore par leur moindre accès aux postes à responsabilité (« plafond de verre »).

L'intérêt de la discrimination systémique est qu'elle permet de dépasser les oppositions du conscient et de l'inconscient, du direct et de l'indirect, du manifeste et du caché, en mettant en avant la multiplicité et le caractère cumulatif des normes, des représentations et des pratiques qui contribuent à la réalisation des discriminations. Son identification reste toutefois complexe. Les phénomènes et les processus qui la constituent interagissent en effet avec des processus discriminatoires fondés sur d'autres critères prohibés (notamment le sexe) ainsi qu'avec les inégalités proprement sociales, dont elle s'avère parfois difficile à départager.

Le dévoilement statistique de la discrimination systémique. La discrimination systémique peut être révélée par la mise en place de test de situation (ou *testing*). Cette méthode consiste à répondre à une offre d'emploi en envoyant deux CV que seul le nom du candidat distingue. Le *testing* mené par l'Organisation internationale du travail en 2006 montre que sur les 1 110 candidatures testées, le choix de l'employeur s'est porté près de 4 fois sur 5 sur le candidat dont le nom est à consonance française.

Par ailleurs, certaines enquêtes statistiques nationales permettent de mettre en évidence les écarts de chômage entre différents groupes d'origine. Ainsi, l'enquête Trajectoires et Origines (TeO) montre que les hommes nés en France de deux parents nés à l'étranger sont proportionnellement deux fois plus nombreux à être au chômage que les hommes nés en France de deux parents nés en France (20 % *vs* 10 %), cette proportion étant de 23 % pour les descendants d'immigrés d'origine algérienne et de 10 % pour ceux d'origine italienne. Toutes choses égales par ailleurs, c'est-à-dire en ayant contrôlé l'incidence de certains effets de structure (niveau de diplôme, âge, catégorie socioprofessionnelle des parents), l'inégalité face à l'emploi perdure. Le risque d'être au chômage reste en effet de 1,5 à 2 fois supérieur pour le groupe des descendants d'immigrés que pour le groupe « majoritaire ». D'autres enquêtes mettent en lumière plusieurs facteurs constitutifs de cette situation défavorable : moindre capital social (familial et de relation sur le marché du travail), moindre adéquation de la qualification obtenue au marché du travail, occupation plus fréquente des emplois aidés, temps d'accès au premier emploi plus long, orientation scolaire imposée.

Néanmoins, la mise en évidence statistique des discriminations est limitée, dans l'outil statistique légal français, par l'absence de données systématiques qui permettent d'identifier les groupes pouvant faire l'objet de discriminations fondées sur l'origine ou la couleur de la peau. Un tel recueil ne peut s'effectuer que dans le cadre d'enquête ad hoc, dont la réalisation est strictement réglementée par la Commission nationale pour l'informatique et les libertés (CNIL). Ainsi, contrairement à ce qui se fait par exemple au Québec, il est impossible de comparer la composition par origine des effectifs d'un organisme donné avec la composition de la main-d'œuvre du bassin d'emploi dans lequel il s'insère.

Inscription des discriminations dans les procédures. Toutefois, si la méthode statistique permet de mettre en évidence des écarts inexpliqués qui laissent présumer une discrimination, elle n'en explique pas les mécanismes. Si l'on reste dans le domaine de l'emploi, la mise en évidence des discriminations suppose une analyse des politiques, pratiques, procédures décisionnelles et normes qui participent d'un système d'emploi. Elle suppose d'identifier la manière dont des processus discriminatoires s'intègrent dans les procédures, formelles et informelles, qui président à la sélection d'un candidat (sélection des CV, composition et fonctionnement des jurys de sélection, adéquation entre les compétences et savoir-faire requis et le profil de poste). Le fait, par exemple, que certains employeurs puissent privilégier des personnes qui ont suivi une formation dans la même école qu'eux participe d'un biais potentiellement discriminatoire. La psychologie sociale a également mis au jour l'incidence des « biais implicites » qui se jouent lorsque les recruteurs, consciemment ou non, associent l'origine d'un candidat à des caractéristiques négatives qui viennent diminuer la valeur d'un CV ou de la prestation d'un candidat.

La discrimination quotidienne. À un niveau microsocial, les processus discriminatoires s'inscrivent dans le fonctionnement concret des espaces de travail. Certaines discriminations s'immiscent en effet dans l'organisation du collectif de travail (répartition des tâches ou des horaires, modalité des prises de décisions), ou encore dans les relations de travail (blagues, mise à l'écart). Quotidiennes, ces discriminations tombent d'autant plus difficilement sous le coup de la loi que les victimes peuvent les avoir intériorisées, ou peuvent craindre les conséquences de leur dénonciation. Ces pratiques sont toutefois illégales, la loi du 27 mai 2008 intégrant dans la définition des discriminations les faits de harcèlement.

L'émergence d'une nouvelle question sociale

Traiter la question des discriminations, c'est poser la question de leur reconnaissance. Cette dernière suppose une grille de lecture qui non seulement pose comme illégitimes mais rend à la fois lisibles les modalités de réalisation du phénomène et identifiables ses conséquences dans l'ordonnancement du monde social.

Discrimination et cécité volontaire à la couleur. L'évidence actuelle de la thématique tend à dissimuler le fait que les discriminations ont longtemps été passées sous silence, dans un contexte républicain français *colorblind* (littéralement, aveugle à la couleur). Ne considérant que des individus-citoyens, l'idéal républicain interdit toute distinction, individuelle ou collective, fondée sur l'origine ou la couleur de la peau. Du fait de cette fiction d'ignorance légale, les entités collectives formées par les individus « potentiellement discriminables » constituent des groupes dont on souhaite qu'ils n'existent pas et dont la caractérisation est polémique.

Que ce soit sur l'agenda politique et juridique ou comme problématique de recherche, le langage de la discrimination ne s'est imposé en France qu'à la fin des années 1990. Cependant, son apparition ne témoigne pas tant d'une « réalité nouvelle » que d'une nouvelle appréciation de cette réalité. Toute une série de phénomènes ont contribué à la reconnaissance d'une question jusqu'alors occultée. Dans les années 1990, la société civile, et notamment des associations, des syndicats et des chercheurs ont commencé à mettre en évidence l'existence même de processus discriminatoires se produisant dans le domaine du logement, de l'emploi, ou dans l'accès aux boîtes de nuit.

Ce dévoilement a mis en lumière l'insuffisance des principes formels d'égalité de droits et d'égalité de traitement et a contribué à remettre en cause l'approche exclusive en termes d'intégration. Ainsi, le fait que des inégalités ne touchent plus seulement des étrangers ou des immigrés mais leurs enfants, nés et socialisés en France, est venu mettre à mal un point central du « modèle français d'intégration », qui considère l'accès à la nationalité à la fois comme l'aboutissement du processus d'intégration et comme la voie d'accès privilégiée à l'égalité.

Dans le même temps, l'application de l'article 13 du traité d'Amsterdam (qui intègre la lutte contre les discriminations dans les grandes missions de l'Union) et l'obligation faite aux pays européens de transposer deux directives européennes relatives à l'égalité de traitement (sans distinction de race et d'origine [2000/43/CE] et en matière d'emploi et de travail [2000/78/CE]) ont fortement pesé sur la consolidation de la législation antidiscriminatoire et sur la création d'organismes dédiés.

Mutations d'un référentiel d'action. Le Conseil des ministres du 21 octobre 1998 marque la reconnaissance officielle de cette « nouvelle question sociale ». À cette occasion, la lutte contre les discriminations est désignée comme une « priorité » et comme « un sujet dont l'État doit désormais se saisir » par Martine Aubry, alors ministre de l'Emploi et de la Solidarité. Suivra la création d'un Groupe d'études et de lutte contre les discriminations (1999), de Commissions départementales d'accès à la citoyenneté (1999) et d'un numéro vert accessible aux victimes de discrimination (2000).

Les années 2000 viendront modifier et consolider ces premiers dispositifs, tant en termes législatifs (loi du 16 novembre 2001 relative à la lutte contre les discriminations, loi du 27 mai 2008 portant diverses dispositions d'adaptation au droit communautaire dans le domaine de la lutte contre les discriminations) qu'en termes institutionnels, avec la mise en place de la Haute Autorité de lutte contre les discriminations et pour l'égalité (Halde) en 2005. Tandis que le déploiement initial de la lutte contre les discriminations était essentiellement tourné vers la discrimination raciale, ces nouvelles dispositions concernent toutes les formes de discrimination. Cette mise en équivalence ne va pas sans susciter des questionnements sur ce qu'il y a de commun et de spécifique quant à leur caractérisation et leurs modalités de prise en charge. Elle est toutefois entérinée par l'émergence du référentiel de la « diversité », porté et diffusé par des acteurs du milieu patronal français (signature d'une « charte pour la diversité » en 2004).

Une reconnaissance encore partielle. La reconnaissance politique, juridique et institutionnelle de la discrimination a connu des avancées indéniables au regard de la situation qui prévalait en 1990. Néanmoins, plusieurs considérations montrent que cette reconnaissance reste incomplète et peut toujours être soumise à des tendances contraires. Ainsi, l'importance prise par le référentiel « diversité » inscrit l'action antidiscriminatoire dans une logique entrepreneuriale et managériale qui vise en premier lieu la performance économique et l'excellence individuelle. Plus incantatoire que contraignant (la signature de la charte de la diversité est avant tout un engagement moral), ce référentiel d'action s'accompagne d'un risque de dissolution du caractère proprement délictueux de la discrimination. L'absorption de la Halde par le Défenseur des droits en avril 2011 traduit également une moindre visibilité institutionnelle de la lutte contre les discriminations.

Comme le souligne Didier Fassin, les quinze dernières années ont vu le passage du déni à la dénégation de la question des discriminations. Tandis que le premier terme se rapporte à leur occultation, le second se traduit par des remises en cause plus subtiles du phénomène. Ainsi, son existence n'est pas contestée, mais son ampleur est minimisée. Cette dénégation s'appuie notamment sur une appréhension limitée de la discrimination, qui la circonscrit à ses manifestations les plus ostentatoires et les plus condamnables. De ce fait, elle reste confinée aux marges du fonctionnement ordinaire de la société démocratique comme étant le fait exprès de quelques « racistes ». Cette relativisation du phénomène passe également par la mise en cause des victimes elles-mêmes. Elles peuvent en effet être accusées d'exagérer l'importance du phénomène (« elles sont paranoïaques »), de le manipuler (« c'est trop facile de crier au racisme »), quand elles ne se voient pas attribuer les causes de la discrimination qu'elles subissent, selon le procédé classique qui consiste à « blâmer la victime » (« vu la proportion de délinquants parmi eux, il ne faut pas s'étonner, après, qu'ils ne trouvent pas de travail ! »). L'expérience de la discrimination est pourtant loin d'être un épiphénomène pour ceux dont la couleur de peau ou l'origine, réelle ou supposée, expose au phénomène de racisme. Ainsi, l'enquête TeO montre que près de la moitié d'entre eux disent avoir subi « des traitements inégalitaires ou des discriminations au cours des cinq dernières années ». Il en résulte un décalage entre un groupe majoritaire qui considère l'existence des discriminations comme un dysfonctionnement, certes répréhensible, mais marginal, et un groupe minoritaire, pour qui l'expérience de la discrimination est une réalité routinière.

→ racisme

droit communautaire des étrangers

Le droit communautaire, dit droit de l'Union européenne depuis l'entrée en vigueur du traité de Lisbonne le 1er décembre 2009, n'intègre que depuis peu de temps la matière des étrangers dans son champ de compétence. Tout au moins est-ce le cas si l'on considère la notion d'étranger non pas à l'aune du droit interne (toute personne qui n'a pas la nationalité de l'État considéré), mais à celle du droit communautaire, car les ressortissants des États membres de l'Union européenne ont sur le territoire des autres États membres un statut particulier, étant certes étrangers sur le territoire de cet État d'accueil, mais non moins citoyens de l'Union.

Le droit de l'Union a mis en place, dès l'Acte unique de 1986, un dispositif propre, renforcé et confirmé par le traité de Maastricht de 1992, lequel prévoit clairement que la liberté de circulation des citoyens européens est l'un des attributs fondamentaux de cette citoyenneté. Les ressortissants des États tiers à l'Union ont, eux, connu un régime plus tardif, tant la question touche aux souverainetés étatiques. D'abord conçue dans un cadre de droit international classique avec les premiers accords de Schengen en 1985 (accords du 14 juin 1985 suivis de la Convention d'application du 19 juin 1990, *Journal officiel* n° L239, 22 septembre 2000) – et ce en raison des réticences britanniques – la question a été progressivement intégrée dans la matière communautaire: ce fut fait d'abord par l'apparition d'un pilier intergouvernemental consacré aux «Affaires intérieures», puis et surtout avec le traité d'Amsterdam de 1997. Un titre IV est alors créé au sein du traité instituant la Communauté européenne. Le Conseil européen de Tampere, réuni en octobre 1999, s'inscrit dans cette logique en affirmant haut et clair que «l'Union se doit d'élaborer des politiques communes dans les domaines de l'asile et de l'immigration». Dans l'actuel traité de fonctionnement de l'Union européenne, le titre IV traite de la libre circulation des citoyens européens (art. 45 et suiv.), tandis que le chapitre II du titre V renvoie aux politiques d'immigration (art. 77 et suiv.).

Le droit de l'Union européenne applicable aux étrangers s'est développé selon ces deux axes que sont d'une part la question du statut des citoyens européens, d'autre part celle des ressortissants d'États tiers à l'Union.

Le droit de l'Union concernant les citoyens européens

Le principe de libre circulation concerne, aujourd'hui, les citoyens européens, mais également les États membres de l'espace* Schengen, tels la Suisse ou la Norvège. S'il est la pierre angulaire de l'espace commun, il connaît néanmoins des aménagements liés au fait que l'Union demeure une organisation internationale regroupant différents États.

Le principe de la libre circulation. Le principe de la liberté d'entrée des travailleurs est consacré par l'article 46 du traité de fonctionnement de l'Union* européenne, le principe de libre établissement étant affirmé par l'article 49. La Charte des droits fondamentaux de l'Union européenne, adoptée en 2000 et devenue obligatoire en 2009, précise dans son article 45 que « tout citoyen de l'Union a le droit de circuler et de séjourner librement sur le territoire des États membres ».

Le principe de libre circulation se fonde aujourd'hui sur l'idée, essentielle, de citoyenneté européenne. Selon les termes de la Cour de justice, cette citoyenneté « a vocation à être le statut fondamental des ressortissants des États membres permettant à ceux parmi ces derniers qui se trouvent dans la même situation d'obtenir dans le domaine d'application *ratione materiae* du traité, indépendamment de leur nationalité et sans préjudice des exceptions expressément prévues à cet égard, le même traitement juridique » (affaire D'Hoop, 2002, point 28).

Le principe est mis en œuvre à travers deux textes fondamentaux, d'une part, le Règlement 1612/68 du 15 octobre 1968 relatif à la libre circulation des travailleurs communautaires, d'autre part, la Directive 2004/38/CE du 29 avril 2004 relative au droit au séjour des citoyens de l'Union européenne et de leurs familles. Il permet aux ressortissants de l'Union de circuler librement, nonobstant le passage des frontières, sans avoir à solliciter de visa. La seule limite reste alors la preuve de la qualité de ressortissant communautaire, ce qui impose d'être en possession d'un titre d'identité (voir en ce sens l'affaire Giagounis, 1991) ; le fait que la carte d'identité soit en cours de validité n'est pas un obstacle à la libre circulation (affaire Wijsenbeek, 1999).

En conséquence, la directive précitée de 2004 a rappelé que les citoyens européens n'ont pas à être en possession d'un titre de séjour lorsqu'ils s'installent à long terme sur le territoire d'un autre État de l'Union. En France, la loi du 24 juillet 2006 a inséré ce régime dans le

Code de l'entrée et du séjour des étrangers et du droit d'asile (Ceseda, art. L.121-1). Le ressortissant communautaire reste néanmoins tenu, pour un long séjour (dépassant 90 jours), de faire une déclaration auprès des autorités de la commune dans laquelle il entend s'installer (art. L.121-2). Il devra, à cette occasion, prouver qu'il ne sera pas une charge pour l'État d'accueil, et donc qu'il entre effectivement dans l'une des catégories visées par le Code de l'entrée et du séjour des étrangers et du droit d'asile (Ceseda) : soit qu'il exerce une activité professionnelle en France, soit qu'il dispose de ressources suffisantes pour ne pas devenir une charge pour le système d'assistance sociale, soit enfin qu'il suit des études en France et dispose de moyens financiers suffisants. L'absence de ressources suffisantes permet donc à l'État de refuser le séjour d'un ressortissant de l'Union européenne (voir en ce sens l'avis Victor du Conseil d'État).

Les limitations du principe de la libre circulation. Le principe de libre circulation s'inscrit dans le cadre d'une Europe composée d'États, ce qui justifie tout à la fois le maintien de certains principes de droit commun et la mise en place de régimes transitoires.

La liberté reconnue aux ressortissants communautaires se trouve limitée par un élément venu du droit commun, celui de la réserve de l'ordre public. La jurisprudence de la Cour de justice de l'Union européenne a très vite affirmé que l'ordre public était le seul motif pouvant restreindre la liberté de circulation des travailleurs (affaire Ugliola, 1969), précisant que, s'agissant d'une exception, la notion est ici d'interprétation stricte (affaire Bonsignore, 1975). On retrouve la même analyse en France, tout à la fois s'agissant de la possibilité d'expulser un ressortissant communautaire sur le fondement de l'ordre public nonobstant la liberté de circulation et d'établissement (par ex. affaire Ragusi, 1990) et sur l'interprétation stricte de la notion (par ex. affaire Gantier, 1994).

L'Union européenne impose en outre aux États nouvellement intégrés, dans leurs actes d'adhésion, un régime transitoire. Ce fut le cas pour les États entrés en 2004, et pour ceux de 2007. Pour les travailleurs ressortissants des États concernés, la liberté de circulation se trouve alors momentanément suspendue, les intéressés restant soumis au droit commun des étrangers et, partant, assimilés à des travailleurs issus de pays tiers. Le régime transitoire a pris fin le 1er mai 2011 pour les États de 2004 (il avait été unilatéralement levé par la France, s'agissant de son territoire, en juillet 2008). Restent aujourd'hui la Roumanie et la Bulgarie, pour lesquels la période transitoire est appelée à perdurer jusqu'au 1ᵉʳ janvier 2014. Les ressortissants des États concernés se trouvent alors dans une situation ambivalente : libres de circuler et de s'établir dans le cadre ordinaire, ils ne peuvent pas encore jouir de la libre circulation des forces de travail.

Le droit de l'Union relatif aux ressortissants d'États tiers

La réglementation de l'Union européenne s'est également tournée vers les ressortissants d'États tiers à l'Union, tout à la fois pour déterminer l'entrée et le séjour, et l'éloignement éventuel. Les obligations ont été édictées par le biais de deux sortes de normes : des règlements, dont les effets juridiques sont immédiatement déployés au sein des États, et des directives, qui fixent des objectifs mais laissent aux États le soin d'adopter les mesures nécessaires pour atteindre lesdits objectifs.

L'entrée et le séjour des ressortissants d'États tiers à l'Union. La communautarisation de la matière des étrangers a eu pour effet que, pour un étranger venant d'un État tiers, l'Union apparaît de plus en plus comme une entité territoriale homogène.

S'agissant de l'entrée sur le territoire, il a d'abord été décidé d'harmoniser la liste des États dont les ressortissants étaient soumis ou exemptés de visa. Le Règlement 539/2001 du 15 mars 2001, révisé par le Règlement 1244/2009 du 30 novembre 2009, a ainsi établi deux listes reconnues par l'ensemble des États de l'Union, mettant ainsi fin aux pratiques nationales en la matière – pratiques disparates, qui aboutissaient par exemple à ce que certains étrangers soient soumis à visa pour venir en France, mais non pour se rendre en Espagne. De même, le Règlement 810/2009 du 13 juillet 2009 établissant un Code communautaire des visas, entré en vigueur le 5 avril 2010, a permis l'établissement d'un régime unique s'agissant des courts séjours dans l'Union européenne (trois mois au maximum). La demande de visa doit, alors, être présentée auprès d'un État unique, dont la décision sera réputée être valable pour l'ensemble des États de l'Union.

Le droit de l'Union concernant les ressortissants d'États tiers s'est également attaché au séjour, à travers deux textes essentiels. La Directive 2003/86 du 22 septembre 2003 est venue harmoniser les conditions du regroupement familial : il s'agit des conditions dans lesquelles un étranger, déjà présent sur le territoire de l'Union, peut y faire venir les membres de sa famille. La directive vise ici explicitement le conjoint et les enfants mineurs. Dans ce même souci d'harmonisation, la Directive 2003/109 du 25 novembre 2003 prévoit un titre de séjour pour les étrangers résidant sur le territoire d'un État membre de l'Union pour une longue durée – au moins cinq années de résidence continue et en situation régulière. Le texte, fondé sur le principe de non-discrimination, permet la délivrance d'un titre reconnu dans l'ensemble des États membres de l'Union, et renouvelable de plein droit.

Enfin, le droit de l'Union s'intéresse au volet répressif de la migration. En particulier, la Directive 2002/90 du 28 novembre 2002 définit les notions d'aide à l'entrée et au séjour irréguliers – ce que les associations d'aide aux étrangers désignent par le « délit de solidarité ».

L'éloignement des ressortissants d'États tiers à l'Union. La directive 2008/115 du 16 décembre 2008, dite « directive-retour », prévoit un régime harmonisé s'agissant des modalités d'éloignement des étrangers d'États tiers à l'Union européenne par les États-membres. Largement critiquée par les associations de défense des étrangers, qualifiée même de « directive de la honte », elle est fondée sur une réglementation a minima, compte tenu de la disparité des pratiques et normes nationales. Elle admet ainsi l'idée selon laquelle un étranger en instance d'éloignement peut être détenu pour une durée qui peut aller jusqu'à 18 mois. Pour autant, la solution est tempérée par le fait qu'elle ne peut avoir pour effet d'amoindrir les garanties déjà existantes dans les droits internes (art. 4 § 3), par le jeu de ce que les juristes appellent l'effet « cliquet anti-retour ». Un État membre ne peut en effet exciper des normes de l'Union pour revenir sur un droit plus favorable. La France, qui interdit la détention et réduit la rétention à quelques dizaines de jours (45 jours avec la loi 2011-672 du 16 juin 2011), ne pourrait donc se fonder sur la directive de 2008 pour remettre en cause sa propre législation.

Ce texte a une incidence directe sur les étrangers en ce qu'il pose un socle minimal de garanties. Il aboutit à remettre en cause une partie des législations nationales, en particulier française. Interprétant la directive, la Cour de justice de l'Union européenne a en effet considéré que le séjour irrégulier d'un étranger ne saurait être sanctionné par une peine d'emprisonnement : « en effet, une telle peine, en raison notamment de ses conditions et modalités d'application, risque de compromettre la réalisation de l'objectif poursuivi par ladite directive, à savoir l'instauration d'une politique efficace d'éloignement et de rapatriement des ressortissants de pays tiers en séjour irrégulier » (affaire Dridi, 2011). Le droit communautaire vient ainsi perturber les droits nationaux, au profit d'une meilleure garantie des droits des étrangers.

Cette garantie des droits vient, en outre, restreindre les marges de manœuvre des États dans la mise en œuvre des mesures d'éloignement. La Charte des droits fondamentaux de l'Union européenne prévoit en effet en son article 19 deux limitations fondamentales. D'une part, les expulsions collectives, déjà prohibées par le protocole IV (art. 4) de la Convention européenne des droits de l'homme, sont explicitement interdites. Si l'exécution des mesures peut se faire de façon groupée, la décision doit être adoptée à l'issue d'un examen individuel de la situation de l'étranger. D'autre part, l'article 19 (alinéa 2) de la Charte précise que l'étranger ne saurait être éloigné à destination d'un pays dans lequel il « existe un risque sérieux qu'il soit soumis à la peine de mort, à la torture, ou à autres peines et traitements inhumains et dégradants », faisant sienne la jurisprudence développée par la Cour européenne des droits de l'homme depuis 1989 (affaire Soering, 1989). Le choix des États de destination est alors restreint, à plus forte raison lorsque le pays de renvoi ainsi écarté est celui dont l'étranger a la nationalité : selon le droit international, seul l'État de nationalité a une obligation d'accueillir un individu sur son territoire. Dès lors, si le renvoi d'un étranger n'est pas possible vers son État national, il n'existe aucune assurance que son renvoi soit possible vers un autre État, qui décidera souverainement d'accepter ou non l'intéressé sur son territoire.

Le droit communautaire des étrangers s'est ainsi considérablement développé depuis quelques années. Il constitue, à n'en pas douter, un élément substantiel de cette citoyenneté européenne qui caractérise l'Union.

droit de vote des étrangers En France, le droit de vote des étrangers n'a pas été reconnu dans son principe depuis 1799 sauf par l'article 4 de la Constitution du 24 avril 1793, jamais appliquée, qui déclarait : « Tout homme né et domicilié en France, âgé de vingt et un ans accomplis, tout étranger de vingt et un ans, qui, domicilié en France depuis une année, y vit de son travail, ou acquiert une propriété, ou épouse une Française, ou adopte un enfant, ou nourrit un vieillard, tout étranger enfin qui sera jugé par le Corps législatif avoir bien mérité de l'Humanité est admis à l'exercice des droits de citoyen français. » Le suffrage universel masculin des plus de 21 ans adopté en 1848, étendu aux femmes en 1944, aux « indigènes » des colonies en 1946, puis aux plus de 18 ans en 1974, a exclu depuis les résidents étrangers.

Les ressortissants de l'Union européenne. Ils ont le droit de vote et d'éligibilité aux élections municipales et européennes. Leur en donne le droit la directive 94/80/CE du Conseil, du 19 décembre 1994, fixant les modalités de l'exercice du droit de vote et d'éligibilité aux élections municipales pour les citoyens de l'Union résidant dans un État membre dont ils n'ont pas la nationalité. Cette directive a été transposée en droit national par la loi organique n° 98-404 du 25 mai 1998 déterminant les conditions d'application de l'article 88-3 de la Constitution relatif à l'exercice par les citoyens de l'Union européenne résidant en France, autres que les ressortissants français, du droit de vote et d'éligibilité aux élections municipales. La France sera le dernier pays à prendre les dispositions pour transposer la directive européenne de 1994 précisant ses modalités d'application, ce qui ne permettra pas aux résidents étrangers communautaires de participer aux élections municipales de 1995.

Changement de position à partir de 1981. C'est en 1980-1981 que ce thème fait officiellement et solennellement son entrée dans le débat politique français puisque le droit de vote des étrangers aux élections locales « après cinq ans de présence sur le territoire français » sera la 80e proposition du programme de François Mitterrand pour l'élection présidentielle. En août 1981, Claude Cheysson, alors ministre des Relations extérieures, en visite à Alger, annonce un projet de loi accordant le droit de vote aux étrangers aux élections municipales. Cette déclaration suscite aussitôt une série de réactions négatives de Jacques Blanc, secrétaire général du PR, de Jacques Chirac président du RPR, ainsi que du Front* national. La CFDT approuve quant à elle la proposition. François Autain, qui est alors secrétaire d'État auprès du ministre de la Solidarité nationale chargé des immigrés, déclare sur France Inter et au journal *le Matin de Paris* qu'une telle disposition ne peut s'envisager que comme la conclusion d'un long processus d'intégration et que les immigrés ne voteront pas aux élections municipales de 1983. Toujours en août de la même année, Jean Colpin, secrétaire du comité central du PCF, déclare dans le journal *l'Humanité* que son parti n'était pas favorable à une loi permettant aux étrangers de voter aux municipales. Jusqu'en 2005 les uns et les autres seront tantôt pour, tantôt contre. Certains estimeront qu'il est « temps », d'autres qu'il est « trop tôt », d'autres que « les Français ne sont pas prêts ». Enfin, les mêmes qui étaient, en 1983, défavorables au droit de vote des étrangers aux municipales, deviennent en 1988 de fervents partisans du vote et de l'éligibilité des immigrés aux municipales. Tel est le cas du PCF. En avril 1998, François Mitterrand réaffirme sur RTL qu'il est « personnellement » favorable au droit de vote des immigrés aux municipales mais non à leur éligibilité. Après 2002, quelques élus de droite se sont déclarés favorables à ce projet à titre personnel (comme Gilles de Robien, Nicolas Sarkozy, Jean-Louis Borloo).

La crainte de l'électorat. Le débat a été relancé après l'adoption du traité de Maastricht (1992) qui définit la notion de citoyenneté européenne en accordant le droit de vote et d'éligibilité des résidents étrangers de pays membres de l'Union européenne aux élections européennes et municipales. Mais un résident africain présent en France depuis trente ans ne pourra pas voter alors qu'un Hollandais habitant la France depuis deux ans pourra être électeur et éligible. Cette situation, jugée « injuste » par beaucoup, a fait l'objet d'une proposition de loi adoptée par l'Assemblée nationale le 3 mai 2000 par les députés de gauche et par quelques élus UDF. La droite a voté majoritairement contre le projet. Toutefois, cette loi n'a jamais été inscrite à l'ordre du jour du Sénat pour pouvoir être définitivement adoptée. Lionel Jospin, alors Premier ministre, se justifiera en disant que c'était une bataille perdue d'avance étant donné le rapport de force politique au Sénat. Les sénateurs de gauche ont déposé une nouvelle proposition de loi sur le même sujet en janvier 2006, mais la majorité de droite a refusé de l'inscrire à l'ordre du jour. Si des « campagnes symboliques » ont été menées ici ou là, notamment au travers de « votations citoyennes » organisées par la Ligue des droits de l'homme, personne, en réalité, ne sait quelle serait précisément l'attitude de l'électorat (et non plus de l'opinion publique) en cas de vote réel.

Lors de la révision constitutionnelle de 2008, plusieurs amendements instaurant le droit de vote des étrangers aux élections locales ont été rejetés.

Droit de vote et éligibilité. La question du droit de vote recouvre en fait deux aspects, le droit de vote proprement dit et l'éligibilité. C'est l'éligibilité qui pose un problème majeur de souveraineté. En effet, la désignation des maires et des conseils municipaux a une incidence directe sur l'élection des sénateurs. Le Sénat participe à la souveraineté nationale. Le vote des étrangers non communautaires serait donc, à juste titre, en contradiction avec la Constitution. Celle-ci a bien été modifiée et un nouvel article (art. 88-3) a été ajouté, mais seulement au bénéfice des seuls nationaux appartenant à un des pays membres de l'Union européenne : « Sous réserve de réciprocité et selon les modalités prévues par le traité sur l'Union européenne signé le 7 février 1992, le droit de vote et d'éligibilité aux élections municipales peut être accordé aux seuls citoyens de l'Union résidant en France. Ces citoyens ne peuvent exercer les fonctions de maire ou d'adjoint, ni participer à l'élection des électeurs sénatoriaux et à l'élection des sénateurs [...] ». Ce ne sont pas seulement des arguments juridiques liés à des enjeux constitutionnels qui sont opposés aux partisans du droit de vote et d'éligibilité des étrangers aux élections municipales. Le plaidoyer en faveur du refus est un plaidoyer essentiellement politique. Il ne peut y avoir de citoyenneté française sans lien juridique à la nation française ; « donner » le droit de vote aux étrangers non communautaires reviendrait à leur reconnaître une « double nationalité de fait » ; il y aurait une injustice à l'égard de ceux qui ont sincèrement voulu devenir français par la naturalisation, afin de s'engager dans l'avenir de la nation ; le droit de vote des étrangers irait à l'encontre de la construction d'une citoyenneté européenne ; les étrangers ne demandent pas le droit de vote mais du travail, de la sécurité, un logement et de la réussite scolaire pour leurs enfants ; enfin le droit de vote doit être « l'aboutissement d'une démarche et non un préalable ».

La France est l'un des derniers pays de l'Union européenne à croire qu'il suffit d'être le « national » d'un pays pour être « intégré » et montrer de l'intérêt et de la passion politique pour sa société. Beaucoup d'autres pays, proches de la France (culturellement, confessionnellement et institutionnellement) et tout aussi attachés qu'elle à leur souveraineté, ont pris acte d'une nouvelle réalité : des millions d'immigrés vivent depuis plusieurs années dans l'espace européen et leur participation politique à la vie locale peut-être un facteur d'intégration des citoyens à la vie de la nation. Pourquoi les étrangers communautaires ont-ils le droit de vote et d'éligibilité aux élections municipales mais n'ont-ils pas le droit d'être maire ou maire-adjoint ?

Ainsi, penser que la relation entre la nationalité* et la citoyenneté* serait une relation naturelle et universelle ne correspond pas à la réalité. Pourquoi ce qui est possible en Angleterre ne serait-il pas possible en France ? Des pays comme la Suède, la Norvège, les Pays-Bas et le Danemark, dont le code de la nationalité est fondé sur le droit du sang, ont accordé le droit de vote aux étrangers.

Il est possible que cette situation se modifie pour la France après les élections présidentielles de mai 2012. Le Sénat a adopté le jeudi 8 décembre 2011, par 173 contre 166, une proposition de loi de la nouvelle majorité de gauche accordant le droit de vote aux étrangers non communautaires aux municipales. Par ailleurs, la dernière déclaration du député de Corrèze, François Hollande, alors candidat à la présidence a précisé qu'en matière d'élection et d'éligibilité : « ce sera les mêmes règles que pour les résidents européens [...] Ils peuvent être électeurs s'ils sont en situation d'être dans notre pays depuis cinq ans, ils peuvent être élus conseiller municipal, mais en aucune façon être adjoint au maire ou maire ».

⟶ État-nation

droit des étrangers en France

Le droit des étrangers désigne l'ensemble des règles applicables aux personnes qui n'ont pas la nationalité française, relatives à leur entrée et séjour sur le territoire français, ainsi qu'à leur éloignement volontaire ou forcé. Droit de police, il est en grande partie codifié au Code de l'entrée et du séjour des étrangers et du droit d'asile (Ceseda).

Évolution de la législation des étrangers en France

Un régime juridique des étrangers émerge sous la IIIe République avec l'afflux d'une main-d'œuvre étrangère nombreuse : décret du 2 octobre 1888 qui impose une déclaration de résidence à la mairie, loi du 9 août 1893 instituant un registre d'immatriculation des étrangers dans chaque commune, création de la carte d'identité d'étranger par le décret du 21 avril 1917, mise en place d'une réglementation du travail des étrangers avec la loi du 11 août 1926, loi du 10 août 1932 qui contingente la main-d'œuvre étrangère par profession.

Le principe d'un statut juridique des étrangers ne prend toutefois corps qu'au lendemain de la guerre et en réaction contre les mesures xénophobes adoptées par le régime de Vichy. L'ordonnance du 2 novembre 1945 détermine ainsi les conditions d'entrée et de séjour des étrangers, notamment dans une perspective de reconstruction du pays (les besoins en main-d'œuvre étrangère s'élèvent à 1,5 million de personnes). L'accès des étrangers au marché du travail est donc facilité, sous le contrôle de l'Office national d'immigration (ONI). En outre, l'absence de titre de séjour et de travail unique permet à l'administration de réguler le marché de l'emploi tout en veillant à l'absence de menace de trouble à l'ordre public, l'ordonnance de 1945 autorisant l'expulsion de l'étranger pour ce dernier motif. Ces dispositions n'empêchent toutefois pas l'introduction illégale d'étrangers, pratique qui donne lieu à des régularisations massives (de l'ordre de 82 % des introductions en 1968).

La fin des Trente Glorieuses ébranle les fondements de ce régime. La loi Bonnet du 10 janvier 1980 traduit l'objectif désormais prioritaire de maîtrise de l'immigration dont le principe, associé à l'exigence d'intégration des étrangers régulièrement établis en France, n'a plus été remis en cause, même après l'alternance politique de 1981. L'ordonnance de 1945 a connu depuis de nombreuses et profondes modifications en ce sens. Pas moins de 30 réformes se sont en effet succédé jusqu'en 2011, qui ont dans l'ensemble accentué le caractère répressif de la législation. Parmi les dispositions les plus significatives, figurent : la légalisation de la rétention administrative (loi Questiaux du 29 oct. 1981) ; le durcissement des conditions d'accès à la carte de résident, la compétence des préfets pour prononcer la reconduite à la frontière des étrangers en situation irrégulière (loi Pasqua I du 18 sept. 1986) ; la légalisation des zones d'attente dans les ports et aéroports (loi Quilès du 6 juillet 1992) ; le durcissement des conditions d'accès au séjour des familles (interdiction du « regroupement fractionné »), des conditions d'obtention de la carte de résident de plein droit, du régime de l'expulsion (loi Pasqua II du 24 août 1993) ; et le renforcement des possibilités de contrôle : retrait du passeport jusqu'à l'éloignement effectif, prise d'empreintes digitales pour tout étranger demandant un titre de séjour ou en situation irrégulière (loi Debré du 24 avril 1997).

Ces évolutions ont été poursuivies par l'adoption de quatre lois récentes qui ont encore modifié le droit des étrangers résultant des années 1990. Au thème de « l'immigration zéro » se substitue celui d'une « immigration choisie » reposant sur trois piliers : renforcer la capacité de l'État à contrôler les flux migratoires, valoriser l'immigration « utile », favoriser l'intégration républicaine. La loi du 26 novembre 2003, dite « Sarkozy I », apporte à son tour de nombreuses modifications à l'ordonnance de 1945. Le législateur durcit les conditions d'accès à la carte de résident et aux cartes de séjour temporaires, allonge à 32 jours la durée de rétention administrative et renforce les pouvoirs des maires sur le contrôle des certificats d'hébergement et du regroupement familial. La loi témoigne de la volonté de « traquer la fraude » partout où elle peut surgir : augmentation des amendes infligées aux transporteurs qui acheminent en France des étrangers non munis des documents exigés, souci de mettre fin aux « paternités de complaisance », contrôle accru sur le mariage des étrangers avec des nationaux, etc. Mais elle inclut aussi des dispositions protectrices contre l'expulsion pour des étrangers disposant d'attaches fortes en France.

La réforme la plus substantielle est opérée par la loi du 24 juillet 2006, dite « Sarkozy II », longue d'une centaine d'articles, qui durcit les dispositions de la loi de 2003 tout en officialisant une sélection des étrangers en fonction de l'intérêt qu'ils représentent pour la France. À côté des mesures destinées à lutter contre « l'immigration subie » (encadrement plus rigoureux de l'immigration familiale, un étranger ne pouvant présenter une demande en vue d'être rejoint par les membres de sa famille qu'après 18 mois de séjour régulier au lieu de 12 mois ; fin de l'attribution automatique d'une carte de séjour « vie privée et familiale » aux étrangers en situation irrégulière depuis plus de 10 ans en France ; limitation des cas d'attribution de plein droit de la carte de résident au profit d'un plus grand pouvoir discrétionnaire de l'administration ; généralisation de la condition de visa long séjour pour l'obtention de la quasi-totalité des titres de séjour), la loi promeut l'immigration choisie et cherche à développer l'intégration républicaine (création de la carte « compétences et talents », accès au marché du travail facilité en cas de difficultés de recrutement, signature obligatoire d'un contrat d'accueil et d'intégration). Enfin, la loi de 2006 dote l'administration d'une procédure d'éloignement conçue pour être plus efficace que les arrêtés préfectoraux de reconduite à la frontière, à travers la mise en place des obligations de quitter le territoire français (OQTF – le dernier rapport sur l'immigration de mars 2011 fait état d'un taux d'exécution de 12,2 %). La loi Hortefeux du 20 novembre 2007 s'inscrit dans le prolongement des réformes précédentes (par exemple, extension de la condition d'intégration, spécialement pour le conjoint de Français âgé de moins de 65 ans ; immigration choisie facilitée par le biais d'une admission exceptionnelle au séjour).

Ce long feuilleton législatif trouve un épilogue (provisoire) avec la loi du 16 juin 2011, dont les 111 articles sont en partie consacrés à la transposition de plusieurs directives communautaires (dir. 2008/115/CE, 16 déc. 2008, dite « retour » ; 2009/50/CE, 25 mai 2009, dite « carte bleue » ; 2009/52/CE, 18 juin 2009, dite « sanction »). Cette dernière intervention du législateur modifie une fois encore la législation applicable aux étrangers en France : création de zones d'attente ad hoc ; modification des conditions de séjour en France, en particulier des étrangers malades ; droit de séjour de 3 ans au bénéfice des ressortissants de pays tiers candidats à un emploi hautement qualifié (carte bleue européenne) ; rigueur accrue de la lutte contre le travail irrégulier ; réforme du régime de l'éloignement (notamment avec le principe d'un départ volontaire des étrangers dans un délai de 30 jours) ; création d'une interdiction de retour sur le territoire français ; durée de la rétention administrative qui passe à 45 jours avec allongement des délais de saisine du juge des libertés et de la détention (JLD) portés de 2 à 5 jours ; enfin, réforme du régime de l'assignation à résidence, avec l'introduction « à titre exceptionnel » d'une assignation sous bracelet électronique de l'étranger.

Caractéristiques du droit des étrangers

Droit mouvant, « soumis aux aléas des alternances politiques et des changements d'humeur de l'opinion publique » (F. Julien-Laferrière), objet d'une véritable « frénésie normative » (V. Tchen), le droit des étrangers appelait une mise en ordre afin de gagner en lisibilité. Cette rationalisation a été rendue possible par la loi du 26 novembre 2003 qui a autorisé le gouvernement à adopter la partie législative du Code de l'entrée et du séjour des étrangers et du droit d'asile, applicable depuis le 1er mars 2005, tandis que ses dispositions réglementaires sont entrées en vigueur en 2006. Néanmoins, la compétence du législateur pour édicter des règles qui touchent aux libertés publiques n'épuise pas l'intégralité du droit applicable aux non-nationaux. De nombreuses questions relèvent en effet du domaine réglementaire, soit après délégalisation (ce qui a été le cas pour 14 dispositions de l'ordonnance de 1945), soit en raison des très fréquents renvois opérés par les dispositions législatives du code à des décrets en Conseil d'État. De surcroît, l'ordre public, mentionné à 38 reprises dans la partie législative du code (selon Tchen), appelle des mesures individuelles de police administrative à tous les stades du régime des étrangers. Le droit des étrangers connaît par ailleurs un profond mouvement de constitutionnalisation de ses règles, de sorte que l'on a pu évoquer l'existence d'un « statut constitutionnel » des étrangers (X. Vandendriessche) imposant au législateur et au gouvernement le respect de droits fondamentaux dégagés par la jurisprudence du Conseil constitutionnel.

Mais le droit des étrangers n'est pas exclusivement d'origine interne. Les autorités françaises doivent en effet également exercer leur compétence dans le respect des normes du droit international. D'abord, des conventions bilatérales spécifiques conclues avec des États anciennement sous influence française ont longtemps établi un régime plus favorable pour leurs ressortissants. Ces instruments ont néanmoins fait l'objet d'une renégociation dans le sens d'un alignement avec le droit commun des étrangers (exemple : accord franco-algérien du 27 déc. 1968, modifié en 1985, 1994 et 2001 ; franco-tunisien du 17 mars 1988, modifié en 2000 et 2008). Surtout, plusieurs conventions internationales reconnaissent des droits au profit des étrangers. Certains de ces instruments sont spécifiques : Convention de Genève du 28 juillet 1951 relative au statut des réfugiés, Convention de New York du 28 septembre 1954 relative au statut des apatrides. D'autres conventions, plus générales, n'en imposent pas moins aux États le respect des droits humains en ce qui concerne les non-nationaux : Convention de New York sur les droits de l'enfant du 26 janvier 1990, Convention européenne de sauvegarde des droits de l'homme et des libertés fondamentales (CESDH) signée le 4 novembre 1950. Pour autant, seules quelques stipulations de la Convention de New York sont revêtues de l'effet direct (notamment l'art. 3-1 relatif à l'intérêt supérieur de l'enfant dont l'administration doit tenir compte dans toutes les décisions qui le concernent), les autres ne pouvant être invoquées que si le législateur en a transposé le contenu. Le rôle de la CESDH est aujourd'hui central, en raison tant des droits qu'elle protège (par exemple, art. 3 : droit indérogeable à l'interdiction des traitements inhumains et dégradants ; art. 8 : droit à mener une vie privée et familiale sous réserve des ingérences nécessaires à l'ordre public ; art. 13 : droit à un recours effectif) que des garanties procédurales qui en résultent (le nombre d'indication de mesures provisoires a augmenté de plus de 4 000 % entre 2006 et 2010 – déclaration du président Costa, 11 févr. 2011).

Si ces normes conventionnelles orientent de manière croissante la jurisprudence des juridictions administratives, en principe compétentes pour connaître du contentieux des étrangers, les normes juridiques adoptées dans le cadre de l'Union européenne sont également un puissant facteur d'évolution du droit des étrangers. D'une part, l'article 20 du Traité sur le fonctionnement de l'UE (TFUE) consacre « le droit de circuler et de séjourner librement sur le territoire des États membres » des citoyens européens et des membres de leur famille, dans le cadre de la jurisprudence de la Cour de justice de l'UE et de la directive n° 2004/38 du 29 avril 2004 (v. Ceseda, art. L. 121-1 à L. 122-3). D'autre part, la construction d'une politique commune en matière d'immigration et d'asile vise à assurer l'absence de contrôle des personnes aux frontières intérieures et à développer le contrôle des frontières extérieures (TFUE, art. 77), sous réserve du « droit des États membres de fixer les volumes d'entrée des ressortissants de pays tiers, en provenance de pays tiers, sur leur territoire dans le but d'y rechercher un emploi salarié ou non salarié » (TFUE, art. 79 § 5). Les orientations de cette politique commune ont été précisées lors du Conseil européen des 15 et 16 octobre 2008, qui a permis l'adoption du Pacte européen sur l'asile et l'immigration. Enfin, divers accords d'association ou de partenariat avec des États tiers ont été conclus par l'Union européenne (par exemple : accord du 12 sept. 1963 avec la Turquie ; accord de partenariat du 23 juin 2000 avec les États du groupe ACP) qui comportent des stipulations notamment en matière de travail des étrangers qui y sont soumis.

Unité du droit des étrangers

Ces sources multiples et les évolutions constantes dont il est l'objet font du droit des étrangers un ensemble normatif complexe. Plus encore, l'unité du droit des étrangers paraît discutable. La définition de l'étranger comme non-national (Ceseda, art. L. 111-1) ne déclenche pas, en effet, l'application d'un régime déterminé. En premier lieu, la catégorie juridique des « étrangers » cède devant la multiplication des sous-catégories, entraînant une application différenciée des règles de droit. Ainsi, le ressortissant d'un État membre de l'Union européenne ne peut être considéré comme « étranger » au sens du droit de l'UE, alors qu'il l'est pour le droit français. Pourtant, le Ceseda le dispense de toute formalité de police administrative en ce qui concerne son entrée et son séjour, bien qu'il puisse être destinataire d'une mesure d'éloignement, par exemple en cas d'« abus de droit » (Ceseda, nouvel art. L. 511-3-1). De même, les membres de la famille d'un citoyen de l'Union bénéficient d'un régime de faveur alors qu'ils peuvent être ressortissants de « pays tiers » à l'Union européenne. Mais seuls certains d'entre eux sont exonérés de l'obligation de visa (Règl. [CE] n° 539/2001 du Conseil, 15 mars 2001 ; arr. 10 mai 2010). Les règles sont aussi variables à l'intérieur d'un ensemble défini de personnes : c'est le cas pour le séjour de plus de 3 mois des ressortissants d'un État membre de l'Union et de leur famille, les conditions requises n'étant pas identiques selon que la personne est inactive, étudiant ou travailleur (Ceseda, art. L. 121-1). Cette catégorisation se retrouve plus largement pour les étrangers « de droit commun », ce que traduit la variété des titres de séjour (Ceseda, art. L. 313-6), ou encore les divers degrés de protection contre les mesures d'éloignement forcé (par exemple, pour l'OQTF, v. Ceseda, art. L. 511-4). Un tel morcellement est encore accentué par le renforcement du pouvoir discrétionnaire des autorités préfectorales en ce qui concerne la délivrance des titres de séjour et, de manière générale, favorisé par l'utilisation de notions floues ou de standards au contenu incertain (« ordre public », « intégration républicaine », etc.). Le traitement administratif des étrangers les place ainsi dans une situation de forte insécurité juridique.

L'application territoriale du droit des étrangers n'est pas davantage uniforme. Le Ceseda régit l'entrée et le séjour des étrangers sur certaines parties du territoire national : France métropolitaine, départements d'outre-mer, Saint-Pierre-et-Miquelon, Saint-Barthélémy et Saint-Martin, sous réserve des règles portant sur l'exercice du droit d'asile, qui sont bien applicables à l'ensemble du territoire de la République (Ceseda, art. L. 111-2). Des textes spéciaux sont applicables à Mayotte, à Wallis-et-Futuna, en Polynésie française, en Nouvelle-Calédonie et dans les Terres australes et antarctiques (ibid.). Néanmoins, ce découpage initial se complexifie. Le Ceseda se fragmente sous l'effet des exceptions : les commissions du titre de séjour, qui doivent en principe être consultées avant certains refus de délivrance ou de renouvellement d'un titre de séjour, ne sont pas instituées en Guyane et dans la commune de Saint-Martin (Ceseda, art. L. 312-3). Les règles applicables au recours contre les OQTF sont par ailleurs neutralisées en Guyane et à Saint-Martin (Ceseda, art. L. 514-1). Enfin, les dispositions du Ceseda relatives au droit de l'Union européenne ne couvrent pas l'outre-mer.

Si l'unité matérielle du droit des étrangers ne semble pouvoir être établie au-delà de sa codification récente, une permanence est toutefois observable dans sa nature. Éminemment politique à raison de son objet (jusqu'à la définition de l'étranger par l'absence de nationalité française), le droit des étrangers demeure « l'expression de la souveraineté de l'État » (V. Tchen). La protection accrue des droits des étrangers, tendance parallèle au renforcement du caractère répressif de cette législation, n'apporte aucun démenti sur ce point.

En effet, la Cour européenne des droits de l'homme (CEDH, 26 mars 1992, Beljoudji c/France, n° 234-A, § 74) admet qu'« il incombe aux États contractants d'assurer l'ordre public, en particulier dans l'exercice de leur droit de contrôler, en vertu d'un principe de droit international bien établi et sans préjudice des engagements découlant pour eux de traités, l'entrée, le séjour et l'éloignement des non-nationaux ». De même, dans sa décision la plus récente (Cons. const., décision n° 2011-631 DC, 9 juin 2011, cons. 64), le Conseil constitutionnel réaffirme « qu'aucune règle de valeur constitutionnelle n'assure aux étrangers des droits de caractère général et absolu d'accès et de séjour sur le territoire national », de sorte que « les conditions de leur entrée et de leur séjour peuvent être restreintes par des mesures de police administrative conférant à l'autorité publique des pouvoirs étendus et reposant sur des règles spécifiques ». Il ajoute enfin que « l'objectif de lutte contre l'immigration irrégulière participe de la sauvegarde de l'ordre public qui est une exigence de valeur constitutionnelle ». De telles positions confirment la pérennité d'un droit unilatéral et dérogatoire, taillé sur mesure pour l'Administration, où l'étranger, certes sujet de droits, est avant tout assujetti au droit de la puissance publique.

⟶ visa

E

Église et immigration Depuis les années 1960, les Églises en France, malgré leurs divisions internes sur la question de l'immigration, jouent un rôle clé dans le débat public relatif à l'immigration et les mobilisations en faveur des immigrés. Cette sensibilité à la question immigrée résulte d'une doctrine sociale dictée par les Évangiles soucieux de l'accueil de l'étranger et de la dignité humaine ainsi que du repositionnement – du moins en ce qui concerne l'Église catholique –, impliqué par l'*aggiornamento* conciliaire et le ralliement aux droits de l'homme. En outre, dès les années 1950, elles sont confrontées en leur sein aux demandes religieuses des nouveaux migrants.

Si l'encadrement religieux des immigrés polonais qui prennent pied en France dans les années 1950 est assuré par l'Église d'origine, tel ne fut pas le cas des Portugais venus sans leurs pasteurs. Leur accueil au sein des paroisses, mouvements de jeunesse, aumôneries scolaires et autres mouvements d'action catholique favorise une conscientisation de l'Église à la précarité sociale, à la misère morale du migrant et stimule son engagement en faveur de la défense de leurs droits sociaux, culturels et politiques. Cette prise de conscience résulte également des solidarités avec les immigrés du Maghreb, en particulier avec les Algériens, qui se tissent en milieu ouvrier ou dans le cadre du soutien d'une minorité de catholiques à la cause de l'indépendance algérienne.

Des chrétiens aux côtés des immigrés. Ce mouvement de solidarité se décline sur le mode caritatif ou d'assistanat traditionnel aux nécessiteux. Il revêt aussi une forme plus politique qui s'exprime par des interpellations publiques à l'adresse des acteurs publics, de la société et des fidèles. Les années 1970 s'accompagnent d'une transformation des répertoires d'action des Églises et de l'engagement de fidèles et d'organisations sur le terrain du militantisme politique. Il en résulte des luttes au coude à coude avec les immigrés, que ceux-ci aient le visage du travailleur immigré des années 1970, du jeune issu de l'immigration des années 1980 ou du sans-papiers des années 1990 et 2000. Outre les mouvements confessionnels catholiques et protestants prenant part dans ces actions protestataires (tels le CCFD et la Cimade), les chrétiens de gauche forment, à côté des militants d'extrême gauche et des syndicalistes, l'un des viviers alimentant les mouvements de défense des droits des immigrés tels que les ASTI, le GISTI ou les mouvements antiracistes comme le MRAP.

Exemplaire de cette évolution fut la participation du père Christian Delorme et du pasteur Costil en avril 1981 à une grève de la faim visant à protester contre des mesures d'expulsion touchant des jeunes issus de l'immigration. Le succès de cette initiative, appuyée par les instances officielles, a marqué la mémoire collective de l'immigration en France. Elle a constitué un premier jalon d'une mobilisation sans précédent parmi les jeunes issus de l'immigration qui a donné lieu à la Marche* pour l'égalité et contre le racisme (1983) à laquelle s'associent nombre d'évêques et de communautés chrétiennes. L'expertise des Églises et la fonction de vigilance critique qu'elles revendiquent en font des instances incontournables dans le débat sur l'immigration comme l'illustre l'audition par la commission Long (sur la réforme du droit de la nationalité) des porte-parole du protestantisme et du catholicisme ainsi que de certaines figures de proue de l'engagement chrétien en faveur des immigrés.

Les axes de positionnement des Églises suivent les inflexions d'un débat qui depuis les années 1990 se focalise de plus en plus sur la lutte contre l'immigration irrégulière. Le mouvement des sans-papiers bénéficie ainsi des savoir-faire militants des chrétiens, du soutien logistique des Églises (la plupart des grèves de la faim d'irréguliers se déroulent dans des églises), et parfois même de l'engagement personnel de certaines figures du catholicisme (grève de la faim de l'abbé Pierre de 1991). L'Église catholique n'a cessé de plaider en faveur de la défense du droit d'asile (2002) et d'une exigence de « fraternité républicaine et chrétienne » (*Quand l'étranger frappe à nos portes*, 2004). Les Églises demeurent également parmi les acteurs sociaux les plus réactifs face au durcissement et à la précarisation du droit au séjour. Le durcissement de la politique migratoire et les mesures législatives de 2006 ont ainsi suscité une levée de boucliers tant à la base qu'au niveau institutionnel, l'Église réformée de France encourageant ses fidèles à soutenir les associations de défense des étrangers et, le cas échéant, à la désobéissance civile.

L'occupation des églises est source de divisions. Les mouvements d'occupation des églises qui se sont multipliés depuis la fin des années 1990 attestent de ce que les Églises sont identifiées par les migrants comme des instances protectrices, voire un ultime recours contre les mesures administratives d'expulsion. Les évacuations d'églises telles que celle de Saint-Bernard (1997), qui le fut avec l'assentiment de l'archevêché de Paris, révèlent cependant la faillibilité de cette protection. Si des fractions minoritaires de fidèles se montrent attentives à l'accueil des étrangers et au respect des droits des immigrés, la question de l'immigration divise les Églises. Les hiérarchies se retrouvent tiraillées entre une éthique de conviction et une éthique de responsabilité ou un pragmatisme attentif à ménager les sensibilités de fidèles souvent plus frileux que la hiérarchie, sinon indifférents ou hostiles à son engagement en faveur des étrangers. L'anxiété ressentie face au développement de l'islam favorise celui de mouvements contradictoires à l'égard de l'immigré perçu parfois plus en termes de concurrent que d'exclu ou de prochain nécessiteux. Du côté du protestantisme, les effets de l'immigration sur le paysage protestant, et notamment la prolifération des Églises pentecôtistes, ne vont pas eux aussi sans susciter des logiques identiques.

→ Islam

l'émigration française

La France, terre traditionnelle d'immigration et d'asile depuis l'Ancien Régime, patrie de la liberté et des droits de l'homme, a été à plusieurs reprises dans l'histoire et reste encore aujourd'hui une terre de départs et même d'exodes importants.

L'espoir d'une Nouvelle-France

Depuis le XVIe siècle et l'aventure des Grandes Découvertes, les Français ne cessent de jouer un rôle très actif dans l'exploration d'un « nouveau monde » et la prospection de nouveaux territoires outre-mer – même si ce mouvement n'a déplacé, au total, à travers océans et continents que quelques dizaines de milliers de migrants. Les premiers à s'établir au Canada sont des pêcheurs et des commerçants ; puis vient le temps des premiers colons issus principalement des campagnes et des provinces de l'ouest de la France (Maine, Poitou, Charente). Champlain fonde Québec sur l'embouchure du Saint-Laurent en 1608 et obtient de Richelieu (1627) la création de la Compagnie de la Nouvelle-France pour les territoires situés en Amérique du Nord et s'étendant jusqu'à la Floride. Après la reconnaissance des rives du Saint-Laurent par Jacques Cartier et ses Malouins, sous le règne de François Ier, le pouvoir royal, conscient des enjeux géopolitiques de ces implantations outre-mer, investit le domaine de la mobilité outre-mer et en fait, théoriquement, l'une des bases de la politique d'appropriation coloniale. 30 000 Français se sont embarqués pour la Belle Province entre 1635 et 1760, mais par suite du traité de Paris (1767) qui consacrait la perte de la Nouvelle-France, ils n'étaient plus que 9 000 en 1780. Néanmoins, ils ont fondé une large communauté à forte identité francophone (6,8 millions au recensement canadien de 2006, auxquels on peut ajouter 3 millions de ceux qui se sont déclarés d'origine canadienne française au recensement américain de 2004).

L'exode des huguenots

La vive tension religieuse autant que politique apparue en Europe continentale avec la Réforme, la « guerre de Religions » qui ensanglante la France au cours du XVIe siècle, sont à l'origine de flux* migratoires importants. Les massacres de la Saint-Barthélemy, et surtout la révocation de l'édit de Nantes en 1685 (suppression des temples et des écoles, bannissement des pasteurs refusant de se soumettre, obligation du baptême et de l'éducation catholique) provoquent le départ de 300 000 à 400 000 réformés (« huguenots ») qui partent vers le « Refuge », en Grande-Bretagne, en Suisse, en Prusse, dans les Provinces-Unies – et, de là, en Afrique du Sud où ils font alliance avec les colons néerlandais (Boers) –, aux États-Unis et en Nouvelle-Zélande. L'apport de cette population instruite, détentrice de savoir-faire variés dans l'artisanat, a été une véritable aubaine pour l'économie des pays d'accueil, où elle a contribué, d'ailleurs, à répandre l'usage de la langue française. Par contre, l'exode des protestants a été une perte d'importance pour l'économie française avec le départ du cinquième, environ, de l'« élite » professionnelle du pays. Dans un mémoire, Vauban a tenté de convaincre Louis XIV d'annuler la révocation de l'édit de Nantes, mais en vain.

L'« émigration » française sous la Révolution

Au temps de la Révolution française, le terme d'émigration prend un sens politique très marqué, et la question des émigrés ne cesse d'agiter le monde politique et de troubler l'opinion publique depuis la prise de la Bastille jusqu'à la Restauration. La tournure politique de la Révolution, le développement des troubles révolutionnaires amènent 140 000 personnes à quitter le territoire, soit pour combattre le nouveau régime en place et son évolution, soit pour tenter de protéger leur vie et/ou leurs biens. La majorité est constituée d'aristocrates et de personnes très attachées à la monarchie, de riches bourgeois, de membres du haut clergé mais aussi, à partir de la Constitution civile du clergé (12 juillet 1790), de simples prêtres dits « réfractaires ». Les émigrés s'établissent en Angleterre, aux Pays-Bas, en Allemagne – dans les villes de Coblence et de Worms, principaux lieux de résidence de l'opposition monarchique –, en Italie et en Espagne, aux États-Unis. L'escalade du conflit s'aggrave à partir de la fuite de Louis XVI et de son arrestation à Varennes (21-22 juin 1791) qui renforcent la volonté des « émigrés » de combattre le nouveau régime par tous les moyens, à l'extérieur comme à l'intérieur de la France (participation armée à la coalition anti-révolutionnaire lors la bataille de Valmy, échec du débarquement avec les Anglais à Quiberon en 1795). La politique du gouvernement se durcit sous la Convention (interdiction de sortir du territoire, confiscation des biens, établissement d'une liste d'émigrés équivalant à une véritable condamnation à mort comme « traîtres » à la patrie en 1792). Leurs biens sont vendus comme biens nationaux. L'exécution du roi et l'instauration de la Terreur portent le conflit et ses effets migratoires à leur paroxysme.

Bonaparte prend des mesures d'apaisement en permettant le retour de tous les émigrés (amnistie générale du 26 avril 1802) – « ni vainqueurs, ni vaincus, ni bonnets rouges, ni talons rouges », dira-t-il –, mais à condition de ne pas réclamer la part de leurs biens vendus comme biens nationaux. Avec le retour de la monarchie et la Restauration, une fraction influente de la noblesse obtient une mesure financière destinée à compenser la perte des biens nationaux par la loi dite du « milliard aux émigrés », qui accorde près d'un milliard de francs aux 50 000 nobles émigrés, tout en confortant, par ailleurs, la propriété des détenteurs de biens nationaux. Cette mesure, fort mal reçue par l'opinion publique, a renforcé l'impopularité de Charles X et contribué au renversement des

Bourbons par la révolution des « Trois Glorieuses » (1830).

L'exception française dans les migrations de masse européennes

La mutation introduite au XIXe siècle par la révolution industrielle, l'extension du système capitaliste et les progrès techniques, tout particulièrement dans le secteur des transports, ont ouvert l'ensemble de la planète aux migrations de masse. Ces vagues migratoires sans précédent, issues pour l'essentiel des différents pays européens, provoquèrent des flux d'une ampleur inégalée depuis, proportionnellement à la masse démographique de l'époque. La France n'a pas connu, contrairement à ses voisins, le puissant mouvement d'émigration qui a touché l'ensemble de l'Europe pendant la seconde moitié du XIXe siècle et le début du XXe siècle. Alors que 60 millions de migrants européens s'embarquèrent vers les Amériques entre 1820 et 1914, moins d'un million de Français ont franchi l'Atlantique, jusqu'à la Première Guerre mondiale. 400 000 d'entre eux débarquèrent à Ellis Island, principale porte d'entrée aux États-Unis au cours de cette période, moins de 100 000 se fixèrent en Argentine, une petite minorité au Canada ; certains pays européens captent aussi cette émigration (Belgique, Suisse, Grande-Bretagne). Au cours du second Empire, qui a été une forte période d'émigration, les départs n'ont pas excédé 100 000 par an, mais les flux s'amplifient à l'occasion des crises politiques et économiques : annexion de l'Alsace-Lorraine à l'Allemagne (1871) ; crise du phylloxéra dans les vignobles (1881-1891) où l'émigration vers l'Algérie prend progressivement le relais des flux transatlantiques.

L'émigration du XIXe siècle affecte la région parisienne et, principalement, les régions rurales et pauvres, situées au sud d'une ligne Bordeaux-Strasbourg (Gironde, Basses-Pyrénées, Hautes-Pyrénées, Alsace-Lorraine, Alpes) ; l'émigration bretonne démarre à la fin du XIXe siècle. De véritables filières migratoires s'organisent vers les Amériques : de la région de Gourin dans la Montagne Noire bretonne vers New York (spécialisation dans la restauration) ; du Pays basque vers l'Argentine (spécialisation dans l'élevage), en passant par le port de Bordeaux ; de la vallée de Barcelonnette, au cœur de la vallée de l'Ubaye (Basses-Alpes), vers le Mexique où les nouveaux arrivants, activant un modèle migratoire du commerce textile déjà développé dans la région alpine, exploitent une niche économique, celle du commerce des tissus, et créent un réseau de comptoirs à Mexico et dans les principales villes du pays. Ce courant migratoire, qui s'arrête définitivement dans les années 1950, a fondé à Barcelonnette une véritable tradition culturelle établie sur les liens avec le Mexique (musée, festival).

Flux et reflux de l'émigration aux colonies

Au cours des années ayant suivi l'indépendance des territoires coloniaux (1954-1962), 1 500 000 rapatriés environ ont migré vers la métropole, où beaucoup n'avaient jamais résidé auparavant. L'ampleur de ces flux pourrait laisser penser qu'une émigration française massive avait eu lieu au fur et à mesure de l'appropriation des territoires, consécutive à la prise d'Alger en 1830, au partage officialisé de l'Afrique au traité de Berlin (1884-1885), à l'établissement du protectorat français en Tunisie (1881) et au Maroc (1912). En réalité, l'émigration française vers les colonies n'a jamais eu au XIXe siècle une intensité comparable à celle des migrations de masse des autres pays européens, en dépit des appels et des intentions affichées par le pouvoir politique sous le second Empire et sous la IIIe République, ainsi que le montre le cas de l'Algérie. Lors de la perte de l'Alsace-Lorraine en 1871, sur 125 000 réfugiés partis des territoires occupés par l'Allemagne, 4 000 à 5 000 seulement ont fait souche sur le territoire algérien ; les effets migratoires de la crise du phylloxéra ont été plus importants, non tant à cause de la proximité géographique, qu'en raison de l'espoir ouvert aux petits vignerons du Midi languedocien et provençal de reconstituer des vignobles dans les domaines de colonisation en Oranie (l'étendue du vignoble algérien passe de 20 000 hectares en 1879 à 180 000 en 1923 et 400 000 en 1936). Une part importante du peuplement européen provient, en réalité, des autres pays de la rive nord de la Méditerranée, principalement des régions côtières alors très pauvres, des provinces d'Almería, d'Alicante, de Murcie en Espagne, du Mezzogiorno italien (Sicile) et de Malte. Les Espagnols se dirigent en priorité vers l'Algérie occidentale, les Italiens et les Maltais se fixent dans la Tunisie du Nord (Cap-Bon). Le gouverneur général de l'Algérie observe, dans les années 1880 : « Puisque nous n'avons plus l'espérance d'augmenter la population française au moyen de la colonisation officielle, il faut chercher le remède dans la naturalisation des étrangers » (*Histoire des migrations en Méditerranée occidentale*, Claude Liauzu, 1996). Cette politique sera appliquée par l'adoption de la loi de 1889 qui a étendu le droit du sol (*jus soli*) aux 3 départements algériens, entraînant la francisation automatique des naissances européennes enregistrées en Algérie. Ainsi s'est formée une communauté originale de statut français dont les différents courants originaires de la Méditerranée Nord se sont mélangés au cours des générations. Le même principe a été appliqué en Tunisie pendant l'entre-deux-guerres, afin de bloquer les visées du régime mussolinien sur ce territoire fortement marqué par l'immigration italienne.

L'accession à l'indépendance du Maroc et de la Tunisie, puis celle de l'Algérie et des différents territoires de l'Afrique subsaharienne ont provoqué le départ et même l'exode de ces Français d'outre-mer (800 000 d'Algérie, 400 000 du Maroc et de Tunisie) tout particulièrement lors des crises les plus aiguës de la période 1954-1962. Si la majorité des « pieds-noirs » ont gagné la France, principalement le Midi méditerranéen, d'autres ont rejoint les pays d'origine de leurs ancêtres, l'Espagne (région d'Alicante et d'Almería) et l'Italie, tandis que certains migraient vers des États latino-américains (Mexique, Argentine, Uruguay).

L'établissement de systèmes relationnels préférentiels entre les métropoles et les anciens territoires coloniaux, la forte représentation des Maghrébins et des Africains de l'Ouest en France, tout comme celle des Sud-Américains et des Philippins en Espagne, des Brésiliens, des Cap-Verdiens et des Angolais au Portugal renvoient à la géographie à la fois spécifique et planétaire des appropriations coloniales européennes dont les implications sont encore très présentes dans le domaine politique, économique et culturel des pays du Sud. Ce fait historique a une grande importance dans la mondialisation actuelle des flux migratoires en France et dans plusieurs États de l'UE (Belgique, Italie, Pays-Bas, Portugal, Royaume-Uni).

⟶ Français à l'étranger, Le peuplement du Nouveau Monde (partie Temps forts)

esclavage ⟶ peuplement noir des Amériques

l'espace Schengen

L'espace Schengen est le fruit des accords signés le 14 juin 1985 à Schengen (Luxembourg) par cinq pays : la France, l'Allemagne, le Luxembourg, la Belgique et les Pays-Bas en vue d'instaurer progressivement la libre circulation des ressortissants communautaires à l'intérieur de ce qui était alors la Communauté européenne. Ils ont été complétés par la convention de Schengen de 1990. La suppression des frontières intérieures définit un espace de libre circulation et de sécurité pour les Européens, appelé l'espace Schengen, grâce à la coopération des États membres, avec une mise en application graduelle depuis 1995.

Un espace de plus en plus élargi. D'autres pays membres ont signé ensuite ces accords (Italie 1990, Espagne et Portugal 1991, Grèce 1992, Autriche 1995, Danemark, Finlande, Suède 1996), puis d'autres pays non-membres mais associés, comme l'Islande et la Norvège (2001), enfin la Suisse (2008), soit 25 États. Les nouveaux pays européens de l'Est ont dû accepter l'« acquis communautaire » (l'ensemble des dispositions relatives à l'immigration dans les traités européens, dont le dispositif de Schengen) comme condition de leur adhésion, en échange d'une aide financière au renforcement de la sécurité extérieure. En mars 2008, les contrôles dans les aéroports ont été levés dans les trois États baltes (Estonie, Lettonie, Lituanie), en Pologne, Hongrie, République tchèque, Slovénie, Slovaquie et Malte. Le Royaume-Uni et l'Irlande n'y ont pas adhéré initialement et n'y sont que partiellement associés pour le SIS (système d'information Schengen), la lutte contre les stupéfiants et la coopération policière et judiciaire (Royaume-Uni seulement, depuis 2000), mais gèrent les entrées et les visas indépendamment des mesures communes aux pays de Schengen. En 2011, Chypre, la Bulgarie et la Roumanie encore hors de l'espace Schengen donc soumis aux contrôles des frontières sont intégrés en 2012. Les 25 États constituant l'espace Schengen (dont la Norvège, l'Islande et la Suisse non communautaires), totalisent 400 millions d'habitants.

Une libre circulation sujette à débats. Cet espace est le fruit du long cheminement du principe de libre circulation des Européens, annoncé dans les fondements du traité de Rome de 1957, ce qui fit l'objet de débats, au début des années 1980, opposant les tenants de la libre circulation des seuls Européens aux partisans de la suppression des contrôles frontaliers internes pour tous. Les travailleurs européens avaient déjà obtenu la libre circulation dans l'Europe des Six (France, Allemagne, Italie, Benelux – Belgique, Pays-Bas, Luxembourg) en 1968. Les accords de Schengen ont apporté la mise en œuvre expérimentale de la libre circulation intérieure pour les Européens et du renforcement des frontières externes pour les non-Européens, faute d'accord communautaire entre tenants d'une approche sécuritaire et libéraux. Les accords ont ensuite été repris dans la convention de Schengen de 1990, entrée en application en 1995. La montée des sentiments de menace extérieure liée à l'immigration (chute du rideau de fer à l'Est, islamisme et passages clandestins au sud de l'Europe – îles siciliennes, îles Canaries, îles grecques –, 11 septembre 2001) a conduit à une gestion plus intergouvernementale que communautaire de cet espace, mettant l'accent sur la coordination des polices plus que sur la liberté de circulation. L'esprit Schengen vient aussi d'une analyse prospective d'une Europe des migrations qui n'a pas eu lieu : au lendemain de la crise pétrolière de 1974 et dans les années qui ont suivi, on pensait que l'ère des grandes migrations était terminée, que les Européens circuleraient davantage à l'intérieur de l'espace européen, qu'ils se substitueraient à la main-d'œuvre étrangère, que les non communautaires repartiraient dans leur pays et que l'aide au développement mettrait fin aux migrations. Aucun de ces scénarios ne s'est produit alors que l'espace Schengen s'adapte parfaitement à ces cas de figure. À l'inverse, la libre circulation intérieure a été moindre que prévu, notamment pour les travailleurs non et peu qualifiés.

Les accords, puis la convention de Schengen, simple dispositif de coopération intergouvernementale à dominante policière, ont été intégrés, avec le traité d'Amsterdam de 1997, à l'« acquis communautaire », entré en application en 1999. Ce dispositif, fruit d'un empilement d'accords successifs, inclut aussi les accords de Dublin (Dublin I, 1990 et Dublin II, 2003) sur l'asile. Les accords de Dublin sont fondés sur la solidarité entre les États européens (membres et non-membres de Schengen) dans le traitement de la demande d'asile. Ils aboutissent à un rétrécissement du droit d'asile (liste de pays sûrs, lutte contre l'*asylum shopping* consistant à faire des demandes multiples ou successives dans plusieurs pays de l'Union, principe du *one stop one shop* obligeant un demandeur d'asile à faire sa demande dans le premier pays de l'Union où il a posé le pied).

Un dispositif rendu opérationnel. Plusieurs instruments sont venus rendre opérationnel le dispositif de Schengen : le SIS est une banque de données mettant à la disposition des États membres les informations relatives au passage et au séjour clandestin et à la délinquance. L'étranger dont le nom est « dans l'ordinateur » se voit interdire l'accès à l'espace Schengen.

Certains migrants, comme ce fut le cas en Roumanie avant 2007, ont eu recours au changement de nom pour y échapper. Établi à Strasbourg, le système central du SIS permet une mise en commun des données avec les systèmes d'information nationaux. Une version modernisée, le SIS II, pour les 25 pays de l'espace Schengen, enregistre tous les étrangers demandant un visa. Le fichier Eurodac, institué en 2003, permet le traitement informatisé des prises d'empreintes digitales des demandeurs d'asile en application des accords de Dublin et des migrants illégaux afin d'éviter les demandes d'asile multiples. Mais beaucoup de demandeurs se taillent ou se brûlent les doigts pour éviter d'être reconnus.

Les visas* sont un autre instrument de contrôle à distance des frontières externes de l'espace Schengen, dans les consulats européens des pays de départ. Le visa dit « Schengen » est un visa de tourisme de trois mois qui donne accès, sans permission de travailler, à l'ensemble des pays de l'espace Schengen. Les visas de plus longue durée sont déclinés indépendamment par chaque pays d'accueil et donnent accès au travail ou aux études. Des visas de transit aéroportuaires (VTA) ont été imposés à certains migrants (comme les Tchétchènes) en fonction des aéroports de départ qu'ils empruntent pour les dissuader de profiter d'une escale pour entrer dans un pays européen. Le SIVE (système intégré de vigilance électronique) est destiné à améliorer le contrôle des frontières. Il a été complété par Frontex en 2005, un système de mise en commun des polices européennes pour patrouiller aux abords des frontières externes de l'espace Schengen ou en amont, dans les régions de départ, à l'extérieur des frontières. Tous ces instruments d'externalisation du contrôle des frontières concourent à la criminalisation du passage irrégulier et éloignent l'espace Schengen de sa vocation initiale, celle d'un espace de liberté et de libre circulation intérieure.

⟶ droit communautaire des étrangers

État-nation

Pour qu'un État puisse objectiver la condition juridique d'étranger, il faut que celui-ci ait défini les formes et les contours de ce que doit être une appartenance nationale. Pas d'étranger, en effet, sans code de la nationalité, frontières administratives et passeports ou titres officiels délivrés par un État. Toute compréhension de l'immigration passe en ce sens inévitablement par une compréhension du rôle joué par la structuration des États-nations dans la perception administrative des déplacements à compter de la fin du XVIIIe siècle en Europe. C'est la coïncidence historique entre le périmètre de structures administratives et la notion politique de nation qui rend possible dans certains pays – dont la France – l'émergence de la condition d'étranger sous sa forme juridique contemporaine.

De la royauté à l'État-nation : la nationalisation progressive des structures administratives en Europe

« Nation » est un mot ancien (1270), issu du latin *nacio* qui désigne originellement une communauté dont les membres ont une même origine. Le terme n'intègre le vocabulaire politique qu'au cours du XVIIIe siècle avec les luttes d'indépendance en Amérique et la Révolution française. En France, le concept de nation fait donc irruption en politique à travers la tentative d'une fraction de la bourgeoisie de s'emparer du pouvoir d'État face à la royauté. Comme le souligne dans ses travaux l'historienne Anne-Marie Thiesse, il s'agit en 1789 pour les révolutionnaires de substituer à l'autorité de droit divin une entité supérieure sur laquelle peut être assise une légitimité politique. En ce sens, « la nation » est un concept qui présente le mérite pour les députés du tiers état de pouvoir redéfinir les bases d'une autorité politique sur une communauté dont on peut faire évoluer les contours précis selon les circonstances : « le peuple souverain », « les citoyens », « les hommes libres ». Le terme de « nation » désigne désormais une communauté de citoyens participant à la vie politique et soumis à une même loi. Attention cependant aux anachronismes. À la fin du XVIIIe siècle, le terme ne désigne pas tant une appartenance spirituelle à un groupe aux origines communes que le fait (pour les hommes seuls) de participer activement aux débats de la Cité et aux affaires publiques. Ainsi définie, la nation peut même intégrer ponctuellement à la lutte contre la monarchie des citoyens étrangers (américains notamment), mais c'est cependant à compter de cette impulsion initiale que va s'opérer une nationalisation progressive des structures bureaucratiques. Ce processus d'affirmation d'un « État-nation » débute, en effet, d'abord par une nationalisation du corps des fonctionnaires. Comme le montrent les travaux de Serge Slama, c'est bien en France qu'a émergé l'idée, aujourd'hui répandue dans la plupart des pays du monde, selon laquelle les plus hautes charges publiques ne sauraient être occupées par des étrangers. Ce sont les révolutionnaires qui théorisent les premiers ce « privilège du national », ce « modèle d'exclusion des étrangers des droits politiques et des fonctions publiques en raison de leur non-appartenance à la communauté des citoyens ». Comme le décrit également avec précision ce même auteur, « cette nation qui s'autoproclame en 1789 nouvel acteur historique hérite de tout le travail de centralisation politique et d'élaboration de l'État central que la monarchie a mené pendant des siècles. Et dès lors qu'on assiste au transfert de la souveraineté de la personne du roi à celle de la collectivité des individus, l'État devient un instrument de la Nation ». L'interdiction faite aux étrangers d'accéder aux postes de fonctionnaires est censée désormais garantir le socle de souveraineté sur lequel repose l'État central. Mais il faudra encore près d'un siècle pour que se consolide l'État-nation dans sa forme contemporaine.

Un État qui défend « ses nationaux » : la fusion des notions d'État et de nation

Pour que s'affirme l'État-nation dans sa forme contemporaine, il faut d'abord qu'en France à compter des années 1830, la notion de nation prenne progressivement une dimension beaucoup plus spiritualiste et identitaire et qu'elle s'impose dans le droit et aux structures administratives. Comme le rappelle Gérard Noiriel dans son ouvrage *État, nation immigration*, le terme juridique de *nationalité* est « un dérivé de *nation*, mais beaucoup plus tardif ». Cette évolution du concept de nation va notamment se faire en confrontation avec le contexte intellectuel allemand où le terme est confondu avec l'idée de nationalité (*Volkstum*) et insiste beaucoup plus sur la filiation et l'héritage culturel. Cette idée qu'une nation s'appuie sur un héritage donné par une « nationalité » se répand notamment en France à la faveur de la publication du livre de Friedrich Jahn en 1810 sur la nationalité allemande et la diffusion du romantisme littéraire allemand. D'abord ignoré par les juristes, le terme de nationalité* va être progressivement repris par les agents de l'État. Dès la monarchie de Juillet, les agents du ministère de l'Intérieur commencent à l'utiliser dans leurs notes et les documents officiels. Des dizaines de milliers de réfugiés fuient vers la France et l'Angleterre après l'échec du « printemps des peuples » : des Polonais et des Italiens notamment. L'État-nation se construit alors en confrontation avec ces autres « nationalités » : la distribution des aides aux réfugiés est dispensée en tenant compte des lieux d'origine de ces migrants sans État. Le premier code de la nationalité n'est adopté qu'en 1889 mais dès 1848 le terme est régulièrement utilisé, alors même qu'il n'est pas véritablement intégré à la loi. Les fonctionnaires font alors un usage pratique d'une notion qui n'a pas été encore stabilisée dans le droit mais qui participe à l'instauration d'un État légitimant son action au nom de la défense d'un « peuple français » et dispensant ses faveurs en fonction de critères de nationalité.

Nationalisation de l'action publique et contrôle des déplacements

Pour que s'achève ce processus de nationalisation des structures bureaucratiques, il faut attendre la fin du XIXe siècle. Avec le déploiement de l'État social, le nombre de fonctionnaires double entre 1870 et 1914 passant de 700 000 salariés à 1,3 million. Cet essor va de pair avec l'immixtion de l'État dans un ensemble de problèmes qui n'étaient pas alors de son ressort : lois sur la famille, lois sur les accidents du travail de 1887, lois de prévention du chômage. La multiplication de l'intervention sociale de l'État va voir se poser la question de la détermination des « ayants droit », c'est-à-dire des personnes qui peuvent disposer de cette action du nouvel État social. Le critère de la nationalité va alors fréquemment être mobilisé pour déterminer quelles seront les personnes qui peuvent être bénéficiaires d'une protection sociale.

À partir de ce moment, l'État n'est pas seulement un État-nation en ce qu'il ne recrute ses fonctionnaires que parmi les nationaux. Il est aussi un État-nation en ce qu'il « protège » d'abord « ses » nationaux. Dans ses travaux, l'historien Benoît Larbiou détaille l'importance de ces transformations. Selon lui, c'est à la faveur de l'enracinement de la IIIe République que « la reconnaissance locale de l'individu est remplacée par une reconnaissance nationale » sous l'impulsion de l'État central. Le déploiement de politiques publiques pensées comme devant renforcer la cohésion nationale (lois Jules Ferry sur l'école, instauration d'un service militaire, lois bancaires, lois sur les transports, élection au suffrage universel) est clairement orienté en direction des « Français » et contribue alors à une nationalisation de l'action publique. En traçant des lignes de partage nouvelles dans la société, elles confortent en retour les bases nationales d'un État-nation. D'autant plus que, revers d'une même médaille, cette nationalisation de l'action publique fait des étrangers les assujettis à une série de dispositifs spécifiques qu'eux seuls ont à expérimenter : police des frontières, délivrance de passeports, création d'une carte d'identité pour travailleurs étrangers, etc. Comme le précise Gérard Noiriel, pour les agents de l'État, la dimension nationale de l'action publique prend alors deux formes : une forme objective et une forme subjective. Une forme objective en ce que la nationalité est désormais un statut juridique qui ouvre ou ferme des droits pour les personnes. Elle devient à travers l'extension d'un monde de papier (titres de séjour, papiers d'identité, etc.) une réalité administrative tangible. Elle revêt également une forme subjective en ce que les agents de l'État sont censés désormais aussi mesurer la loyauté des ressortissants étrangers vis-à-vis de la France (notamment lors des procédures de naturalisation) et qu'ils sont supposés être les garants des intérêts français, y compris au niveau local.

États multinationaux et autres situations historiques

Dans certains pays comme la France, la juxtaposition de l'autorité administrative et de la défense des intérêts nationaux laisse ainsi les agents de l'État en mesure d'être les dépositaires d'une autorité indissociablement étatique et « nationale ». Cela n'est pas aussi évident dans le cadre de pays qui fonctionnent sur d'autres registres de légitimation comme les États-Unis par exemple où l'immigration illégale peut être à la fois un crime au niveau fédéral et un « non-crime » dans certains États fédérés dans lesquels les agents publics ont renoncé depuis longtemps à contrôler les populations migrantes qui ont passé avec succès les postes-frontières. Comme le rappellent les travaux de Carlos Miguel Pimentel, la tradition est différente aussi au Royaume-Uni. Dans cet État multi national, tous les projets d'identification des personnes par les autorités publiques ont fréquemment échoué ne pouvant s'appuyer sur *un monopole de l'enregistrement légitime* au nom d'un intérêt national unique. Ces exemples montrent en creux en quoi la coïncidence d'État et de nation dans le cas français a offert les ressorts au déploiement d'une bureaucratie centralisée et puissante, à même de justifier une action administrative uniforme à l'égard des étrangers légitimée au nom d'un intérêt national.

⇢ droit de vote des étrangers

les États-Unis et l'immigration
La conception d'une nation

La nation américaine surgit d'un acte contractuel, lors de la Déclaration d'indépendance : des sujets de la Couronne britannique se constituent, dès le 4 juillet 1776, en citoyens détenteurs de la souveraineté qui fonde la construction nationale. L'exceptionnalisme américain vient de ce que les concepteurs de la nation sont convaincus du rôle primordial de l'immigration, et qu'ils vont décider du profil des futurs habitants, recruter les plus aptes, définir leurs droits et leurs devoirs, les conditions de leur naturalisation, écarter et inciter à l'émigration les indésirables. Les immigrants ne sauraient être des étrangers par rapport à une nation qui n'existe pas encore, les anciens colonisateurs ont été délégitimés par la révolution américaine et les Amérindiens exterminés. « Immigrant » est un terme actif, au participe présent, dont l'usage perdure au long des siècles. Le choix sélectif des immigrants détermine l'évolution ultérieure, jusqu'à la fin des années 1960.

Les dilemmes d'une jeune nation

À l'époque coloniale, les efforts déployés par la Couronne anglaise pour entraver l'immigration, et la limiter à des agrégats de peuplements disparates, se heurtent à la conception des futurs fondateurs d'une nation unifiée. Dès la proclamation de l'indépendance, c'est par le biais d'une double fragmentation que se fait l'insertion des immigrants dans la matrice américaine : d'une part, la citoyenneté relève d'une communauté locale et d'une communauté nationale en raison de la double structure des pouvoirs au sein d'un système fédéral ; d'autre part, la persistance d'une double identité, américaine et d'origine, est admise, si tant est que ne sont pas mises en doute l'allégeance à la « religion civique » américaine et la loyauté à ses valeurs démocratiques. Accueillie par principe, chaque vague d'immigration se heurtera, en pratique, à la suspicion, voire au rejet des groupes plus anciens. Les esclaves, rendus libres, seront incités à émigrer. Dès la fin du XVIIIe siècle, le dilemme a été posé par Thomas Paine : comment maintenir la cohésion d'une jeune nation soumise à des flux continus d'immigration et l'Amérique doit-elle être un refuge pour le monde entier ou s'en tenir à l'accroissement naturel de la population ? Jusqu'où tolérer les différences ? George Washington exprime la crainte que les immigrants ne conservent leur langue, leurs habitudes et leurs valeurs. Les Pères fondateurs tiennent à la religion protestante, en particulier puritaine, à la tradition lockienne du contrat social et à la langue anglaise, comme facteur d'unification.

Le maintien des cultures et des religions d'origine, la force d'attraction économique et politique du Nouveau Monde expliquent en partie l'allégeance des immigrants aux mythes fondateurs de la jeune république. Eut été illusoire une volonté d'homogénéisation. La durée de l'enracinement, de nouvelles formes de liberté et l'idéal démocratique contribuent à terme à créer ce singulier citoyen à trait d'union, issu de l'immigration (le Juif américain, le Latino-Américain). L'appartenance au groupe d'origine agit comme bouclier protecteur contre la discrimination et la xénophobie et comme principe d'organisation sociale, économique, idéologique et politique.

Les fluctuations de la politique d'immigration

Il est difficile d'évaluer le nombre des immigrants avant 1819, date à laquelle les capitaines de vaisseaux remettent aux autorités locales la liste de leurs passagers. Entre 1783 et 1815, l'immigration aurait attiré 250 000 personnes, donnée remarquable, compte tenu des guerres, des lois restrictives en Europe et des aléas des transports. Les agents recruteurs des entreprises et des États américains opèrent alors surtout aux Pays-Bas et dans les contrées germaniques, ce qui suscite la crainte que la langue anglaise perde son hégémonie (en 1917, l'usage de l'allemand sera éliminé en force). Les Irlandais parlent anglais, mais leur religion suscite l'intolérance de certains. Comme le montre pertinemment A. Zolberg (2006), les confrontations politiques sur le sujet déjouent la traditionnelle division entre progressistes et conservateurs. Deux axes se croisent : économique et culturel. S'opposent, d'une part, employeurs et groupes d'immigrants européens unis en faveur de l'ouverture à, d'autre part, la classe ouvrière organisée qui se sent menacée dans ses intérêts par l'arrivée de nouveaux venus dociles et corvéables à merci, et aux tenants d'une nation homogène, blanche, protestante et xénophobe, déstabilisés par des Européens slaves et méditerranéens porteurs d'autres religions et d'autres valeurs.

Une nation d'immigrants

Cette oscillation est illustrée par la surenchère des États et la facilité avec laquelle ils accordent droit de vote et naturalisation, suscitant en retour l'inquiétude du Congrès. Une durée minimum de résidence est fixée pour l'obtention de la citoyenneté et en 1802, est exigée la renonciation à la double nationalité et aux titres de noblesse. En pratique, si l'immigration, indispensable, est synonyme de « politique globale de peuplement » (A. Zolberg, 2006, 110-120), l'afflux et l'indigence des nouveaux immigrants et des Noirs, relevée par Tocqueville en 1835 à New York et à Philadelphie, inquiètent. Le premier parti anti-immigrants (*Know-Nothing*) voit le jour en 1854. La question de l'immigration est au cœur de la politique, à la veille de la guerre de Sécession, mais elle n'est pas traitée nationalement car les sudistes refusent au gouvernement fédéral le droit de légiférer sur le sujet tant ils redoutent son ingérence sur la question des esclaves. Leur défaite signe aussi celle des restrictionnistes. Américains et immigrants ont accès à des terres de peuplement dans les nouveaux États, grâce au *Homestead Act* de 1862. Approche efficace : entre 1820 (premier recensement) et 1914, trente millions de personnes, pour les quatre cinquièmes européennes, immigrent aux États-Unis. Pendant une centaine d'années, seul le pouvoir de police des États réglemente leurs vies.

Les « nativistes » rassemblent des xénophobes, des ouvriers lésés par la main-d'œuvre étrangère, des sudistes propriétaires d'esclaves. Le nombre d'adhérents aux associations *America First* et aux ligues anti-irlandaises quadruple au cours de la seconde moitié du XIXe siècle.

Crise de civisme et pensée racialisante

En 1876, la Cour suprême délègue à l'État fédéral (via le commerce extérieur) le soin de réguler l'immigration, d'expulser les indésirables, d'inspecter les bateaux. En 1882, la crise « civique » provoquée par l'amplitude et la nature de l'immigration à l'échelon local interpelle l'État fédéral. Crise « civique », car le principe d'une nation ouverte au genre humain entre en contradiction avec la nécessité, en pratique, de restreindre des flux qui, par leur ampleur, menacent les valeurs fondatrices, dont la possibilité d'enrichissement pour tous. Tant la question de la régulation des flux que celle de l'intégration locale des « nouveaux » immigrants provoquent en conséquence un redéploiement des institutions nationales.

L'immigration devient une question politique critique entre 1880 et 1924. La population américaine passe alors de 50 à 100 millions d'habitants. Les immigrants de « races nordiques et alpines » (« race » étant synonyme de nation) ont été remplacés par ceux des « races méditerranéennes » (Italiens, Russes, Austro-Hongrois, pour un grand nombre de Juifs) et les travailleurs isolés par des familles indigentes. Le mythe de l'Eldorado a pris fin avec la conquête de l'Ouest et entre 1870 et 1900, deux dépressions économiques sont génératrices d'émeutes dans les villes industrielles, provoquant des délocalisations d'entreprises.

L'exclusion des Asiatiques

Le catalyseur de la politisation vient toutefois de Californie où les Chinois suscitent un fort rejet xénophobe. Pourtant, la mission Seward avait eu pour but de convaincre l'empereur Manchu d'autoriser le recrutement de ses sujets. En 1868, un traité scelle cet accord : l'Amérique a besoin de bras pour la construction de chemins de fer et pour le commerce. Mais en quelques années, les poussées xénophobes en Californie force le gouvernement fédéral à adopter une conception nationale plus cohérente. Dès 1874, le président Ulysses Grant (1822-1885) s'insurge contre l'importation de toute femme (pour empêcher la naissance d'enfants bénéficiant du *jus soli*) et de Chinois sans contrat. En 1882, les principes d'inclusion de la construction nationale, le symbole de « l'asile offert au genre humain » (Thomas Paine), sont remis en question. Les administrations destinées à gérer la question de l'immigration sont noyautées par des restrictionnistes.

La redéfinition de la communauté politique, de ses limites donc de l'altérité acceptable et acceptée, est posée et un filtrage, mieux organisé, instauré. Selon la Cour suprême, l'État a le devoir de sélectionner et de refuser ceux, tels les Amérindiens, qui ne peuvent être inclus. Il ne suffit pas de vouloir adhérer à la nation, dit-elle, il convient que celle-ci juge les postulants dignes d'y appartenir. L'admission au sein du peuple « élu » passera désormais par une sélection féroce dont les critères n'excluent ni le racisme, ni l'intolérance religieuse, ni les calculs économiques.

La première loi d'exclusion raciale est votée en 1882, à l'encontre des Chinois, interdits d'immigration pendant dix ans et inacceptables en tant que citoyens. En 1904, cette loi est prolongée indéfiniment (elle sera abolie en 1943). La Cour suprême rejette les plaintes, stipulant que la nation souveraine a le pouvoir arbitraire de créer la loi qui lui semble la plus appropriée pour interdire l'entrée sur son territoire. Les Japonais sont frappés d'exclusion en 1907 et en 1917, comme le sont tous les ressortissants asiatiques, à l'exception des Philippins, citoyens américains. La prégnance d'une pensée racialisante à cette époque conforte la politique restrictive. Le Ku Klux Klan s'attaque aux Noirs, aux Juifs, aux catholiques, les années 1920 sont qualifiées de « tribales ».

La politique de triage
Les causes de restriction de l'immigration européenne par les lois de 1917, 1921 et 1924 sont fort bien résumées par A. Siegfried. C'est « l'aboutissement logique des préventions instinctives, des craintes et des doctrines de toute une génération : politique eugénique… puisqu'elle règle l'admission, non sur la valeur personnelle, mais sur l'hérédité… L'introduction persistante de main-d'œuvre, tirée des plus basses classes de l'Europe, pèse sur les salaires : le travail organisé souhaite donc limiter l'immigration… ce qui normalement eut été dans l'autre sens. Sous l'impression encore chaude des soviets, (on redoute) en introduisant des bras, de laisser pénétrer en même temps des cerveaux, des cerveaux révolutionnaires » (S. Body-Gendrot, 1991). De nombreuses catégories d'individus se voient refoulées, l'immigration est successivement plafonnée à 3 % (en 1921), puis à 2 % (en 1924) du groupe national installé sur le sol américain avant 1890, le tout ne devant pas excéder 150 000 personnes par an.

En verrouillant ses frontières, l'Amérique aspire à devenir un pays comme les autres, à se doter de cohésion, à établir une unité idéologique. C'est la fin effective du mythe de la terre d'accueil.

La fermeture de la grande porte
Les portes se ferment sur ceux qui, quelques années plus tard, devront fuir les persécutions des régimes totalitaires. Par accroissement naturel, la population américaine augmente néanmoins de moitié, de 106 millions en 1920 à 151 millions en 1950 puis 180 millions en 1960. La part des étrangers atteint alors sa proportion la plus faible, de 13 % à 5 % (A. Zolberg, 2006). En 1933, le ministère de la Justice absorbe le service de l'immigration et de la naturalisation, reflet des préoccupations sécuritaires suscitées par les rumeurs de guerre. À partir de 1941, les consulats américains ont ordre de refuser les visas aux étrangers dont la présence porterait préjudice aux « meilleurs intérêts des États-Unis ». Les réfugiés sont soumis à des filtrages serrés. 110 000 Japonais dont 70 000 citoyens américains, « race ennemie », sont envoyés dans des camps et expropriés de leurs biens. La décision du président Roosevelt

anticipe le contrôle exacerbé des activités perçues comme subversives (et « communistes ») qui culmine lors de la guerre froide, sous l'influence du sénateur McCarthy. Des procès aberrants bannissent du territoire américain des résidents ayant commis dix ou quinze ans plus tôt des actions alors légales. Ainsi M. Galvan, résidant aux États-Unis depuis 1918, a été expulsé pour avoir été membre du Parti communiste en 1944, ce qui était légal à cette époque. La Cour suprême a déploré, sous la plume du juge Frankfurter en 1954 (*Galvan v. Press* 347 U.S. 522), devoir s'incliner devant le Congrès, lequel, en 1950, avait déclaré punissable d'expulsion toute personne ayant été à un moment donné membre du Parti communiste.

La loi McCarran-Walter de 1952 maintient la fermeture de la grande porte et la sélection par l'origine nationale, mais elle admet qu'il est impossible de contrôler les petites portes par lesquelles s'infiltrent les clandestins du Mexique et des Caraïbes et les réfugiés européens.

L'ouverture des petites portes

La vaste capacité de l'État à réguler les mouvements de part et d'autres des frontières et dans les pays d'immigration son contrôle à distance sont illustrés par la pénétration massive des Mexicains et Caribéens sur le marché du travail. Si la « grande dépression » des années 1930 a forcé leur rapatriement, la porosité de la frontière leur permet de revenir, ponctuellement, à l'appel des employeurs locaux. Une politique officielle d'importation de main-d'œuvre saisonnière, le programme *Bracero* (journalier agricole) est lancée à partir de 1942. Trop coûteux, ce programme prendra fin en 1964. Entre-temps, lors de l'opération *Wetback* (*mojito* désignant ceux qui franchissent le Rio Grande en se mouillant le dos), plus d'un million trois cent mille clandestins seront expulsés en 1954.

La loi Hart-Celler de 1965, destinée à favoriser les regroupements familiaux en abolissant les quotas fondés sur les origines nationales et à attirer Irlandais et Anglais, ouvre en pratique les portes aux immigrants des pays du tiers-monde. Lancée par l'administration Kennedy et soutenue par celle de Johnson, cette loi, en raison de l'interprétation large qu'elle autorise en fonction de préférences, fera admettre 290 000 personnes par an, pour les trois quarts au titre du regroupement familial. Alors que les Européens n'ont plus assez de famille ou de motivation pour en bénéficier, les personnes en provenance d'Asie et d'Amérique latine constituent désormais les quatre cinquièmes des immigrants, réfugiés non inclus. Estimée à 9,6 millions en 1970 la population d'origine étrangère atteint plus de 31 millions en 2000. De 52 % dans les années 1950, la part de l'immigration européenne tombe à 14,4 % quarante ans plus tard.

La politique d'immigration américaine jusqu'à la fin du XXe siècle aborde des questions plus spécifiques : sans-papiers, qualifications des postulants à l'immigration, etc. Elle cherche, par exemple, à réguler environ sept millions de sans-papiers sans permis de travail. La loi *Immigration and Reform Control Act* (IRCA) de 1986 impose, certes, des sanctions aux employeurs et à leurs travailleurs clandestins. Elle procède à une vaste amnistie sous conditions, autorise l'entrée de 350 000 saisonniers appelés à se naturaliser par étapes et offre aux Cubains et aux Haïtiens, arrivés avant 1982, un statut de résidents permanents. Mais la faible efficacité de cette loi tient à ce que les employeurs ne sont pas tenus de vérifier l'authenticité des papiers qui leur sont présentés et qu'ils sont peu sanctionnés (M. Ngai, 2004). Un véritable contrôle imposé à l'ensemble de la population serait inacceptable et ses gains, modestes.

En 1990, la loi met l'accent sur la qualification des postulants, sur leur capacité d'investissement et sur leur aptitude à parler anglais. Les syndicats ne peuvent s'opposer au *brain drain* qui attire les meilleurs cerveaux. Désormais, chaque année, 675 000 personnes ou plus s'installent dans le pays au titre de l'immigration et leurs enfants deviennent citoyens américains en raison du *jus soli*. Le contrôle à distance continue à s'exercer.

Une nation de nations

« La contribution des immigrants se voit dans chaque aspect de la vie de notre nation... Partout, les immigrants ont enrichi et solidifié la trame de la vie américaine », s'exclame le président Kennedy en 1964. La société américaine a toujours exalté son *ex pluribus* (sa sensibilité aux différences fondatrices) et les allégeances multiples. Les symboles de l'*unum* (ce qui fait le lien unitaire) sont relativement restreints : mythes fondateurs, grand sceau, drapeau, dollar, liberté d'entreprendre... En revanche, les perceptions continuent de distinguer des groupes *anglo*, détenteurs d'un capital politique, économique et culturel fort, des *ethnics* blancs à trait d'union, des minorités raciales historiques, des réfugiés et des immigrants récents non blancs. L'opinion, qui n'en est pas à un paradoxe près, ne perçoit pas les Cubains sombres de peau comme une minorité raciale, alors qu'elle y range les Portoricains et les Mexicains dans cette catégorie. L'explication vient des différents modes d'insertion et d'intégration. Les *ethnics*, anciens immigrants européens, partagent des valeurs culturelles, des identités et des conduites à travers lesquelles ils se reconnaissent et sont reconnus par les autres. Dès leur arrivée sur le sol américain, ils ont pu voter. Le dernier État, l'Arkansas, à abolir le vote des immigrants l'a fait en 1924. La compétition induite par la mondialisation rend de nos jours plus difficile la situation des immigrants non talentueux ou dépourvus de forts réseaux de soutien.

De l'américanisation au multiculturalisme

On oublie souvent que beaucoup d'immigrants européens sont repartis et que les autres ont été soumis à de vastes programmes d'américanisation, en direction particulièrement des écoles et des entreprises. Dès 1900, la diffusion de l'américanité dans les livres d'histoire a été synonyme de propagande anglaise. Les immigrants européens du Sud étaient présentés comme moins intelligents, analphabètes, « inassimilables ». En 1911, alors que dans les écoles publiques des trente-sept plus grandes villes, 60 % des élèves étaient d'origine étrangère (71 % à New York et 67 % à Chicago), le manuel de David Saville Muzzey en usage de 1911 à 1976 marquait une coupure claire entre « nous » et « eux » (M. Schain, 2008). L'américanisation a pris environ trois ou quatre générations, elle a été accélérée par la fermeture des frontières, l'engagement des États-Unis dans la Seconde Guerre mondiale et la prospérité de l'après-guerre.

Dans les années 1960, l'image du creuset a été remise en question par les minorités raciales exclues du rêve américain. Une politique préférentielle, en réponse aux revendications « identitaires », fondée sur une tripartition (Blancs, métis et Noirs) a fragmenté davantage la nation plurielle non sans controverses. Immigrants et minorités (femmes incluses) se sont alors organisés politiquement, quelles que soient leurs différences linguistiques et socio-économiques pour faire valoir leurs droits préférentiels. Les Amérindiens, par exemple, se sont rangés sous la bannière asiatique. Le vote de Latinos très hétérogènes a pesé dans toutes les élections. La tolérance de l'espagnol s'est imposée, en raison du statut spécial, de la proximité géographique et de l'évidence « latino » en matière d'intégration.

Pour autant, même sous les coups de butoir du multiculturalisme, le mythe du creuset a perduré, comme si chacun avait ses raisons propres de l'entretenir : les Américains intégrés, pour nourrir leur mythologie, leurs intérêts et les minorités raciales pauvres et les derniers arrivés des immigrants, parce qu'ils aspirent au rêve américain malgré leur condition de dominés et que leurs enfants seront américains. Mais le mythe reste ambigu : n'accèdent au pot commun que ceux qui ont fait allégeance à la culture américaine et ont oublié, à l'exception de manifestations symboliques, leur langue maternelle, leur organisation culturelle et leurs croyances d'origine.

ethnie, groupe ethnique, ethnicité

Le mot « ethnie » semble être apparu en langue française au XIXe siècle. En grec ancien *ethnos* possédait déjà une connotation péjorative qui le ferait mieux traduire par « peuplade » que par « peuple » en français d'aujourd'hui. Non moins dépréciatif, en latin médiéval, *ethnicus* signifiait « païen » ou « idolâtre » (c'est-à-dire ni chrétien ni juif).

La diffusion du vocable « ethnie » est contemporaine du développement de l'ethnographie et de l'ethnologie, disciplines scientifiques dont Abel Hovelacque, député et professeur d'anthropologie linguistique célèbre, définissait ainsi, en 1876, la matière commune : « Le sujet de l'étude de l'ethnologie et de l'ethnographie est donc un sujet général, celui des populations de la terre. S'agit-il des races, telles que nous les entendons en ethnographie, s'agit-il des peuples, tels que l'histoire nous les présente, c'est ce que le mot *ethnos* ne nous dit point. Il comporte à la fois ces différents sens ».

Au début du XXe siècle, pour le dire rapidement, ces disciplines se sont attachées à l'étude des us et coutumes des peuples « primitifs », réputés sans histoire et sans État. À la sociologie est revenue l'étude des institutions et des modes d'association ou de division sociaux propres aux sociétés modernes « civilisées ».

« Ethnie » n'a jamais été, en français, un substantif d'usage totalement banal et il garde, jusqu'à aujourd'hui, une aura savante, le plus souvent fallacieuse. Il a été appliqué à des communautés historiques et culturelles qui se reconnaissaient comme telles tout aussi bien qu'à des ensembles populationnels arbitrairement découpés par des autorités colonial(ist)es ou national(ist)es. Il a signifié « communauté culturelle » autant que « groupe racial ».

Sa compromission dans le colonialisme et ses affinités avec le racisme*, ont destitué le terme « ethnie » au rang de concept infréquentable (cf. la promotion de « l'ethno-racisme », par le médecin et ethnologue Georges Montandon, fondateur de la revue *l'Ethnie française*, et dignitaire de toutes les institutions antisémites sous l'Occupation);

De l'ethnie au groupe ethnique : une question de frontière

L'ethnologie et l'anthropologie ont continué longtemps à user du terme « ethnie » pour désigner des communautés stables, endogamiques, de même origine et dotées de traits culturels, voire psychologiques propres. S'il n'est pas certain qu'elles aient tout à fait abandonné cet usage substantialiste, les sciences sociales insistent désormais plutôt sur le caractère processuel, social et relationnel de la formation des « groupes ethniques ».

Max Weber, le premier, dans *Économie et société*, paru en 1922, en avait souligné la dimension symbolique en les définissant comme « ces groupes humains qui nourrissent une croyance subjective à une communauté d'origine [...] qu'une communauté de sang existe ou pas ». Quelques autres auteurs, tel l'anthropologue britannique Siegfried S. Nadel, en 1942, insisteront sur le fait qu'un tel groupe n'existe qu'en vertu d'une « unité idéologique » et d'une « ressemblance acceptée comme un dogme ».

Le terme *ethnic* (ou *ethnic group*) a été introduit en sociologie dans les années 1940 par William Lloyd Warner, auteur d'une vaste série d'études sur les villes moyennes états-uniennes. Jusqu'alors, la sociologie américaine n'utilisait que le terme « race » – et l'analyse des *race relations* portait sur l'intégration dans *l'american way of life* des Polonais aussi bien que des Noirs. *Yankee City* a souligné que la mobilité résidentielle et sociale était plus facile, ou moins difficile, pour les groupes « blancs » (Italiens, Irlandais, Juifs…) qui divergeaient des WASP (*White Anglo-Saxon Protestants*) par des traits culturels et un certain degré d'organisation autonome, groupes qui ont été qualifiés d'« ethniques » (*ethnics*) que pour les groupes définis par leur « race » (Noirs, Amérindiens, Chinois, Japonais, Latinos), plus violemment ségrégués et bloqués dans leurs trajectoires sociales par une « barrière de couleur » (*color bar*).

Ces approches, fondées sur l'ethnicité comme critère identitaire séparant un « Nous » d'avec des « Autres », comme une relation, un jeu dialectique entre auto- et hétéro- catégorisation, ont été prolongées et profondément remaniées par la théorie des groupes ethniques proposée par Fredrik Barth en 1969. Celui-ci, en effet, considère que ce ne sont pas des traits culturels qui distinguent les groupes entre eux, mais des frontières (*boundaries*). Le groupe ethnique ne constitue pas une « île », il est un mode d'organisation qui se construit dans et par l'interaction sociale. C'est précisément cette organisation qui produit la frontière. La culture, dans cette perspective, est un concept sans délimitation transposable empiriquement. Elle se tient tout entière dans des pratiques et des usages. D'ailleurs, ce n'est pas « la culture » qui est mobilisée pour former la frontière entre les groupes, mais des traits culturels sélectionnés pour leur valeur contrastive. Ceux, en fait, qui sont tenus par l'un, l'autre ou les deux collectivités (pour s'en tenir là) comme preuves de leur différence. Cette activité continue de production de frontière est attestée, selon Barth, par le fait que le caractère objectivement poreux de la frontière, c'est-à-dire le fait qu'elle soit continuellement traversée et franchie par des individus et des groupes, ne l'empêche pas de perdurer.

L'ethnicisation, processus contemporain

Si le « groupe ethnique » se réfère à une « origine » et semble orienté vers un pôle situé dans un passé plus ou moins mythique, la production d'ethnicité, elle, est un processus qui s'active ou se renouvelle sous les effets contemporains des migrations, de la transnationalisation et de la mondialisation.

Max Weber avait souligné le rôle de la migration et de la colonisation dans le développement du sentiment d'appartenance ethnique et montré aussi que l'« honneur ethnique » était la seule dignité sociale dont pouvaient se prévaloir les « petits Blancs » américains, expliquant ainsi leur extrême attachement au maintien des Noirs en un statut inférieur. Il avait même, à ce propos, évoqué « l'honneur de masse » que pouvait représenter l'ethnicité. L'ethnicisation est aujourd'hui un « front » où se créent ou se raniment des barrières. Des barrières de classe, par exemple, lorsqu'il s'agit de faire des nationaux descendants d'immigrants coloniaux une nouvelle « classe dangereuse », des barrières de privilèges, aussi, lorsqu'il s'agit de les priver de la pleine citoyenneté.

Dans le système-monde actuel, comme le remarque Danielle Juteau, c'est un rapport inégal qui fonde l'ethnicité et les groupes ethniques.

Les sociétés européennes ont été modifiées et élargies par l'immigration et les échanges. Le pluralisme culturel est un fait qui, lui-même, est en constante transformation sous les effets de l'acculturation. C'est dans ce contexte qu'apparaissent les populismes exclusifs qui vont jusqu'à tenter de faire de la nationalité une propriété communautaire distinguant les « vrais » nationaux, ceux qui seraient « de souche », des « Français de papiers », par exemple, et appelant à la restriction des naturalisations.

À l'échelle internationale, des conflits politiques majeurs sont à tort qualifiés d'« ethniques ». Ceux-ci n'en trouvent pas moins dans l'identification ethnique des ressources mobilisatrices (ex-Yougoslavie, Rwanda, pour ne citer que ces exemples tragiques).

Au fil du temps, se forment des « identités résistances ». Les ethnicités, qui sont toujours des néo-ethnicités, se fondent alors sur les violences, les ségrégations et les discriminations subies soit dans le passé (et la crainte qu'elles ne reviennent), soit dans le présent. Ainsi, les revendications ethniques ne sont pas des survivances, elles témoignent au contraire des rapports de domination.

C'est dans les villes, souvent, que ces processus apparaissent avec le plus d'évidence. D'une part, il s'y effectue en permanence à la fois un frottement et un tri entre populations d'origines diverses et urbanisées de plus ou mois longue date ; d'autre part, la ségrégation résidentielle, en particulier dans ce que l'on nomme aujourd'hui les « villes globales », déploie territorialement les inégalités, qu'elles soient de classe ou d'origine.

Les processus de catégorisation et d'identification ethniques se répondent. Il n'y a pas de définition ethnique de strict usage interne, mais pas non plus de construction identitaire totalement imposée de l'extérieur. Contrairement à l'analyse de Sartre (*Réflexions sur la question juive*), « le Juif » n'existe pas seulement parce qu'il y a des antisémites pour le regarder comme tel. L'exemple des Noirs américains en témoigne : arrivés esclaves en provenance de diverses régions, ne partagent ni la même langue, ni la même religion, répartis arbitrairement dans les plantations, ils ont construit une communalisation sur la base d'une même expérience de statut, de traitement et de désignation en Amérique même. C'est que la frontière ethnique comprend, comme l'a aussi souligné Danielle Juteau, une double face : une face interne, qui se construit dans le rapport à l'histoire et à la culture, et une face externe, qui se construit simultanément dans le rapport aux autres. Les rapports de forces sont certes souvent inégaux et le pouvoir de désignation inégalement réparti. Mais la construction d'une image de soi, y compris en reprenant, en manipulant et en retournant les stéréotypes et les stigmates imposés par le groupe dominant, fait partie intégrante des processus d'ethnicisation.

Le fait que l'ethnicité soit une construction idéelle, symbolique n'en fait pas une pure illusion. Les catégories construites au cours des processus d'ethnicisation ont un effet social tout à fait réel. Ce sont des réalités cognitives et affectives, d'une part, et elles orientent les comportements des acteurs sociaux, d'autre part. De ce fait, l'ethnicité est performative : elle fait exister ce qu'elle annonce. Il serait donc dommageable d'opposer une conception subjectiviste à une conception objectiviste de l'ethnicité. Dès lors que toute définition substantialiste a été éliminée, il faut bien admettre qu'elle est à la fois un sentiment partagé d'appartenance et le fondement d'un groupe réel doté de traits objectivables, certes en constante transformation, mais qui le distinguent.

Reste que – sauf situations extrêmes d'oppression – l'identité ethnique n'est qu'une dimension du répertoire de l'identité globale des personnes parmi d'autres (de sexe, d'âge, de classe, notamment). Elle peut être mise en avant (en « saillance »), au cours de certaines interactions ou au contraire laissée en retrait au cours d'autres. Elle est mobilisable mais n'est pas nécessairement mobilisée. Elle fait partie d'une « boîte à outils » à la disposition des individus en fonction des situations.

L'ethnicité entre ressource et manipulation politiques

Depuis les années 1970, aux États-Unis, d'abord, puis plus globalement, des revendications « ethniques » sont apparues au sein de sociétés qui, tout en promouvant officiellement l'assimilation nationale, pratiquaient de multiples ségrégations et discriminations sociales. Le mythe du « creuset », du « melting pot », fut dénoncé en même temps que des groupes ethniques minoritaires – c'est-à-dire laissés en périphérie du pouvoir politique et des ressources économiques – exprimaient publiquement la fierté de leurs origines. Les mouvements dits d'*ethnic renewal*, ont reposé sur une réhabilitation symbolique des origines, recomposées ou même (ré)inventées. Ils ont, en même temps, revendiqué un meilleur accès aux ressources autorisant l'accès au pouvoir économique et politique.

Certains auteurs ont dénoncé l'illusion de la mobilisation ethnique, parce qu'en détournant de l'identification de classes, plus fondamentale et unificatrice, elle formait un facteur de division. D'autres l'ont considérée comme une alternative revendicative, dans un contexte de reflux des conflits proprement socio-économiques. Peu homogènes, cependant, ces mouvements ont cherché, selon des inflexions et des modalités diverses à lier revalorisation identitaire et promotion économique et sociale. C'est dans ce contexte que les mesures d'*affirmative* action* se sont diversifiées et multipliées. À l'origine conçue pour réparer un préjudice historique lié à l'esclavage (et, par ailleurs, le sexisme) et afin d'établir l'égalité des chances, *l'affirmative action* a été muée en politique de distribution de contreparties pour corriger l'inégalité présente subie par les minorités ethniques. Il faut bien reconnaître que cette extension et cette diversification ont contribué à aviver la concurrence entre ces différents groupes – en fait entre leurs organisations « représentatives » – pour l'obtention de subsides ou d'avantages.

Les mobilisations ethniques, aujourd'hui, prennent des directions opposées

Elles forment une stratégie défensive contre la stigmatisation et les discriminations pour des groupes d'immigrants ou de descendants d'immigrants revendiquant l'égalité de traitement social et l'effectivité de l'égalité en droit. La formation de l'identité *black*, en Grande Bretagne, qui rassemble des minorités de diverses origines géographiques et de diverses couleurs, est un cas typique d'invention politique basée sur une condition sociale. C'est une opération de ce genre que tentent en France, des mouvements tels que « les Indigènes de la République », après quelques autres qui n'ont guère rencontré d'adhésion massive. Mais il faut reconnaître qu'en France, tout mouvement qui laisse accroire qu'il se base sur une appartenance ethnique est voué à la méfiance sociale, quand ce n'est pas à la répression politique.

La mobilisation ethnique est aussi le fait de groupes dominants. En ce cas, elle donne lieu, le plus souvent, à la formation de partis politiques que l'on qualifie de « populistes » ou « nationaux-populistes ».

Certains de ces partis exhibent une conception si exclusiviste de la nation qu'elle transforme l'identité nationale en spécificité ethnique, enracinée dans un passé sans limite, faisant appel, comme le pire nationalisme du XIXe siècle, « à la terre, au sang, aux ancêtres ». L'accès à la plénitude de l'égalité des droits devrait, dans cette perspective, être filtré par une adhésion-soumission absolue à des critères « nationaux » (ou « républicains ») auto-proclamés.

D'autres mouvements se présentent comme sécessionnistes (ou fédéralistes, dans le meilleur des cas). La Ligue du Nord, en Italie, le Vlaams Blok, en Belgique, illustrent cet ethno-nationalisme. Ces partis s'expriment au nom d'une identité historique brimée par le cadre national. Ils manifestent leur hostilité non seulement aux immigrants ou aux Tsiganes, mais également aux composantes régionales les plus pauvres de la nation (tels les « méridionaux » en Italie). Leurs revendications fondamentales, cependant, sont au service de leur propre prospérité économique et, surtout, de l'intérêt de leur patronat. Ils déclarent leur région lésée par le cadre étatique qui leur impose un minimum de solidarité nationale. Révolte fiscale, appel au démantèlement des services publics et, plus globalement, de l'État social, promotion des politiques et valeurs néo-libérales, forment le noyau dur de leur programme politique. Les intérêts de classe, ici, sont réellement escamotés à l'intérieur d'une enveloppe ethnique destinée – non sans succès – à susciter l'adhésion des couches sociales qui n'ont aucun intérêt dans ce programme.

Nombre d'auteurs ont insisté sur la difficulté de définir l'ethnicité, certains l'ayant même qualifié de concept fuyant. Il semble bien qu'il faille aussi convenir de son ambiguïté, selon les situations sociales et les objectifs qu'il est appelé à servir.

→ statistiques ethniques

l'excision

L'excision est une pratique traditionnelle néfaste et mutilante consistant en l'ablation totale ou partielle des organes génitaux externes des petites filles (clitoris, petites lèvres) pratiquée dans certaines sociétés, notamment africaines.

Pratique et rituelle mutilatoire. Historiquement associée aux rites de passage à l'âge adulte pour les jeunes des deux sexes dans les sociétés concernées, cette pratique a longtemps été qualifiée de « circoncision féminine ». Cependant, les conséquences physiques et sociales de l'excision ne sont absolument pas comparables à celles de la circoncision masculine. Généralement pratiquées par des femmes sur des jeunes filles, les mutilations sexuelles féminines sont l'expression, à travers la volonté de maîtriser la sexualité des femmes, d'une forme particulièrement violente de discrimination envers les femmes et de rapports inégalitaires entre les sexes. Depuis les années 1990, dans un contexte international de lutte contre cette violation du droit des femmes et des filles, les termes de mutilations sexuelles (ou génitales) féminines (MSF ou MGF) ont été adoptés. Ils mettent en exergue l'ampleur des conséquences de cette pratique sur la santé des femmes mutilées. L'OMS distingue 4 types de mutilations sexuelles féminines selon l'ampleur des altérations pratiquées. Ces mutilations sont généralement pratiquées entre la naissance et l'âge de 15 ans. Cette mobilisation internationale a abouti à l'adoption en 2008 d'une déclaration interinstitutions de l'ONU sur l'élimination de ces mutilations.

Dans le monde, entre 100 et 140 millions de femmes et de fillettes, principalement originaires d'Afrique subsaharienne ont subi une mutilation sexuelle. Le niveau de la pratique est très différent d'un pays à l'autre : la proportion de femmes excisées varie de moins de 5 % à plus de 95 %. Ce pourcentage est plus ou moins élevé selon le groupe ethnique d'appartenance et le niveau d'instruction atteint : dans les familles les plus instruites, les filles sont moins souvent excisées. Si l'excision est parfois présentée comme la conséquence d'injonctions religieuses, notamment musulmanes, elle n'est cependant aucunement liée à l'islam. En effet, en Afrique, elle était pratiquée bien avant l'arrivée des religions monothéistes et aucun texte religieux ne la préconise. Depuis une dizaine d'années, plusieurs États africains se sont mobilisés dans la lutte contre les mutilations sexuelles féminines et on peut d'ores et déjà observer un recul de la pratique de l'excision dans certaines régions, les femmes les plus jeunes étant moins souvent mutilées que leurs aînées.

L'OMS estime qu'environ 5 % des femmes et filles mutilées vivraient dans les pays du Nord, d'immigration africaine. En Europe, la présence de femmes mutilées est liée à la féminisation des flux migratoires en provenance d'Afrique, qui s'est amorcée à la fin des années 1970. Le Parlement européen a adopté une première résolution condamnant les mutilations sexuelles féminines en 2001 et une seconde résolution sur la lutte contre ces pratiques dans l'Union européenne en 2009.

En France, en 2004, on estime qu'environ 53 000 femmes adultes excisées vivaient sur le territoire. Certaines d'entre elles ont été excisées en France, essentiellement dans les années 1980 et 1990 mais la grande majorité a subi cette mutilation dans le pays d'origine, souvent avant la migration. La France est l'un des rares pays européens à avoir porté en justice des affaires d'excision : le premier procès contre des auteur(e)s a eu lieu en 1979 et depuis, on en dénombre une trentaine. En 2004, l'arsenal juridique français a été renforcé par l'allongement du délai de prescription qui permet aux femmes concernées de porter plainte contre les auteur(e)s jusqu'à 20 ans après leur majorité.

Des conséquences sur la santé. Si l'ensemble de ces mesures a permis la quasi-disparition des actes de mutilation sur le territoire français, de nombreuses femmes excisées endurent, au quotidien, des problèmes de santé liés à cette mutilation. Les études cliniques montrent que les femmes excisées souffrent plus fréquemment d'infections (urinaires et gynécologiques), d'incontinences, de complications lors des accouchements et qu'elles souffrent plus fréquemment de troubles sexuels et de mal-être. Une récente enquête, *Excision et Handicap (ExH)*, réalisée en 2007-2009 en France, auprès de 685 femmes excisées, confirme l'importance de ces difficultés et met en évidence que les femmes qui ont subi une mutilation ont plus souvent des troubles récurrents dans leur vie sexuelle.

La prise en charge médicale des femmes qui ont subi une mutilation s'est améliorée même si tous les professionnels de santé ne sont pas suffisamment formés sur ces questions. En France, il est notamment possible d'accéder à des consultations spécifiques dans plusieurs services hospitaliers et dans certains cas, de recourir à une opération de chirurgie réparatrice, permettant de restaurer les parties génitales lésées. Cette nouvelle offre de soins change la conception de l'excision puisqu'elle ouvre enfin la voie à la réversibilité des handicaps que cette mutilation entraîne.

Des progrès dans la lutte contre les mutilations. Parallèlement aux mesures pénales et répressives, c'est aussi par la prévention et l'information auprès des familles concernées que la lutte contre les mutilations progresse. En France, les jeunes filles nées sur le territoire sont légalement protégées quel que soit l'endroit où elles se trouvent, mais le risque existe toujours pour une partie d'entre elles lors des séjours dans les pays d'origine. Certaines familles migrantes se trouvent en effet aux prises avec des systèmes de valeurs contradictoires entre le pays d'origine et le pays d'accueil et sont plus ou moins sensibles aux pressions familiales qui réclament le respect de cette pratique traditionnelle. Une partie des familles migrantes a pu abandonner cette pratique sous la pression de la loi et/ou en prenant conscience de son caractère dramatique mais la généralisation de l'abandon de ces pratiques dans tous les pays concernés passe aujourd'hui par une mobilisation conjointe au sud et au nord pour l'éradication de cette violence faite aux femmes.

exil et paria Le mot « exil » vient du latin *exsilium* issu de *ex(s)ul*, « expulsion de qqn hors de sa patrie avec défense d'y rentrer », ou encore « bannissement, relégation ». Quant au mot « paria » (XVIe siècle ?), d'après le *Dictionnaire historique de la langue française* (Le Robert, 1998), il serait originaire du tamoul *parayan* (« joueur de tambour »). Les parias « sont ainsi dits "de la clochette" qu'ils étaient autrefois obligés de porter, afin d'avertir les brahmanes de ne point s'exposer à être souillés par l'ombre d'un être abject ».

Plus tard, par extension politique et sociale, les parias sont devenus les « exclus » d'un groupe social, d'une communauté religieuse ou d'une communauté nationale.

À l'évidence, il existe un commun dénominateur entre ces deux notions d'exil et de paria, celui d'une *extériorité négative*. Dans les deux cas, les exilés ou les parias sont « dehors », ou « hors de »… leur famille (au sens large : tribu, communauté ethnique, etc.), leur territoire politique, leur nation, etc. L'exilé et le paria sont comme des absents du monde. Mais il existe aussi des différences significatives entre le monde des parias et celui des exilés.

La « solidarité des ébranlés ». Les relations entre les parias quand ils se retrouvent, malgré eux, en terre étrangère se caractérisent par une *acosmie* (déni de la réalité du monde matériel). Cette relation vaut d'abord entre et pour les personnes ou groupes liés par de fortes affinités ethniques, confessionnelles et nationales. Pour ces derniers, bien souvent le monde est spatialement circonscrit : un centre, un quartier, un camp, etc. La vie entre soi des différents groupes ethniques, et non pas entre les différentes nationalités, est fondée sur l'entraide et la fraternité. Ce resserrement autour de ses « frères », ou pour reprendre l'expression de Yann Patochka, cette « solidarité des ébranlés », marque explicitement un refus du conflit aussi bien interne (entre soi) qu'externe (avec la police, la population et les autorités locales). C'est peut-être cela qui explique fondamentalement leur absence de la communauté des hommes, leur étrangeté au monde commun. Si les lieux de rassemblements contraints ne constituent pas un des espaces de protection au sens du droit, le *refuge* (au sens de sécurité), pour des milliers de personnes qui y séjournent, est trouvé dans leur communauté, et le regard extérieur est essentiellement un regard compassionnel, c'est-à-dire une posture supposée répondre à une attente de la *ressemblance* (« nous sommes tous des parias »). L'un des effets de cette posture compassionnelle est de renforcer cette tendance à l'acosmie, à accroître ce sentiment d'étrangeté au monde immédiat (et plus largement à la France, aux Français, à la langue, à la culture, etc.). Les clandestins de Sangatte* étaient sans responsabilités ou sans engagement social, en un mot ils étaient déchargés du *souci du monde*, pour reprendre une formule arendtienne. De là découle l'impossibilité objective et subjective d'agir en commun dans un monde commun. La chaleur de la communauté ou de l'humanité fraternelle constitue, et c'est là toute son ambiguïté, à la fois le refuge de la persécution et de l'exil et la distance avec les autres hommes. Cette distance interdit ou entrave très fortement l'accès à la responsabilité du monde, contrairement à ceux (en particulier les militants ou les intellectuels militants) qui ont pour les persécutés ou les exilés de la *sollicitude* et qui se pensent et se présentent comme responsables de ce qui leur arrive.

L'exil offre une autre perspective phénoménologique. Il est inséparablement la *brisure d'une ligne droite* (le départ signifie qu'on ne peut plus recevoir pour transmettre à nouveau) et un *commencement*, c'est-à-dire le début d'une transmission à venir, d'une histoire nouvelle dont l'exilé serait le « héros ». Il est question pour l'exilé et les autres (sa famille, sa société, les pays traversés, etc.) de l'effort inédit pour se retrouver avec soi-même (ou la conscience claire d'être soi-même) et de rendre raison de ses actes et de leurs conséquences. Autant d'éléments constitutifs de ce que l'on nomme une *personne*. L'exil n'est ni une nostalgie ni une douleur, c'est inséparablement une *expulsion* (mettre en dehors de) et un *mouvement* (une série de déplacements dans le temps et dans l'espace et une modification du système de références cognitives et culturelles). Le clandestin, dans le langage commun, incarne idéalement cette expulsion et ce mouvement. Ce n'est pas tant ce qu'il va trouver ailleurs, chez les autres, ou pour quelles raisons il quitte sa demeure, qui est, contrairement aux apparences, le plus pertinent scientifiquement. « Pourquoi avez-vous quitté votre pays » est une question sans cesse posée. Il n'est pas exagéré de dire que les réponses deviennent banales et sans surprises. Ce qui mérite attention, c'est bien plutôt ce qui paraît a priori secondaire ou mineur. Partir de chez soi pour entrer par effraction dans la nation d'autrui et devenir un hôte abusif (telle est, à tort ou à raison, la vision dominante des peuples et des États-nations), c'est prendre la responsabilité de se défaire de ses liens et donc de se délier d'une *identité totale* (inséparablement civile et sociale) reconnue.

Ni nostalgie ni douleur, mais inséparablement *expulsion* et *mouvement*, avons-nous dit. Cette définition permet alors d'avancer la proposition suivante : il faut d'abord être « membre » pour être saisi et pour se saisir des institutions nationales, c'est-à-dire pour être transformé par elle et pour, à son tour, avoir le pouvoir et la légitimité de les transformer. Les ethnométhodologues ont montré que la compétence est le propre du membre et que, précisément et conséquemment, c'est le fait d'être membre (*d'en être, d'en faire partie*, etc.) qui confère des connaissances adéquates et permet la participation au processus continu de création de l'organisation sociale.

expulsion

Départ, éloignement, expulsion, reconduite, retour, autant d'expressions qui désignent une réalité : le fait pour un État d'imposer à un étranger de quitter le territoire national. C'est dans ce sens général que l'expulsion est ici entendue. En droit international, l'expulsion vise toute décision par laquelle un État ordonne l'éloignement d'une personne de son territoire. Elle englobe ainsi les mesures motivées par la protection de l'ordre public de l'État, par la sanction de l'irrégularité du séjour de l'étranger ou encore par la demande d'un juge d'un autre État. En droit français, de ces trois hypothèses, seule la première correspond juridiquement à une expulsion, la deuxième étant une reconduite à la frontière et la troisième une extradition ; le Code de l'entrée et du séjour des étrangers et du droit d'asile (Ceseda) définit ainsi l'expulsion comme la décision par laquelle le gouvernement impose le départ d'un étranger dont la présence sur le territoire national constitue une menace pour l'ordre public. Aussi convient-il de distinguer le discours politique de l'expulsion du régime juridique de celle-ci. En France, lorsqu'un acteur associatif dénonce l'expulsion d'un sans-papiers, lorsqu'un homme politique défend les expulsions des clandestins, l'expression s'avère juridiquement incorrecte, dès lors que la mesure n'est pas justifiée par la menace que l'individu fait peser sur l'ordre public.

Le choix sémantique a son importance. Le départ, l'éloignement, la reconduite, le retour, etc., sont autant d'expressions d'apparente neutralité. On distingue par exemple le « départ volontaire » du « départ forcé » ; l'Union européenne s'est engagée en faveur d'une politique du « retour », terme désignant tout autant le fait pour l'étranger de quitter volontairement le territoire d'un État que la décision de l'État d'imposer cet éloignement. Le terme d'expulsion est moins feutré ; au sens général, il désigne l'idée d'un corps étranger expulsé d'un organisme que celui-ci ne tolère pas. Cet organisme est ici l'État, le corps désigne l'étranger. L'expulsion est ainsi au cœur du rapport qu'entretient l'État avec l'étranger – c'est-à-dire la personne n'ayant pas sa nationalité –, rapport qui se singularise par son caractère nécessairement déséquilibré. L'expulsion désigne alors la décision d'un État d'ordonner à un étranger de quitter son territoire et, accessoirement, d'y revenir.

Non sans une certaine naïveté, l'article 13 de la Déclaration universelle des droits de l'homme, adoptée par une résolution de l'Assemblée générale des Nations unies le 10 décembre 1948, proclame symboliquement que : « (1) Toute personne a le droit de circuler librement et de choisir sa résidence à l'intérieur d'un État. (2) Toute personne a le droit de quitter tout pays, y compris le sien, et de revenir dans son pays ». Outre le fait que cette déclaration n'a pas valeur contraignante, le droit de circuler des personnes est limité par les prérogatives reconnues aux États dans le contrôle de leur territoire et de la population qui s'y trouve. Ce contrôle est inhérent à la souveraineté de l'État. Dans son rapport sur le droit d'expulsion des étrangers à l'Institut de droit international à sa session de Lausanne en 1888, Gustave Rolin-Jaequemyns affirmait ainsi que « tout gouvernement d'un État souverain a en règle générale, s'il le juge nécessaire dans l'intérêt de cet État, le droit d'admettre ou de ne pas admettre, d'expulser ou de ne pas expulser les étrangers qui veulent entrer ou qui se trouvent sur son territoire, ainsi que de subordonner leur admission ou leur résidence aux conditions qu'il juge nécessaires dans l'intérêt de sa tranquillité ou de sa sécurité, intérieure ou extérieure, ou de la santé de ses habitants ». Que le droit d'expulsion soit reconnu aux États parce qu'il découle de leur souveraineté ne signifie pas que son exercice est absolu. Au contraire, il est strictement encadré aux fins de protéger les étrangers contre l'arbitraire étatique. Le droit d'expulsion de l'État doit être concilié avec les droits fondamentaux de l'étranger. L'expulsion est donc un droit de l'État qui doit être exercé dans le respect des droits des étrangers.

Le droit de l'État d'expulser l'étranger

L'expulsion est un droit de l'État. Partie intégrante de la politique d'immigration, ce droit s'exerce dans un cadre juridique.

Le cadre juridique des expulsions. Ainsi que l'a souligné la Commission du droit international, « le droit d'expulsion fait corps avec le principe de la souveraineté territoriale » (Cinquante-neuvième session Genève, 2007). C'est pourquoi « le droit d'expulser les étrangers ou de leur interdire l'entrée sur le territoire national est généralement admis » (affaire Paquet, 1903). De façon itérative, la Cour européenne des droits de l'homme (CEDH) a reconnu à l'État le « droit de contrôler, en vertu d'un principe de droit international bien établi, l'entrée, le séjour et l'éloignement des non-nationaux » (Chahal c/Royaume-Uni, 1996). Par définition, l'expulsion concerne l'étranger qui se trouve sur le territoire de l'État ; par extension, elle couvre également l'hypothèse d'un État qui interdit le retour sur son territoire d'un étranger. Dès lors, l'expulsion recouvre quatre mesures de l'État.

En premier lieu, l'État fixe les conditions dans lesquelles les étrangers peuvent entrer et séjourner sur son territoire. Lorsque ces conditions ne sont pas ou ne sont plus remplies, l'étranger peut faire l'objet d'une expulsion. Celle-ci est donc la conséquence d'une irrégularité de l'entrée et/ou du séjour de l'étranger sur le territoire national. En France, le Code de l'entrée du séjour et du droit d'asile (Ceseda) prévoit cette forme d'expulsion avec l'arrêté préfectoral de reconduite à la frontière (APRF). Celle-ci désigne une mesure administrative, adoptée par l'autorité préfectorale, pour sanctionner la méconnaissance des règles relatives à l'entrée et au séjour des étrangers en France. Depuis la loi du 24 juillet 2006, une nouvelle mesure d'expulsion a été introduite en droit français, au prix d'une complexification des procédures : l'obligation de quitter le territoire français, communément désignée par l'acronyme OQTF. Celle-ci constitue une décision administrative par laquelle l'administration décide à l'encontre d'un étranger un refus de séjour, lui ordonne l'éloignement du territoire et détermine le pays à destination duquel il doit être renvoyé. Afin de rendre effective l'application des APRF et des OQTF, une aide au retour volontaire (ARV) peut être allouée aux étrangers ne faisant pas l'objet d'une rétention administrative. L'ARV se distingue de l'aide au retour humanitaire (ARH) destinée aux étrangers présents sur le territoire national depuis plus de trois mois, en situation de dénuement ou de grande précarité.

En deuxième lieu, l'État est responsable de la préservation de l'ordre public et de la sécurité intérieure sur son territoire. À ce titre, il lui appartient de prendre des mesures à l'encontre des étrangers dont la présence sur son territoire représente une menace pour l'ordre public ou la sécurité intérieure. En France, cette mesure, qualifiée d'expulsion, existe depuis la loi du 3 décembre 1849. Elle constitue une mesure de police administrative adoptée en principe par l'autorité préfectorale, voire par le ministre de l'Intérieur. Un des exemples les plus célèbres est assurément le décret d'expulsion ayant frappé Daniel Cohn-Bendit à la suite des événements de mai 1968.

En troisième lieu, l'État rend la justice en punissant les crimes et délits commis sur son territoire. Le juge répressif peut prononcer une peine à l'encontre d'un étranger comportant l'interdiction du territoire national. En France, si deux hypothèses sont à distinguer, dans les deux cas, le prononcé d'une interdiction du territoire emporte de plein droit l'éloignement de l'étranger condamné. D'une part, la peine d'interdiction du territoire français (ITF) peut être prononcée à l'encontre de tout étranger coupable d'un crime ou d'un délit (art. 131-30 du Code pénal). Elle constitue ainsi l'accessoire d'une peine principale, expliquant qu'elle soit stigmatisée comme la « double peine ». D'autre part, l'interdiction du territoire désigne une peine complémentaire aux infractions au Ceseda (art. L. 621-1 et s.), notamment aux dispositions régissant l'entrée et le séjour des étrangers.

En quatrième lieu, l'État peut décider d'extrader un étranger vers un autre État. L'extradition désigne ainsi le mécanisme juridique consistant pour un État, sur le territoire duquel se trouve un étranger, de remettre celui-ci à un autre État afin qu'il soit jugé ou qu'il exécute une condamnation. L'extradition est au cœur des prérogatives régaliennes des États, que constituent la justice et la conduite des relations internationales. C'est pourquoi elle est étroitement encadrée par le droit national et, selon les pays en cause, par des conventions bilatérales d'extradition. En France, le ministre des Affaires étrangères transmet la demande d'extradition reçue d'un État étranger au ministre de la Justice. Celui-ci la soumet à la chambre de l'instruction de la cour d'appel dans le ressort de laquelle l'individu se trouve. Il appartient au Premier ministre de décider l'extradition par décret dès lors que l'avis de la chambre de l'instruction est favorable. Il est en effet libre de refuser l'extradition, donnant à cette procédure une coloration également politique ainsi que l'a montré l'affaire Cesare Battisti. Pour les États de l'Union européenne, une procédure spécifique existe avec le « mandat d'arrêt européen ». Celui-ci constitue une décision judiciaire émise par un État membre de l'Union européenne en vue de l'arrestation et de la remise par un autre État membre d'une personne recherchée pour l'exercice de poursuites pénales ou pour l'exécution d'une peine ou d'une mesure de sûreté privative de liberté. Le mandat d'arrêt européen relève d'un régime moins exigeant dans la mesure où les systèmes juridictionnels de tous les États membres de l'Union sont réputés respecter les mêmes valeurs.

La volonté politique d'éloignement. Le droit* des étrangers est le reflet de la politique d'immigration. L'éloignement est ainsi au cœur de la politique de retour que l'Union européenne a intégrée, depuis le Conseil européen de Tampere des 15 et 16 octobre 1999, dans la politique commune en matière d'immigration clandestine. À ce titre, le Conseil et le Parlement européens ont adopté la directive du 16 décembre 2008 relative aux normes et procédures communes applicables dans les États membres au retour des ressortissants de pays tiers en séjour irrégulier. Cette directive « retour » a cristallisé la contestation, expliquant qu'elle ait été qualifiée, sur la suggestion du président bolivien Evo Morales, de « directive de la honte ». Cette directive ne fixe cependant qu'un cadre très général de politiques qui demeurent avant tout nationales.

En France, ainsi que l'a souligné un rapport de la commission d'enquête sur l'immigration clandestine créée au Sénat en 2005, « la capacité d'un État à éloigner les étrangers en situation irrégulière sur son territoire est une condition essentielle d'une politique migratoire crédible. À défaut, les clandestins sont d'autant plus incités à entrer sur le territoire national, quel que soit le moyen employé, que le risque d'être éloigné est faible. Sans une politique d'éloignement ferme, l'intérêt de distinguer entre étrangers en situation régulière et irrégulière disparaît. Refuser d'éloigner, c'est s'obliger à régulariser ou à jouer le "pourrissement" en maintenant indéfiniment dans la précarité et la clandestinité les étrangers en situation irrégulière ». Aux fins de réaliser cette politique d'éloignement, le gouvernement a fixé des objectifs chiffrés. Ainsi le ministre de l'Immigration s'est-il réjoui de ce que, « en 2009, 29 288 étrangers ont été éloignés de la métropole, l'objectif de 27 000 étant ainsi dépassé » (7e rapport au Parlement, mars 2011). Tout dépend cependant de la méthode retenue pour établir ces chiffres. En effet, pour chiffrer les éloignements, le ministère de l'immigration comptabilise les interdictions du territoire, les APRF, les arrêtés d'expulsion, les décisions de réadmission, les OQTF ainsi que les retours aidés. Sur les 29 288 étrangers éloignés en 2009, on comptabilise : 1 330 ITF, 10 422 APRF, 198 arrêtés d'expulsion, 4 156 réadmissions, 4 914 OQTF ainsi que 8 268 retours aidés. Ces chiffres correspondent aux éloignements qui ont été effectivement exécutés. En effet, l'efficacité de la politique de lutte contre l'immigration clandestine se mesure en appréciant le taux d'exécution des mesures d'éloignement décidées. Pour 2009, le Secrétariat général du comité interministériel de contrôle de l'immigration constate ainsi que 66,2 % des ITF (pour un chiffre total de 2 009), 22,5 % des APRF (40 116), 92,1 % des arrêtés d'expulsion (215), 34,2 % des décisions de réadmission (12 162) et 12,2 % des OQTF (42 130) ont été exécutés. Il souligne que, parmi les nationalités les plus représentées, figurent les Roumains, ainsi que les ressortissants du Maghreb (Algérie, Maroc et Tunisie), ces quatre nationalités représentant à elles seules 54,8 % des éloignements. Néanmoins, la France n'hésite pas à éloigner des étrangers aux nationalités sensibles. L'organisation de charters en 2009 avec le Royaume-Uni vers l'Afghanistan a suscité ainsi une vive émotion.

La politique d'éloignement a un coût financier. En 2009, la Cour des comptes avait regretté dans un rapport sur la gestion des centres de rétention administrative l'absence de synthèse du coût global de la rétention et de l'éloignement. C'est pourquoi le ministère de l'Immigration a commandé une étude à l'Inspection générale de l'administration, qui a évalué à 232 millions d'euros le coût global de la politique d'éloignement des étrangers, avec un coût moyen de 12 645 euros par reconduite forcée (Sénat, Rapport sur le projet de loi de finances pour 2011, t. III, annexe n° 15). Cette évaluation est cependant contestée par les associations, la Cimade chiffrant en 2009 à 533 millions le coût de l'expulsion des étrangers.

Afin de renforcer l'efficacité de l'éloignement, les étrangers en situation irrégulière peuvent faire l'objet d'un enfermement dans un centre de rétention administrative (CRA). Depuis janvier 2009, dans le cadre de la révision générale des politiques publiques, les préfectures plaçant en rétention un étranger en situation irrégulière dans certains CRA disposent de cellules d'appui appelées « pôles interservices éloignement ». Ceux-ci sont en charge, d'une part, des aspects opérationnels de l'éloignement et, d'autre part, de la représentation de l'État devant les juridictions. Celles-ci sont en effet saisies de nombreux recours intentés par les étrangers pour faire valoir leurs droits.

Les droits des étrangers contre l'expulsion étatique

L'administration est tenue de respecter les droits des étrangers. Des garanties procédurales permettent la protection des droits.

Les droits protégés. Il existe un droit fondamental spécifique à l'éloignement des étrangers. L'article premier du Protocole n° 7 à la Convention européenne des droits de l'homme et l'article 19 de la Charte des droits fondamentaux de l'Union européenne interdisent de procéder aux « expulsions collectives ». La Cour européenne des droits de l'homme a défini l'expulsion collective comme « toute mesure contraignant des étrangers, en tant que groupe, à quitter un pays, sauf dans le cas où une telle mesure est prise à l'issue et sur la base d'un examen raisonnable et objectif de la situation particulière de chacun des étrangers qui forme le groupe » (Conka c/Belgique, 2002). Par définition, une mesure individuelle d'éloignement n'a pas un caractère collectif. Les difficultés apparaissent dans les hypothèses – fréquentes en pratique – où plusieurs étrangers font l'objet de décisions individuelles dans leur forme, mais au contenu semblable. Cette circonstance ne permet pas de conclure à l'existence d'une expulsion collective lorsque la situation de chaque intéressé a été effectivement soumise à un examen particulier et individuel, au cours duquel l'étranger a pu faire valoir les arguments s'opposant à son expulsion. Les juges veillent donc à ce que, en pratique, la situation ait fait l'objet d'un examen individuel et donné lieu à une justification suffisante.

D'autres droits, qui ne concernant pas spécifiquement les étrangers, peuvent être invoqués pour contester des décisions d'éloignement.

L'État doit tout d'abord respecter le droit à la vie. Cela implique que l'étranger ne peut être expulsé dans un État où il risque la peine capitale (Hussun et autres c/ Italie, 2006). Les autorités nationales peuvent recourir à des moyens de coercition pour imposer l'éloignement. Elles sont cependant tenues de ne pas en faire un usage disproportionné. La mort de Semira Adamu, étouffée lors d'un vol Bruxelles-Lomé en 1998 par les services de police belges, a soulevé le débat des techniques employées pour maîtriser les étrangers récalcitrants. Ceux-ci peuvent par exemple faire l'objet d'un « saucissonnage », qui consiste à entourer de bande adhésive les jambes et les bras de la personne expulsée.

L'étranger ne peut pas être éloigné vers un État où il risque de subir des traitements inhumains et dégradants. Par exemple, l'éloignement à destination de la Grèce peut constituer un traitement inhumain et dégradant. Dans l'affaire M. S. S., la Belgique a été condamnée pour avoir éloigné des demandeurs d'asile vers la Grèce au motif que les conditions de rétention dans cet État sont particulièrement précaires (M.S.S. c/ Belgique et Grèce, 2011). Le respect de la dignité humaine implique également de contrôler les conditions dans lesquelles les étrangers font l'objet d'une rétention aux fins de l'éloignement (Mubilanzila Mayeka et Kaniki Mitunga c/Belgique, 2006).

Afin de garantir l'effectivité de la lutte contre l'immigration clandestine, l'État peut décider de priver l'étranger de sa liberté d'aller et venir. La rétention administrative est donc admise dès lors qu'elle est étroitement encadrée. En effet, l'enfermement de l'étranger ne doit pas constituer une détention arbitraire ou abusive, ainsi que cela a été constaté par exemple à propos des zones d'attente instituées en France (Amuur c/France, 1996).

L'éloignement doit être décidé dans le respect du droit de l'étranger de mener une vie familiale normale. La logique de la nationalité n'est pas celle des liens affectifs. Aussi peut-on constater des situations individuelles dans lesquelles une personne est de nationalité étrangère, alors qu'elle a développé des liens familiaux dans un pays. En se fondant sur une interprétation extensive de l'article 8 de la Convention européenne des droits de l'homme qui consacre le droit au respect de la vie privée, la jurisprudence protège la vie familiale de l'étranger en privilégiant une approche au cas par cas. Les juges mettent ainsi en balance le comportement de l'étranger (irrégularité de l'entrée ou du séjour, infraction commise, etc.), sa situation personnelle (durée du séjour) et ses liens familiaux (parents, conjoints ou enfants) [Boultif c/ Suisse, 2001]. Depuis deux grands arrêts du droit français des étrangers, le Conseil d'État contrôle ainsi les mesures de reconduite à la frontière et les expulsions (Babas/Belkacem). Par exemple, dans un arrêt Nasri, la CEDH a constaté que la décision d'expulsion d'« un homme sourd, muet, ne pouvant trouver un minimum d'équilibre psychologique et social que dans sa famille, composée en majorité de citoyens français n'ayant eux-mêmes aucune attache avec l'Algérie » méconnaît le respect dû à la vie familiale (Nasri c/France, 1995).

Les garanties procédurales. Les droits des étrangers risquent de demeurer illusoires s'ils ne sont pas accompagnés de garanties procédurales. C'est pourquoi les étrangers doivent pouvoir contester les décisions d'éloignement dont ils font l'objet. Au demeurant, le Secrétariat général du comité interministériel de contrôle de l'immigration a constaté, au titre des « obstacles à la mise en œuvre de l'éloignement », que « malgré la très forte implication de l'ensemble des acteurs centraux et locaux chargés de la lutte contre l'immigration irrégulière, l'exécution des mesures d'éloignement continue de se heurter à certaines difficultés essentiellement exogènes à l'action des préfectures et des services de police et unités de gendarmerie ». La principale difficulté exogène est constituée par les annulations de procédure par le juge judiciaire ou le juge administratif. En 2009, 33,8 % des « échecs enregistrés lors de la mise à exécution des mesures d'éloignement » étaient imputables à des décisions de justice.

On comprend dès lors la complexification du droit des étrangers qui devient un véritable casse-tête procédural. Les voies de recours se diversifient, les conditions de recevabilité se durcissent, les délais se rétrécissent, etc. Les discussions accompagnant les projets de lois sur l'immigration illustrent la stratégie des gouvernements de rendre plus difficile l'accès à la justice, tout en respectant le droit au juge. En théorie, les étrangers jouissent d'un droit au juge défini comme la faculté de contester les décisions prises à leur encontre. En pratique, l'effectivité de ce droit – l'accès à la justice – est tributaire de conditions, parfois de nature strictement matérielle. On pense ainsi à un conseil juridique, une représentation en justice et, en cas de besoin, une assistance linguistique. Ces mesures ont un coût que les gouvernements jugent élevé, expliquant leur réticence à les rendre effectives. Par exemple, lors de la discussion sur le projet de directive « retour » précédemment évoquée, les États ont refusé de consacrer expressément l'assistance judiciaire gratuite, eu égard au coût financier d'une telle mesure. Le rôle des associations est alors essentiel en ce que celles-ci accompagnent les étrangers dans leurs démarches et dans leurs recours, depuis l'information jusqu'à la représentation. Des associations sont habilitées à intervenir dans les centres de rétention administrative pour accompagner les étrangers (en 2010, l'Assfam, la Cimade, Forum réfugiés, France terre d'asile et l'ordre de Malte).

Combiné à la complexification procédurale, le renforcement des droits des étrangers provoque un encombrement des juridictions. Le contentieux des étrangers est devenu le principal pourvoyeur d'affaires devant certaines instances, à tel point qu'on emploie parfois l'expression chargée de « contentieux de masse », à l'instar du président du tribunal administratif de Paris (selon le Rapport relatif à l'immigration et à l'intégration, 2006). C'est ainsi que la loi n° 2011-672 du 16 juin 2011 relative à l'immigration, à l'intégration et à la nationalité vise notamment à améliorer l'efficacité de la lutte contre l'immigration irrégulière en réformant les procédures et le contentieux de l'éloignement des étrangers en situation de séjour irrégulier.

⟶ centres de rétention

F

familles immigrées Il importe tout d'abord de définir une série de termes liés à la problématique de la famille immigrée. Nous reprendrons les définitions données par de grands organismes français tels que l'Institut national de la statistique et des études économiques (INSEE), l'Institut national d'études démographique (INED) et le Haut Conseil à l'intégration (HCI).

Une famille est un ensemble composé soit d'au moins deux personnes vivant sous le même toit, qu'elles soient mariées ou non, avec ou sans enfant(s); soit d'un adulte avec un ou plusieurs enfants. Dans ce dernier cas nous sommes en présence de ce que l'on nomme conventionnellement une famille monoparentale. Les familles dont les membres ne vivent pas sous le même toit où l'un des époux serait resté dans le pays d'origine ne sont pas recensées comme « familles ». Un « couple mixte est un couple constitué d'une personne immigrée et d'une personne non immigrée, mariées ou non » (INSEE). Enfin, ce que l'on nomme les périodes de « vie de couple » correspondent à des périodes de vie commune « corésidente » d'au moins six mois, avec ou sans mariage.

En ce qui concerne, cette fois-ci, ce que l'on appelle la « population immigrée », le Haut Conseil à l'intégration la définit de la manière suivante : c'est une population « composée des personnes nées étrangères à l'étranger et résidant en France. Les personnes nées françaises à l'étranger et vivant en France ne sont donc pas comptabilisées dans cette catégorie ». Conventionnellement, toujours d'après le HCI, la population immigrée se caractérise par deux qualités « constantes » : « la qualité d'immigré est permanente : un individu continue à appartenir à la population immigrée même s'il devient français par acquisition. C'est le pays de naissance, et non la nationalité à la naissance, qui définit l'origine géographique d'un immigré ». Pour avoir du sens, la population immigrée est toujours comparée à l'« ensemble de la population », c'est-à-dire l'ensemble des personnes résidant en France métropolitaine au moment du recensement, qu'elles soient immigrées ou non.

En 2004, selon l'INSEE, près de 5 millions d'immigrés (4,9 millions) résidaient en France métropolitaine, soit 8,1 % de la population. 760 000 de plus qu'en 1990 ; autrement dit, 7,4 % de la population. Le nombre d'immigrés a augmenté de 18 % depuis 1990 contre 7 % pour l'ensemble de la population métropolitaine. Toujours selon l'INSEE, « une fraction importante de cette hausse est intervenue entre 1999 et 2004-2005. Environ 960 000 immigrés sont arrivés en France entre le 1er janvier 1999 et la mi-2004, soit près de un sur cinq. Près d'un quart vient d'un pays de l'Union européenne à 25 ».

Il y a maintenant quelques années qu'en France la vie d'immigré est une vie de famille. Une étude réalisée en 2002-2003sur ce thème par la Caisse nationale d'assurance vieillesse (Claudine Attias-Donfut, 2006) livre des informations et des analyses fort instructives. Nous en donnerons ici les principaux résultats (Helfter Caroline, 2007-2008). Les chiffres qui suivent proviennent de cette étude. Comparée à l'ensemble de la population de même sexe et de même âge (45-70 ans), cette étude montre que les immigrés, hommes et femmes, sont plus souvent mariés et moins souvent divorcés que le reste de la population ; et si les hommes célibataires des deux populations (immigré et non immigré) sont en nombre équivalent (13 %), en revanche les femmes seules sont moins nombreuses que les femmes non immigrées (8,7 %, contre 10,9 %). C'est parmi les « Européens du Nord que les personnes seules sont les plus nombreuses (20 %), et il s'agit deux fois sur trois de femmes. Il y a aussi de nombreux isolés parmi les Italiens et les Espagnols (un peu plus de 16 %), dont également une majorité de femmes ». Cette étude précise que le taux de personnes seules, majoritairement des hommes, est nettement moins élevé chez les Algériens (12,7 %) et les populations d'Afrique subsaharienne (10,3 %). Les populations asiatiques offrent une configuration similaire : « Dans près de trois quarts des cas, les Asiatiques isolés sont aussi des hommes, mais, à l'instar des Portugais, ils sont les moins nombreux à vivre seuls (7 %) ». Si l'on considère maintenant la taille des familles ou les « ménages les plus denses », l'étude de la CNAF mentionne une nette différence entre les pays : 35 % des Marocains, près de 30 % des « natifs africains », et entre 20 et 23 % des « immigrés originaires des autres pays du Maghreb, de Turquie et du Proche-Orient » vivent dans des foyers composés d'au moins six personnes, contre 10 % des Asiatiques et 1 à 3 % des Européens du Nord et du Sud.

En termes de mixité, plus du tiers des immigrés vivent en union avec des personnes qui ne sont pas immigrées. Cette mixité disparaît quasiment lorsque le couple est formé par deux personnes immigrées. Le couple est alors qualifié d'« endogamique » : dans neuf cas sur dix, les conjoints ont la même origine. Les familles immigrées n'ont pas été et ne se sont pas tenues à l'écart des transformations qu'a subies l'ensemble de la population dans le domaine de la vie familiale : ruptures plus fréquentes, divorce, augmentation des familles monoparentales et des personnes vivant seules. Si, comme l'ensemble de la population, l'entrée dans le mariage est précédée par une vie de couple sans lien juridique, ce mode d'union reste minoritaire, en particulier pour les Maghrébins et les Turcs. En général, le laps de temps entre la vie en couple et le mariage est relativement court, c'est ce qui explique que les immigrés se marient plus jeunes que l'ensemble de la population. En matière de fécondité, Laurent Toulemon (INED) évalue, d'après une étude parue en 2004 dans la revue *Population et Sociétés*, l'indice de fécondité des femmes immigrées à 2,16 enfants sur 1991-1998 (contre 1,7 pour les femmes nées en métropole). Il est vrai que ce taux varie de façon importante selon les pays d'origine. Il est de 2,57 pour les femmes nées en Algérie, 2,97 au Maroc, 2,90 en Tunisie, 2,86 en Afrique subsaharienne et 3,21 en Turquie. Enfin, il est à noter que si les femmes immigrées démarrent leur vie de couple au même âge que les autres femmes, il en va différemment pour les hommes. Leurs calendriers matrimoniaux sont plus retardés que ceux de l'ensemble des hommes. Cela est particulièrement accentué pour les hommes immigrés d'Algérie et de Turquie.

⇢ regroupement familial

Voir TABLEAUX pages suivantes :
Nombre de familles d'immigrés selon le pays d'origine de la personne de référence de la famille
et *Répartition des étrangers par nationalité (2088)*

Nombre de familles d'immigrés selon le pays d'origine de la personne de référence de la famille

Pays de naissance de la personne de référence de la famille	Ensemble des familles		Familles avec enfant(s) de moins de 25 ans			
	Total	Dont couples	Total	Dont couples	Dont familles monoparentales	Part de familles monoparentales (en %)
Espagne	65 904	51 630	20 737	13 284	7 453	35,9
Italie	73 046	57 110	18 574	12 254	6 320	34,0
Portugal	189 461	167 060	120 412	102 415	17 997	14,9
Autres pays de l'Union européenne à 15	56 058	43 748	24 120	15 667	8 453	35,0
Autres pays d'Europe	54 211	41 659	26 871	19 270	7 601	28,3
Algérie	156 595	115 847	118 116	86 097	32 019	27,1
Maroc	144 308	119 417	122 584	100 388	22 196	18,1
Tunisie	57 347	47 205	43 076	35 260	7 816	18,1
Autres pays d'Afrique	97 102	68 954	84 957	58 256	26 701	31,4
Turquie	58 266	53 447	49 312	45 100	4 212	8,5
Cambodge, Laos, Vietnam	45 980	37 363	33 655	27 510	6 145	18,3
Autres pays d'Asie	48 938	42 204	36 676	31 247	5 429	14,8
Amérique, Océanie	20 121	13 659	14 957	9 134	5 823	38,9
Ensemble des familles d'immigrés	1 067 337	859 303	714 047	555 882	158 165	22,2
Population totale	16 096 782	14 112 183	8 604 450	7 110 789	1 493 661	17,4

Famille d'immigrés : famille dont la personne de référence et son éventuel conjoint sont immigrés.

Source : Insee, Recensement de la population, 1999.

Répartition des étrangers par nationalité (2008)

	en %	effectifs
Europe	39,2	1 454 728
Europe des 27	35,0	1 300 641
Espagnols	3,5	128 780
Italiens	4,7	174 016
Portugais	13,2	490 724
Britanniques	4,1	150 819
Autres nationalités de l'UE (27)	9,6	356 302
Autres nationalités d'Europe	4,1	154 087
Afrique	41,0	1 523 506
Algériens	12,7	470 776
Marocains	11,9	443 536
Tunisiens	3,9	143 716
Autres nationalités d'Afrique	12,5	465 478
Asie	13,7	509 929
Turcs	6,0	221 935
Cambodgiens, Laotiens, Vietnamiens	1,1	41 855
Autres pays d'Asie	6,6	246 139
Nationalités d'Amérique et d'Océanie	6,1	226 342
Total	100	3 714 505

Source : Insee, recensement 2008, exploitation principale. Champ : France métropolitaine

les femmes dans les migrations

Les femmes ont longtemps été oubliées dans les études sur les migrations, notamment internationales. Ce n'est plus possible aujourd'hui car elles y sont majoritaires, particulièrement dans les activités des services qui ne peuvent pas être délocalisées. Leurs situations sont très diverses et, tout comme les conséquences, induites pour les pays, les familles et les individus.

L'auteur du premier traité sur les migrations considère, en 1885, comme un fait établi que les femmes migrent plus que les hommes. Par la suite, les recherches sur les migrants se focalisent sur les hommes travailleurs immigrés. On suppose que ces derniers partent d'eux-mêmes alors que les femmes ne feraient que les suivre. Des ethnologues montrent cependant que le choix de la personne qui part est souvent fait par les familles et ne relève donc pas d'une capacité d'autonomie plus grande.

Surtout, les femmes semblent rester dans la dépendance de leurs maris bien qu'elles travaillent également, cependant souvent dans le secteur informel. Des sociologues soulignent dès les années 1980 que les migrantes subissent une triple discrimination, de genre, de classe et en tant que migrantes.

Aujourd'hui, l'invisibilité des femmes n'est plus de mise alors qu'elles représentent la moitié des migrants internationaux dans le monde et en France et jusqu'aux deux tiers dans certains pays asiatiques. Pas moins de huit numéros de revues, dont quatre consacrés au travail et deux aux violences, sont consacrés aux femmes migrantes depuis dix ans.

Du travail invisible à la mondialisation du service aux personnes ?

Les modèles migratoires précédents font venir prioritairement les hommes, même si les femmes suivent ensuite. Alors que le travail industriel est désormais délocalisé, de même qu'une partie des services, le travail de soin, que ce soit aux enfants, aux hommes ou aux personnes âgées, ne peut pas l'être, ce qui donne une place centrale aux femmes dans les migrations. Le travail de *care* (soin aux autres) implique de la patience et du dévouement, presque de l'amour, or ces qualités font l'objet d'une construction tout autant sexualisée que racialisée, comme le montrera l'exemple philippin. Au XIXe siècle, les Américains, qui avaient envahi les Philippines, jugeaient qu'hommes et femmes n'y étaient pas assez différents, alors que la vulgate positiviste de l'époque indiquait qu'avec la civilisation hommes et femmes vivraient de plus en plus dans des sphères différentes, le privé pour les unes, le public pour les autres. La création d'écoles d'infirmières visait à la fois la moralisation et le sauvetage de ces races considérées comme inférieures par l'inculcation des règles d'hygiène et de la docilité. Elle a servi depuis les années 1960 à combler le manque criant d'infirmières dans les pays occidentaux, lié à des salaires trop bas. Les femmes originaires des Philippines se sont ensuite disséminées vers d'autres pays, soit comme infirmières, soit comme domestiques. À Paris, des domestiques philippines gardent des enfants et font le ménage dans des familles étrangères ou françaises aisées. Cette population atypique de femmes ayant le plus souvent suivi des études universitaires et quitté maris et enfants, occupe des emplois disqualifiés, mais qui rapportent davantage qu'un travail aux Philippines. Les agences de recrutement qui jouent un rôle actif dans la production de stéréotypes nationaux leur préfèrent maintenant les villageoises indonésiennes, moins chères.

Le travail domestique est depuis longtemps une première occupation toute trouvée pour les jeunes filles peu qualifiées arrivant dans les villes. Dans le passé, Espagnoles et Allemandes sont venues travailler à Paris comme bonnes tout comme les immigrantes européennes aux États-Unis. Dans les années 1950, la France organise l'immigration antillaise vers la métropole. Les hommes sont orientés vers le secteur de la construction et les femmes vers le travail domestique, au point que, en 1968, 37 % des Antillaises constituent les personnels de service auprès de particuliers et 47 % auprès de services sociaux ou de santé. Beaucoup voudraient devenir infirmières mais deviennent tout au plus aides-soignantes. En revanche, en Grande-Bretagne les immigrantes des Caraïbes accèdent à une mobilité sociale, contrairement aux hommes.

Une grande diversité des situations

Aujourd'hui, la situation des domestiques migrantes est extrêmement diverse à l'échelle mondiale, que ce soit en termes de parcours, de statut, de rapport au droit, de rémunération et de conditions de vie. On peut grossièrement opposer deux types de domesticité, bien que les chevauchements soient nombreux. Dans les pays du Golfe, au Liban, au Yémen : les domestiques, souvent nombreuses dans une même famille, subissent une impitoyable exploitation patriarcale. Elles obtiennent rarement des contrats de travail, doivent donner leur passeport à leur employeur, subissent des horaires illimités. Elles n'ont ni le droit de sortir seules, ni de recevoir des coups de téléphone. Elles sont parfois battues, insultées, humiliées. Dans les nouvelles villes globales, les emplois de service se multiplient dans le secteur informel que ce soit pour garder les enfants des couples à deux revenus ou dans les entreprises. Privées de document de séjour et de travail, elles sont à la merci de contrôles policiers avec les conséquences que cela implique.

Même s'il est majoritaire, il serait faux cependant de ne voir l'emploi des migrantes qu'à travers les services aux personnes car les situations varient beaucoup selon les pays d'origine et d'accueil. Ainsi, à Londres, les hommes monopolisent les emplois dans les commerces et l'industrie du textile appartenant à des Bangladais. Les femmes bangladeshis doivent chercher ailleurs, ce qui leur permet de travailler comme employées ou secrétaires dans le secteur public local. Elles sont donc paradoxalement plus présentes que les hommes Bangladeshis dans le secteur formel anglais.

Néanmoins, si certaines infirmières ou femmes médecins sont déqualifiées, du fait notamment de la non-reconnaissance des diplômes, d'autres trouvent des emplois dans leur domaine que ce soit aux États-Unis, en Grande-Bretagne ou dans les pays du Golfe, voire en France. En effet, ces pays connaissent un déficit flagrant de personnel du fait de salaires trop bas. Ces diplômes sont ainsi devenus un véritable passeport pour l'émigration, pour les femmes elles-mêmes et, par contrecoup, pour leurs proches.

Un autre développement est celui des réseaux de commerçantes transfrontalières, que ce soit entre Haïti, les Antilles françaises et New York, ou entre les pays du Maghreb et les pays européens, entre le Sénégal et le Maroc. Pour les femmes tunisiennes et marocaines engagées dans des activités commerciales transfrontalières, la circulation est mise au profit de stratégies de mobilité socio-économique et d'autonomisation. Toutefois, cela s'effectue au prix de multiples négociations et arrangements au sein du foyer comme sur les routes et sur les places d'achat, qui sont des espaces essentiellement masculins. Ce paradoxe de femmes, certes matures, plus mobiles que les hommes dans des sociétés qui leur ferment souvent l'accès à l'espace public, est rendu possible parce qu'elles obtiennent plus facilement des visas que ceux-ci et par la cooptation au sein de réseaux féminins qui permettent de maintenir intacts la réputation des femmes et l'honneur des maris. Cette migration circulaire leur permet d'ailleurs de maintenir leurs responsabilités reproductives. Elles sont parfois bloquées dans un pays du Sud, faute de documents administratifs, et doivent recourir à toutes sortes de combines pour s'en sortir.

Les migrations des travailleuses du sexe sont souvent vues sous l'angle du « trafic des femmes » et donc d'une violence à abolir alors que pour d'autres il s'agirait plutôt d'un travail comme un autre à reconnaître et à réglementer. La complexité des échanges économico-sexuels est occultée au profit d'une stigmatisation. La plupart des membres de l'Union européenne et des États-Unis ont criminalisé ce trafic, sans que cette approche l'ait fait diminuer ou que l'on ait assisté les femmes. Dans tous les cas, c'est une source de richesse considérable pour ceux et celles qui l'organisent. La grande majorité des prostituées latino-américaines en Espagne se sont expatriées pour gagner vite beaucoup d'argent en toute connaissance de cause, ce qui ne les empêche pas d'être l'objet d'exploitation par les pouvoirs publics, les agents de police, les avocats mais aussi par leurs familles qui exigent toujours plus d'argent, ce qui rend d'autant plus difficile les conditions de travail et le retour. Les politiques migratoires aggravent leur situation car lorsqu'elles sont sans papiers elles sont jugées coupables d'avoir enfreint les lois.

Des conséquences variables

Toutes ces nouvelles migrations ont des conséquences aussi bien négatives que positives. Un des effets néfastes réside sans doute dans le renforcement de l'idée que les femmes doivent être au service des autres, ce qui conduit à la dévalorisation et à la non-rémunération de leur travail ainsi qu'à leur assignation à des travaux peu rémunérés, même lorsqu'elles ont des diplômes scientifiques ou administratifs. L'utilisation d'une domesticité féminine, si elle permet à des femmes du Nord de mener une carrière professionnelle, autorise aussi leurs conjoints à ne pas partager le travail domestique avec elles. L'immigration féminine peut ainsi être utilisée pour limiter les remises en cause de rapports sociaux de sexe inégalitaires. La stigmatisation et le racisme permettent aussi de justifier la déprofessionnalisation et la « re-domesticisation » des activités de soins aux personnes.

Les migrations ont parfois des conséquences négatives pour les migrantes elles-mêmes, souvent obligées de quitter leur pays faute d'emplois et non parce qu'elles le souhaitaient. Nombre d'entre elles ont des enfants qu'elles doivent laisser au pays, aux soins du père ou de leurs parents, ce qui est souvent une source de souffrances pour elles, leurs conjoints et leurs enfants, mais aussi de fatigue pour les grands-parents.

Enfin, le départ de femmes formées dans les pays du Sud est une ponction sur les ressources de ces pays, comme le souligne un récent rapport du FNUAP (Fonds des Nations unies pour les activités en matière de population). En 2000, le Ghana a vu deux fois plus d'infirmières partir que recevoir leur diplôme et, deux ans plus tard, le ministère de la Santé évaluait à 57 % le taux de vacance des postes dans la profession. Au Zimbabwe, la mortalité maternelle a quadruplé en dix ans à cause d'un nombre insuffisant de professionnels de la santé pour assurer les soins obstétricaux de base.

Cependant, ces migrations ont aussi des conséquences positives, que ce soit au niveau collectif ou individuel. Le même rapport souligne ainsi que les femmes migrantes ont envoyé en 2005 l'équivalent de quelque 200 milliards d'euros dans leurs foyers et communautés pour nourrir et éduquer les enfants, fournir des soins de santé, construire des maisons. Cet argent représente le double de l'aide publique au développement. Les femmes bangladeshis travaillant au Moyen-Orient ont envoyé chez elles en moyenne 72 % de leur salaire et 56 % de ce total sont affectés aux besoins quotidiens, aux soins de santé et à l'éducation. Souvent, les familles encouragent filles ou épouses à partir en raison des bénéfices immédiats qu'elles en retirent mais aussi parce que cela s'inscrit dans leurs stratégies d'ascension sociale. Les femmes migrantes sont devenues indispensables à la survie des communautés, des entreprises et des États. On comprend que le gouvernement philippin, par exemple, vante « ces héroïnes des temps modernes ».

Ces migrations permettent aux femmes les plus âgées de s'assurer un avenir plus prospère une fois revenues au pays; pour les plus jeunes, cette migration est souvent vue comme une migration définitive. Mêmes les infirmières philippines devenues domestiques à Paris jugent leurs salaires satisfaisants et construisent de véritables projets de vie. Elles se saisissent d'une position subordonnée pour agir à leur profit, parviennent à consolider et légitimer leur autonomie et à devenir des « entrepreneuses d'elles-mêmes sur le marché mondial de la domesticité ». Elles deviennent les pourvoyeuses de revenus par rapport à des *house husbands* (« maris à la maison »), renversant les rôles traditionnels. Au total, le bilan de la migration pour chaque femme dépend de nombreux facteurs, dont le capital humain de départ. Ainsi, des immigrées sont contentes parce qu'elles ont pu prendre soin de leurs familles, cela bien qu'elles aient souffert d'abus physiques ou verbaux, de l'exploitation, y compris sexuelle.

Transformations des rapports de genre dans le privé

Des études ont été faites sur l'impact de la migration sur la place des femmes au sein de la sphère domestique. Elles sont parfois présentées comme un groupe novateur qui s'appuie sur les valeurs égalitaires de la société d'accueil pour transformer leur propre situation alors que les hommes cherchent parfois à renforcer leur domination dans l'enceinte familiale, pour compenser une dévalorisation professionnelle et sociale et pour restaurer leur image aux yeux de leurs compatriotes. Les débats en cours autour du voile* et de l'excision* tendent au contraire à faire de la femme étrangère l'Autre soumis et inférioriseé qui soulignerait la libération des femmes occidentales. Des généralisations conduisent parfois à présenter les sociétés d'accueil comme plus égalitaires que les sociétés de départ, ce qui n'est pas toujours le cas. Ainsi, les Yougoslaves migrantes viennent dans les années 1980 d'une société qui se veut égalitaire et elles portent un regard quelque peu ironique sur l'aspect superficiel de la libération proposée aux Occidentales. De même, les étrangères mariées avec des Suisses, notamment allemands, s'étonnent : « Je pensais que je pourrais avoir une relation plus égalitaire avec un Européen ». Parfois, les conditions de l'immigration conduisent à transformer les relations entre les sexes dans un sens plus égalitaire. C'est le cas des migrantes antillaises mais aussi, dans un tout autre contexte, celui de femmes cambodgiennes arrivées en France entre 1975 et 1990, au titre de réfugiées.

Les réactions des hommes migrants aux changements des rapports entre sexes ont moins été étudiées. Des hommes portoricains des ghettos américains, confinés aux marges d'une nation ouvertement hostile à leur culture et que leur force de travail n'intéresse plus, reconstruiraient leur conception de la masculinité par le biais de la violence interpersonnelle, du parasitisme économique et de la domination sexuelle. En revanche, des migrants d'autres cultures sont attirés par la liberté sexuelle supposée de l'Occident, sans toujours en bénéficier.

Les politiques migratoires et les lois interviennent parfois négativement dans les négociations conjugales. Ainsi, l'allongement généralisé de la durée d'obtention du titre de séjour accroît la dépendance envers le conjoint, quel que soit son sexe. Néanmoins, dans les rapports des sexes actuels la violence touche plus les femmes. Des hommes menacent les femmes de les renvoyer au pays si elles ne portent pas le voile, ne font pas le ménage pour toute la famille, sortent sans leur permission. En France, les luttes menées par des associations ont permis de faire reconnaître certaines violences conjugales, y compris psychologiques, comme un motif pour obtenir une autorisation de présence sur le territoire d'un an, mais cette décision relève du pouvoir discrétionnaire du préfet. De plus, la France, au lieu de considérer que le principe d'égalité entre les sexes est un principe supérieur à tous les autres, accepte que des lois discriminatoires, comme les codes de la famille marocains ou algériens, soient appliquées sur son territoire. Une femme mariée à un Marocain ou à un Algérien peut donc se voir répudiée. Les femmes étrangères, souvent musulmanes, qui évoquent ces violences dans des lettres envoyées à des associations, témoignent de leur souhait de vivre une vie de couple marquée par l'amour et le respect mutuel.

De nombreuses mobilisations collectives

Ces politiques ont conduit à des mobilisations collectives variées. En France à partir des années 1970, des femmes étrangères, immigrées ou exilées, souvent jeunes et parfois étudiantes, constituent des groupes ou des associations favorables à l'émancipation des femmes et autonomes par rapport aux organisations politiques. Au tournant des années 1980, ces groupes se multiplient et participent aux mouvements de l'immigration, comme la Marche contre le racisme et pour l'égalité. Ils montent des projets sociaux et culturels (aide à l'insertion professionnelle, permanences juridiques, activités avec les enfants…) ou contre les violences faites aux femmes. Des collectifs revendiquent la régularisation des femmes sans papiers et un statut autonome pour les femmes immigrées venant en France par le regroupement familial. Des radios cherchent à introduire dans le débat public en France une réflexion qui associe la lutte contre les discriminations de genre et celle contre les discriminations racistes, interrogeant ainsi le modèle républicain d'intégration.

Des mouvements se coordonnent en Europe contre des conditions de vie précaires et l'exploitation dans le travail. Les difficultés que les femmes, lorsqu'elles n'ont pas de document de séjour ni de travail, rencontrent pour obtenir les droits que leur reconnaissent en théorie les sociétés d'accueil peuvent être très différentes de celles auxquelles sont confrontés les hommes migrants. D'une part, leur présence est bien souvent peu visible, du fait notamment des horaires dans les services d'entretien. D'autre part, elles peuvent se retrouver face à l'opposition des hommes quand ceux-ci estiment qu'elles remettent en question leur rôle traditionnel lorsqu'elles militent. Des travailleuses migrantes employées dans les services aux personnes ont créé une association européenne et s'appuient sur des associations de défense qui n'ont pas le droit d'influencer leurs stratégies. Elles se sont rapprochées du Comité contre l'esclavage puis s'en sont éloignées car elles considèrent qu'elles ne sont pas des esclaves et qu'elles n'ont généralement pas été trafiquées.

Elles se définissent comme femmes et comme travailleuses, exigeant de meilleures conditions de travail, grâce en premier lieu à la régularisation. Leur rapprochement avec les syndicats de domestiques, qui ont en Italie une forte identité de travailleuses, est une des raisons du succès de leurs revendications, notamment en Italie où 350 000 Européennes de l'Est ont été régularisées. D'autres réseaux s'appuient sur des répertoires d'action religieux, comme le collectif féminin « Présence musulmane ». Celui-ci fait une lecture féministe de l'islam, en y introduisant la revendication des libertés et des droits individuels. Des femmes s'y engagent après les réactions négatives vécues après les attentats de 2001 mais elles le quittent entre 2004 et 2007 au profit d'organisations mixtes favorables à la justice sociale.

L'intersection des rapports sociaux de genre, de classe et de « race »
Les recherches qui se sont développées depuis une trentaine d'années ont permis d'approfondir les analyses en termes d'intersections des rapports sociaux initiées dans les années 1970. Si certaines d'entre elles scrutent les expériences féminines, d'autres analysent systématiquement la nouvelle division du travail, induite par les interactions entre les trois régimes de genre, de migration et d'États providence, qui se déploie désormais dans un espace transnational. L'analyse en termes de triple oppression développée dans les années 1980 reste valable car l'augmentation quantitative de la présence féminine dans les migrations ne se traduit pas toujours par une amélioration qualitative. Certes, l'éventail des choix offerts aux femmes s'agrandit mais les constructions sociales du genre se renforcent également du fait de l'importance accrue des services à la personne.

⤳ mariage forcé

flux migratoires

La notion de flux vient du latin *fluxus* qui signifie « écoulement ». Dans cette locution, il y a l'idée du mouvement mais aussi celle de la fluidité. Que ce soit en médecine, en géographie, en physique ou en sociologie, le « flux » est un déplacement ou un transfert. Les mouvements de populations contraints ou non sont toujours associés à des « flux ».

Ainsi, cette notion, très souvent employée lorsqu'il s'agit d'immigration, indique l'existence de phénomènes naturels. Ce ne sont pas les rivalités et les compétitions politiques (ethniques, religieuses, etc.) entre les groupes sociaux, les États, et plus largement les rapports de dominations internationales qui sont au principe des déséquilibres économiques, écologiques et culturels. Ce sont des « flux », des « vagues », des « colonnes », des « masses », des « déplacements », etc., qui se présenteraient aux portes des pays riches sous la forme d'une *nature en mouvement*, sujette aux jaillissements et aux soubresauts spontanés et donc par nature imprévisible, irrationnelle et incontrôlable. Aussi, pour la sécurité de tous (de tous ceux qui vivent dans l'espace des sociétés capitalistes développées), et le maintien de l'ordre social des grands équilibres économiques, écologiques et culturels, il importe de rechercher inlassablement les outils, les procédures, les dispositifs et les actions les plus appropriés pour dompter cette nature. Plus encore, pour la soumettre non pas à l'imaginaire d'une « société pure » mais à une volonté souveraine de sélectionner entre ceux qui sont socialement « dignes » d'être reçus parmi ceux qui vivent dans les pays riches et ceux qui ne méritent pas (ou pas encore) un geste de solidarité (économique) ou de protection (politique et sociale) des pays les plus puissants. Ne pas se laisser *envahir par mégarde* : telle est la préoccupation politique majeure des pouvoirs d'État lorsqu'il s'agit de mouvements de populations venant de l'extérieur. C'est à partir de cette interrogation fondamentale que s'organisent la posture d'État et les choix des uns et des autres sur ce qu'il faut faire (ou non) pour « maîtriser les flux migratoires ».

De l'immigration régulière à l'immigration irrégulière

Mais le discours sur les « flux » est inséparable d'un discours complémentaire, celui sur « l'appel d'air ». Ainsi, il n'y aurait pas de « flux migratoires » sans « appel d'air ». Cette expression signifie, dans ce cadre, toute action ou incitation à venir ou à faire venir. La métaphore du « tirage qui favorise une combustion » convient parfaitement à notre propos : ceux qui viennent (légalement ou non) en feront venir d'autres qui en feront venir d'autres, etc. L'appel d'air suggère explicitement des flux de populations non maîtrisées dont la trajectoire est unidirectionnelle. Ainsi, il suffit de laisser se créer une occasion structurale (l'existence d'un centre d'accueil, d'une règle de droit qui serait « généreuse », d'une frontière mal « fermée », etc.) pour inciter les immigrés ou leur suggérer, là où ils se trouvent dans le monde, de se diriger toujours plus nombreux en direction des pays riches, les « premiers » arrivés informant ceux qui attendent la belle aubaine.

Avant les années 1970, c'est-à-dire avant l'arrêt de l'immigration de travail, le contrôle des frontières était bien différent de ce qui se passe et se pratique aujourd'hui. Les gens venaient, partaient, restaient ou « disparaissaient » juridiquement par la naturalisation. De la Seconde Guerre mondiale jusqu'à la moitié des années 1970, la majorité des étrangers qui entraient en France entraient sans contrat de travail et sans convention de main-d'œuvre. Ils arrivaient (souvent dans les camions des patrons) en situation irrégulière et presque toujours et normalement, pour l'époque, les pouvoirs publics les régularisaient après coup. L'État n'avait jamais cherché à contrarier cette gestion patronale de la main-d'œuvre immigrée. Personne ou presque ne s'offusquait de cette situation. Personne ou presque n'évoquait la crainte fatale de l'appel d'air. Mais, la croyance en l'existence inéluctable de déplacements de populations regardant toujours vers le même espace géoculturel (le monde occidental) repose aussi sur une sorte d'imaginaire statistique débridé, largement partagé (pas seulement en Europe mais dans tous les pays du monde) : il y en a tellement qui arrivent ou qui veulent venir que bientôt on ne saura plus où on est ni qui on est.

Pourtant, sans entrer dans des considérations statistiques compliquées et exhaustives, il suffit de se référer à quelques chiffres faisant consensus pour se rendre compte que la réalité est tout autre : ce n'est pas la moitié de la population du globe qui ne cesse de se diriger vers les pays capitalistes développés mais une minorité de la population mondiale (hier comme aujourd'hui) qui cherche refuge ou un confort minimum dans un pays susceptible de le leur offrir. D'après les conclusions publiées par la Division de la population des Nations unies sur les migrations internationales en 2002 (« www.unpopulation.org »), près de 175 millions de personnes (3 % de la population mondiale de l'époque) résidaient dans un pays différent de celui où elles sont nées. Le nombre de migrants a plus que doublé depuis 1975, la plupart d'entre eux vivant en Europe (56 millions), en Asie (50 millions) et en Amérique du Nord (41 millions). Dans les régions les plus développées, près d'une personne sur dix est migrante, contre une sur soixante-dix dans les pays en développement. Toujours selon la Division de la population des

Nations unies, on dénombrait, à la fin des années 2000, 16 millions de réfugiés dans le monde, dont 12 millions relevaient du mandat du Haut Commissariat des Nations unies pour les réfugiés (HCR) et 4 millions de celui de l'Office de secours et de travaux des Nations unies pour les réfugiés de Palestine dans le Proche-Orient (UNRWA). Toujours d'après la Division de la population des Nations unies, l'Asie et l'Afrique comptaient en 2002 le plus grand nombre de réfugiés (9 millions et 4 millions respectivement), et 3 millions de réfugiés se trouvent dans des pays développés. En matière d'immigration légale, selon le rapport de l'Organisation de coopération et de développement économiques (OCDE), sur les *Perspectives des migrations internationales 2010*, les entrées de migrants « permanents » bénéficiant d'un permis de séjour renouvelable ont diminué de 7 % en 2008, soit 4,18 millions de personnes. Pour les migrants dotés d'un titre de séjour non renouvelables leur taux a baissé de 4 %, soit 2,31 millions de personnes. C'est en fait le regroupement familial qui a constitué l'essentiel des mouvements migratoires légaux vers l'Europe : l'immigration familiale a progressé de 3 % (plus de 14 % pour les demandeurs d'asile). Les baisses constatées par l'OCDE en 2009 étaient déjà enregistrées en 2008. Une baisse qui intervenait après cinq années de hausse continue (11 % depuis 2003), précise le rapport de l'OCDE, et qui se « concentrait » sur les flux migratoires liés au travail (chute brutale des demandes des employeurs, comme aux États-Unis, adoption de politiques migratoires en Europe, etc.). En matière de réfugiés, la configuration se présente différemment.

Les raisons de l'exil sont de plus en plus complexes

Un réfugié sur deux provient de six pays seulement : Somalie, Bosnie-Herzégovine, Soudan, Irak, Burundi et Afghanistan. Et un réfugié sur trois vit en Iran et au Pakistan. Par ailleurs, les historiens et les géographes nous montrent qu'aujourd'hui les vagues d'immigration à travers le monde, quantitativement, sont beaucoup moins importantes que les flux migratoires lors de la seconde moitié du XIXe siècle, lors de la conquête du « Nouveau Monde » et de l'expansion coloniale. On oublie trop souvent que l'Europe, dans les années 1950, était encore le principal espace de départ des émigrés. L'inversement des flux entre le Nord et le Sud est en réalité très récent. Actuellement, c'est indéniablement du Sud que partent la majorité des migrants. Mais la France n'est nullement aux avant-postes des pays si convoités : « Sur le plan des populations résidentes, des stocks, les États-Unis, qui continuent d'exercer leur traditionnelle attraction sur le reste du monde, sont le premier pôle mondial d'accueil avec 28 millions de personnes nées à l'étranger en 1999, soit 10 % de la population américaine, devançant largement un second groupe constitué de l'Inde et du Pakistan (8,6 millions et 7,3 millions), et de l'Allemagne (7,3 millions). Un troisième groupe abrite entre 2 et 5 millions d'étrangers : Canada (5 millions), Australie (4,4 millions), Arabie Saoudite (4 millions), Côte d'Ivoire (3,4 millions), France (3,2 millions de personnes de nationalité étrangère), Royaume-Uni (2,2 millions), Hongkong (2,2 millions). En tête des pays d'immigration qui ont enregistré le solde migratoire positif le plus élevé au cours de la décennie 1990-2000 viennent les États-Unis (1,1 million en moyenne annuelle), puis l'Allemagne (359 000), la Russie (320 000), le Canada (141 400), l'Italie (116 100), Singapour (61 800) et Israël (45 400). Globalement, les pays de l'Union européenne ont gagné 8 640 000 migrants au cours de la période, soit 864 000 par an en moyenne ; la France présente l'un des soldes les plus faibles, 55 000 par an, d'après l'Insee » (Gildas Simon, 2002).

Ainsi, contrairement à une vision dominante, il y a actuellement une grande diversification des trajectoires, des modes de déplacements, mais surtout l'espace des causes produisant ces flux et ces trajectoires s'est complexifié : les guerres civiles, les conflits régionaux, les pouvoirs dictatoriaux, les famines et les catastrophes « naturelles » séparément ou se conjuguant, successivement ou alternativement, obligent les gens à partir, à aller provisoirement ailleurs. Dans un premier temps, jamais trop loin de chez soi, c'est-à-dire dans des pays frontaliers et qui ressemblent un peu au leur : autoritaire et sous-développé. Et, les conflits militaires et les catastrophes « naturelles » s'éternisant, le retour chez soi se faisant chaque jour de plus en plus improbable, alors la seule solution est d'aller voir ailleurs si les conditions ne sont pas meilleures. L'internationalisation des flux migratoires, le renforcement des contrôles aux frontières dans l'espace Schengen et les prix de plus en plus élevés des voyages ont multiplié et complexifié les itinéraires des immigrés clandestins et par là même accru l'importance des pays de transit : « Je suis resté environ un an en Turquie pour travailler au noir car je n'avais plus d'argent pour continuer mon voyage ». Ainsi, la traditionnelle distinction entre pays d'émigration et pays d'immigration devient bien souvent sans pertinence.

Ce qui apparaît de plus en plus, ce sont des pays « aux combinaisons de plus en plus complexes de fonctions ou de rôles. La Turquie, le Mexique, la Malaisie, le Sénégal et le Maroc illustrent le cas de ces pays à fonctions multiples où se combinent flux de départ et de retours définitifs ou temporaires, et transit de migrants non nationaux, et où l'immigration économique n'exclut pas l'accueil temporaire ou définitif de réfugiés » (Gildas Simon, 2002). Tous les pays de la communauté européenne sont confrontés à cette présence inattendue.

Des populations « embarrassantes » de plus en plus nombreuses

Des millions de clandestins vivent au sein de l'Union européenne et ne peuvent pas ou ne veulent pas être reconduits dans leur pays d'origine. Il n'est pas exagéré de considérer que nous avons là, en grand nombre, des nationaux sans État vivant dans des nations qui les transforment en apatrides de fait, c'est-à-dire des immigrés de partout et de nulle part. L'apparition, dans l'espace européen, de ce phénomène de masse date du début des années 1990. Cette sensibilité politique nouvelle des États européens à ces « flux sauvages », ce désarroi commun à l'égard de l'immigration, des demandeurs d'asile et des clandestins, sont à l'origine de la multiplication des lieux d'interception et d'enfermement d'étrangers en situation irrégulière. Mais, sans nul doute, les attentats de septembre 2001 contre les États-Unis, vont participer de manière décisive à une nouvelle perception des phénomènes migratoires. Il suffit d'être attentif aux travaux de l'Union européenne pour se rendre compte que dorénavant, l'immigration clandestine, l'asile et le terrorisme sont trois termes systématiquement associés. Peu à peu, de durcissements en restrictions, l'immigration ordinaire, l'immigration clandestine, l'asile et le terrorisme ont été constitués en une *problématique indifférenciée*. Parallèlement aux questions difficiles que pose aux sociétés démocratiques l'intégration sociale et culturelle de nombreuses populations étrangères ou issues de l'immigration, la préservation du territoire par la surveillance accrue des frontières nationales et européennes fait l'objet d'une véritable élaboration politique en soi, d'un souci et d'un horizon collectifs : contrôler, surveiller, intercepter, enfermer et expulser sont devenus les éléments incontournables d'une gestion internationale de l'immigration clandestine. Ces lieux publics ou privés où sont placés ces surnuméraires se comptent par centaines au sein de l'Union européenne

(Olivier Clochard, Smaïn Laacher, 2006). Inutile de les rechercher sur une carte, ils n'ont leur place sur aucun atlas et ne s'égrènent pas, contrairement à ce que l'on pourrait croire, sur les pourtours des pays ou près des frontières. Ils se situent dans les villes ou à leur périphérie, dans les aéroports internationaux ou dans les espaces invisibles d'un banal paysage. Leur vocation n'est pas d'être vus ni de durer éternellement, à l'instar des prisons ; seuls les barbelés qui les entourent signalent leur présence. Demain, ce centre d'enfermement aura peut-être disparu ou été remplacé par un autre plus loin. Le clandestin aura reçu une « invitation à quitter le territoire », autrement dit une invitation à poursuivre son errance, à rechercher un autre lieu d'arrivée dans un autre pays. Ce que Georges Perec, à propos des nouveaux immigrés qui arrivaient à New York au début du XXe siècle et transitaient par Ellis Island, résumait ainsi : « Rien n'était encore acquis, où ceux qui étaient partis n'étaient pas encore arrivés, où ceux qui avaient tout quitté, n'avaient encore rien obtenu ». Il est bien question, ici et toujours, de frontières. Se protéger, protéger son territoire et ses ressortissants, réguler et discipliner les flux et les stocks migratoires va bien au-delà d'une démonstration de la force et du droit de l'État. La frontière comme mode d'exclusion légitime est la manifestation d'une volonté symbolique faite au nom du peuple : se préserver du dehors, sélectionner les entrants et contrôler les présents. Autant de conditions nécessaires pour persévérer dans son être national et ainsi maintenir l'opposition entre le national et le non-national, seule garantie du principe de discrimination positive pour les nationaux. Aujourd'hui, en France, en Europe et partout ailleurs, les plans de travail et de réflexion se dessinent sans ambiguïté : rechercher les meilleures formes d'endiguement contre cette nature incontrôlable qu'est l'immigration non désirée.

⇢ asile, centres de rétention, OCDE, passeurs, routes et filières

Français à l'étranger

Partir à l'étranger pour valoriser ses diplômes ou ses compétences est devenu un projet relativement banal dans la société française. En 2007, 1 373 000 Français sont inscrits dans les consulats de France, dont la moitié environ de binationaux ; selon les estimations du Sénat, leur nombre réel est estimé entre 2 et 3 millions. La tendance est à la hausse si l'on en croit la forte croissance des immatriculations observée de 1991 à 2002 (solde migratoire positif compris entre 220 000 et 280 000). La forte croissance des transferts financiers des Français de l'étranger (source Banque mondiale) démontre l'apport méconnu de cette nouvelle économie migratoire française, dont les revenus sont désormais nettement supérieurs à celui des remises d'argent effectuées par les immigrés en France vers leur pays d'origine (en 2007, 12 milliards d'euros contre 8 milliards d'euros).

Du schéma colonial à la mondialisation spatiale. La géographie de leur implantation, longtemps calquée sur l'ancien dispositif colonial (Afrique du Nord, Afrique subsaharienne, Indochine), s'est totalement modifiée à la suite de la décolonisation. Elle exprime désormais le nouveau schéma de la mondialisation économique. Après le temps de la préférence accordée à l'Afrique, renforcée par l'importance de la coopération (1960-1980), est venu celui de la longue diminution du nombre des Français dans ce continent. La part de l'Afrique du Nord et de l'Afrique francophone continue à décliner depuis la décolonisation (perte de 11 % de 1984 à 2002). L'exode des Français de Côte d'Ivoire à la suite de la dernière crise (2004) marque la fin de cet espace migratoire colonial. À l'inverse, celui de leur présence dans les pays les plus développés ne cesse de se renforcer et l'Amérique du Nord, associée à l'Union européenne, regroupe les 3/4 des Français à l'étranger. Les destinations préférées sont les États-Unis (183 000), le Canada (116 000) et les pays d'Europe occidentale (Suisse : 129 000 ; Allemagne : 108 000 ; Royaume-Uni : 106 000). Mais l'attrait croissant des économies émergentes de l'Europe de l'Est et plus récemment d'Asie (Inde et Chine) s'affirme nettement depuis le début des années 2000.

Cette évolution spatiale démontre l'intégration économique de la France (5e rang des exportations mondiales) dans les processus de la globalisation et de mise en connexion des espaces auxquels les entreprises françaises participent très activement. Pour la population en âge d'activité, les techniciens de haut niveau, les ingénieurs et les cadres, l'internationalisation de la formation et des références professionnelles devient la règle au sein de cette noria mondiale des savoir-faire et des compétences et l'importance de la mobilité internationale est devenue fondamentale dans les stratégies personnelles dans l'évolution des carrières de haut niveau.

Des statuts et des projets différents, un ensemble social en mutations. La communauté française à l'étranger n'est pas homogène sur le plan du statut juridique et social; elle se répartit en plusieurs catégories. On distingue les « détachés », par exemple des fonctionnaires qui partent ou sont envoyés à l'étranger pour une période déterminée par contrat. Les « expatriés » désignent ceux qui sont détachés par leur entreprise; ce statut concerne actuellement le quart des actifs français. Mais si leur part relative baisse en Afrique francophone (déclin de la coopération, repli économique et changement de stratégies des entreprises), elle s'accroît dans les pays les plus développés et les économies émergentes d'Asie. Il y a ensuite les « résidents permanents » dans le pays étranger, en grande partie *binationaux*, dont la part augmente plus vite que l'ensemble de la population immatriculée dans les consulats français. Enfin, les jeunes qui tentent une expérience d'expatriation sans projet à long terme (effets du chômage, recherche d'un métier plus qualifiant à l'international, recherche d'exotisme). Tel est le cas de nombreux Français de Londres où résideraient plus de 100 000 Français, certains travaillant à des postes élevés de la City, d'autres employés dans les services de proximité et sans véritable qualification. Le phénomène de la retraite hors frontière complexifie encore l'équation; de plus en plus nombreux sont les seniors qui passent la majeure partie de l'année dans les pays de la façade ensoleillée de l'Europe (Espagne, Italie), ainsi que sur la rive sud de la Méditerranée (Tunisie, Maroc).

La géographie des lieux d'origine (Bretagne, Pays basque, Alpes du Sud, Corse) et la sociologie qui leur est associée se sont profondément transformées. Issus de catégories sociales moyennes ou « élevées », pourvus d'un niveau de formation et de qualification supérieur à celui des générations précédentes, les Français qui émigrent maintenant proviennent désormais des métropoles régionales et de l'agglomération parisienne qui assure à elle seule plus du tiers des Français de l'étranger. Cette représentation des migrants originaires des grandes villes est un signe supplémentaire de la mondialisation migratoire qui s'accomplit actuellement et la différencie nettement de la phase précédente du XIXe siècle où la majorité des émigrés était issue des sociétés rurales. Bien que l'attachement culturel et affectif au pays d'origine demeure l'une des bases actives de la « communauté » migrante – beaucoup possèdent ou ont acquis grâce à leurs revenus migratoires un bien dans une grande agglomération française ou une maison en province – l'évolution récente, avec des séjours à l'extérieur plus courts, laisse présager à terme la transformation des rapports et des liens traditionnels avec les lieux d'origine.

⇢ émigration française, Le peuplement européen vers le Nouveau Monde (partie Temps forts)

le Front national et l'immigration

L'immigration est par tradition le thème favori des courants nationalistes. L'extrême droite porteuse d'un nationalisme étroit, s'est successivement incarnée dans le bonapartisme, le boulangisme, l'anti-dreyfusisme, les ligues, le fascisme, Vichy, le poujadisme et l'Algérie française avec les principes d'exclusion pour ciment idéologique. On retrouve un processus identique sous la Ve République. Le Front national a hérité de manière désordonnée des différents courants dans un « fourre-tout idéologique ». Cette nouvelle forme de nationalisme, appelé « national populisme », prend appui sur le peuple et ses racines profondes.

Création du parti en 1972

Le Front national, créé en 1972 au cours d'une période durant laquelle l'extrême droite était à la fois violente et en manque d'audience, ne constitue pas un mouvement très original quant à ses positions sur l'immigration, même si des nuances et des ajustements liés au contexte peuvent être établis. La capacité de mobilisation des nationalistes se mesure plus dans leurs discours sur l'immigration que dans leurs programmes politiques généraux. Le Front national a su capter efficacement les tendances xénophobes de l'opinion et leur donner une audience centrale dans l'espace public. Plus encore, le parti de Jean-Marie Le Pen incite la société française à s'interroger sur son identité.

Le succès du Front national coïncide avec l'apparition de l'immigration comme thème central de la vie politique et des préoccupations des Français. Jean-Marie Le Pen est consacré homme politique de premier plan après son succès à *l'Heure de vérité*, le 13 février 1984 : le taux d'audience de l'émission atteint plus de 17 % de parts de marché soit plus de trois millions de foyers. Succès confirmé lors d'un second passage, le 16 octobre 1985 où le record d'audience est battu avec 32 % de parts de marché, soit environ six millions de foyers.

Un « effet Le Pen » s'est rapidement diffusé dans l'opinion, alimenté par les médias. Fort de cette adhésion soudaine des Français, le président du Front national a su construire un parti politique structuré et s'entourer d'adjoints efficaces tels Jean-Pierre Stirbois et Bruno Mégret. À chaque intervention, la question des étrangers se profile directement ou indirectement à travers l'insécurité, le chômage, la diplomatie ou la culture. Le Front national est la traduction politique du repli identitaire, le porte-parole des exigences d'une partie de l'opinion. Son influence sur les comportements et les attitudes a largement dépassé la sphère de ses seuls sympathisants.

En progression depuis 1983

La progression électorale de l'extrême droite depuis 1983 est significative d'une sensibilité nouvelle de l'opinion. Aux élections municipales de 1983, l'extrême droite connaît un premier succès : la liste de Jean-Marie Le Pen dans le XXe arrondissement de Paris recueille 11 % des suffrages, celle de Jean-Pierre Stirbois à Dreux en septembre, plus de 16 % ; à Aulnay-sous-Bois, en novembre le FN remporte plus de 9 % des voix et dans le Morbihan en décembre environ 12 %. À l'occasion des élections européennes du 17 juin 1984, le succès de la liste conduite par Jean-Marie Le Pen apparaît comme l'élément le plus important du scrutin : avec 11 % des suffrages et plus de deux millions d'électeurs, le Front national joue désormais un rôle clé sur l'échiquier politique confirmé par les élections cantonales de 1985 (9 % des suffrages) puis les législatives et régionales de 1986 (10 % des suffrages). L'ancrage du FN se confirme : le parti jouit dès lors d'une assise politique avec la présence de députés et sénateurs au Parlement européen ainsi que 130 conseillers généraux. En mai 1988, Jean-Marie Le Pen obtient plus de 14 % des voix, soit près de quatre millions et demi d'électeurs au premier tour de scrutin, jusqu'à ce que le candidat du FN ne parvienne à se hisser au second tour du scrutin de l'élection présidentielle à l'occasion du « choc du 21 avril » en 2002. Cette présence, malgré la mobilisation « citoyenne » qu'elle suscite, révèle les errements d'une France de plus en plus sensible aux arguments racistes, simplistes, faisant de « l'Autre » un bouc émissaire malgré l'évidente diversité ethnique et culturelle de ses composantes.

« Les Français d'abord »

Si le Front national se montre hostile aux étrangers depuis sa création, ce n'est qu'avec le succès politique qu'il élabore un véritable projet hostile aux immigrés. Jean-Pierre Stirbois et Jean-François Jalkh publient en 1985 un *Dossier immigration* présentant les principes frontistes : préférence nationale en matière d'emploi, modification du Code du travail afin de donner la priorité à l'embauche aux ressortissants français, réforme du Code de la nationalité en supprimant les cas d'accession automatique. Le 16 novembre 1991, Bruno Mégret propose 50 mesures d'urgence lors d'un colloque du Front national intitulé « Immigration : les solutions ».

La création d'un « observatoire de l'immigration », le contrôle strict des associations proches des immigrés, l'abrogation de la loi de 1972, la « protection de l'identité nationale » afin de bannir « le cosmopolitisme de l'Éducation nationale » en instaurant des quotas d'immigrés par classe, la conversion des foyers SONACOTRA en foyers d'accueil pour Français, le démantèlement des ghettos », l'arrêt de la construction de mosquées et la limitation des écoles coraniques complétaient ce programme. La réforme du Code de la nationalité est instamment réclamée, la mesure la plus spectaculaire étant la suppression des naturalisations acquises depuis 1974 calquées sur le principe rétroactif de destitution de la nationalité appliqué par le gouvernement de Vichy.

La défense de l'identité française apparaît comme le thème central de l'idéologie frontiste. La nation, comme la famille, seule valeur susceptible de garantir l'épanouissement des Français, doit être défendue contre les périls qui la guettent, parmi lesquels l'immigration notamment extra-européenne. Le meilleur moyen de défendre la collectivité est d'en exclure ceux qui sont « non identifiables » et de lutter contre un double danger constitué à l'intérieur par les travailleurs immigrés et leurs enfants et à l'extérieur par les clandestins.

« Les Français d'abord », la préférence nationale a remplacé le discours sur la race, l'immigré représente l'ennemi, l'impur, alors que le Français se place au cœur d'un réseau concentrique d'alliances dont les cercles plus ou moins rapprochés définissent la hiérarchie à l'égard des différentes nationalités : « J'aime mieux mes filles que mes cousines, mes cousines que mes voisines, mes voisines que les inconnus, les inconnus que mes ennemis. Par conséquent, j'aime mieux les Français, c'est mon droit. J'aime mieux les Européens ensuite, et puis j'aime mieux les Occidentaux, et puis j'aime mieux dans les autres pays du monde ceux qui sont les alliés et ceux qui aiment la France » (Jean-Marie Le Pen à *l'Heure de vérité*, Antenne 2, le 13 février 1984). À travers un discours élaboré, le FN a capté un racisme ordinaire bien ancré dans la société française.

« Une France propre »

La rhétorique xénophobe fonctionne à partir de l'accumulation d'affirmations tranchées et faciles à saisir, la réduction de la complexité du phénomène migratoire à quelques théories simples, la tautologie du style « un immigré est un immigré », « trop d'immigrés c'est trop… », les slogans moralisateurs, l'image de courage et de franchise, la référence virile du combat pour l'Algérie française, le désir de parler directement avec les Français. Dénoncer l'invasion de la France, tel était le credo des militants du Front national : « Si nous ne mettons pas rapidement un terme à la situation voulue et créée par ces messieurs du système, l'histoire dira sans doute un jour que la France commença à changer de couleur dans les années 1970-1980, pour, de vieille nation européenne qu'elle était, devenir une nation afro-asiatique » (*Militant*, novembre 1983).

Le Front national distingue les migrations récentes aux précédentes vagues migratoires de populations blanches et chrétiennes n'ayant pas engendré de métissage. Prenant pour exemple les États-Unis ou le Brésil, la société multiraciale apparaît comme un échec cuisant : non seulement le mélange ethnique s'avère impossible mais le fossé entre les peuples semble se creuser inéluctablement sous l'effet de l'intégrisme musulman. L'indifférenciation par le mélange correspond à un nivellement par le bas et tout croisement est vécu par les frontistes comme un abâtardissement, un déclin du niveau culturel français. L'extrême droite prône dès lors un respect des différences qui traduit l'urgence d'une « légitime défense identitaire ». Pour justifier au mieux son attitude, le Front national avance des raisons esthétiques voire écologiques. Préserver la « beauté de la France », lutter contre ceux qui la défigurent, c'est défendre l'identité : « Une France propre est une France sans éléments immigrés » (*le Monde*, 2 novembre 1991). Le refus de l'immigration se fonde ainsi sur la volonté de « protéger le corps social de toute souillure venue de l'extérieur ».

Ce désir névrotique de pureté conduit Jean-Marie Le Pen à mythifier l'identité nationale dans un cadre clos et statique : celui qui est différent, l'étranger, devient une menace et nourrit la phobie du mélange, du métissage. Conséquences de l'antisémitisme nazi, invalidation scientifique des pseudo-théories raciales, adoption d'une législation antiraciste, insuccès de l'extrême droite depuis 1965 : le Front national, soucieux de séduire l'opinion, s'est imposé une retenue sémantique. Le fonctionnement par non-dit, par connivence avec une partie de l'opinion à travers des sous-entendus a porté ses fruits dans un contexte où une bonne partie de l'opinion française accepte mieux les différences que par le passé. La tendance générale est à la modération tant chez les cadres que chez les militants, l'état-major du FN instaurant sur ce point une véritable discipline interne.

Une image plus lissée

Jean-Marie Le Pen se défend d'être raciste, refusant d'être classé à l'extrême droite. Subtilement, le leader frontiste récupère l'accusation de racisme pour la retourner contre ses adversaires, s'en prenant au racisme « anti-Français » ou « anti-Blancs ». Toutefois, une querelle de génération a existé au sein du Front national sur ce point, de manière encore plus nette depuis que Marine Le Pen a succédé à son père début 2011. Les « anciens » plutôt virulents, activistes, extrémistes, campés sur leurs positions passées s'opposent aux « modernes » plus modérés, hostiles à l'activisme, soucieux de leur bonne image, envisageant même des alliances avec d'autres groupements politiques de droite. La modération l'emporte, confirmée par l'image plus lisse de celle que le public appelle « Marine ». Le rejet s'exprime ainsi dans un langage plus feutré ou codé. Le discours du Front national use ainsi de métaphores pour diffuser ses valeurs. Le recours à des procédés rhétoriques habiles désignant les dangers de l'immigration permet de transmettre le message sans employer de termes racistes : métaphores biomédicales (maladies, intoxication, contamination, plaies), guerrières (bataille, capitulation, subversion, sabotages, « cinquième colonne ») et métaphores de cataclysme (submersion, naufrage, noyade). Cette maîtrise du langage permet au parti d'adoucir son image raciste et d'attirer une partie de l'opinion.

⇢ invasion

G-H-I

les grands frères Les émeutes des Minguettes à Vénissieux en 1981 ont fait entrer pleinement la question de la jeunesse immigrée dans le champ des problèmes sociaux et des politiques publiques. La production institutionnelle et sociologique au cours des années 1980 et 1990 campe des jeunes occupant physiquement et socialement l'espace du quartier, acteurs principaux qui font et défont d'une certaine manière le quartier. Le discours commun autour de « l'absence du père immigré » dans l'espace privé et public et celui de la force de la socialisation de la rue sur la socialisation familiale pour les jeunes de ces quartiers, assurent le succès de l'idée des « grands frères », nouvelles figures d'autorité de substitut. La politique des emplois jeunes lancée en 1997 va permettre d'institutionnaliser cette idée, à travers le développement des emplois de médiateurs sociaux, d'agents d'ambiance et autres animateurs de quartiers, recrutés principalement par des sociétés de transport ou par des municipalités de droite comme de gauche. Leurs missions principales sont la gestion de la violence et des conflits et la pacification de la vie de quartier. L'expérimentation des « grands frères » formalisée à travers les emplois jeunes, a révélé des effets pervers sur plusieurs plans: les ratés de la professionnalisation non assurée par les contrats emplois jeunes ont constitué « les grands frères » en une catégorie de travailleurs sociaux au rabais, sans le titre professionnel, la formation et la carrière l'accompagnant ; leur statut incertain et leur fonction assignée les plaçaient, de surcroît, dans une position ambivalente entre les institutions employeuses et leurs pairs, les jeunes du quartier. Sur le plan des principes, les grands frères illustrent un mode de régulation sociale ethnique des problèmes sociaux, lequel est de fait, plus souvent décrié par les observateurs (ethnicisation croissante des emplois et des rôles sociaux, enfermement communautaire et spatial) que loué (pragmatisme et modes d'implication des acteurs du quartier).

Haut Commissariat des Nations unies pour les réfugiés

(HCR) Le Haut Commissariat des Nations unies pour les réfugiés est une agence de l'Organisation des Nations unies (ONU) ayant pour mandat d'apporter protection et assistance aux réfugiés. Le HCR est dirigé par un haut-commissaire élu pour 5 ans par l'Assemblée générale sur proposition du secrétaire général de l'ONU. Le HCR est également assisté d'un Comité exécutif, actuellement composé de 78 États membres de l'ONU, qui se réunit une fois par an pour examiner et approuver les programmes et le budget du HCR, donner des conseils de protection internationale et discuter d'un large éventail d'autres questions avec le HCR et ses partenaires intergouvernementaux et non gouvernementaux. Le statut du HCR, dans lequel sont définies ses missions et ses compétences, a été adopté par l'Assemblée générale des Nations unies le 14 décembre 1950. Par cette décision, l'Assemblée générale invite le HCR à aider les États à rechercher des solutions permanentes au problème des réfugiés.

Le mandat du HCR est à la fois spécifique et universel. En effet, il s'exerce non seulement à l'égard de personnes devenues réfugiées en raison d'événements particuliers, essentiellement la Seconde Guerre mondiale, mais également à l'égard de toute personne se trouvant hors de son pays de nationalité et qui craint avec raison des persécutions du fait de sa race, de sa religion, de sa nationalité ou de ses opinions politiques (article 6 A II du statut du HCR). À cette responsabilité principale du HCR, définie dès l'origine par l'Assemblée générale de l'ONU, s'ajoute celle concernant les apatrides et les personnes déplacées internes, c'est-à-dire des personnes qui, sans quitter leur pays de nationalité, fuient leurs régions d'origine en raison de craintes de persécution.

Le HCR n'est pas la première agence internationale ayant eu pour mandat d'assister et de protéger les réfugiés. Déjà en 1920, la Société des Nations (SDN) confie à un haut-commissaire pour les réfugiés la responsabilité de s'occuper des réfugiés russes, victimes de la Révolution de 1917. Dans un contexte difficile, le haut-commissaire pour les réfugiés de la SDN parvient à résoudre une question importante, celle du statut juridique des réfugiés, *des étrangers à part* qui ne peuvent pas compter sur la protection de leur pays de nationalité.

Les attributions du haut-commissaire pour les réfugiés de la SDN ont par la suite été élargies à d'autres catégories de réfugiés, mais, la crise économique de 1929 et l'aggravation des tensions politiques en Europe dans les années 1930 n'ont pas permis à la SDN de traiter efficacement les crises successives génératrices de mouvements de réfugiés à la veille de la Seconde Guerre mondiale. À l'issue de ce conflit, l'ONU met en place en 1946 l'Organisation internationale pour les réfugiés (OIR) avec pour mission principale de trouver des pays d'accueil pour les réfugiés et les personnes déplacées par la Seconde Guerre mondiale.

Dans le contexte de guerre froide qui se développe alors entre les États-Unis et l'Union soviétique, l'accent est mis sur le libre choix des personnes concernées, principalement originaires de régions désormais contrôlées par le bloc de l'Est. Les États-Unis accueillent la majeure partie de ces réfugiés en provenance du continent européen mais souhaitent qu'à terme, les États européens en voie de reconstruction assument une partie de cette responsabilité. Après le démantèlement de l'OIR, créée pour 3 ans seulement, il revient au HCR de poursuivre cette mission. La création du HCR est cependant marquée par un contexte de guerre froide plus prononcé, générateur de nouveaux flux de réfugiés dans différentes régions du monde (Asie, Proche-Orient) et la volonté des États-Unis de contrôler et d'orienter les activités en faveur des réfugiés en fonction de leurs intérêts stratégiques.

Les États-Unis ont ainsi grandement limité les possibilités pour le HCR de développer des activités d'assistance pour les réfugiés et favorisé des réponses spécifiques aux crises émergentes en créant des programmes ou des structures en dehors du cadre des Nations unies ou du HCR. Malgré cette marginalisation, le HCR parvient, grâce à des donations privées, à développer des programmes d'assistance pour les réfugiés de la Seconde Guerre mondiale toujours sans solution, et à démontrer sa pertinence politique dans le contexte de guerre froide, en aidant notamment le gouvernement de la République fédérale d'Allemagne à faire face à la crise provoquée en 1953 par l'afflux de personnes quittant l'Allemagne de l'Est et se réfugiant à Berlin Ouest.

Deux prix Nobel de la Paix. À partir de cette période, le HCR est impliqué dans plusieurs crises majeures génératrices de mouvements de réfugiés ; la crise hongroise de 1956, la guerre d'Algérie qui débute en 1954, les Chinois réfugiés dans la colonie britannique de Hongkong depuis l'établissement de la République populaire de Chine en 1949, etc. La période des décolonisations qui débute dans les années 1960 en Afrique amènera le HCR à développer considérablement ses activités d'assistance aux réfugiés et aux personnes déplacées à l'intérieur de leur pays. Les opérations d'assistance et de protection du HCR permettront également de faire face aux crises de réfugiés en Amérique latine et dans le Sud-Est asiatique dans les années 1970 et 1980. Au terme de cette période, le HCR s'impose comme un acteur incontournable dans le domaine humanitaire dont le rôle et les actions sont honorés par deux prix Nobel de la Paix en 1954 et 1981.

Les années 1990 sont cependant marquées pour le HCR par une succession rapide de crises complexes, l'exode des Kurdes après le premier conflit en Irak, le génocide au Rwanda, la dissolution de l'ex-Yougoslavie et de l'Union soviétique. Dans le même temps, l'intérêt des États pour la problématique des réfugiés s'est amenuisé suite à la fin de la guerre froide et la moindre importance stratégique de cette question. Le HCR travaille dès lors dans un contexte politique et économique nouveau où l'accès à la protection et à l'assistance est rendu plus difficile par les mesures prises par les États pour lutter contre les mouvements incontrôlés de population. À la fin 2008, il reste néanmoins 42 millions de personnes affectées par les conflits ou la persécution, y compris 16 millions de réfugiés et 26 millions de personnes déplacées internes.

⟶ asile, réfugiés

Haut Conseil à l'intégration (HCI)

La création du Haut Conseil à l'intégration fait suite au rapport du Commissariat général au plan publié en 1988 à la Documentation française, intitulé « Immigration : le devoir d'insertion ». Auparavant, le rapport Long autour du débat sur la réforme du code de la nationalité publié en 1988, « Être français aujourd'hui et demain », fait émerger le concept de « volonté d'intégration ».

Le Haut Conseil à l'intégration a été créé à la fin de l'année 1989 par décret du 19 décembre 1989 du gouvernement de Michel Rocard, à l'occasion d'une prise de conscience des problèmes nouveaux posés dans le champ de l'intégration (à la suite de l'affaire dite du foulard islamique de Creil) et dans un contexte d'enracinement du Front national dans le paysage politique français. On venait de prendre pleinement conscience de la sédentarisation de l'immigration maghrébine tout en découvrant qu'elle ne déboucherait sans doute pas sur une assimilation totale comme ce fut le cas pour les migrations précédentes d'origine européenne.

Institué auprès du Premier ministre, le Haut Conseil à l'intégration est rattaché actuellement pour sa gestion au ministère de l'Immigration, de l'Intégration, de l'Identité nationale et du Développement solidaire.

La vocation du Haut Conseil à l'intégration. Il a été conçu à l'origine comme un comité de sages à composition intergénérationnelle et pluraliste nommé par décret du président de la République sur proposition du Premier ministre. Le collège, nommé pour 3 ans et dont le président est issu, est composé au maximum de 20 membres choisis parmi des personnalités du monde universitaire, de la politique, de l'entreprise, de la culture, des médias ou du sport, et pour une part, issues de l'immigration ou des départements et collectivités d'outre-mer. Il a été renouvelé le 4 avril 2006.

Le secrétariat du Haut Conseil est assuré par un secrétaire général nommé par arrêté du Premier ministre. Le HCI se réunit en principe une fois par mois lors de la séance plénière. Il peut lui arriver de se réunir plusieurs fois par mois dans le cadre d'une commande d'un ou plusieurs avis. Chaque groupe de travail est composé de membres et de rapporteurs issus traditionnellement de l'Inspection générale des affaires sociales (IGAS) mais également, ces dernières années, de la magistrature ou du Conseil d'État.

Le Haut Conseil à l'intégration élabore un rapport annuel, émet des avis consultatifs et fait toute proposition utile, à la demande du Premier ministre ou du Comité interministériel à l'intégration, sur l'ensemble des questions relatives à l'intégration des résidents étrangers ou d'origine étrangère.

Les présidents. Il a été présidé successivement par Marceau Long, vice-président du Conseil d'État (1990-1997), Simone Veil, ancien ministre (1997-1999), Roger Fauroux, ancien président de Saint-Gobain (1999-2001), Blandine Kriegel (2002-2008), philosophe des droits de l'homme, professeur des universités. Roger Fauroux a été à l'origine de l'élargissement des membres du Haut Conseil, qui est alors passé de 9 à 20 membres au plus, ainsi que de la nomination de personnalités issues de l'immigration.

Sous la présidence et l'impulsion de Mme Kriegel, le HCI a reçu comme mission supplémentaire d'animer les échanges publics concernant les politiques d'intégration tant sur le plan européen que sur le plan international, et a été sollicité pour la remise de nombreux avis. Précédemment, la mission était limitée à des rapports annuels remis au chef du gouvernement et publiés ensuite par la Documentation française.

Actuellement, le Haut Conseil est présidé depuis le 3 novembre 2008 par Patrick Gaubert, président de la Ligue internationale contre le racisme et l'antisémitisme (LICRA), et ancien député européen.

Dès 1990, Michel Rocard a confié à cette haute instance la mission de coordonner et de présenter chaque année les statistiques relatives à l'immigration et à l'intégration. Mission qui sera poursuivie par l'Observatoire statistique de l'immigration et de l'intégration (OSII), créé le 2 juillet 2004 au sein du HCI. Jacqueline Costa-Lascoux, directrice de recherche au CNRS, en a assuré la direction de juillet 2004 à juillet 2007. L'OSII a collecté et harmonisé les statistiques publiques en matière de flux migratoires. Elle a fait paraître un rapport annuel de 2003 à 2007. Depuis la création du service des statistiques du ministère de l'Immigration, de l'Intégration, de l'Identité nationale et du Développement solidaire, créé le 18 mai 2007, l'Observatoire n'est plus chargé de la collecte des statistiques sur les flux.

Depuis 1990, 18 rapports ou avis (tous publiés à la Documentation française), ainsi qu'une étude – « Les élus issus de l'immigration dans les conseils municipaux, 2001-2008 », réalisée par le sociologue Jean-François Amadieu –, ont été produits permettant de nourrir le débat public et pour certains l'action des pouvoirs publics. Créé en 1989 pour réfléchir sur l'ensemble des questions relatives à l'intégration des résidents étrangers ou d'origine étrangère, le HCI a contribué, à travers ses différents rapports, à améliorer le niveau d'information des pouvoirs publics et de l'opinion sur un sujet de société complexe souvent à l'origine de polémiques et d'affrontements idéologiques.

La question du maintien de son existence a été posée, en 1998, à l'issue de son rapport sur les discriminations, certains considérant que la problématique de la lutte contre les discriminations s'était totalement substituée à la problématique de l'intégration. Le HCI, lui-même, avait suggéré sa transformation en autorité indépendante chargée de lutter contre les discriminations, mais, par la suite, a considéré que la seule problématique de la lutte contre les discriminations ne rendait pas caduque la problématique de l'intégration.

À sa manière, le Haut Conseil à l'intégration a continué à s'interroger, à réfléchir, à alerter l'opinion publique comme les pouvoirs publics sur les enjeux du « modèle français de l'intégration » mettant en débat les questions qui en résultent pour essayer d'y apporter des réponses pertinentes qui soient à la fois respectueuses des droits de l'homme et de la tradition républicaine. Il a contribué à dépassionner les débats autour de l'immigration en facilitant une meilleure prise en compte, par les pouvoirs publics, de certaines problématiques nouvelles liées à l'évolution des flux migratoires.

Quelques dates clés

19 décembre 1989	Décret portant création du Haut Conseil à l'intégration
28 février 1990	Nomination de M. Marceau Long à la présidence du HCI
16 avril 1997	Nomination de Mme Simone Veil à la présidence du HCI
19 octobre 1998	Nomination de M. Roger Fauroux à la présidence du HCI
23 octobre 2002	Nomination de Mme Blandine Kriegel à la présidence du HCI
2 juillet 2004	Installation de l'Observatoire des Statistiques de l'Immigration et de l'Intégration du HCI
4 avril 2006	Renouvellement des membres du HCI
3 novembre 2008	Nomination de M. Patrick Gaubert
15 mai 2009	Arrêté fixant le montant de l'indemnité forfaitaire du président du HCI

hospitalité L'hospitalité est liée à *l'accueil gratuit*, à l'action de recevoir chez soi. Dans l'Antiquité c'était le droit réciproque de recevoir, sans rien demander en retour, des étrangers ou des passants et d'être reçu par d'autres. L'accueil se faisait de particulier à particulier, de famille à famille, mais aussi de ville à ville. Jacques Derrida relie et fait contenir dans un même esprit, culture, morale de l'hospitalité et le chez-soi ou la demeure. L'hospitalité, « c'est la culture même et ce n'est pas une éthique parmi d'autres. En tant qu'elle touche à l'*ethos*, à savoir à la demeure, au chez-soi, au lieu du séjour familier […] *l'éthique est hospitalité*, elle est de part en part coextensive à l'expérience de l'hospitalité, de quelque façon qu'on l'ouvre ou la limite ».

Si l'hospitalité est une des lois supérieures de l'humanité, une loi universelle, bref un droit naturel, donc par définition inaliénable et imprescriptible dans son fondement, en revanche, l'accueil dans un État-nation obéit à des contraintes du droit de l'État. La loi de l'hospitalité se heurte aux lois nationales régissant l'accueil des étrangers. Entre le devoir d'hospitalité (qui n'est pas seulement théorique même s'il est trop souvent violenté) et le devoir de définir et de se rendre maître de l'accueil et du séjour de non-nationaux sur son territoire, la relation n'est pas fondée sur le dialogue, la négociation et la compréhension communicationnelle mais sur la force légitime, parfois sur la violence pure.

L'enjeu est le respect de la morale qui préside aux relations d'honneur entre l'invité et son hôte, celui qui personnifie éminemment l'hospitalité. Dans la visite, on n'est pas *un* étranger en général car le lien qui s'instaure à cette occasion, fondé comme dit Émile Benveniste sur « l'égalité par la compensation », est un lien qui s'établit entre *cet* étranger, un étranger concret (accessible et prévisible) et le citoyen du pays. Dans la résidence ou le séjour, l'enjeu est, au contraire, l'établissement d'une demeure : demeurer, construire, prendre des habitudes ; c'est l'inscription de sa présence dans la durée, et celle-ci *oblige* tôt ou tard à une redéfinition du partage des biens, des valeurs et de l'espace entre l'indigène et le nouveau venu. La visite ne touche pas l'ordre du monde national, son souci est plutôt son respect. La résidence, parce qu'elle est un mouvement de pérennisation, quand il s'agit de migrations, pose la question des *droits* et de la *protection* (ce qui est inséparable) du nouveau résident, autrement dit de sa place dans le nouveau monde et de la valeur que celui-ci va accorder à ses actes et à ses opinions. Seul le nouveau monde du résident aura le pouvoir, pour reprendre une formule d'Hannah Arendt de « rendre les opinions signifiantes et les actions efficaces » au nouvel arrivant.

Lorsqu'on est étranger dans une nation qui n'est pas la sienne on est tenu et on doit se tenir (c'est dans le droit) à l'écart de la *maison* (l'État-nation), c'est-à-dire des multiples affaires de la cité et des éventuels désaccords qui y régneraient. L'étranger est là, spectateur présent, il regarde et entend mais fait semblant de ne pas voir et de ne pas écouter. L'invité est et doit rester, en toutes circonstances, un être absolument prévisible. Il doit être, comme dit Kant, un « homme de principe, dont on sait avec certitude ce que l'on peut attendre, non pas certes de son instinct, mais de sa volonté [...] ». L'irrespect de cet impératif éthique absolu, toujours bien se conduire dans la demeure d'autrui, est en soi l'équivalent d'un délit. Et c'est probablement le seul que la société ne pardonne jamais car il est perçu et vécu comme une violation de l'intérieur, de l'intériorité, une trahison de la confiance accordée. Une ingratitude, c'est-à-dire un don sans retour. D'*étranger invité*, le « fautif » voit son statut se transformer en *étranger hostile*. Ce délit est un attentat à l'hospitalité, autrement dit une offense à la culture et aux « obligations » qu'elle prescrit en matière de relations à soi et aux autres, de comportements obligés lors du séjour chez l'étranger.

identité nationale

L'identité et l'appartenance sont à l'évidence des notions beaucoup plus problématiques que celle d'immigration. Celle-ci renvoie à un enjeu relativement simple à circonscrire : la présence d'un immigré est-elle légitime ou non ? Cet enjeu n'est pas un enjeu théorique puisque le droit définit ce qu'est un étranger. Est étranger le non-national ou celui qui n'a pas la nationalité du pays vers lequel il a émigré. À ce propos le code de la nationalité ne fait pas référence à la condition de l'immigré mais aux conditions d'accès à la nationalité française et à son éventuelle déchéance. Il en va autrement de l'identité et de l'appartenance car ce sont elles qui sont censées dire l'ultime vérité sur la nature de la présence de l'immigré dans les discours sociaux et politiques. Pourtant, il importe de ne pas confondre l'identité et l'appartenance.

Les mots et leurs significations

L'identité désigne la relation d'unité à soi, et soulève le problème des rapports avec les autres et avec le devenir. *Le Petit Robert* donne la définition suivante de l'identité : « caractère de ce qui demeure identique à soi-même ». C'est continuer à *être soi-même* dans des histoires ou des situations différentes. Même lors de moments d'épreuves douloureuses. L'ambivalence du concept vient du fait que l'identité est mobilisée comme grille explicative des tensions entre processus d'individualisation et la permanence des appartenances collectives. *Je suis* Pierre Dupont ou André Dubois *est* André Dubois, voilà ce qu'est l'identité. L'appartenance renvoie à un autre fondement et s'exprime au travers d'une pluralité de mécanismes. « Je suis sociologue et j'appartiens à la communauté des sociologues » signifie mon appartenance à tel ensemble. Mais ce n'est pas ma seule appartenance : je suis aussi et par ailleurs père, mari, fils de, etc. Ainsi, l'appartenance est donc le *rapport* de l'individu au groupe dont il fait partie. Elle renvoie en pratique à l'adhésion, l'affiliation, l'inscription au sens quasi administratif du terme. *L'appartenance exclusive* (*n'être que* breton ou kabyle ou français ou marocain, etc.) est un enfermement dans une logique mortelle : tous ceux qui ne partagent pas une identité commune, qui ne sont pas identifiés comme possédant une « même » culture sont des personnes ou des groupes condamnables, légitimement persécutables (« ce sont des chrétiens », « ce sont des homosexuels », etc.). Mais, selon le contexte national et politique, le persécuteur peut devenir à son tour persécuté. L'imperméabilité à d'autres appartenances est très souvent à la source de la haine collective et de massacres collectifs. Bien entendu, la confusion entre identité et appartenance, dans les pays démocratiques ouvre sur des débats passionnés mais nullement sur des logiques de mort ou d'exclusion radicale. À cet égard, la création du ministère de l'Immigration, de l'Intégration, de l'Identité nationale et du Codéveloppement, en 2007, fut un moment important de controverses idéologiques sur le thème qui nous intéresse ici. Contrairement à une idée répandue à l'époque, ce ministère n'ouvre pas sur une nouvelle période mais bien au contraire traduit la fin d'une époque, celle où la droite française ne pensait l'immigration uniquement qu'en termes de répression. Aujourd'hui, à ce volet policier sont raccordées une gestion internationale des flux migratoires et l'ouverture à la « diversité » (Français d'origine étrangère) aux plus hautes fonctions de l'État. Cette configuration n'est nullement spécifique à la France. Elle est maintenant quasi générale dans l'ancienne Union européenne des quinze. Ce ministère de l'Immigration ne fait au fond que centraliser ce qui existait déjà sous l'autorité de différentes administrations. Après tout, un *ministère de l'Immigration et de l'Intégration* n'eut été infamant pour personne. L'État français n'aurait été ni le seul ni le premier en Europe. Et l'existence d'un tel ministère en Europe ne fait pas du continent européen un espace d'états racistes. C'est l'apparition et l'insertion de la thématique de « l'identité nationale » constituée comme enjeu d'État susceptible d'une gestion politique et bureaucratique qui ont beaucoup surpris et indigné. Et pas seulement le « peuple » de gauche.

Identité nationale et immigration. Quelle relation ?

À quoi renvoie, pour ce ministère, *l'identité nationale* ? La réponse n'est pas difficile à trouver. Pour dire les choses rapidement, l'État a en charge et depuis longtemps l'identité nationale sans pour autant que cela soit stipulé et codifié comme tel : tout simplement en permettant sous certaines conditions l'inclusion de l'autre chez-soi. Par quel moyen ? En usant légitimement du monopole des conditions juridiques et symboliques d'accès à la nationalité française. Mais alors pourquoi avoir objectivé sous forme de *souci d'État officiel* la protection de l'identité nationale ? Parce que c'est par l'accueil des nouveaux venus dans l'ordre national et donc dans leur nouvelle nationalité que vient se loger et se traduire pour l'actuel gouvernement la défense nationaliste de l'identité nationale. Devenir le national d'une nation par la naturalisation, à y regarder de près, relève non pas tant du langage du droit mais du langage de l'honneur et de la puissance : c'est un honneur qu'il faut mériter et dont il faut prouver, avant et après, qu'on l'a bien mérité. Celui ou celle qui se voit attribuer la nationalité française est ainsi honoré par cette nouvelle *qualité* et cette nouvelle *dignité*. C'est exactement la même logique politique et symbolique qui préside à l'exercice du droit d'asile et à l'octroi du statut de réfugié. Dans les deux cas, il est exigé d'avouer publiquement les vraies raisons de sa venue, qui toujours doivent impérativement se référer, sous peine d'être désavouées, au moins moralement, à un idéal d'hospitalité* et de protection dont l'étendue concorde avec l'espace Schengen, c'est-à-dire avec une aire culturelle ou une civilisation commune aux États partageant la même philosophie des droits de l'homme. Mais pourquoi en 2007 ? Trois raisons peuvent contribuer à expliquer sa création effective. Tout d'abord, une remise en cause culturelle par les forces de droite de leurs schèmes de perception dans les domaines de l'immigration, de la nation et de l'autorité étatique. La Cité* nationale de l'histoire de l'immigration (CNHI) doit en grande partie son existence à la ténacité de Jacques Toubon, ancien ministre de droite. Ensuite, en face, la gauche et l'extrême gauche se sont accommodées depuis des années d'un vide réflexif quant à ces mêmes problématiques, ainsi que celles de la mondialisation des flux migratoires et de la question nationale. Leur discours dominant demeure celui de l'indignation et de l'imprécation. Enfin, et cette réalité n'a jamais été examinée, l'élite issue de l'immigration, celle insérée depuis une vingtaine d'années dans les appareils, les cabinets ministériels et les cercles confidentiels de réflexion, a sans aucun doute grandement contribué à décomplexer la droite en matière d'immigration, d'appartenance nationale, de mœurs et de religion. Rachida Dati et Rama Yade, que tout sépare de Tokia Saïfi et Azouz Begag en sont la traduction la plus éclatante. Rachida Dati est membre de l'Institut Montaigne, du club Le Siècle et fondatrice du Club du XXIe siècle dont Rama Yade est une des animatrices. Autant d'espaces fermés de socialisation politique et de rencontres providentielles. Tout sépare le parcours de ces deux femmes (Rachida Dati et Rama Yade) d'avec celui de Fadela Amara (type de scolarisation, appartenance politique, etc.). Cette dernière est la seule des trois femmes issues de l'immigration à avoir eu un parcours politique à gauche. Il est de faible pertinence sociologique de mobiliser la grille inopérante de la fascination du pouvoir et de la carrière pour expliquer la présence de cette dernière aux côtés de Nicolas Sarkozy pendant trois ans. Son ralliement n'a strictement rien à voir avec celui de Bernard Kouchner, de Jean-Marie Bockel et d'Éric Besson. Ces derniers sont à la fois l'expression et la traduction d'une redéfinition des frontières et des critères qui ont pendant longtemps fondé les différences politiques et culturelles entre la gauche et la droite sur des thèmes aussi fondamentaux que l'égalité, le marché, le rapport hommes-femmes, la justice sociale, l'économie et la redistribution, etc. Rachida Dati et Rama Yade ont rejoint Nicolas Sarkozy par adhésion politique. Fadela Amara traduit, quant à elle à sa manière, non pas la cécité de la gauche, mais son refus tout à fait volontaire de ne pas laisser « entrer » et accéder à des positions de pouvoir une partie de l'élite issue de l'immigration qui avait cru qu'elle pouvait être *naturellement* accueillie à gauche. Aussi, cette nouvelle donne ne peut être réduite à un « coup » politico-médiatique. Si cette perspective n'est pas dénuée de fondement, elle est en réalité infiniment plus que cela. Elle traduit des transformations profondes et « contradictoires » de la société française à l'œuvre depuis une trentaine d'années : restriction du droit de séjour et mondialisation des flux migratoires, perméabilité des frontières et maintien de l'identité nationale ou de la souveraineté nationale, etc. Si nous devions proposer une formule synthétique, nous pourrions dire que depuis plus de trente ans il y a en France un processus de *nationalisation de l'immigration*. Comme il n'y a pas d'opposition ou de frontière entre individu et société, il n'y a pas d'un côté des immigrés et de l'autre la société et ses institutions. Nous sommes en présence de dépendances qui lient étroitement l'individu (qu'il soit immigré ou non) à sa société.

Nation et habitus national

Aussi, l'habitus national n'est-il pas la simple continuation d'une psychologie individuelle ni une substance fondamentale dont les conduites individuelles seraient une manifestation. L'habitus national est un indicateur qui renvoie au fait suivant : les hommes intériorisent, le plus souvent inconsciemment, des normes et des valeurs comportementales, mais aussi, comme dirait Norbert Elias, le « destin de leur peuple ». De façon lente, contradictoire, et parfois violemment, cela ne fait pas l'ombre d'un doute. Il suffit de penser, par exemple aux différences subjectives et objectives qui séparent les immigrés de confession musulmane entre eux, et une partie d'entre ces derniers du reste de la population française en matière de rapports hommes-femmes, d'antisémitisme et d'homophobie. Sur un autre registre aussi important, comme la pratique religieuse et la « loyauté » envers le pays d'accueil, selon une étude réalisée par l'institut Gallup, la majorité des 80 % de musulmans de France s'estiment « loyaux » envers leur pays, alors que 44 % du reste de la population jugent qu'ils le sont, contre 35 % d'avis contraire et 21 % sans réponse. Ce sondage a été réalisé en 2008 dans 27 pays européens sur des échantillons représentatifs d'environ 500 musulmans par pays et de 100 à 1 000 personnes pour la population d'autres religions. Ces deux exemples ne sont nullement contradictoires. On peut parfaitement être socialement et culturellement réactionnaire (antisémite, contre l'avortement, machiste et homophobe) et de confession musulmane, mais néanmoins « loyal » envers les lois de la République ; c'est-à-dire veiller à ne pas laisser s'exprimer publiquement autant de réactions négatives, sachant d'ailleurs qu'elles sont punies par la loi.

Une enquête exhaustive montrerait très certainement que le niveau de religiosité de la population est fortement lié au niveau de vie. Ainsi, un autre sondage réalisé par le même institut Gallup, entre 2006 et 2008, sur « l'importance de la religion dans la vie quotidienne » dans 143 pays et auprès d'un échantillon d'un millier d'adultes (18 ans et plus) dans chaque pays, et une méthodologie basée sur des entretiens téléphoniques et le face-à-face, donnait les résultats suivants. Parmi les pays dont la religion était estimée importante dans la vie quotidienne :

l'Égypte arrive en tête du classement (100 % des sondés), le Bangladesh (99 %), le Sri Lanka (99 %), la Sierra Leone (98 %), le Maroc (98 %), la République démocratique du Congo (98 %), etc. Parmi les 10 pays dont les habitants accordent moins d'importance à la religion se trouvent la Suède, le Danemark, le Japon, la Norvège. La France occupe le 9e rang. L'Estonie est en tête de cette liste avec seulement 14 % de réponses positives parmi les sondés. Dans les 27 pays considérés comme faisant partie du monde développé, 38 % des personnes interrogées disent que la religion est importante dans leur vie quotidienne. Aux États-Unis, bien que le degré de religiosité varie selon les États et les régions du pays, 65 % de tous les sondés déclarent que la religion est importante dans leur vie. Il est à noter que l'étude de Gallup ne dit rien sur ce que signifie « être religieux » dans les différentes parties du monde. Elle ne parle pas non plus des différentes confessions religieuses.

Finalement, les processus d'individualisation s'effectuent sur le fond d'une communauté nationale partagée. Et c'est bien cela qui explique la transition (processus lent, conflictuel et contradictoire, mais irréversible) de l'habitus social à l'habitus national. Ainsi, pour ne prendre qu'un exemple parmi d'autres, ce que l'on considère comme un « trait » de la société française (en particulier aux yeux d'immigrés de confession musulmane), à savoir sa plus grande tolérance à l'égard de l'homosexualité depuis le début des années 1990 (vote du pacs au parlement en 1999, succès populaire de la gay pride, « quartiers » gays, couples gays et lesbiens dans les séries télévisées, etc.), était en réalité originellement une *spécificité sociale* : lancé dans les années 1970, le Mouvement de libération gaie était essentiellement composé de militants intellectuels et/ou d'intellectuels militants homosexuels. Cette *spécificité sociale* non seulement s'est élargie à d'autres milieux sociaux mais elle eut, historiquement, un effet différé sur de nouvelles populations, principalement constituées de familles nationalement composites : l'apparition d'associations « homosexuelles issues de l'immigration » ou, ce qui revient ici quasiment au même, d'associations « laïques luttant contre toutes formes d'homophobie », se constituant en porte-parole national. Tel est le cas de l'association Manifeste des libertés qui est à l'origine d'une pétition appelée « Halte à l'homophobie » signée par des journaux nationaux, comme *Libération* et *l'Humanité* et de nombreux intellectuels, artistes, etc. :

« Pour les islamistes comme pour tous les machistes et intégristes –, "être un homme" veut dire avoir le pouvoir sur les femmes, y compris le pouvoir sexuel. À leurs yeux, tout homme qui est pour l'égalité entre les sexes est potentiellement un sous-homme, un "pédé". Ce mode de pensée est récurrent depuis la montée de l'islamisme politique, et sa férocité n'a d'égal que son hypocrisie. L'un des organisateurs de la manifestation du samedi 7 janvier 2004 en faveur du voile déclare qu'"il est scandaleux que des gens qui se sentent choqués par le foulard ne se sentent pas choqués par l'homosexualité" : pour lui, sans doute, une société vertueuse est une société qui enferme les femmes derrière des voiles, et les homosexuels derrière des barreaux, comme on l'a vu faire en Égypte. On frémit en pensant à ce que ces théories, si elles venaient à triompher, entraîneraient pour les "impudiques", à savoir les femmes non voilées, les homosexuels, ou les mécréants. Nous considérons, au contraire, que la reconnaissance de l'existence de l'homosexualité, et la liberté pour les homosexuels de mener leur vie comme ils l'entendent, est un indéniable progrès : à partir du moment où un individu ne contrevient pas aux lois qui protègent les mineurs, les choix sexuels de chacun concernent chacun, et en aucun cas l'État » (février 2004).

Cette réalité nouvelle, inséparablement sociale et sexuelle, parce que publiquement nommée et exposée, s'accompagne d'une transformation du sens et de la fonction religieuse de la virilité et de son contenu. On est ainsi passé d'une lutte circonscrite à l'espace de l'homosexualité et des homosexuel(le)s à une nationalisation et donc à une politisation et à une juridicisation des rapports de sexes incluant l'homosexualité féminine et masculine, et pour les populations immigrées de confession musulmane, impliquant une déconstruction de « l'assise virile dans l'islam ». Cela est sans aucun doute possible parce qu'un État, des droits et des publics sont susceptibles de prendre en charge et de faire prospérer une culture anti-homophobe. Dans de nombreux pays, c'est proprement impossible pour ne pas dire impensable. On perçoit ainsi que l'habitus national d'un peuple n'est pas une substance fixée à tout jamais comme peuvent le penser ou le faire croire les tenants du « caractère national » ou de « l'identité nationale », mais qu'il est profondément lié à la forme de l'État qui lui correspond. La production d'un habitus national est grandement contrainte et restreinte par de puissantes inégalités sociales et culturelles et non pas seulement par des « discriminations » considérées aujourd'hui comme la thématique centrale et l'explication majeure de l'inégale distribution des biens et des services (emploi, revenu, logement, éducation, etc.). Refuser de transformer la question sociale (au sens large) en rapports ethnico-culturels, ce n'est pas seulement refuser de se laisser imposer les préoccupations plus ou moins intellectualisées et esthétisées de technocrates « progressistes » de grandes institutions régionales finançant des recherches dans l'air du temps. C'est aussi s'éloigner d'une vision de la justice sociale en termes « d'identité » et de « diversité ». Tout changement de place sociale est à la fois cause et effet d'une confrontation à des choix (matériels, intellectuels ou moraux), à des points de vue qui confirment ou qui vont à l'encontre des siens, à des engagements qu'il faut accepter ou refuser, etc.

L'école comme vecteur de transformations domestiques

L'école est, de ce point de vue, paradigmatique. En particulier quand on l'examine à partir du point de vue des familles, c'est-à-dire de leur confrontation aux impératifs de l'institution scolaire. On observe alors comment se constitue, avec ou sans héritage scolaire, un double processus de *séparation* avec le groupe d'origine et d'*agrégation*, problématique mais réelle, aux mondes de la culture dominante. Sans aucun doute possible l'école a été et reste un dispositif central non seulement de ces changements internes à l'immigration, mais aussi corrélativement dans la production de nouvelles dispositions culturelles d'individus et de groupes ayant pour effet une autre relation à l'immigration. Mesurer le chemin parcouru est une autre manière d'observer, non pas tant la réussite sociale, mais l'abandon d'une position sociale vers une position supérieure. Ce passage ne s'effectue jamais d'un seul coup, ni sans difficultés mais toujours par un lent processus de distanciation et de petites distinctions. Ce passage signifie aux yeux de tous (pour soi-même et pour les autres, immigrés et Français) un progrès, une progression dans le processus de *séparation* d'avec les exclus de l'école et du travail et une agrégation aux groupes scolarisés et professionnellement intégrés. La perspective se modifie et, avec elle, la notion même de réussite sociale et scolaire quand le bachelier étranger d'origine modeste mesure le chemin qui reste à parcourir. Sa scolarité, en particulier dans le second cycle du secondaire, est un moment privilégié d'apprentissage des différences sociales à travers les écarts qu'il découvre dans la valeur inégale des différentes séries et aussi à travers le calcul raisonnable de ce qu'il peut socialement attendre.

Co-appartenance et le lien symbolique par le droit

On perçoit ainsi, que si l'ensemble de ces activités, processus et pratiques, se déroule au sein du cadre national, celui-ci ne doit pas occulter que l'espace public démocratique, ses divisions et leur régulation exposées publiquement, devient, pour parler comme Claude Lefort, la *figure indéterminée* des principes de mises en rapport des individus et des groupes. Cette relativisation de la nation comme cadre premier et ultime de l'identité des individus et des groupes s'atteste notamment dans la construction européenne et la place qu'occupe désormais le droit communautaire européen, et en particulier la Convention européenne des droits de l'homme.

C'est cette logique lente mais irréversible de *dénationalisation* des droits, de la protection des personnes et des recours contre les États qui explique la montée en puissance de la justice et de l'institution judiciaire, ou de ce que l'on appelle la juridicisation des rapports sociaux. Ainsi, face au rétrécissement du principe national (mais nullement à sa disparition ni à sa force symbolique), comme principe ultime et dernier, la justice se présente désormais comme un des lieux où s'énoncent la co-appartenance et le lien symbolique entre les individus quels que soient leur condition sociale, leur sexe, leur statut juridique (français ou non), et leur confession. Dans cette perspective, Hugues Poltier est tout à fait fondé à faire de la salle d'audience un *lieu symbolique* où se renouvellent l'attachement et le rattachement des différentes parties en litige à un *espace commun* fondé sur un ensemble de règles et où se déploie un conflit dont l'enjeu premier pour toutes les parties est d'obtenir la reconnaissance publique que leurs actes sont bien en conformité avec les règles communes.

Ne sommes-nous pas dans ce type de configuration lorsque ces femmes étrangères ou d'origine étrangère victimes de violences conjugales décident pour la première fois de leur vie de s'adresser à la « justice française » (lors de mon enquête c'est une expression entendue à chaque entretien) pour que celle-ci reconnaisse le tort subi, pourvoie en protection et assure réparation ? Il s'agit bien ici de lien (à faire ou à refaire) à une communauté plus large. Participer à un procès ou s'adresser à l'institution judiciaire vaut reconnaissance explicite des règles qui président à son déroulement. Ces règles ont une histoire et leur histoire est inséparable de l'histoire nationale.

→ État-nation

le fantasme de l'invasion

Parmi les conséquences des révolutions dans le monde arabe au début de l'année 2011, les mouvements de populations venues du sud de la Méditerranée vers l'Europe sont l'une de celles qui retient le plus l'attention. Plus particulièrement, l'arrivée en France de plusieurs milliers de Tunisiens clandestins transitant par la petite île italienne de Lampedusa depuis le mois de janvier 2011 n'a pas manqué de susciter l'émotion autour du thème de « l'invasion ». Chiffres inquiétants, douaniers s'estimant « submergés », reportages spectaculaires dans les journaux télévisés, opinion excitée au sujet du contrôle des frontières : la crainte d'un afflux massif et continu de Maghrébins dans l'Hexagone a contraint le ministre de l'Intérieur à effectuer une visite « sur le terrain ». Sur fond de tension franco-italienne mettant en évidence les vicissitudes des pays de l'Union européenne en matière de gestion de l'immigration clandestine, Claude Guéant n'hésite pas à se rendre dans la zone frontalière entre Menton et Vintimille, le 4 mars 2011, afin de prendre la mesure du problème et de rassurer les Français en réaffirmant sa volonté d'intensifier les reconduites à la frontière.

Une vieille antienne. À la faveur d'une actualité que la France a déjà connue ces dernières années avec l'arrivée de nombreux ressortissants algériens fuyant la guerre civile qui sévissait dans leur pays en 1993-1994, ou l'affaire de *l'East Sea*, embarcation transportant 908 boat people kurdes échouée à Saint-Raphaël en février 2001, ou encore de l'arrivée dans un bateau de fortune de 124 réfugiés syriens et irakiens sur les plages de Bonifacio en janvier 2010, la vieille antienne de l'invasion de la France par les étrangers retrouve des couleurs.

Ainsi, les discours d'aujourd'hui s'inscrivent dans une continuité qu'il serait aisé de faire remonter à l'Antiquité avec les fameuses « invasions barbares » ou au Moyen Âge avec la pression des Sarrasins faisant de l'épisode de 732, lorsque Charles Martel repousse les Arabes à Poitiers, un point de repère connu de tous, que les avis hostiles à la présence de migrants maghrébins n'hésitent pas à rappeler. Avec autant de popularité, d'aucuns n'hésitent pas à faire usage de la figure de Jeanne d'Arc pour faire écho à la nécessaire lutte du temps présent contre « l'envahisseur » susceptible de mettre en péril l'identité nationale.

Pour la seule période qui commence avec la IIIe République, le spectre d'une arrivée massive de populations pauvres venues d'ailleurs gagne les esprits. Omniprésente à la fin du XIXe siècle et pendant l'entre-deux-guerres pour stigmatiser les Juifs mais aussi les réfugiés russes, arméniens, italiens ou espagnols, cette angoisse collective est révélée par divers écrits parmi lesquels le roman de Louis Bertrand intitulé *l'Invasion* décrivant l'afflux sans discontinuer d'Italiens dans la région marseillaise, a marqué son époque. Mêlant réalités et fantasmes, le thème de la France envahie par les immigrés alimente un discours commode, propagé par de nombreux canaux au premier rang desquels se trouve une extrême droite influente.

De l'extrême droite à la droite, le catastrophisme cultivé. Quelques décennies plus tard, héritier de cette tradition, Jean-Marie Le Pen en fait un argument électoraliste fécond en martelant à qui veut l'entendre : « On livre le peuple français à une véritable invasion des immigrés ». S'il n'était que très rarement question d'invasion violente, hormis quelques tendances à présenter l'immigration maghrébine comme une « guerre d'Algérie à l'envers » voire une nouvelle « Occupation » comparable à celle des Allemands en 1940, les tenants de l'idéologie de la préférence nationale face aux « invasionnistes » évoquent plutôt une dépossession de la France par le nombre qui, progressivement, cantonnerait les « vrais » Français à n'être plus qu'une minorité dans leur propre pays.

Mais, au-delà du Front* national, dans le contexte d'une médiatisation accrue de la « question de l'immigration » au cours des années 1980, différents milieux politiques s'emparent du terme « invasion » et de son système de représentations, notamment autour de métaphores en lien avec les éléments naturels ou météorologiques. Les propos d'Alain Peyrefitte dans son essai remarqué *le Mal français*, en 1976, en donnent une illustration : « La nature a horreur du vide. Dans un monde sans frontières, la coexistence de hautes et de basses pressions démographiques est génératrice de perturbations. Une osmose violente ce serait une invasion comme la France en a déjà connu tellement. Une osmose pacifique : ce sera l'invasion déjà commencée d'immigrants ». En 1991, dans *le Figaro*

Magazine, Valéry Giscard d'Estaing n'hésite pas à comparer « immigration » et « invasion ». Cet amalgame provoque une intense polémique : opération médiatique ou volonté de séduire l'électorat du Front national, l'ancien président de la République a touché un point sensible.

Il faut dire que ces prises de position sont nourries par des thèses prônant la lutte contre la dénatalité et le vieillissement de la population. Celles du démographe Alfred Sauvy (1898-1990) sont les plus connues du grand public, livrant dès les années 1960 des analyses scientifiques alarmistes sur l'évolution d'une France condamnée inexorablement à une invasion de populations étrangères venues du tiers-monde. Un essai publié en 1987, au titre emblématique *l'Europe submergée*, y fait directement référence, dans le sillage de son célèbre ouvrage publié en 1973, *Croissance zéro* dans lequel, en usant des codes de la littérature d'anticipation. Alfred Sauvy décrit une invasion maritime de la France par un bateau venu du Pakistan. Dans un futur proche, une centaine d'affamés pakistanais ou bengalis s'embarquent sur un vieux bateau à la recherche d'une terre pour survivre. Après plusieurs mois d'errance, ils échouent sur les côtes du sud de la France. Alerté, le gouvernement français envoie des gendarmes et des CRS sur les côtes. En dépit des sommations que ces boat people ne comprennent pas, les passagers mettent à l'eau des chaloupes, chargées de femmes et d'enfants. Les gendarmes n'osent pas tirer. Pour ne pas compromettre la saison touristique qui bat son plein, les réfugiés sont rapidement envoyés à l'intérieur du pays, et parqués dans un village presque abandonné des Alpes-de-Haute-Provence. C'est à ce moment qu'on apprend le départ d'un second bateau du Pakistan…

La peur de l'Autre toujours. Inspiré par ce type d'études, le romancier Jean Raspail exploite cette thématique pour son ouvrage *le Camp des saints*, paru en 1973 et présenté de manière spectaculaire en service de presse : « Dans la nuit sur les côtes du midi de la France, cent navires à bout de souffle se sont échoués, chargés d'un million d'immigrants. Venus du Gange, ils sont l'avant-garde du tiers-monde qui envahit pacifiquement l'Occident pour y trouver l'espérance. À tous les niveaux, conscience universelle, gouvernement, équilibre des civilisations, et surtout chacun en soi-même, on se pose la question, mais trop tard : que faire ? ». Dans son numéro du 26 octobre 1985, *le Figaro Magazine*, qui use des mêmes ressorts catastrophistes sur l'immigration sous la houlette de Louis Pauwels et

Alain Griotteray, publie un dossier spécial intitulé « Serons-nous encore français dans trente ans ? » qui active le mythe de l'invasion en proposant sur la couverture la photographie d'un buste de Marianne recouvert d'un tchador. Le dossier, rédigé sous la plume du démographe Gérard-François Dumont, auquel Alfred Sauvy et Jean Raspail apportent leur concours, explique chiffres à l'appui comment la France sera envahie par les ENE (Étrangers d'origine non européenne, c'est-à-dire les migrants et leurs descendants ayant « fait souche ») en 2015.

Le thème de l'invasion, réponse fantasmatique aux temps de crises qui touchent l'Occident, apparaît comme l'expression récurrente d'une vision négative des flux* migratoires envisagés dans leur caractère massif et inéluctable. Susceptible de nourrir un sentiment de déclin qui taraude sporadiquement l'opinion française, la figure simplificatrice de « l'immigré-envahisseur » traverse les milieux scientifiques et plus encore la sphère politico-médiatique, révélant une peur de l'Autre toujours aussi difficile à surmonter de nos jours.

⇢ Front national

l'islam entre rupture migratoire et contradictions des pouvoirs publics

Aucune statistique officielle – laïcité oblige – ne permet de chiffrer avec précision le nombre de ceux qui, en France, se réclament de l'islam. Il est cependant convenu depuis les années 1990 de le considérer comme la deuxième religion de France. Tablant sur des estimations déduites avec plus ou moins de rigueur selon les origines nationales des migrants (pays du Maghreb, Turquie et pays d'Afrique noire pour l'essentiel) médias, acteurs politiques et religieux s'accordent depuis 2000 à considérer que le nombre des musulmans oscillerait entre 5 et 6 millions.

Quelle que soit l'ampleur du mouvement de sédentarisation, les évolutions de l'islam en France demeurent fortement tributaires des dynamiques migratoires qui sont à l'origine de sa transplantation. De sorte que l'analyser en termes « d'islam immigré », comme le proposait le sociologue de l'immigration Abdelmalek Sayad à la fin des années 1980, reste d'actualité : cela aussi bien pour comprendre la place qu'il prend dans la vie des migrants et de leurs descendants que pour saisir la manière dont les musulmans sont perçus par la société française et les pouvoirs publics.

La rupture migratoire

À la différence de vagues d'immigrés de tradition catholique, les vagues d'immigrés de tradition islamique des années 1960 et 1970 ne bénéficient ni d'institutions ni de professionnels susceptibles de répondre à leurs besoins religieux. Les logiques d'agrégations religieuses se déploient spontanément hors de toute régulation institutionnelle au gré des solidarités affinitaires. Ces groupes affinitaires sont au départ autant de lieux d'échanges informels de mutualisation des expériences et des informations au sujet des institutions et de l'environnement hostile qu'est la société d'immigration. Ces groupes peuvent devenir le creuset d'un entre-soi religieux s'organisant autour des pratiques rituelles de base, telles que la prière et la célébration des fêtes.

Ce réinvestissement des pratiques religieuses – que de nombreux primo-arrivants confessent avoir laissées « derrière eux au bled » – s'affirme dans le courant des années 1980 lorsque l'immigration de travail se transforme en immigration de peuplement. Le regroupement familial accroît la demande de rituels nécessaires à l'organisation de la vie sociale et pour laquelle la religion joue un rôle central. Demandes et offres islamiques évoluent de conserve: les mouvements et associations islamiques gestionnaires de lieux de culte se multiplient alors. La sédentarisation, en posant la question de la transmission, renforce la fonction de médiation identitaire jouée par l'islam. La valorisation de la composante islamique de l'identité permet en effet aux parents et aux enfants de se prévaloir d'une commune appartenance à une « lignée » tout en évitant le délicat positionnement en termes d'appartenance nationale. Elle offre une référence permettant d'atténuer les tensions entre des parents tournés vers le retour au pays et les enfants socialisés dans la société d'accueil, le plus souvent Français et aspirant à s'intégrer au destin politique de l'ancienne puissance coloniale.

À l'islam « honteux » et reclus dans l'espace domestique des années 1970 et 1980 succède à partir des années 1990 un islam plus identitaire qui en fait autant une culture ou une religion qu'une condition sociale d'exclu ou de dominé. Cette valorisation de l'islam n'est étrangère ni au contexte de crise économique ni aux bouleversements de la cartographie symbolique induits par la révolution islamique en Iran et l'effondrement du monde communiste. Tandis que les grammaires d'identification et de mobilisation collectives qu'offraient le travail, la syndicalisation et la classe sociale sont moins opérantes, l'affirmation de l'islam sur la scène internationale joue doublement sur la représentation que les immigrés se font d'eux-mêmes et la perception dont ils font l'objet. À partir des années 1980, l'islam des immigrés s'impose ainsi comme l'un des critères qui surdétermine le débat sur l'immigration et l'intégration. Objet de lectures essentialisantes, il est le plus souvent interprété comme une menace identitaire. Le développement du terrorisme islamique sur la scène internationale renforce cette perception négative. Considéré comme l'un des principaux obstacles à l'intégration, il tend à devenir une frontière symbolique de substitution à la frontière politique qu'est la nationalité à laquelle accèdent les nouvelles générations.

Propice à sa transformation en un emblème identitaire, la stigmatisation de l'islam ne l'est guère s'agissant de son organisation interne. L'absence d'instance de type clérical au sein de l'islam sunnite ainsi que le peu d'intérêt des États d'origine à l'égard de la vie religieuse de leurs émigrés accroissent la crise de la transmission religieuse due à la rupture migratoire. Livrés à eux-mêmes, les migrants en sont réduits, pour répondre aux demandes religieuses, à puiser dans leurs modiques ressources matérielles et des savoirs religieux, souvent frustes au sein de l'immigration. Ce dénuement les conduit à solliciter des acteurs extérieurs à l'islam tels que l'Église* catholique qui a joué un rôle important aux débuts de la transplantation de l'islam. Il encourage l'intervention d'acteurs extérieurs au champ migratoire qu'il s'agisse des États d'origine, d'États intéressés au leadership de l'islam sur la scène internationale ou d'intellectuels et instances juridiques ou théologiques étrangers.

Une gestion du culte sous tension

Dans un contexte où les musulmans en ascension sociale se montrent plutôt rétifs à prendre en charge l'organisation de la communauté, la gestion du culte se trouve dominée par une tension entre deux figures sociologiques : d'une part, celle des « pionniers du culte » que furent ces primo-immigrants à l'origine de l'aménagement de salles de prière et de la construction de toutes premières mosquées telles que celles de Mantes-la-Jolie ou d'Évry ; d'autre part, celle d'immigrés venus dans le cadre d'une migration d'études, lesquels, sans disposer de qualifications religieuses particulières, occupent une fonction importante dans la vie des associations islamiques en raison de leur bilinguisme et de leur capital scolaire. Si ces deux figures tendent à monopoliser l'espace cultuel, la figure du musulman français, issu de la deuxième ou de la troisième génération, occupe une place non négligeable au sein d'associations socio-éducatives islamiques qui voient le jour dans les années 1990 et militent en faveur de l'émergence d'un islam citoyen. L'absence d'instance institutionnelle de référence offre en outre un terreau fertile pour l'entreprenariat identitaire articulant logiques culturalo-religieuses et économiques. Celui-ci s'exprime aussi bien à travers l'offre de biens de consommation halal, le développement de la finance islamique, des produits éditoriaux et audiovisuels islamiques qu'à travers la création d'établissements de formation religieuse ou d'établissements scolaires privés. Cet islam de marché fluctue autant au gré d'un rapport entre offre et demande en partie ignorantes des frontières nationales que des tentatives de prise de contrôle par l'islam politique. S'il contribue à l'émergence d'une communauté musulmane, les musulmans n'en demeurent pas moins en France un groupe nettement moins structuré que leurs homologues en Allemagne ou au Royaume-Uni.

Les contradictions des pouvoirs publics

Quoique référent commun, l'islam divise autant qu'il fédère et la « communauté musulmane » peine à s'imposer comme un véritable acteur collectif. Depuis la fin des années 1980, la question de la représentation de l'islam de France et les demandes des pouvoirs publics en la matière ont exacerbé les luttes entre les différents prétendants à cette fonction. Ces luttes tout en opposant les trois figures sociologiques évoquées ci-dessus suscitent une concurrence de légitimité entre différentes versions de l'islam (versions sécularisée, plus piétiste, intégriste, salafiste, etc.) et renforcent les clivages nationaux qui demeurent très prégnants. Dans les années 1980, la Grande Mosquée de Paris, interlocuteur historique des pouvoirs publics, est confrontée à la création d'organisations islamiques de rang national, telles que la *Fédération nationale des musulmans de France* ou l'*Union des organisations islamiques en France* (puis *de* France) contestant sa représentativité au vu de ses accointances avec l'Algérie. Les demandes de plus en plus pressantes des pouvoirs publics à disposer d'un interlocuteur représentatif ont amplifié ces rivalités et, par ricochet, entraîné un investissement accru du ministère de l'Intérieur dans l'organisation de l'islam de France. Le Conseil français du culte musulman installé en 2003 marque ainsi l'aboutissement de multiples initiatives ministérielles dont la première revient au ministre Pierre Joxe avec la création en 1989 du Conseil de réflexion sur l'islam en France (CORIF). Cet engagement des pouvoirs publics dans la régulation politique de l'islam, qui marque une inflexion en faveur d'une laïcité de reconnaissance, tout en procédant d'un souci sécuritaire, répond à la nécessité politique de conférer à l'islam une place légitime sur le territoire français et de limiter les atteintes répétées à la liberté de culte que subissent les musulmans. Cette politique favorise, sur les terrains locaux, l'investissement des pouvoirs publics en faveur de la construction de lieux de culte, rares jusqu'en 2000. Elle a stimulé l'organisation d'une aumônerie musulmane au sein des institutions fermées telles que l'hôpital, la prison et l'armée. Elle s'accompagne cependant d'un républicanisme régulateur comme l'expriment les mesures concernant le port du voile* dans les écoles publiques (2004), ou plus récemment, l'interdiction du port du voile intégral (2010) lesquelles sont bien souvent ressenties par nombre de musulmans comme discriminatoires.

Les attendus contradictoires de la gestion publique de l'islam ne facilitent guère l'apaisement du débat passionnel que suscite l'intégration de l'islam dans la République. Le discours officiel, qui ne cesse de se référer au principe de laïcité se trouve parfois contredit par les actes. La transformation de l'islam en un instrument de régulation dans certains territoires et circonstances ou encore l'usage politique qui en est fait en période électorale vont en effet dans le sens d'une ethnicisation croissante des rapports sociaux et politiques qu'encouragent par ailleurs les politiques de promotion de la diversité. À un autre niveau, le discours en faveur de l'émergence d'un islam de France se trouve régulièrement contredit par une tendance à traiter, tant localement que nationalement avec les chancelleries et acteurs consulaires. Si au regard de la nationalité de ses ressortissants l'islam est une religion de Français, ses ressortissants n'en demeurent pas moins encore et toujours perçus comme une catégorie de nationaux dont la loyauté politique semble toujours sujette à caution.

L-M

le logement des immigrés Les images attachées au logement des immigrés se confondent souvent avec celles de l'habitat insalubre. S'il est vrai que lors de toute vague migratoire, les premiers arrivés se sont souvent retrouvés dans des quartiers anciens dégradés ou ont construit des abris de fortune à la lisière de la ville, on a pu observer ensuite une amélioration de leurs conditions de logement et un rapprochement avec celles des nationaux appartenant aux mêmes couches sociales.

Une dynamique d'amélioration. Parfois l'amélioration résulte des mécanismes du marché du logement. Au bout de quelques années d'épargne, les immigrés achètent un logement, le réparent avec l'aide de leurs compatriotes puis le revendent ou le louent et en achètent un autre, de plus grande valeur. Ce schéma a été observé à propos des Italiens dans l'Est parisien dans les années 1950, des Portugais dans plusieurs villes de province dans les années 1970, et des Turcs en Alsace dans les années 1990. En dehors de ces cas qui concernent des populations ayant souvent des compétences professionnelles dans le domaine du bâtiment, l'amélioration des conditions de vie des immigrés dépend surtout de l'action des pouvoirs publics et de l'accès au logement social.

De ce fait, on observe des écarts significatifs ou des rapprochements substantiels entre la situation d'habitat des immigrés et celle des nationaux, selon les périodes et selon les populations concernées. Les immigrés d'arrivée récente ont tendance à investir un certain type d'habitat au moment où la plupart des ménages français et des immigrés installés de longue date commencent à le quitter. Cela s'est d'abord vérifié avec le parc locatif privé dégradé, dans les années 1950, et semble s'être reproduit dans les années 1990 avec certains segments du parc HLM. Il y a donc un « chassé-croisé » qui laisse toujours subsister quelques différences entre la situation des immigrés et celle des nationaux malgré des rapprochements qui ne touchent pas avec la même ampleur tous les ménages immigrés.

Au niveau des politiques, on peut identifier quelques constantes qui se retrouvent, sous des formes différentes, à divers moments de l'histoire. Il y a incontestablement une volonté des pouvoirs publics d'améliorer la situation de logement des immigrés et de promouvoir, sous cet angle, une égalité de traitement entre eux et les nationaux appartenant aux mêmes couches sociales. Mais cette volonté se traduit souvent par la mise en place de politiques visant particulièrement certaines populations immigrées et présentant un caractère discriminant même s'il y a, à terme, des finalités de traitement égalitaire. Les politiques publiques se retrouvent toujours dans un mouvement d'aller-retour entre la promotion d'actions spécifiques visant certaines populations immigrées et un alignement sur des actions globales cherchant à effacer les différences résultant des phases précédentes. Ainsi, une formule comme le foyer-hôtel pour travailleurs migrants, promue par les pouvoirs publics dans les années 1950-1960, a contribué à améliorer le niveau de confort du logement de certaines catégories d'immigrés mais a laissé l'image d'un habitat spécifique ayant perdu tout caractère transitoire, avec une dimension ségrégative. À la fin des années 1990, la volonté publique de transformer ce type d'habitat en « résidences sociales » destinées à toutes les catégories de population en quête d'un logement transitoire, exprime le recentrage sur une politique de traitement équitable dans un cadre égalitaire.

Persistance de situations décalées. Si les formules de logement institutionnel destiné spécifiquement aux immigrés sont soit abandonnées, soit en voie de banalisation, sauf dans quelques cas spécifiques comme les centres d'accueil pour demandeurs d'asile, il n'en reste pas moins que les conditions de logement des immigrés diffèrent encore de celles de la population française.

C'est surtout au niveau du statut d'occupation que les écarts sont importants. Selon le recensement de 2004-2009, les immigrés ne sont qu'un peu plus de 32 % à être propriétaires de leur logement contre 56 % pour l'ensemble de la population. Toutefois, la progression du nombre d'immigrés propriétaires a été forte en vingt ans. Selon le recensement de 1982, 21 % des immigrés étaient propriétaires contre 52 % des Français. Selon l'enquête logement de l'INSEE de 2006, il existe des écarts importants entre les ménages européens et les ménages maghrébins : 65 % des ménages italiens, 60 % des ménages espagnols et 50 % des ménages portugais sont propriétaires de leur logement.

Malgré cela, c'est le statut locatif qui prédomine encore chez eux. Ils sont en proportion deux fois plus nombreux que l'ensemble de la population à être locataires en HLM (31,2 % contre 15,9 %). Si les situations marginales comme le logement meublé sont aujourd'hui plutôt résiduelles, les immigrés y sont encore deux fois plus représentés que le reste de la population. Quant aux diverses formes de l'habitat indigne, telles les microbidonvilles réapparus à partir de 2002 ou les squats, elles concernent de façon très majoritaire des populations immigrées d'arrivée récente et connaissant souvent une situation précaire sur le plan administratif et économique. La grande majorité des quelque 15 000 sans domicile fixe recensés en 2006, qui passent de la rue aux centres d'hébergement d'urgence avec quelques étapes intermédiaires chez des compatriotes et dans l'habitat de fortune, est constituée d'immigrés.

Au niveau des conditions de confort, même si les écarts ne sont pas considérables, les immigrés habitent plus souvent dans des logements de petite surface alors qu'il y a chez eux un nombre plus élevé de personnes par ménage. Bien que le niveau de confort des résidences principales se soit beaucoup amélioré, les ménages immigrés sont encore deux fois plus nombreux que la moyenne à habiter dans des logements dépourvus de salles d'eau ou de WC.

La période 1949-1975 a été marquée par la construction d'un très grand nombre de HLM, dont beaucoup dans le cadre des ZUP. Ces « cités », emblèmes d'un mal-vivre que trente ans de politique de la ville n'ont pas réussi à effacer, sont fortement associées à une forte présence d'immigrés.

Les Maghrébins y sont très représentés La moitié des ménages originaires d'Algérie vivant en France est en effet locataire en HLM. De telles différences ne peuvent s'expliquer seulement par le caractère plus ou moins ancien des immigrations. Les Algériens représentent une population dans l'ensemble assez anciennement établie. Une population d'arrivée récente comme les Chinois compte très peu de ménages en HLM (9 %) et un taux élevé de propriétaires (40 %).

Si les conditions de logement des immigrés s'améliorent globalement, la réussite de leurs trajectoires résidentielles est liée aux ressources que certains sont à même de mobiliser et aux difficultés persistantes qui affectent d'autres.

→ cités de transit

la Marche pour l'égalité et contre le racisme

En réponse aux décès de jeunes (en majorité issus de l'immigration) survenus à la suite d'altercations avec les forces de l'ordre entre 1979 et 1982, l'association SOS Avenir Minguettes organise une marche pour l'égalité plus connue sous le nom de « Marche des beurs ». Cette association, créée en 1983 par Toumi Djaïda, un jeune de la cité des Minguettes à Vénissieux, blessé lui-même par un policier, et le père Christian Delorme (figure locale contre la fermeture des usines), est à l'origine de la première manifestation de grande ampleur contre le racisme* en France. En effet, la Marche pour l'égalité, qui débute à Marseille le 15 octobre 1983, est reprise dans d'autres grandes villes françaises soutenant l'action pendant plus de deux mois. Cette marche de protestation revendique l'égalité des droits, la lutte contre le racisme afin que les jeunes issus de l'immigration soient reconnus comme membres de la société à part entière. Elle regroupe des associations de jeunes, des militants antiracistes, des mouvements de solidarité avec les travailleurs immigrés, des organisations syndicales et politiques, des jeunes des cités, des mouvements humanistes et divers réseaux chrétiens. La Marche pour l'égalité s'achève le 3 décembre 1983 par une délégation accueillie à l'Élysée après un défilé réunissant près de 100 000 personnes à Paris. Le président de la République François Mitterrand concède aux porte-parole de la marche une carte de séjour valable 10 ans et des promesses d'action contre le racisme (justice et égalité pour tous, reconnaissance d'une société multiculturelle). Au-delà des rapports conflictuels qui opposent les jeunes à la police, cette marche matérialise un sentiment d'injustice vécu par les enfants d'immigrés exclus des organisations politiques et des processus d'intégration sociale. Elle témoigne également des mutations économiques qui touchent plus particulièrement les travailleurs immigrés avec la fermeture des usines. Cette marche a définitivement entériné les questions de banlieue et d'immigration dans le paysage politique français même si le mouvement ne résiste pas dans le temps à la trop grande diversité d'intérêts qui séparent les différents acteurs. La Marche pour l'égalité a permis à la société française de prendre conscience de sa dimension multiculturelle en étant à l'origine de la création d'associations telles que SOS Racisme.

mariage forcé Un *mariage forcé* consiste pour des parents ou d'autres membres de la famille à contraindre une personne, fille ou garçon, à se marier. Le pouvoir et l'autorité de la famille sur la victime, parfois conditionnée dès l'enfance, l'enferme dans un conflit de loyauté douloureux, frein majeur à sa capacité de refuser une union contrainte.

La notion de consentement est primordiale, son absence constitue le caractère forcé du mariage qu'il soit civil, religieux, ou coutumier/traditionnel. Il s'agit d'une violence portant atteinte aux droits fondamentaux de la victime ainsi qu'à son intégrité psychologique, physique et sexuelle. Le contrôle de la sexualité de la victime et le viol qui en résultera caractérisent le mariage forcé.

«Un phénomène social préoccupant». Bien qu'il apparaisse difficile d'apprécier le nombre exact de personnes concernées par ce phénomène, la Commission nationale consultative des droits de l'homme constate, dans son avis du 23 juin 2005, que la pratique des mariages forcés demeure un « phénomène social particulièrement préoccupant ». L'enquête « Comportements sexistes et violents envers les filles » conduite en Seine-Saint-Denis en 2006 auprès de 1 600 jeunes filles, par la sociologue Maryse Jaspard a pu démontrer que les victimes partagent des particularités devant éveiller la vigilance des professionnels et permettant de conclure que le mariage forcé est « davantage le symptôme d'une situation familiale violente plutôt qu'un indicateur sociétal ». Parmi les 8 % de jeunes femmes exposées au mariage contraint, la moitié a subi des violences physiques : tabassages, coups, menaces avec une arme, tentatives de meurtre (contre 23 % des 1 600 jeunes filles interrogées). Parmi ces mêmes jeunes filles, plus d'un tiers (contre 14 % de l'ensemble) a subi des agressions sexuelles. Par ailleurs, 20 % d'entre elles sont dans un état de santé dégradé, 10 % ont des pensées suicidaires, contre respectivement 1 % et 3 % de l'ensemble des jeunes femmes enquêtées.

Selon l'association Voix de femmes, l'augmentation du nombre de victimes ne résulterait pas d'une recrudescence de cette violence mais proviendrait du fait qu'un plus grand nombre de jeunes femmes oserait en parler à une autorité : police, justice, services sociaux, associations, etc. Par ailleurs, le refus d'une partie d'entre elles de se conformer à certaines règles patriarcales du groupe (virginité, mariage endogamique, etc.) peut conduire leurs familles à les marier de force pour les remettre dans le « droit chemin ». Cette violence particulière est non seulement mal identifiée, mais elle est surtout minimisée au nom du relativisme culturel ou bien cantonnée à la rubrique immigration.

Le viol conjugal. La loi du 5 avril 2006 a élevé l'âge légal du mariage à 18 ans pour les filles et a assoupli les conditions d'annulation d'un mariage forcé : la simple « crainte révérencielle des parents » constitue un vice de consentement pouvant être dénoncé par les époux ou par le procureur de la République, dans un délai porté à 5 années à compter de la date du mariage.

Grâce à cette loi, le viol conjugal, longtemps considéré comme un « devoir conjugal » pour de nombreuses femmes françaises ou immigrées, a été légalement reconnu comme un viol aggravé, dès lors qu'il est commis dans le cadre « conjugal » – notamment le mariage, que ce dernier soit forcé ou consenti. Si la victime a été mariée coutumièrement ou religieusement, il peut être qualifié de viol dit simple ou de viol commis par un concubin, ce que la loi de 2006 qualifie également de viol aggravé.

En 2010, le législateur a eu la prudence, comme pour la quasi-totalité des violences faites aux femmes, de ne pas créer un délit pénal spécifique mais de réprimer le mariage forcé en créant de nouvelles circonstances aggravantes rattachées aux infractions pénales principales suivantes : meurtre, actes de torture ou de barbarie, violences ayant entraîné la mort sans intention de la donner, violences ayant entraîné une mutilation ou une infirmité permanente, violences ayant entraîné une incapacité totale de travail pendant plus de huit jours ou inférieure ou égale à huit jours. L'écueil de la définition d'une infraction délictuelle spécifique aurait, d'une part, rendu impossible la preuve du mariage forcé, requalifié d'arrangé. D'autre part, un délit spécifique aurait exclu le mariage forcé du champ des atteintes aux personnes, et conduit à la correctionnalisation des infractions criminelles déjà existantes résultant de ce type de violence.

Loi et dispositifs pour la protection des victimes. La loi du 9 avril 2010 a également fait progresser la protection des victimes : *ordonnance de protection* des majeures assortie d'une interdiction de sortie de territoire, rapatriement des personnes en danger de mariage forcé de nationalité française ou titulaires d'un titre de séjour en cours ; l'on dispose ainsi d'un arsenal législatif essentiel à condition que celui-ci soit connu des publics concernés et doté de moyens de mis en œuvre : hébergement pour protéger les victimes, budgets pour les rapatrier le cas échéant, formation des professionnels et campagnes de prévention en milieu scolaire notamment.

Les pouvoirs publics ont élaboré des dispositifs fort utiles, comme le Protocole départemental de lutte contre les mariages forcés de Seine-Saint-Denis. Reconnaissant le mariage contraint comme une violence à l'encontre des femmes* et des enfants, ce protocole informe les travailleurs sociaux de la levée de l'obligation qui leur était faite d'informer les parents d'une mineure en danger de mariage contraint, lorsque, au nom de la préservation de la famille et de sa « culture », ou de la peur de stigmatiser les parents, ils informaient ceux-ci que leur fille avait confié à un professionnel ses craintes d'être mariée de force. Rappel essentiel lorsqu'on sait que de nombreuses jeunes filles scolarisées sont précipitamment envoyées dans le pays dont sont originaires les parents pour y être mariées.

À la croisée de deux luttes indissociables, le sexisme et le racisme, la prévention de cette violence exige de développer des actions de formation en direction des travailleurs sociaux mais aussi des magistrats, des policiers, des gendarmes, des agents consulaires, car c'est l'une des conditions essentielles de l'application effective de la loi en faveur des victimes de mariage forcé.

médias et immigration

Des années 1970 à la fin des années 1990, il semblait acquis que les médias jouaient un rôle dans le processus d'intégration des travailleurs immigrés, dans la mesure où des programmes télévisuels spécifiques étaient créés pour leur expliquer leurs droits, les aider sur des aspects de la vie quotidienne et améliorer les relations interculturelles. Ces programmes ont aujourd'hui presque tous disparu des chaînes françaises de télévision. Au sein des médias audiovisuels comme de la presse, il n'est plus tant question d'immigration que de diversité. Pour les institutions françaises comme pour les médias grand public, « témoigner de la richesse de la diversité » de notre société ou « favoriser l'intégration » sociale des personnes appartenant aux « minorités ethniques » ou religieuses ne passe plus par des émissions spécifiques, mémoire d'un temps révolu. L'heure est venue de parler des minorités visibles. Longtemps taboue dans l'Hexagone, la question de la représentation médiatique des « minorités ethniques » voit le jour au tout début des années 2000. Issue d'un discours d'abord souvent militant, l'utilisation du vocable « minorité visible » puis de l'expression « diversité culturelle » est assez rapidement facilitée par la bienveillance des pouvoirs publics, qui s'alignent sur les recommandations des instances supranationales en la matière (Unesco, Conseil de l'Europe, Union européenne). Les choix stratégiques adoptés par les chaînes de télévision publiques et privées s'orientent désormais vers une programmation transversale de la diversité : émissions de débats, téléfilms, magazines de société et documentaires. Quel est l'impact de ces politiques volontaristes en termes de représentation, tant auprès de l'opinion publique que des minorités ? Intéressons-nous à quelques thèmes saillants.

Des banlieues aux quartiers. Parmi les thèmes marquants abordés depuis la fin des années 1980 figure celui des « banlieues », appelées plus tard « quartiers », voire « périphéries urbaines ». Jusqu'alors la figure de l'immigré est largement représentée par le travailleur primo-migrant, pas ou peu qualifié, en butte à des problèmes de travail et de logement. Les premiers articles et émissions consacrés au thème des banlieues* comme lieu de concentration de « problèmes » liés à l'immigration concernent essentiellement les événements survenus dans des zones défavorisées de la périphérie lyonnaise durant les étés de 1981-1982. L'un des principaux effets est la rupture de l'image de l'immigré dans l'imaginaire social français et l'installation du « beur » au centre de la question des banlieues comme une figure emblématisée. Cette étape se clôt à la fin de l'année 1990, à la suite des événements de Vaux-en-Velin au cours desquels les scènes de violence médiatisées suscitent un important débat public. Celui-ci est centré sur la responsabilité journalistique dans les processus de dramatisation et d'intensification des violences urbaines ainsi que dans la stigmatisation de lieux désormais diabolisés, et de leurs habitants. Il s'avère qu'en dépit d'une certaine prise de conscience, les responsables des médias, y compris les plus mesurés, ne sont pas à l'abri de la pression événementielle qui peut provoquer le retour à des traitements cédant aux logiques de stéréotypisation et de dramatisation les plus éprouvées. Enfin, les médias sont également dépendants du rôle central des pouvoirs publics dans la « question des banlieues ». Les sujets qui lui sont consacrés sont, surtout en situation de routine, placés sous l'influence de démarches de communication oscillant entre des entreprises spectaculaires aux effets visuels assurés (les dynamitages de tours à la télévision) et des discours lénifiants orchestrés par les représentants successifs de la « politique de la ville ».

Insécurité et communautarisation du fait divers. Longtemps, les médias ont effectué la mise en parallèle d'un acte délictueux et de l'origine de celui qui l'accomplit, donc une tentative d'explication de l'acte antisocial par l'« ethnie ». Les violentes échauffourées de novembre 2007 à Villiers-le-Bel et de juillet 2010 à Grenoble, les manifestations lycéennes de février-mars 2005, puis les violences urbaines d'octobre-novembre de la même année, ont été l'occasion de présenter une violence d'origine ethnique. Éditorialistes, commentateurs et autres experts médiatiques ont accusé, pêle-mêle, des groupes islamistes, des bandes criminelles composées sur des bases ethniques, voire la supposée incapacité des populations musulmanes à « s'intégrer », d'être responsables du désordre. Certains d'entre eux ont également avancé l'idée que non seulement les violences étaient mues par des mobiles ethniques ou religieux, mais qu'elles exprimaient une haine de la République française en tant qu'institution, voire un rejet de l'Occident.

L'islam. C'est l'un des sujets qui ont fait couler le plus d'encre en France ces dix dernières années. La plupart des titres de la presse écrite grand public y ont consacré des dossiers spéciaux. Les médias audiovisuels n'ont pas été en reste et les émissions de « débats », dont radios et télévisions sont friandes, ont souvent porté sur ce thème. L'islam est fréquemment présenté sous l'angle de la menace, du péril ou de la subversion. La visibilité des pratiques religieuses dans l'espace public républicain et laïc est particulièrement dénoncée en situation de crise comme lors du débat sur le voile* islamique dans les écoles – de la première « affaire » à Creil en 1989 jusqu'aux conséquences de la loi sur l'interdiction des signes religieux « ostensibles » à l'école votée le 15 mars 2004 –, des violences urbaines d'octobre-novembre 2005, ou de l'affaire des caricatures du prophète Mahomet publiées la même année dans le journal danois *Jyllands-Posten*.

Qui plus est, la distinction est parfois floue entre ce qui relève de l'islam et ce qui procède de l'islamisme. Au moment où la question de l'intégration est placée au centre des débats politiques, le recours à une grille de lecture « islamique » permet de perpétuer symboliquement la mise à distance d'un segment de la population française. Progressivement, se construit l'image sans nuance et manichéenne d'un islam bipolaire opposant les « musulmans intégrés » ou « modernes », présentés comme majoritaires, mais sous-représentés quand l'islam fait l'objet de débats dans les médias, à l'« islamisme », présenté comme minoritaire mais sur lequel se focalise l'attention. La figure du terroriste s'associe à celle de l'islamiste, légitimant le durcissement des politiques sécuritaires ainsi que des politiques d'immigration et de séjour.

De l'antiracisme à la lutte contre les discriminations. 1998 : l'« effet Coupe du monde » invite à l'optimisme. Les discours publics, politiques comme médiatiques, font dans leur immense majorité état de la réussite du modèle d'intégration à la française, symbolisé par une équipe de France présentée comme « multicolore et multiculturelle, jeune et dynamique, battante et gagnante ». Dès lors, les médias grand public n'ont de cesse de montrer la figure de l'« immigré qui a réussi ». Ces figures de la réussite se restreignent cependant essentiellement aux dimensions du spectacle, à l'espace de la scène, aux figures de la performance sportive. Le fait de les présenter comme des modèles les place en outre en position d'exception. Par ailleurs, le traitement journalistique des politiques de lutte contre les discriminations ne parvient pas ou peu à contrebalancer celui, souvent négatif, des flux migratoires (faisant souvent référence aux clandestins, aux sans-papiers, aux réfugiés), des banlieues (décrites comme des zones de non-droit du fait des agissements violents de la « seconde génération »), de l'islam.

mémoire de l'immigration

Presque toujours associée à l'histoire, la mémoire de l'immigration constitue un enjeu social et politique récent. La première mise au jour de l'existence d'une mémoire spécifique liée à l'immigration se trouve sans doute dans les travaux de l'historien Gérard Noiriel sur l'ancien bassin sidérurgique de Longwy dans les années 1980. En entreprenant une histoire du monde ouvrier dans son ensemble, intégrant l'immigration, il montre en creux pourquoi le phénomène migratoire est absent – et illégitime – de l'historiographie classique et souligne les enjeux, tant pour les immigrants que pour leurs descendants et la société française dans son ensemble, de l'émergence d'une « mémoire d'immigrés ». Au début des années 1990, l'Association pour un musée de l'immigration (l'AMI), créée à l'initiative de Gérard Noiriel, défend, sans véritable succès, l'idée d'un lieu patrimonial dédié à l'histoire et la mémoire de l'immigration en France. L'Association des travailleurs Renault de l'île Seguin, ATRIS, créée en 1998 ou l'association Mémoire active emboîtent le pas en plaidant pour la création d'un lieu de mémoire sur le site des usines Renault à Boulogne-Billancourt.

Un lieu de mémoire devenu nécessaire. Au début des années 2000, l'idée fait son chemin et une réflexion sur la faisabilité tant scientifique que politique et juridique d'un tel projet est confiée à Driss El Yazami (association Génériques, pionnière de l'histoire et de la mémoire de l'immigration en France) et Rémy Schwartz (maître des requêtes au Conseil d'État) par le Premier ministre, Lionel Jospin. Le rapport, publié à la Documentation française, intitulé « Pour la création d'un Centre national de l'histoire et des cultures de l'immigration » prône la création d'un centre national consacré à l'histoire et aux cultures de l'immigration en mettant l'accent sur la forte demande sociale, notamment associative, et la richesse de l'historiographie – profondément renouvelée depuis deux décennies, susceptible d'alimenter le récit historique énoncé dans ce lieu.

En 2003, le Premier ministre Jean-Pierre Raffarin confie à Jacques Toubon la mission de préfiguration du Centre de ressources et de mémoire de l'immigration avec comme question centrale celle des conditions de la reconnaissance de l'histoire de l'immigration dans la construction de la nation française. Entre avril 2003 et juillet 2004, chercheurs et militants sont auditionnés, donnant, tour à tour, leur expertise, expérience et vision du projet. La Cité* nationale de l'histoire de l'immigration (CNHI) ouvre ses portes pendant l'été 2007 avec l'exposition « Repères » retraçant l'histoire de l'immigration en France sur deux siècles. Située Porte dorée dans l'ancien musée des Colonies, la CNHI fait explicitement le lien entre histoire coloniale et histoire de l'immigration.

Des histoires régionales prises en compte. En 2005, la CNHI et l'Agence nationale pour la cohésion sociale et l'égalité des chances lancent un appel à un projet national sur les histoires régionales de l'immigration pour enrichir la connaissance en changeant d'échelle, fort de l'idée que les histoires régionales de l'immigration ne sont pas le simple reflet de l'histoire nationale. L'historiographie et la connaissance des dynamiques mémorielles s'enrichissent de contributions montrant que l'immigration prend des formes et connaît des rythmes différents d'une région à l'autre, liés aux circonstances de la migration, aux modes d'accueil et d'installation de populations venant d'horizons plus ou moins lointains. Ces études et leurs prolongements (colloques, publications, expositions…) ont pu également modifier les représentations que les régions ont d'elles-mêmes. Par exemple, la Bretagne est une région marquée par un exode rural et une émigration massive. Or, à travers l'étude, les Bretons ont pu prendre conscience qu'elle est aussi, toutes proportions gardées, une terre d'immigration.

Des initiatives anciennes. La visibilité croissante de la problématique du patrimoine de l'immigration dans la société française – et son institutionnalisation – ne doit pas occulter les initiatives associatives, anciennes qui, sans forcément le revendiquer, se situaient dans une démarche mémorielle. La sortie en 1998 du film documentaire « Mémoires d'immigrés. L'héritage maghrébin » de Yamina Benguigui contribue d'ailleurs fortement à médiatiser l'histoire de l'immigration en France. Support de nombreux « ciné-débats » dans l'Hexagone, ce film met en mots et en images une parole sensible, le vécu et les aspirations d'une part non négligeable de la société française. Il est aussi un pavé dans la mare, dénonçant le racisme et les discriminations subies par les immigrants maghrébins et leurs descendants.

La mémoire contre le silence et l'oubli. Les démarches mémorielles, moins institutionnelles, suivent aujourd'hui plusieurs voies. Elles prennent la forme d'une mémoire de groupes constitués sur la base d'une origine nationale partageant une expérience particulière de la migration dans un rapport spécifique avec la société française. Par exemple, la mémoire de l'exil des républicains espagnols, activée par les descendants réunis en association, rend hommage au combat de leurs parents ou grands-parents contre le fascisme, pendant la guerre civile en Espagne, mais aussi en France pendant la Seconde Guerre mondiale. Cette mémoire « contre le silence et l'oubli » met également l'accent sur les conditions d'accueil en France, parfois très précaires, voire indignes, mais aussi sur les solidarités qui, localement, ont pu s'exprimer envers ces réfugiés. Une autre mobilisation mémorielle émane du mouvement « les Indigènes de la République », initié en 2006, pour dénoncer le poids de la colonisation dans les représentations et le traitement social et politique des personnes issues de l'immigration post-coloniale. Cette mémoire « des dominations et des oppressions » est mise au service de la lutte contre la discrimination raciste et de la promotion de la citoyenneté. La mémoire immigrée s'immisce aussi dans les espaces urbains en voie de transformation : projets « mémoires », mobilisant habitants de toutes origines, pouvoirs publics, experts (historiens, sociologues, archivistes) et artistes, dans les quartiers des grandes villes françaises. Ces initiatives, souvent impulsées par la politique de la ville, visent à maintenir une cohésion sociale dans les quartiers déstructurés tant par les conditions sociales d'existence de ses habitants que par les transformations du bâti. La mémoire de l'immigration se confond ici avec la mémoire urbaine, l'immigré et l'habitant des quartiers populaires ne faisant qu'un.

les migrants âgés Largement éclipsé par le débat sur « l'intégration » des enfants d'immigrés, le sort des immigrés âgés originaires du Maghreb intéresse tardivement les institutions. Il faut attendre les années 1980 pour voir émerger un embryon de connaissance en ce domaine. 1986 marque le premier pas de la prise en compte du vieillissement des travailleurs immigrés, avec l'organisation d'une rencontre à l'université des Sciences humaines à Grenoble. En 1999, le Fonds d'action sociale (FAS) et le mouvement de la Flamboyance se mobilisent et organisent un colloque à Aix-en-Provence, qui clôture un ensemble de réflexions menées au préalable dans différentes villes de France.

De quels immigrés âgés parle-t-on ? Bien que la réalité démographique actuelle soit celle du vieillissement de la population immigrée issue de l'Union européenne, c'est l'arrivée à l'âge de la retraite des migrants issus du Maghreb, qui préoccupe les acteurs du secteur associatif, médico-social et gérontologique.

En 2003, cette thématique ne se restreint plus à un cercle d'initiés et devient davantage visible sur la scène publique comme en témoignent les initiatives du Comité interministériel à l'intégration du 10 avril 2003 qui s'engage à tout mettre en œuvre pour que ces personnes puissent vieillir dignement.

La majorité des recherches menées se centrent sur les hommes qui vivent seuls en foyer de travailleurs migrants et qui ont laissé leurs familles au pays d'origine. L'évocation des vieux immigrés en France renvoie le plus souvent dans l'imaginaire collectif à un homme âgé isolé. Or, la plupart des immigrés (toutes origines confondues) vieillissent en ménage ordinaire, selon la terminologie statistique, et parmi eux, seuls 10 % des hommes vivent seuls, alors que c'est le cas du quart des femmes.

Au 1er janvier 2007, 54 % des immigrés âgés de plus de 55 ans, originaires du Maghreb, ont entre 55 et 65 ans et 37 % d'entre eux sont des femmes. Or, c'est seulement dans les années 2000 que l'on voit poindre quelques études en France sur les femmes âgées immigrées en provenance du Maghreb.

Notons que 60 % des immigrés en France de plus de 55 ans sont originaires du Maghreb, la moitié de ces personnes proviennent de l'Algérie, 1 sur 3 du Maroc et 1 sur 6 de Tunisie.

Ces personnes âgées immigrées ne constituent pas une catégorie de personnes partageant des caractéristiques homogènes. Derrière cette dénomination, il y a des itinéraires d'hommes et de femmes profondément différents. Cependant, par le prisme de leurs liens familiaux, il est possible de décrypter le vieillissement de ces hommes en France.

Rupture ou retour au pays d'origine : des situations familiales contrastées. Ayant émigré en France majoritairement dans les années 1960, 1970, ces hommes ont choisi une épouse au pays d'origine, qu'ils ont fait venir par le biais du regroupement* familial. Dans leur grande majorité, ils ont contracté des mariages endogames. La principale préoccupation des immigrés vivant en famille est l'avenir de leurs enfants, voire de leurs petits-enfants en France. À l'heure de la retraite, ils ne repartent pas vivre définitivement dans leur pays d'origine, la France devient une terre sur laquelle ils se sont progressivement ancrés du fait de la présence de leur descendance et de leur « intégration » dans la société française. Cet ancrage peut se traduire par différents signes, tels que l'acquisition de la nationalité française, la demande de pouvoir pratiquer sa religion et d'être enterré en France.

Contrairement aux précédents, les hommes « célibatairisés », qui résident en foyer ou en hôtel meublé ont tous leurs familles au pays d'origine. Ils sont venus travailler seuls et ont construit une famille qui ne les rejoindra pas. À l'âge de la retraite, ils rencontrent beaucoup de difficultés à retourner vivre auprès de leur famille, restée au pays. Ils sont toujours partagés entre le désir de retourner chez eux et la hantise de ne plus pouvoir se sentir à l'aise auprès des leurs. L'éloignement familial est une véritable douleur qui entraîne pour eux une perte de sens concernant leur parcours migratoire. Ayant émigré dans un seul but : s'enrichir et retourner auprès des leurs, lorsqu'ils ne l'accomplissent pas, le sens de leur parcours est remis en cause. Ils vont finalement trouver un équilibre dans des allers-retours permanents entre la France et leur pays d'origine. Cette pratique du va-et-vient leur permet de faire un compromis entre le fait d'avoir vécu seul en France pendant une trentaine d'années et d'assurer leur rôle marital et parental à distance.

Certaines personnes ont complètement rompu avec leur pays d'origine à cause d'une discorde avec leur entourage familial et ne souhaitent pas y retourner, même ponctuellement.

Pour quelques hommes, le retour définitif au pays d'origine leur permet de résoudre la double illégitimité de leur vieillissement, vis-à-vis de la société d'accueil, qui les a toujours considérés, selon eux, comme des étrangers et vis-à-vis du pays d'origine, parce que le renoncement au retour peut être vécu comme une trahison.

Le travail et l'envoi de l'argent à la famille restée au pays : une vieillesse en France plus légitime. Vieillissant désormais entourés de leur famille ou seuls, ces immigrés qui sont venus travailler en France ont connu pour la majorité d'entre eux des parcours professionnels atypiques et « précarisants » (accidents du travail, périodes de travail non déclarées, chômage). À l'heure de la retraite, ils vivent dans des situations souvent difficiles, mais doivent, pour ceux qui ont laissé leur famille au pays natal, assurer une fonction financière qui rend leur présence en France, alors qu'ils ne travaillent plus, davantage légitime. Leur revenu mensuel se situe autour de 700 euros par mois. Ils perçoivent souvent des prestations sociales non contributives (ASPA, AAH, ASI, etc.) soumises à une condition de résidence sur le territoire français, qui entrave la possibilité de s'installer définitivement au pays d'origine et entraîne cette pratique du va-et-vient, leur permettant par ailleurs de justifier ce besoin d'être ici et là-bas.

De manière générale, les immigrés qui vieillissent seuls en France, vivent très douloureusement leur retraite. Les lieux de travail sont les premières informations qu'ils évoquent, juste après leurs conditions de départ. Ils retracent, avec rigueur et précision leurs différentes expériences professionnelles (avec faits et dates). Le travail semble être pour eux une valeur fondamentale, le sens de leur trajectoire personnelle. Le travail légitimait la présence de l'immigré en France, aujourd'hui la liquidation de sa retraite et l'envoi ou non d'argent à la famille au pays reste un élément majeur dans la trajectoire de l'exil. L'émigré a quitté son pays pour pouvoir subvenir aux besoins de sa famille, il est dans l'obligation d'assurer cette fonction financière. Lorsque l'immigré occupe une place dans son pays d'origine, il trouve plus facilement un équilibre en France. Au contraire, lorsque les liens sont rompus avec la famille d'origine et que l'immigré n'envoie plus d'argent, il est en France davantage isolé. Autrement dit, l'état social et mental de l'immigré résulte en partie de ce qui n'est pas visible directement au sein du pays d'accueil : le rôle et la fonction qu'il occupe là-bas.

Les itinéraires sont profondément différents selon que l'on ait fait le choix de faire venir ou pas sa famille. En effet, pour ceux qui vieillissent en famille, la France devient une terre sur laquelle ils se sont progressivement ancrés du fait de la présence de leurs enfants et petits-enfants en France au point que certains souhaitent devenir juridiquement Français, pratiquer leur religion, voire être enterrés ici. Alors que ceux qui vieillissent seuls ont pris des habitudes de vie en France et trouvent un équilibre dans des allers-retours permanents entre ici et là bas. Certains sociologues décrivent la retraite des immigrés comme inconfortable et illégitime, d'autres ont démontré, au contraire, que rester en France au temps de la retraite est signe et facteur d'une bonne « intégration ». Ces deux points de vue, apparemment contradictoires, ne le sont pas, parce qu'ils ne considèrent pas la même catégorie de population.

situation de « minorités »

Le terme « minorité » s'illustre par son caractère ambivalent et un certain nombre de difficultés conceptuelles qui lui sont associées. Les multiples usages auxquels il donne lieu imposent quelques précautions avant d'en proposer, si ce n'est une définition, du moins une manière de l'aborder en lien avec la question de l'immigration.

Dans le langage courant, l'idée de minorité renvoie à celle de disparité numérique, de nombre restreint d'individus, ou au non-majeur (sous tutelle, non responsable de ses actes). Son usage politique ou scientifique sert plutôt à désigner des groupes circonscrits par un ensemble de traits distinctifs, et à caractériser la situation de domination dans laquelle ils sont placés. La plupart des États-nations* traitent des minorités à partir de grands principes de gestion politique visant à les protéger voire à corriger certaines inégalités, d'autres n'admettent pas leur existence, ne les reconnaissant pas formellement. Associé à l'exclusion de certains droits et à l'oppression, le terme éveille souvent l'idée de victimes, mais aussi de lutte contre des discriminations, de lutte pour la reconnaissance ou la préservation d'une identité. Notion reconnue en droit international, elle reste toutefois très difficile à définir juridiquement du fait, notamment, de l'impossibilité de s'accorder sur les critères de différenciation à la base du traitement inégalitaire (très variables selon les époques et les contextes) et sur les protections susceptibles d'être offertes par le droit.

S'attarder sur les dimensions sociales et politiques de la notion, les contextes d'usage et les enjeux sous-tendus amène à considérer deux dimensions étroitement liées : celle qui relève de la définition sociale des groupes et celle qui relève des rapports de pouvoir. Un contournement possible des difficultés à définir les « minorités » consiste à déplacer le regard et aborder le terme d'un point de vue sociologique en proposant l'expression « situation de minorités ». Ce parti pris amène à s'intéresser aux mécanismes qui sont à l'origine de la constitution de ces collectifs et à analyser leur situation dans l'ordre social.

Questionner la base sur laquelle se construit la « situation de minorités »
Il existe un certain consensus à considérer la religion, la langue, la culture, la nationalité, l'origine comme autant de variables qui uniraient les membres d'une collectivité et les distingueraient d'un ensemble plus vaste (le catholicisme d'Occident, les États musulmans, les Empires russe ou ottoman, les États-nations, pour ne citer que ces exemples). Ces marqueurs de la différence (culturels, ethniques, raciaux) sont ainsi transformés en critères matériels délimitant des minorités. À ces traits dits objectifs se combine une dimension subjective (conscience de soi, sentiment de solidarité, volonté de défense ou de promotion d'une identité) qui serait nécessaire à l'existence de minorités. Le terme est alors surtout utilisé pour désigner des groupes spécifiques en lui accolant une épithète : les anglophones sont qualifiés de minorité linguistique au Québec, les Berbères de minorité ethnique au Maghreb, les Catalans

de minorités régionales en Espagne, les Tziganes de minorité culturelle et raciale en Europe, les Assyro-Chaldéens de minorité religieuse en Turquie, les Albanais de minorité nationale en Roumanie, etc.

Ces définitions énumératives sont toutefois peu satisfaisantes. Elles présentent notamment le risque de naturaliser et d'essentialiser les différences qui caractériseraient ces groupes, c'est-à-dire de les penser comme anhistoriques et immuables, dans le prolongement des phénomènes de la nature et conformes à un ordre naturel qui les fixerait durablement. Il importe au contraire de considérer que les différences sont produites socialement et deviennent pertinentes dans des contextes et à des moments particuliers.

La sociologie des relations interethniques constitue ici une ressource. En tant que point de vue théorique sur le social (Pierre-Jean Simon, 2006), elle postule que les groupes n'existent pas en soi, sur la base d'attributs spécifiques ou de caractères intrinsèques, mais s'édifient dans des rapports de pouvoir. Ce point de vue sociologique amène donc à interroger, dans une perspective relationnelle, les logiques qui président à la construction sociale et politique des « groupes minoritaires » (terme plus souvent retenu en sociologie) et à analyser les processus inhérents à toute « situation de minorités ».

Exprimer une relation inégalitaire et désigner une place, un statut

L'étude sociologique de la « situation de minorités » permet de saisir en quoi elle est le produit d'un rapport de pouvoir inégal et d'un processus de mise sous tutelle, de subordination. C'est un sociologue états-unien qui proposa, en 1945, une définition insistant sur le traitement différent et inégal d'un groupe au sein d'une société donnée et sur le « statut de minorité qui comporte l'exclusion de la pleine participation à la vie de la société » (Louis Wirth, 1945). Ce sociologue a encouragé un changement de perspective quant à la compréhension de cette inégalité : ce ne sont pas les attributs spécifiques d'un groupe ou de ses membres qui expliquerait les désavantages observés mais les relations qu'ils entretiennent avec les autres. En effet, un groupe minoritaire n'existe jamais seul, il se constitue dans un processus historique qui le lie à un groupe majoritaire (Hélène Bertheleu, 2005). La « situation de minorités » se comprend ainsi en fonction d'un rapport social objectif qui a deux faces, l'une concrète et l'autre idéologico-discursive et qui unit, dans un même univers matériel et symbolique, groupes majoritaires et groupes minoritaires (Danielle Juteau, 1999).

Plusieurs autres travaux ont mis en évidence en quoi c'est le traitement inégalitaire des statuts et la manière dont sont distribués et accaparés les pouvoirs qui importent dans la « situation de minorités » (Colette Guillaumin, 2002 [1972]; Danielle Juteau, 1999; Pierre-Jean Simon, 2006; Élise Palomares, Aude Rabaud, 2008). On peut à titre illustratif évoquer la restriction de liberté de circulation et la privation des droits politiques pour les « sujets français » soumis au Code de l'indigénat, l'existence d'appartements et de postes vacants réservés aux protestants au détriment des catholiques irlandais, le traitement différencié des descendants d'immigrés d'Afrique subsaharienne et des DOM-TOM dans l'accès à l'emploi en France, etc.

Se trouver en « situation de minorités » réfère à un « concept sociologique qui désigne des collectivités constituées sur la base d'une origine réelle ou supposée, d'une langue, d'une culture, d'une religion. Les collectivités ainsi constituées étant placées dans un état de plus ou moins grande infériorité, inégalité, dépendance par rapport à une collectivité majoritaire » (Pierre-Jean Simon, 2006). Cette définition de Pierre-Jean Simon permet d'appréhender aussi bien le devenir des minorités dites régionales, linguistiques, au sein de l'État-nation, que celui des immigrés ou encore celui de minorités racisées, qu'elles aient ou non un passé migratoire.

Autre apport important de la posture sociologique, celui d'alerter sur le fait que la dimension numérique n'est pas déterminante. Des groupes en « situation de minorités » peuvent être bien plus nombreux que le groupe majoritaire (les Noirs en Afrique du Sud durant la période de l'apartheid, les populations indigènes/autochtones en Amérique latine, par exemple). La disparité numérique ne doit toutefois pas être évacuée car c'est souvent la conjonction de l'infériorité en nombre et du handicap statutaire qui sont à l'origine de traitements inégalitaires et d'oppression. D'autres processus tels que la différenciation, l'infériorisation, la domination, l'exploitation, la subordination sont inhérents à toute mise en « situation de minorités ». Aucune n'est donnée naturellement. Seules les circonstances historiques et sociologiques permettent de comprendre ces situations et le devenir des groupes concernés à la lumière des rapports sociaux, économiques ou politiques. Cette nécessité de contextualiser et d'historiciser ressort, par exemple, dès que l'on s'intéresse à la place des populations juives dans les sociétés : pendant l'Antiquité, leur mise en situation de minorité se base sur la religion et leur rôle socio-économique ; à l'époque médiévale, les Juifs seront ségrégués et opprimés sur une assise religieuse ; à partir du XIXe siècle, on assiste à la reformulation raciste de leur persécution et des discriminations qu'ils subissent aboutissant à la mise en place de leur extermination.

Il est notable que nous ne parlons ici que de collectivités et groupes dont les membres sont renvoyés à leur origine (culturelle, ethnique, nationale) qu'elle leur soit attribuée, imputée ou qu'ils l'affirment, la revendiquent. Le débat de savoir si les femmes sont en « situation de minorités » est posé depuis longtemps et n'est pas tranché (les revendications d'inscription de la parité hommes/femmes dans la loi ont dernièrement donné lieu à des positionnements politiques et scientifiques opposés à ce sujet). La question se pose également de considérer d'autres groupes stigmatisés et discriminés (du fait de leur orientation sexuelle, par exemple) comme en « situation de minorités » et d'interroger la manière dont ils se placent (ou non, si l'on pense au mouvement ouvrier) dans ce registre pour étayer leurs revendications d'égalité et d'accroissement des droits.

Même si l'association « minorités » et « immigration » ne va pas de soi, rappelons que sur le plan sociohistorique, l'esclavage, la colonisation et les migrations de travail sont trois grands rapports constitutifs de la situation minoritaire (Danielle Juteau, 1999).

Qu'en est-il de la situation des immigrés et de leurs descendants en France ? Alors qu'Abdelmalek Sayad avait souligné dès la fin des années 1970 que toute migration de travail constitue, ipso facto, une migration de peuplement, l'établissement familial des immigrés a-t-il donné lieu à des processus de différenciation et à la constitution de collectivités mises en « situation de minorités » ?

Un concept pour appréhender le devenir des immigrés en France

Depuis des décennies, les pays qui ont fait appel à de nombreux travailleurs immigrés pour combler la pénurie de main-d'œuvre dans certains segments du marché de l'emploi constatent le maintien sur leur territoire de ces personnes, rejointes par leur famille. Ajoutée à cela, l'arrivée de demandeurs d'asile et des populations originaires des anciennes colonies a renforcé la pluralité de fait de la société. Les pays d'immigration ont dû prendre acte d'une présence plus définitive et d'une nécessité d'inclusion permanente dans la société. Les situations vécues par ces personnes varient selon les référentiels des pouvoirs publics et leur volonté de reconnaître, formellement ou pas, l'existence de minorités sur leur sol.

En France, le terme de « minorité » est évité car perçu comme menaçant l'indivisibilité et l'unicité de la République et le principe d'égalité devant la loi. Le cadre républicain français est censé empêcher le découpage de la population en minorités ou en groupes particuliers. La France n'admet pas l'existence de minorités nationales, culturelles, linguistiques, et leur reconnaît encore moins des droits particuliers (elle n'a par exemple toujours pas ratifié la Charte européenne des langues régionales et minoritaires). Plusieurs bémols doivent cependant être mis à cette affirmation car il existe depuis près d'un demi-siècle une possibilité d'apprentissage des langues bretonne, basque, occitane, corse, à l'école de la République. Par ailleurs, le Conseil français du culte musulman ou le Conseil représentatif des institutions juives de France sont des instances établies en corps intermédiaires entre les fidèles et les autorités françaises.

Les immigrés installés en France sont généralement mis en « situation de minorités » car pris dans des rapports inégalitaires, de domination et d'oppression. L'appellation d'« immigré » renferme à elle seule une connotation négative, support de classement social dévalorisant. Depuis plusieurs décennies, l'immigré n'est plus considéré dans la perspective d'un statut transitoire mais sous l'angle d'attributs (ethniques, religieux, culturels) transmissibles (Abdelmalek Sayad, 1999). Les descendants d'immigrés apparaissent collectivement distingués des autres Français en se voyant imputer – et en investissant parfois – des catégories ethniques diverses : selon « l'origine » géographique et/ou nationale, la culture, la religion, etc. Ce qui définit en grande partie la condition immigrée, c'est le maintien en situation de précarité et de ségrégation sociopolitique, le nombre important de discriminations subies en raison de l'origine des personnes (origine imputée ou revendiquée, selon les contextes).

L'ordre des classements, des privilèges, de la distribution inégalitaire du pouvoir, du prestige et des biens est largement imposé et maintenu par un ensemble de pratiques, de politiques et d'idéologies (Danielle Juteau, 1999). Toutefois, il importe de tenir compte des actions qui contestent et combattent cet ordre des classements et de s'intéresser aux pratiques des acteurs sociaux qui visent la transformation, plus ou moins profonde, de la « situation de minorités ».

Revendiquer la transformation de la « situation de minorités »

Engagés dans des relations marquées par des concurrences sociales et politiques, les groupes en « situation de minorité » sont amenés à contester l'ordre social inégalitaire et la place subalterne qui leur est octroyée. Lorsque se développe un mouvement pour l'égalité, l'objectif est de sortir d'une spécialisation des rôles et des statuts et d'accéder à d'autres places. Ces actions dépendent largement du régime et du modèle politique du pays où elles sont menées (libéral, communautariste, multiculturaliste, républicain).

La résistance des groupes minoritaires aux mécanismes d'imposition identitaire et au renvoi constant et toujours dépréciatif à leurs origines se traduit de plusieurs manières. Ils peuvent intérioriser l'image dévalorisée de leur situation, pouvant aller jusqu'à la honte, la haine ou le mépris de soi et/ou reprendre l'identité stigmatisée et discréditée pour se l'approprier et la requalifier en inversant le stigmate (ce que traduit le slogan *Black is beautiful*).

La lutte pour la reconnaissance peut prendre la forme d'une dénonciation de l'invisibilisation dans les champs politique, économique, médiatique, et d'une exigence d'accès symbolique à la représentation. Elle consiste, souvent simultanément, à tenter de prendre part au contrôle de la (re)distribution de certaines ressources matérielles et symboliques. Il s'agit par exemple de se mobiliser pour rendre le capital social et économique surdéterminant ; cela peut passer par l'engagement dans des collectifs très sélectifs (Clubs, Conseils, réseaux, etc.) s'apparentant parfois à des lobbys et visant la « promotion de la diversité » par la valorisation de la réussite d'une élite qui serait « issue » de cette diversité. Par ailleurs, l'apparition et les usages de plus en plus fréquents en France de l'expression « minorités visibles » (terme canadien qui désigne les personnes dont l'appartenance ethnique est non blanche, peu importe leur lieu de naissance, exception faite des peuples indiens autochtones) est à signaler. Elle est notamment mobilisée lors des revendications pour assurer une meilleure représentativité des minorités sur les chaînes de télévision publiques.

La « situation de minorités » n'est toutefois pas qu'une mise en minorité, les membres des groupes minoritaires ne se contentent pas de subir passivement tous les processus de domination et d'oppression déjà cités ; ils sont également partie prenante de la question des identifications collectives et de la construction de groupes revendiquant et entretenant un héritage culturel et des particularismes. La croyance en une appartenance commune, le lien de solidarité créé par la persécution ou le souvenir d'un traumatisme, la volonté de préserver une langue, la mobilisation pour maintenir l'organisation de services rituels (mariages, circoncision, obsèques) sont autant de dimensions sur lesquelles les personnes placées en « situation de minorités » ont prise.

La question posée par l'affirmation exacerbée de spécificités et de particularismes culturels est alors celle du risque de fixer et figer les identités. Aboutissant parfois à des revendications identitaires strictement différencialistes (mise en avant d'une langue spécifique dans la littérature, contrôle des modalités de pratiques d'un culte, etc.), certaines demandes entrent alors en contradiction avec une lutte pour l'égalité, qui passerait plutôt par une revendication d'indifférenciation et de mise en pratique réelle de l'aveuglement à la couleur de la peau et aux origines dont se revendique la République française.

Il importe enfin de souligner combien la contextualisation des situations de minorités est importante. Les relations entre groupes minoritaires et groupes majoritaires ne sont jamais fixées une fois pour toutes et prennent plusieurs modalités. La situation peut, si ce n'est définitivement, s'inverser, être modifiée. Dans certaines configurations locales, des membres de groupes mis en situation de minorité peuvent occuper une place sociale dominante, de majoritaire (directeur de banque, manager d'une grande entreprise, préfet). La distribution du pouvoir et des statuts devenant alors plus favorable, leur relégation à une place subalterne et leur dévalorisation s'atténuent fortement. La question reste cependant posée de savoir si l'appartenance (réelle ou supposée) à un groupe en situation de minorités limite l'exercice plein et entier de ce statut plus favorable.

⤳ antisémitisme, communautarisme, communauté, discriminations, ethnie, identité nationale, médias, mots de l'immigration, racisme, Roms, statistiques ethniques

les mots de l'immigration

En France, des communautés d'origines, de cultures et de langues différentes cohabitent dans les cités de banlieue et dans les quartiers, qui sont autant de lieux de relégation et de stigmatisation, dont certains sont classés en ZUS (Zones urbaines sensibles). Les personnes les plus jeunes qui y demeurent, mais aussi d'autres moins jeunes, du fait de la « violence sociale » exercée sur elles et de la « violence réactive » qu'elles renvoient à leur tour, se sont créé depuis presque trente ans des moyens de communication linguistique, au sein de leurs réseaux de pairs.

Ceux-ci sont autant de « marchés francs », comme les définit Pierre Bourdieu (1984), et de tels procédés communicationnels sont la preuve des stratégies d'évitement, de contournement des interdits et tabous sociaux mises en œuvre. Une « contre-légitimité linguistique », qui se manifeste dans un registre de langue « interstitiel », s'établit ainsi et elle ne peut s'affirmer, conformément à ce que mentionne Bourdieu, que « dans les limites des marchés francs, c'est-à-dire dans des espaces propres aux classes dominées, repaires ou refuges des exclus dont les dominants sont de faits exclus, au moins symboliquement » (1983).

Le *français contemporain des cités*, une véritable « interlangue »

Ce registre de langue « interstitiel » devient au fil des années une véritable « interlangue », qui émerge entre le français véhiculaire dominant, à savoir la langue française circulante, et l'immense variété des « vernaculaires » qui compose la mosaïque linguistique des cités : arabe maghrébin, berbère, langues africaines et asiatiques, langues de type tsigane, créoles des DOM-TOM, turc, pour ne citer que ces langues ou parlers. Cette interlangue comporte des séries entières de termes et d'expressions d'origine étrangère, qui prouvent l'existence d'un « brassage linguistique » produit au quotidien dans les cités françaises. Ce « brassage » introduit aussi des formes linguistiques issues des français régionaux, du français populaire et de l'argot traditionnel dans le registre « interstitiel « que l'on nomme *français contemporain des cités* (désormais FCC ; Goudaillier, 2001). De nombreux locuteurs qui pratiquent le FCC affirment une identité linguistique forte (« le français, c'est une langue, c'est pas la mienne », « l'arabe c'est ma langue »), elle-même corrélée à leur identité ethnique, en utilisant de manière importante des mots empruntés aux langues de leurs cultures d'origine. Ceci s'opère non seulement de manière intercommunautaire (étrangers, personnes issues de l'immigration/Français de souche ; Maghrébins/Africains/Antillais/Asiatiques, etc. ; strates d'immigration plus anciennes/plus récentes) mais aussi par rapport à l'extérieur de la cité, du quartier où l'on réside. Les jeunes issus de l'immigration tiennent ainsi à se distinguer de ceux qui ont un mode de socialisation lié au travail, alors qu'eux-mêmes se sentent exclus du monde du travail et marginalisés (Goudaillier, 1998). Pour les jeunes issus de l'immigration, « La langue d'origine acquiert une valeur symbolique indéniable… », ainsi que le précisent Louise Dabène et Jacqueline Billiez (1987, 65), même si « […] cette représentation "lignagère" de la langue d'origine ne va pas obligatoirement de pair avec un usage intensif de cette langue ni même sa connaissance ».

Des exemples très nombreux

Les exemples de mots présentés ci-après montrent bien le positionnement interstitiel du FCC entre les parlers de l'immigration et la langue française normée, légitimée.

– *Ahchouma* (ou *hahchouma*) a pour origine un mot arabe signifiant « infamie », « honte ». « Si tu veux dire la honte, tu peux dire la tehon mais aussi *ahchouma* » (Décugis et Zemouri, 1995, 173).

– *Arhnouch* (ou *rhnouch*) désigne le policier. C'est un mot de l'arabe dialectal maghrébin utilisé pour « serpent » et par métaphore pour « policier ». « Bon. Nous avions passé fissa la douane et les *rhnouchs* » (Paul Smaïl, 2001, 175).

– *Arioul* avec le sens d'« âne » et d'« idiot » au figuré est un mot d'origine berbère, qui a le même sens en FCC. « Tu m'as pris pour un *arioul* ! » (Guendouz et Nicolo, 1997, 192).

– *Bateul* signifie « gratuit » en arabe. « Pour toi, ce sera *bateul*, bien entendu » (Paul Smaïl, 2001, 117).

– À partir du substantif sinto piémontais *bedo*, « truc », « machin », deux substantifs et un verbe ont été formés en FCC : le masculin *bédo*, « joint » (de haschisch), le féminin *béda*, « cigarette » (de tabac), et le verbe *bédav(er)*, « fumer ». « On traîne avec les copains, on fume un *bedo*… » (*le Monde*, 25 novembre 1999) ; « Une cibiche, une clope, une sèche, une tige, une *béda*, une garo, un mégot, un joint autorisé par la loi… » (Paul Smaïl, 2001, 363) ; « […] parfois je bédave pour marave » (Idéal J, CD *O'riginal MC's sur une mission*, 1996).

– À l'arabe classique *bilafid* correspond l'arabe maghrébin *bled*, « terrain », « ville », « pays ». À la fin du XIXe siècle, c'est par l'intermédiaire de l'argot militaire d'Afrique du Nord que *bled* est passé en argot et récemment en FCC, où il est employé pour « village », « ville d'origine » et « pays d'origine ». D'où la locution *aller au bled* (« retourner dans son pays natal »). « Tu t'es cru au *bled* ? On n'est pas chez les chèvres ici, on est à la cité des Muguets... » (Favier/Kassovitz, 1995, 91). *Blédard, bledman, blédos, blédien*, « celui qui arrive de son bled », « paysan » (= rustre), ont été formés par suffixation. « Parfois, il râle avec son accent de *blédard* » (Faïza Guène, 2004, 77).

– *Calculer* a pour sens « comprendre » en arabe dialectal algérien. En FCC, le sens est « observer quelqu'un », « prêter attention à quelqu'un ». « Dans la cité, celui qui ne porte pas de marques, on le *calcule* pas, on l'esquive » (*le Monde*, 8 septembre 1999).

– Le romani *choucard*, « bien », « bon », « chouette », existe déjà en vieil argot (Aristide Bruand). On le trouve aussi en FCC. « [...] j'ai une nouvelle mob ! *Choucarde*, non ! » (Jean-Claude Izzo, 1995, 178).

– *Chouffer*, « regarder », « voir », est construit à partir de l'arabe *chouf*, « regarde ! ». Utilisé en ancien argot, il l'est aussi en FCC. « J'lai à peine *chouffé* » (Jean-Claude Izzo, 1996, 64).

– *Choune*, « sexe féminin », est une adaptation phonétique du mot berbère haetsun correspondant. Par métaphore, *choune* signifie « chance », et *avoir de la choune*, « avoir de la chance ». « Djamel, l'a d'la *choune* ! » (enquête du Centre de recherches argotologiques CARGO, université Paris-V, 1995-1996).

– *Chourav(er)*, « dérober », « voler », tout comme son déverbal *chourav(e)*, « vol », est emprunté au romani par l'argot ancien et se retrouve donc en FCC. « [...] n'ont jamais bossé, trafiquent un peu, consomment beaucoup, *chouravent* dans les magasins, mangent au McDo[...] » (Prudon, 1995). « [...] Marrakech ! la capitale mondiale de la pouillave et du *chourave* ! » (Smaïl, 2001).

– Le sinto *xova, xajav*, « je mange » (Max, 1972), donne en FCC *craillav(er)*, « manger ». « On *craillav* d'abord... » (enquête CARGO, 1995-1996).

– *Dareuf*, « grand frère », est composé de *reuf* (verlan de *frère*) et du préfixe *da*, qui désigne en berbère l'aîné d'une fratrie. « C'est mon *dareuf*, l'gadjo qu't'as vu hier » (enquête CARGO, 1995-1996).

– *Dawa* (prononcé [dawa]), « désordre », correspond à l'arabe classique

el dawa, « provocation ». On le retrouve dans *foutre le dawa, mettre le dawa*, « mettre sens dessus dessous ». « […] eh ! sincou ! C'est quoi c'te *dawa* qu'tu mets là ! » (enquête CARGO, 1998).
– *Dolo* : il s'agit d'une subdivision du dinar algérien. Le terme est utilisé en FCC de manière générique pour parler d'argent : « J'ai pas un *dolo* [je n'ai pas d'argent] » (enquête du Laboratoire Dynalang/Pavi, université Paris-V, 2005).
– *Gadjo*, « gars », « homme », est un mot romani désignant un « homme marié non tsigane » (Colin, Mevel, 1990) ; il est connu en ancien argot dès la fin du XIXe siècle avec tout d'abord le sens de « paysan ». Suite à un changement, il désigne un homme, plus ou moins jeune, tout comme le féminin *gadji* est employé pour désigner une femme. « […] p'tit con t'as voulu jouer ton *gadjo* » (*Groove*, n° 42, octobre 2000, Courrier des lecteurs, 12). Dans le sud de la France, on emploie plutôt le mot gitan *payo*. « Ils avaient tapé une clope à un *payo* » (Jean-Claude Izzo, 1996).
– *Go*, « fille » en bambara (registre argotique), qui serait une déformation phonétique de l'anglais *girl*, s'emploie tant à Dakar (Sénégal) qu'à Bamako (Mali). On retrouve ce terme en FCC, qui connaît l'expression *se poser avec une go*, « vivre avec une femme ». « Les mecs disent "j'ai envie de *me poser avec une go*" » (« http://www.macite.net 2003 »).
– *Gorette*, « fille/femme », vient du wolof *go:r*, « homme », auquel on ajoute le suffixe *-ette*. « *Go, gorette*, c'est la même chose » (enquête CARGO, 1995-1996).
– L'arabe dialectal algérien *el hala*, « fête », donne *hala, hâla* (prononcé [hala]) en FCC. « On est tous incarcérés, la hâla est déjà niquée » (*l'Engraineuse*, texte de rap d'une lectrice de Mantes-la-Jolie [78], *l'Affiche*, 48, septembre 1997, Courrier des lecteurs, 5).
– Le substantif arabe *haram* (prononcé [hæræm]), « péché », est emprunté tel quel en FCC. « C'est *haram* de passer de bras en bras » (Décugis et Zemouri, 1995, 129).
– Le *hétiste* ou *hitiste*, « personne désœuvrée », généralement au chômage, est celui qui est adossé au mur. Ce mot de l'arabe dialectal algérois se compose de *hæjt*, « mur », et du suffixe *-iste*. « Des *hétistes*, y'en a aussi ici, dans cette cité » (enquête CARGO, 1995-1996).
– *Hlass* ou *Khlass* (prononcé [xlas]), « assez ! », « ça suffit ! », est le mot arabe *xlas*, « (c'est) fini », « assez ». « Les meufs rebeus, on les respecte. On leur fait la bise et *khlass* » (Décugis et Zemouri, 1995, 128).æ

– *Hralouf*, « porc » (arabe « hæluf », même sens), viande interdite par la religion musulmane, est très employé dans les cités. « Y'a qu'des dwichs [sandwichs] à damer, en plus y'a du *hralouf* d'dans » (enquête CARGO 1995-1996). Ce mot sert aussi d'injure, tout comme son féminin *hraloufa* à l'adresse d'une femme.
– *Kahlouche*, *kahl*, « personne d'origine africaine ou antillaise », qui vient de l'arabe *khael*, « noir », est plutôt utilisé par les jeunes beurs. « [...] je me suis déjà fait plusieurs fois traiter de "*Karlouch*" » (interview d'Oxmo, *Black News Update*, 6/vol.3, 1-15 mai 1998).
– La racine *k.f* ou *t.f* correspond dans les langues sémitiques à la notion de plaisir. En bosnien (serbo-croate de Sarajevo) on trouve *ceif*, emprunté au turc, aussi avec le sens de plaisir. En FCC, on a *kif(f)* avec le même sens, mais aussi le verbe *kiffer*, « aimer », et les expressions *être kiff de quelqu'un*, « aimer », *être kiffant*, *être le kiff*, « être très bien », et plus récemment *être en kiffance*, « aimer ». « C'est un vrai *kiff*, j'y vais avec un vrai plaisir » (Djamel Debouzze, TF1, 19 décembre 2003) ; « Je *suis en kiffance* grave là ! » (http://greluche-du-net.skyblog.com/2.html avril 2005) ; « Je *kiffe* à donf sur c'te meuf, *j'suis kiff d*'elle » (enquête CARGO, 1995-1996) ; « Tu te choisis une petite vendeuse qui te fait *kiffer* méchant ! » (Publicité « Boulanger », Europe1, juin 2006 ; voir http://www.boulanger.fr.
– *Kiffeur*, *kiffeuse*, « celui, celle qui aime quelque chose » (voir *kiffer* ci-dessus). « Le Dready man se décline sous toutes les formes possibles et ce sac est idéal pour les *kiffeurs de vinyl* [disques en vinyl] » (*Fais nétour*, n° 1, 1996).
– *Lascar* désigne un « gars de la cité » avec une connotation de ruse, de force, autant de qualités attendues de la part d'un soldat ou de quelqu'un qui doit faire face aux exigences de la vie. Ce mot vient du persan *laskhar*, « soldat », et passe en arabe (Ben Smail, 1994). En FCC, il est verlanisé en *scarla*. « Un *lascar* en costard reste un *lascar* de pur-sang. » (Légitime Processus, CD *Échec et mat*, 1996) ; « Les puristes du hip-hop (les « scarlas » ou *lascars*) font la moue… » (*le Monde*, 24-25 mai 1998, 24). Il existe même une forme féminine, *scarlette*.
– *Liav* (prononcé [lijav], a) « prendre », b) « voler », a une origine tsigane bien établie (manouche *lova*, « je prends », et son perfectif *liu*, qui sert dans la formation du verbe ; *lav*, « je prends » en dialecte kalderash (Calvet, 1993). « On *liav*' ce qu'on n'a pas, mais l'affection, ça se charbonne

pas » (KDD, CD *Une couleur de plus au drapeau*, 2000).
– *Maconmé* et *macoumé* (prononciations antillaises de *ma commère*), « homosexuel », sont utilisés en créole antillais, mais aussi en FCC : « Je lui ai défoncé sa race de *macoumé* » (Décugis et Zemouri 1995).
– *Marav(er)*, a) « battre », « frapper », b) « tuer », est un verbe romani (*marav*, « je frappe »), qui existe aussi en sinto (*maravo*, « je tue ») et en caló (*marar*, « tuer ») (Max, 1972). « Je suis grave, parfois je bédave pour *marave* » (Idéal J, CD *O'riginal MC's sur une mission*, 1996).
– L'arabe *miskin*, « pauvre », qui a donné *mesquin* en français, est introduit en ancien français au XIIe siècle (*meschin*, « jeune homme », *meschine*, « jeune fille ») par l'intermédiaire de l'italien *meschino*, « pauvre », « chétif » (Dauzat/Mitterand, 1964). On retrouve *mesquin*, a) « pauvre », « minable », « nul » ; b) « pauvre type », en FCC. Le féminin *miskinette* désigne une fille idiote. « Mais... attends... j'suis pas *mesquine*, mais qui c'est qui met du coco [essence] dans ma turvoi ? » (*Raï*, film français de Thomas Gilou, 1994).
– *Minch*, a) « sexe féminin », b) « petite amie », existe en sinto : *minc*, a) « vulve », b) « femme » (métonymie) ; on trouve mis (pl. *miza*), « vulve », en dialecte kalderash (Calvet, 1993). « Je vous embrasse, les *min'chs* » (*Groove*, n° 36, mars 2000, Courrier des lecteurs, 12).
– *Poucave*, « balance », « indicateur de police », est l'emploi substantival du verbe tsigane *poucav*. « La mafia africaine n'aime pas les langues baveuses... les poucaves ou les fayots ! » (Groove, 12/2003, 8, à propos de *Balance*, un des titres du CD *La cerise sur le ghetto* du groupe de rap *Mafia K-1 Fry*).
– *Rabla*, « drogue », vient de l'arabe *rabla*, « poussière », « drogue ». « Tu en as qui prennent de la *rabla*. C'est comme ça qu'on dit maintenant pour parler de la came » (Guendouz et Nicolo, 1997).
– *Raklo* désigne un « garçon non tsigane » en kalderash et un « homme célibataire non tsigane » en sinto (Calvet, 1993). *Raclo*, son féminin *racli* et le diminutif *raclette* sont attestés en FCC. « Mais avoue que tu cours derrière les raclettes » (Stomy Bugsy, CD *Le calibre qu'il te faut*, 1996).
– Le verbe tsigane *xodav*, « chercher », donne en FCC *rodav(er)*, « regarder », « repérer » et *se faire rodave*, « se faire avoir ». « On s'est fait *rodave*, barre-toi ! » (enquête CARGO, 1995-1996).
– *Roloto* (prononcé [xoloto]), « nul », qui vient de l'arabe *khlot*, « abandonné », « indésirable », est employé en FCC comme adjectif et substantif.

« C'est un mec, que j'ai j't'é en boîte, m'fin t'vois l'*roloto*! » (*Raï*, 1995).
– *Roumi*, *roum* (de l'arabe *rumi*, « homme européen ») désigne un Français de souche. « Du vrai boulot, y en a pas pour nous – point. Y en a plus pour les *Roumis*, alors nous! » (Smaïl, 1997).
– En FCC, *seum* a le sens de « poison », « colère », tout comme en arabe, et *foutre le seum*, *avoir le seum* signifient « mettre en colère », « être en colère ». « J'avais le *seum*, j'voulais pas donner la maille [argent] » (*l'Esquive*, film français d'Abdellatif Kechiche, 2004).
– *Shétan*, *shitan*, « diable », est emprunté à l'arabe dialectal maghrébin. « C'est la cité du *shitan*. Faut tous qu'on crève! » (*Raï*, 1995).
– *Surin*, « couteau », est un substantif d'origine tsigane. « Éviter les coups de *surin* » (NTM, CD *Suprême NTM*, 1998).
– *Timal*, « gars », « homme », utilisé comme interjection, essentiellement par la communauté antillaise, est la troncation par aphérèse de *petit mâle* [pətimal] > [timal]. « *Timal*, ça fait un bail, que j'suis pas parti au pays » (*Mafia K-1 Fry*, 2000, repris sur mafiak1.free.fr).
– *Tnah* (*t'nah*) (prononcé [tna]), « bon à rien », « idiot », est d'origine arabe. « C'est quoi, cette bande de *tnah*? » (*Raï*, 1995).
– *Toubab*, « Français de souche », correspond à l'arabe *tebib*, « savant », et à l'arabe maghrébin algérien *tbîb*, « sorcier » (Ben Smail, 1994). Pendant la période coloniale, ce terme fut utilisé par les autochtones de langue arabe pour désigner non seulement le médecin (le « sorcier ») mais tout homme blanc européen. « C'est un *toubab*, enfin un Blanc, un camembert, une aspirine quoi… » (Faïza Guène, 2004). En FCC, on trouve aussi le féminin *toubabesse*, « femme européenne », « Française de souche ».
– C'est l'arabe dialectal maghrébin *ztla*, « tabac à priser, à chiquer » et par extension « drogue », qui est à l'origine du substantif *zetla*, « haschisch », lui-même verlanisé en *tlaz*. « Ils étaient pétés sous *zetla* vodka » (Stomy Bugsy, 1996).
– *Zudj* ou *zuj*, « deux », est aussi utilisé en arabe dialectal maghrébin pour indiquer le « deuxième » d'un couple, l'autre, le mari ou la femme, suivant le cas. En FCC, *zouz* désigne une jeune fille ou une femme. « C'te *zouz*, c'est la zouzmé à Nordine » (enquête CARGO, 1995-1996).

La langue des cités, une façon de marquer son identité

Les formes linguistiques employées par les habitants des cités françaises, qui constituent le *français contemporain des cités* (FCC), font de celui-ci un niveau de langue interstitiel entre la langue française circulante socialement légitimée et un certain nombre de parlers non légitimés, entre autres ceux connus des personnes issues de l'immigration. Ces formes sont révélatrices d'une volonté permanente de transgresser la norme linguistique et de marquer son identité au travers de la langue employée. Par instillation dans le système linguistique dominant de traits spécifiques provenant du niveau identitaire lié à la culture d'origine, se met en place une diglossie (utilisation dans une société de deux systèmes linguistiques, dont l'un a un statut supérieur par rapport à l'autre), qui est la manifestation langagière d'une révolte (Goudaillier, 2001) et d'un refus par certains de la langue des dominants (Goudaillier, 2007).

multiculturalisme, multiculturel Le terme de multiculturalisme est assez récent, et il a connu un succès important. Signe d'une époque, il est considéré par certains auteurs comme un exemple de la « nouvelle vulgate planétaire » (Pierre Bourdieu et Loïc Wacquant) qui aurait colonisé les discours publics. On peut cependant voir une filiation entre ce terme et des théories plus anciennes, du cosmopolitisme au pluralisme normatif. En outre, il prend des sens différents, et surtout des connotations variables selon les contextes nationaux et historiques. Ses usages dans le débat politique peuvent varier sensiblement selon la situation au Canada, en Inde, en Afrique du Sud, en Australie ou encore en Allemagne. Les histoires des immigrations, des colonisations ou des expériences instituées de ségrégation ou d'extermination, etc., se croisent et différencient en même temps ces sociétés. Les traditions politiques, juridiques ou philosophiques jouent aussi dans la disposition distincte des pays à envisager les questions du pluralisme culturel, religieux, etc. Les différentes sociétés peuvent en conséquence aborder de façon singulière les questions que pose le multiculturalisme ou les réponses qu'il propose aux défis des sociétés plurielles.

Selon Denis Lacorne, le terme fait son apparition aux États-Unis dans la littérature des années 1940. Son usage courant est plus tardif, et il se diffuse en Amérique du Nord surtout dans les années 1960, avec le mouvement des droits civiques. Le terme sert au départ deux discours distincts. L'un est normatif : le multiculturalisme désigne l'horizon idéal d'une société cosmopolite qui aurait dépassé préjugés et logiques xénophobes ou nationalistes, pour se faire accueillante à la pluralité. L'autre se veut descriptif ; multiculturelle est alors la société composée par la cohabitation de groupes « culturellement » hétérogènes. Le terme se confond alors dans celui de « diversité culturelle ». Au carrefour de ces deux acceptions va se développer un troisième sens, prescriptif : celui des politiques multiculturalistes qui visent à organiser une cohabitation pacifiée et une reconnaissance de la pluralité. Le Canada est ainsi le premier pays, à partir de 1971, à donner au multiculturalisme un cadre législatif, et à développer une politique officielle de protection et de promotion de la diversité. Après avoir développé la question des droits des peuples autochtones, et reconnu deux langues officielles, la Charte canadienne des droits et libertés (1982) fait du multiculturalisme un élément intrinsèque de l'identité et des valeurs canadiennes.

Dans le contexte français, le terme fait son apparition surtout dans les années 1990, avec un débat controversé. Dans le champ politique, il est souvent chargé d'une connotation négative, au point que le terme sert d'argument dans une critique qui vise la politique de la gauche des années 1980 – alors que celle-ci avait plutôt opté pour le langage de l'interculturel, notamment dans les politiques scolaires. Plus largement, l'emploi de « multiculturalisme » peut servir un discours d'inquiétude sur les conditions du « vivre ensemble » ; discours qui se résume parfois à une interrogation dramatique sur « l'avenir de la République ». Le terme est ainsi pris dans une conception polarisée de l'espace politique national, qui lui assigne un statut de contre-référence ; c'est-à-dire qu'on en fait un pôle diamétralement distinct et étranger à la « tradition républicaine ». Ainsi réduit à une logique « particulariste », on lui oppose « l'universalisme des Lumières ». Pourtant, les termes de multiculturalisme et de diversité culturelle sont aujourd'hui largement promus par des institutions universalistes telles que l'Unesco ou le Conseil de l'Europe. Nous sommes donc dans un paradoxe, entre la revendication d'une « origine » française de l'universalisme des Lumières, et la contestation des outils conceptuels par lesquels cette diffusion d'une norme universaliste s'opère. Ce conflit, qui a pour objet l'imaginaire politique, suscite un large discours conservateur, appelant à vouloir protéger une « spécificité française », et à développer pour ce faire une politique d'intégration visant la « nationalisation » des immigrés (D. Schnapper).

Le durcissement de l'espace politique autour de ce terme n'est pas sans lien avec la diffusion, en France, du référentiel politique de l'extrême droite. En effet, les théoriciens de la « Nouvelle Droite » se sont emparés de l'idée de multiculturalisme ; ils y ont trouvé un langage convenu pour « culturaliser » une approche raciste. Le terme leur permet en effet de légitimer et revendiquer une discrimination (« préférence nationale »), au nom de la préservation de la « culture française ». Après avoir imposé de fait dans le débat public l'idée que l'immigration serait un « problème », l'extrême droite a réussi à imposer l'idée qu'il faudrait défendre le groupe majoritaire contre le risque du melting-pot, voire contre un « racisme anti-Blanc » (idée traduite dans une nouvelle législation sur le racisme, dans les années 2000). Le rejet du terme de « multiculturalisme » a donc, pour certains auteurs, à voir avec cette filiation embarrassante.

Plus largement, la notion de multiculturalisme n'est pas dépourvue d'ambiguïtés, dans l'usage qui est fait à travers elle du concept de culture. Elle peut tendre vers une conception figée et essentialiste des cultures. En supposant que chaque groupe serait doté et détenteur d'une culture qu'il transmet (et qu'il s'agit éventuellement de préserver), cette notion réduit l'idée de culture à une propriété fixe, qui la rapproche d'un sens ethnique. Dans cette approche, l'idée de culture est politisée (on en fait un enjeu politique), en même temps qu'elle peut contribuer à dépolitiser la question sociale, et/ou à euphémiser la question raciale. À ce titre, il faut noter un fréquent déplacement de la question des inégalités dans celle des différences, ce qui en France se traduit aujourd'hui sensiblement par la promotion de l'idée de « diversité ». Cette dernière notion a fait l'objet au milieu des années 2000 d'un lobbying actif de la part de certains réseaux patronaux néolibéraux (Institut Montaigne, notamment). Elle a conduit à substituer à la politique de « lutte contre les discriminations » (instaurée depuis 1998) l'idée de « promotion de la diversité ». Contrairement à une approche véritablement multiculturaliste, et contrairement aussi à l'horizon égalitariste qui organise le référentiel antidiscriminatoire, le thème de la diversité vise surtout une approche élitiste attentive à une représentation de groupes ethniques dans les filières d'excellence. Cette conception a donc repoussé, en France, la question des droits effectifs des populations minorisées.

N-O

nationalité

On définit la nationalité comme l'appartenance juridique et politique d'une personne à la population constitutive d'un État. Le lien de nationalité suppose une relation verticale entre un individu et l'État reposant sur un lien d'appartenance du premier au second mais aussi, et dans le même temps, une relation horizontale qui fait que le national est membre d'une communauté et jouit, à ce titre, de prérogatives spécifiques qui, a priori, ne bénéficient pas aux non-nationaux (étrangers et apatrides). Si cette définition juridique fait aujourd'hui consensus, le thème n'en reste pas moins périodiquement sujet à d'importantes controverses idéologiques.

La nationalité apparaît comme une notion complexe forgée par l'histoire qui contribue à affirmer la distinction entre le national et l'étranger. Bien que relevant désormais du champ des droits de l'homme, elle demeure source de conflit de nationalités dans la mesure où chaque État reste souverain pour déterminer ses propres nationaux à l'image de la France qui bénéficie d'un droit de la nationalité reposant sur un subtil équilibre entre les différents modes d'attribution de la nationalité.

Une notion complexe forgée par l'histoire contribuant à la distinction entre national et étranger

La notion juridique de nationalité se distingue de celles de nation, d'État et de citoyenneté, avec lesquelles elle entretient des liens complexes. En premier lieu, le mot de « nationalité » découle directement de « nation », qui lui-même est issu du latin *natio*, naissance. Selon le *Dictionnaire historique de la langue française*, la nation désigne originellement l'ensemble des individus nés en même temps dans un même lieu puis ceux ayant une communauté d'origine. Le concept moderne émerge avec la Révolution comme entité politique identifiée au tiers état (Sieyès, *Qu'est-ce que le tiers état?*, 1789), au peuple révolutionnaire, puis prend sa définition moderne de « personne juridique constituée par un ensemble d'individus composant l'État » (arrêté du 23 juillet 1789 sur le crime de lèse-nation). Elle aussi implique à partir du XIXe s. « une âme, un principe spirituel » (Renan, *Qu'est-ce qu'une nation?*, 1882), la volonté collective de s'ériger en un corps politique souverain. Le *principe des nationalités*, apparu avec l'émergence des États-nations, constitue cette aspiration d'une nation à former un État distinct et autonome.

Le terme de « nationalité » proprement dit est relativement récent. L'ancien droit lui préférait « sujet du roi », « régnicole » voire « naturel » (par opposition au « citoyen naturalisé »). Sous la Révolution, la distinction entre la « qualité de Français » et de « citoyen français » n'est pas nettement établie car la définition du national passe par celle du citoyen. C'est au début du XIXe siècle que le mot « nationalité » est utilisé pour la première fois par Mme de Staël, dans son *Corinne ou l'Italie* (1807) ? en référence au sentiment national (inspiré de l'anglais *nationality* et de l'espagnol *nacionalidad*). Sous la monarchie de Juillet, le terme s'impose sous une signification moderne. Il est alors utilisé dans des débats devant la Chambre à l'occasion de l'adoption de la loi du 21 mars 1832 *sur le recrutement dans l'armée*, dans la jurisprudence de la Cour de cassation en 1834, dans la littérature avec *le Voyage en Orient* de Lamartine, en 1835, ou encore dans le dictionnaire de l'Académie en 1835.

C'est, en second lieu, sous l'influence du vocabulaire allemand (F.-L. Jahn, 1825; J.-J. Foelix, 1844), que la nationalité se construit à partir de cette époque en référence à la notion d'État. Cette évolution amènera le professeur Pierre Louis-Lucas à proposer en 1929 le remplacement du terme « nationalité » par celui d'« étatialité » (*Staatsangehörigkeit*). Dans ce cadre, dépassant la conception élective, la détermination de la nationalité n'est pas liée au degré d'attachement à la nation mais constitue un « lien juridique ayant à sa base un fait social de rattachement » (filiation, lieu de naissance, résidence, scolarité, service militaire, etc.) entre un individu et l'État avec lequel il a le plus d'attaches objectives (Cour internationale de justice, 6 avril 1955, *Notteböhm*). En droit anglo-saxon, le terme *citizenship* transcende d'ailleurs les concepts continentaux de nationalité et de citoyenneté.

En dernier lieu, le concept de « nationalité » se distingue de celui de citoyenneté. D'une part, ces notions ne renvoient pas à la même sphère de droits (civils vs politiques) et d'autre part, elles ne se recouvrent pas totalement. Ainsi, on peut être national sans être citoyen (suffrage censitaire, exclusion des femmes des droits électoraux, négation de la citoyenneté des populations indigènes des colonies, privation des droits civiques de certains majeurs protégés ou pour certaines condamnations pénales). Inversement, on peut accéder à des formes de citoyenneté sans être national (droits électoraux des étrangers dans l'entreprise, dans des chambres professionnelles ou dans les conseils d'administration d'établissements publics, droit de vote aux prud'hommes, etc.). Ces distinctions alimentent les mutations du statut de national avec l'admission corrélative des étrangers à l'égalité civile (hormis le statut personnel), à la jouissance des droits et libertés fondamentaux et à la titularité de l'ensemble des droits sociaux. Plus qu'à un effacement de la frontière entre le national et l'étranger, on assiste donc à un déplacement de celle-ci au sein même de la catégorie d'étranger (selon le statut migratoire) et au développement du triptyque « national, citoyen de l'Union européenne et ressortissant de pays tiers ».

Entre droits de l'homme et prérogative souveraine, source de conflits de nationalité

Il est admis que la nationalité constitue un attribut essentiel de la personnalité juridique d'un être humain. En ce sens, l'article 15 de la Déclaration universelle des droits de l'homme de 1948 reconnaît un « droit à une nationalité » et prohibe la privation « arbitraire » de la nationalité ou l'interdiction d'en changer. L'article 24-3 du Pacte international sur les droits civils et politiques de 1966 et l'article 7-1 de la Convention internationale des droits de l'enfant de 1990 consacrent le droit de tout enfant « d'acquérir une nationalité ». Ces normes n'atténuent cependant guère la force du principe affirmé de longue date en vertu duquel chaque État est libre de déterminer souverainement ses nationaux (Convention de La Haye du 12 avril 1930).

De ce fait, dans certaines hypothèses, les droits de deux pays peuvent rentrer en contradiction et priver l'intéressé de toute nationalité. Des conventions internationales ont été adoptées afin d'inciter les États à réduire ces cas ou, à défaut, à accorder un statut aux apatrides (Conventions de New York du 28 septembre 1954 et du 30 août 1961 et Convention européenne sur la nationalité de 1997 – non ratifiée par la France). Sans garantir pour autant un droit à acquérir ou conserver une nationalité particulière, la Cour européenne des droits de l'homme reconnaît, quant à elle, que dans certaines circonstances le refus ou le retrait « arbitraire » de la nationalité est susceptible de porter atteinte au droit à la vie privée et familiale. C'est le cas, en Slovénie, des « effacés » (*izbrisani*) qui, au moment de l'éclatement de la Yougoslavie, n'ont pu accéder à la nationalité slovène et se sont retrouvés étrangers dans leur propre pays (affaire *Kuric c. Slovénie* du 13 juillet 2010). La Cour juge par ailleurs discriminatoire un refus d'accorder la nationalité maltaise à un enfant résidant au Royaume-Uni au motif qu'il est issu de l'union hors mariage d'une Britannique et d'un Maltais compte tenu de l'impact sur son « identité sociale » (affaire *Genovese c. Malte* du 11 octobre 2011).

Parallèlement, dans bien des hypothèses, en raison de l'application des règles propres à chaque pays, une personne peut bénéficier, dès la naissance ou en cas de naturalisation, de plusieurs nationalités. La Convention du Conseil de l'Europe du 6 mai 1963 prévoit des mécanismes pour limiter ces cas de *plurinationalité*. La France a cependant dénoncé au 5 mars 2009 les règles les plus contraignantes de celle-ci (chapitre I) et dans la pratique les cas de bi- ou plurinationalité sont fréquents.

Jus sanguinis et *jus soli*

La détermination du droit à la nationalité repose, en règle générale, sur les deux principes fondamentaux que sont le *jus sanguinis* et le *jus soli*, auxquels s'ajoutent, selon les cas et les époques, d'autres critères.

Le *jus sanguinis* constitue un mode d'attribution de la nationalité en raison de la filiation (*est national l'enfant né d'un national*). Fondée *sur le sang,* la nationalité constitue un héritage. Au-delà de la conception ethnique, son existence repose aussi sur une dimension d'appartenance à une communauté fondée sur la transmission de valeurs communes. Le droit du sang est souvent modulé par des conditions complémentaires (résidence, maîtrise de la langue, etc.). Dans ce système, l'acquisition de la nationalité est très difficile pour ceux qui ne bénéficient pas de cette ascendance. À l'inverse, des descendants de nationaux installés de longue date à l'étranger peuvent bénéficier d'une *réintégration* dans cette nationalité, alors même qu'ils n'ont pas nécessairement conservé la culture ou la langue de leurs ancêtres. Traditionnellement, cette conception a été associée à l'Allemagne mais elle existe dans d'autres pays (Grèce, Israël, pays musulmans, etc.). Mais dès lors qu'un pays accueille durablement des immigrés, un droit reposant exclusivement sur le principe ethnique devient à terme « intenable » (Fulchiron, 2000). Ainsi, l'Allemagne a fait évoluer sa législation pour admettre une dose de *jus soli* et la France a prévu une procédure permettant de constater la perte de la nationalité française pour les descendants de Français établis de longue date en pays étranger (Code civil, art. 23-6). Le *jus sanguinis* existe en effet en France dès l'Ancien Régime, de manière concurrente au *jus soli*. Et si en 1804 le Code civil napoléonien fait primer le droit du sang (au bénéfice des seuls enfants d'un *père* français), il maintient une *faculté d'option* pour les enfants nés en France d'un père étranger qui, à la majorité, peuvent opter pour la nationalité française. En vertu du principe d'unité de nationalité, les femmes se mariant avec un étranger, et par suite leurs enfants, perdaient la nationalité française sans qu'on se préoccupe d'ailleurs de la question de savoir si elles pouvaient acquérir celle de leur mari.

Le *jus soli* constitue l'autre mode privilégié de détermination de la nationalité (*est national, à la naissance ou à la majorité, l'enfant né sur le territoire de cet État*). Pratiqué de longue date (conception archaïque d'attachement de l'individu au sol), le droit du sol prévaut surtout dans des pays d'immigration qui attribuent une présomption d'intégration aux enfants nés sur leur territoire (Argentine, Canada, Australie), comme l'illustre le 14e amendement (1868) à la Constitution des États-Unis. En France, toutes les Constitutions révolutionnaires le consacrent en le couplant à la résidence. Les Constitutions de 1791 et 1793 naturalisent également ceux qui sont nés à l'étranger de parents étrangers, sous les seules conditions de justifier d'une durée de résidence et de certains liens avec la France (travail, propriété, mariage avec une Française, adoption d'un enfant ou entretien d'un vieillard, etc.). La Constitution de l'an VIII, sous l'empire de laquelle le Code civil a été adopté, attribue, à la majorité, la qualité de citoyen français non seulement à ceux qui sont nés en France – sous conditions de résidence pendant un an et d'inscription sur le registre civique communal – mais aussi à ceux qui, nés à l'étranger, déclarent leur intention de se fixer en France et y résident pendant dix années consécutives. Prolongeant cette tradition, la IIe République consacre par la loi du 7 février 1851 le *double droit du sol* (*est français de naissance l'enfant né en France d'un père étranger qui lui-même y est né*), tout en maintenant une faculté de répudiation de la nationalité française à la majorité. Après Sedan (1870), avec la conscription obligatoire, le législateur s'évertue à limiter cette faculté en obligeant les petits-fils d'immigrés à justifier de la conservation de leur nationalité d'origine (loi du 16 décembre 1874) ou en donnant un effet collectif aux naturalisations (loi du 14 février 1882). Mais c'est surtout la loi du 26 juin 1889 qui fonde le droit moderne de la nationalité d'une part en supprimant toute faculté de répudiation pour les petits-fils d'immigrés bénéficiaires du double *jus soli* (rétablie dès la loi du 22 juillet 1893 lorsque c'est la mère qui est née en France) et d'autre part en transformant la faculté d'option pour les fils d'immigrés en simple possibilité de répudiation, à la majorité. La loi favorise aussi les naturalisations en réduisant, dans certains cas, la condition de stage de dix ans pour la solliciter mais sans supprimer pour autant la procédure préalable d'« admission à domicile » sur autorisation gouvernementale et en instaurant une incapacité de dix ans pour être éligible au Parlement.

Ce creuset républicain de l'intégration des enfants d'immigrés par le droit de la nationalité ne sera jamais démenti. Ainsi, adoptée dans un contexte de forte dénatalité et de « saignée » liée à la « Grande Guerre », la loi du 10 août 1927 sort le droit de la nationalité du Code civil et étend le *jus sanguinis* à la filiation maternelle (lorsque l'enfant est né en France) et aux enfants naturels. Le double droit du sol est automatique pour la filiation paternelle et avec une faculté de répudiation pour la filiation maternelle. Mais surtout, les femmes françaises épousant un étranger peuvent – enfin – conserver leur nationalité et la transmettre. Les règles de naturalisation sont simplifiées par la suppression de la procédure d'admission à domicile et la réduction de la condition de stage. Pour autant, toute méfiance à l'égard des naturalisés n'est pas abandonnée. La législation adoptée durant les hostilités pour prononcer des déchéances de nationalité (lois du 7 avril 1915 et du 18 juin 1917) est pérennisée en 1927 pour des faits graves dans les dix ans de la naturalisation. Parallèlement, ces naturalisés sont privés pendant la même période de l'éligibilité aux mandats et fonctions électifs, sauf s'ils accomplissent les obligations militaires ou bénéficient d'une dérogation ministérielle. Dans les années 1930, dans un contexte xénophobe et antisémite, le législateur étend cette incapacité décennale aux fonctions publiques, offices ministériels, à la profession d'avocat (loi du 19 juillet

1934) et aux professions médicales (lois du 21 avril 1933 et du 26 juillet 1935) puis du droit de vote (décret-loi du 12 novembre 1938). Les actes dits « lois de Vichy » évincent plus généralement l'ensemble des Français n'ayant pas un père français des fonctions publiques et de l'ensemble des professions libérales, réglementées et médicales, et permettent la dénaturalisation d'une quinzaine de milliers de naturalisés (« loi du 16 juillet 1940 »).

À la Libération, cette législation infamante n'est pas immédiatement abrogée (ordonnance du 24 mai 1944). Les dossiers de dénaturalisation sont toutefois révisés. Un certain nombre de procédures de déchéance de nationalité sont engagées contre les collaborateurs actifs et des insoumis. Le décret Crémieux de 1870, qui avait été abrogé par Vichy le 7 octobre 1940, est rétabli dès le 20 octobre 1943 par le comité juridique de la France libre présidé par René Cassin. Le général de Gaulle, qui lui-même avait été déchu de sa nationalité par Vichy, écarte les propositions de Georges Mauco de sélection ethnique de l'immigration. Il promulgue par l'ordonnance du 10 octobre 1945 un long « code de la nationalité française », préparé par Raymond Boulbès, qui reprend les grands principes issus de l'ensemble des législations républicaines d'avant-guerre. Le gouvernement conserve un droit d'opposition pour écarter les « indésirables » et une possibilité de déchéance de nationalité pour les naturalisés récents pour certains motifs graves.

Un accès à la nationalité française de plus en plus difficile
Sous la Ve République, l'importante loi du 9 janvier 1973 allège ce code « bavard » et consolide les différentes législations adoptées dans le contexte de la décolonisation. Le droit de la nationalité se complexifie compte tenu de la multiplication des accords bilatéraux issus des différentes guerres, sécessions ou annexions de territoires et de la décolonisation. Par ailleurs, cette loi harmonise le code de la nationalité avec le nouveau droit de la personne et de la famille établissant un principe d'égalité entre époux et entre enfants naturels et légitimes. Le mariage n'exerce plus d'effet automatique sur la nationalité : le conjoint étranger d'un Français doit déclarer la nationalité française s'il souhaite l'acquérir. Cette loi, prolongée par des lois en 1978 et 1982, met fin aux incapacités temporaires des naturalisés.

Dans un contexte de montée du Front* national et de réémergence des polémiques autour du droit de la nationalité, le gouvernement de Jacques Chirac envisage en 1986 la remise en cause de l'acquisition automatique de la nationalité par les enfants d'immigrés nés en France. Les préconisations de la commission « Marceau Long » chargée de réfléchir à cette réforme (*Être Français aujourd'hui et demain*, La Doc. fr., 1986) sont mises en œuvre par le gouvernement d'Édouard Balladur. La « loi Méhaignerie » du 22 juillet 1993 réintroduit le droit de la nationalité dans le Code civil, instaure la « manifestation de volonté » à la majorité pour les bénéficiaires du droit du sol, allonge les délais des déclarations de nationalité et réduit le champ du double *jus soli* dans les cas où les parents des enfants nés en France sont eux-mêmes nés dans des territoires ayant accédé à l'indépendance. Malgré l'ancienneté et la permanence du double *jus soli* dans le droit républicain depuis 1851, le Conseil constitutionnel valide cette régression (Cons. constit., décision n° 93-321 DC du 20 juillet 1993). Avec le retour de la gauche au pouvoir, un nouveau compromis est trouvé (Patrick Weil, *Mission d'étude des législations de la nationalité et de l'immigration*, La Doc. fr., 1997), ce qui amène à l'adoption de la « loi Guigou » du 16 mars 1998 supprimant la manifestation de volonté pour la remplacer par un système graduel permettant à l'enfant né en France de parents étrangers d'acquérir automatiquement la nationalité française à la majorité sous condition de résidence. Cette acquisition peut être anticipée par les parents avec le consentement de l'enfant, dès l'âge de treize ans et par le jeune lui-même, avec le consentement de ses parents, dès l'âge de seize ans (23 771 déclarations anticipées en 2009). Depuis 2003, devant l'augmentation du nombre de déclarations de nationalité par mariage (de 19 493 en 1994 à 34 440 en 2004), le débat s'est déplacé sur les couples mixtes. Les « lois Sarkozy » du 26 novembre 2003 et du 24 juillet 2006 ont renforcé les contrôles sur ces mariages, allongé le délai de communauté de vie nécessaire pour pouvoir effectuer ces déclarations (d'une à cinq années), exigé du conjoint étranger une connaissance suffisante du français (Code civil, art. 21-2) et instauré, au moment de la remise des décrets de naturalisation, des « cérémonies d'accueil dans la citoyenneté française » (Code civil, article 21-28). Ces mesures ont provoqué une chute des déclarations par mariage (de 30 989 en 2007 à 16 355 en 2009). Parallèlement, le délai d'opposition du gouvernement, pour indignité ou défaut d'assimilation, est passé d'un à deux ans

(Code civil, art. 21-4). Le nombre de décrets d'opposition reste toutefois relativement faible – même si ont été particulièrement médiatisés les rares cas de refus opposés en raison du port du voile intégral (Conseil d'État, 27 juin 2008, n° 286798, *Mme Mabchour*). Les déchéances de naturalisation ne concernent qu'une poignée de naturalisés généralement dans des cas de condamnation pour des faits de terrorisme.

Suite au « grand débat » sur l'identité nationale et au discours de Grenoble de l'été 2010 du président Sarkozy, le projet de « loi Besson » visait à ajouter dans le cas de déchéance de nationalité à l'encontre des naturalisés depuis moins de dix ans, les condamnés pour un meurtre ou des violences ayant entraîné la mort d'une personne dépositaire de l'autorité publique. Si cette réforme a avorté, la « loi Besson » du 16 juin 2011 impose toutefois au nouveau Français d'indiquer lors de sa naturalisation la ou les nationalités « qu'il possède déjà, […] qu'il conserve en plus de la nationalité française [ou] […] auxquelles il entend renoncer » (Code civil, art. 21-27-1). Après une expérimentation initiée fin 2009, un décret du 29 juin 2010 a généralisé la compétence des préfectures, en lieu et place du ministère chargé des naturalisations, pour prononcer l'irrecevabilité des demandes de naturalisation et de réintégration, les rejeter ou les ajourner. Les services du ministère à Rezé restent compétents pour les accorder et pour examiner les recours hiérarchiques. Visant à réduire les délais d'examen des demandes, cette réforme est susceptible de rendre plus difficile l'accès à la nationalité et de développer des inégalités de traitement entre préfectures. Un décret du 11 octobre 2011 exige aussi des candidats à la naturalisation une connaissance de la langue française « caractérisée par la compréhension des points essentiels du langage nécessaire à la gestion de la vie quotidienne et aux situations de la vie courante ».

Au cœur des polémiques, le droit de la nationalité gagnerait à davantage de stabilité mais aussi à être érigé en véritable droit fondamental par la ratification des conventions européennes sur la nationalité et par l'inscription des principes fondamentaux régissant cette matière dans la Constitution.

⤳ citoyenneté et participation politiques

l'OCDE et sa contribution à une connaissance des flux migratoires

L'Organisation de coopération et de développement économiques (OCDE), dont le siège est à Paris, a succédé en 1961 à l'Organisation européenne de coopération économique, créée en 1948 dans le cadre du plan Marshall au lendemain de la Seconde Guerre mondiale. Initialement, son but était d'aider à la reconstruction des économies européennes durement éprouvées par la guerre. Cette reconstruction a nécessité d'importantes ressources en main-d'œuvre, notamment dans les économies du nord-ouest de l'Europe. Au cours des années 1950 et 1960, les migrations à des fins d'emploi ont permis de pallier les déficits dans ce domaine tout en contribuant à la croissance économique de plusieurs pays membres de l'OCDE.

L'analyse et le suivi des migrations étaient inscrits de fait dans l'Organisation qui comptait parmi les États membres, des pays d'immigration, comme la France ou l'Allemagne, et des pays d'émigration, comme la Grèce et l'Italie. L'ampleur des flux de travailleurs immigrés ainsi que les caractéristiques de ces derniers (âge, nationalité, statut familial et qualifications) ont fait l'objet d'une attention particulière, comparée aux autres catégories de flux (migrations familiales et à caractère humanitaire). Ainsi, les discussions sur les migrations parmi les pays de l'OCDE ont eu lieu au sein des structures chargées d'aborder les questions liées à l'emploi et aux affaires sociales. Aujourd'hui encore, c'est le Comité de l'emploi, du travail et des affaires sociales qui chapeaute le Groupe de travail sur les migrations, sous les auspices duquel la Division des migrations internationales de l'OCDE met en œuvre le programme de travail sur les migrations et publie tous ses travaux (www.oecd-ilibrairy.org).

Dans les années 1950 et 1960, l'accent est mis sur les flux de travailleurs immigrés

Dans les années 1950 et 1960, le suivi statistique des mouvements migratoires était assuré uniquement par des outils et des moyens propres à chaque pays membre de l'Organisation. Les systèmes migratoires étaient loin d'être identiques et la plupart des systèmes statistiques nationaux n'avaient pas été conçus pour mesurer les flux migratoires (par exemple les retours des immigrés ne faisaient pas l'objet d'un suivi en France, et l'Allemagne ne disposait pas de statistiques sur les migrations familiales). Enfin, le cadre législatif régissant l'entrée, le séjour et l'accès au marché du travail des immigrés et des membres de leurs familles différait selon les pays et l'histoire des vagues migratoires.

Soucieux de leur souveraineté nationale, tout en gardant l'espoir de construire une Europe nouvelle porteuse de paix et de prospérité, les pays membres de l'Organisation se sont contentés de libéraliser surtout les mouvements de travailleurs, notamment les mouvements intra-européens. Par ailleurs, jusqu'au début des années 1970, la production de statistiques comparatives sur les flux migratoires n'entrait pas dans les objectifs des instituts nationaux de statistiques. Le niveau élevé de la croissance économique et le quasi-plein emploi de la main-d'œuvre nationale dictaient des politiques orientées vers l'immigration à des fins d'emploi, d'autant que l'offre de travail immigrée était pratiquement illimitée, notamment dans les pays comme la Belgique, la France, la Grande-Bretagne ou les Pays-Bas, qui puisaient dans les réserves de main-d'œuvre de leurs colonies. L'Allemagne et la Suisse, ont recruté une grande partie de leurs nouveaux travailleurs immigrés respectivement en Turquie et en ex-Yougoslavie pour la première en Europe du Sud, pour la seconde. Tant que la croissance économique battait son plein et que les effets de la guerre froide et de la décolonisation ne se traduisaient pas par le souci majeur de limiter l'immigration, plusieurs pays membres de l'Organisation toléraient même une certaine « dose » d'immigration irrégulière de travailleurs et parfois des membres de leurs familles, quitte à procéder, sous des formes diverses, à des régularisations *ex-post*.

Avec l'accroissement du nombre de ses pays membres, l'OCDE a vu s'élargir son espace géographique. En matière d'immigration, les thèmes étudiés ont de plus en plus cherché à répondre aux préoccupations des décideurs politiques : emploi illégal d'étrangers, migrations familiales, harmonisation des politiques d'asile pour limiter le nombre des réfugiés économiques, intégration des immigrés et de leurs enfants.

Les années 1970 et la mise en place du Système d'observation permanente des migrations (SOPEMI)

C'est au début des années 1970 que des travaux importants sur les migrations, et notamment les flux migratoires entre et à destination des pays de l'OCDE, ont été entrepris. Depuis, l'OCDE, qui compte aujourd'hui 34 pays membres, est devenue un forum international privilégié, en particulier pour l'analyse des mouvements et des politiques migratoires. Ce souci d'effectuer un suivi des mouvements et des politiques migratoires s'appuie depuis près de quatre décennies sur le Système d'observation permanente des migrations (SOPEMI), mis en place en 1973 sous l'égide du Groupe de travail sur les migrations de l'OCDE. Il représente un outil unique en son genre et permet aux pays membres du réseau de suivre la nature et l'ampleur des mouvements migratoires, les questions relatives aux aspects économiques et sociaux des migrations, ainsi que les liens entre migrations et développement. Le SOPEMI est un réseau de correspondants, composé d'experts nationaux qui fournissent chaque année au Secrétariat général de l'OCDE des rapports sur la situation des migrations dans leurs pays respectifs. L'OCDE, sur la base de ces contributions nationales et d'autres analyses effectuées en son sein, publie un rapport annuel intitulé *Perspectives des migrations internationales*. Ce rapport est devenu non seulement une publication phare mais aussi une référence indispensable à tous ceux qui s'intéressent aux migrations internationales.

Au début, la collecte de statistiques se limitait aux flux d'immigration, d'émigration, ainsi qu'aux effectifs et flux de travailleurs étrangers. Au fil des ans, un plus large éventail de données statistiques sur les migrations a été présenté et des efforts considérables déployés pour améliorer la comparabilité de ces données. Cela n'a pas été une tâche facile. Par exemple, la participation au SOPEMI des pays d'installation (Australie, Canada, États-Unis et Nouvelle-Zélande) au début des années 1980 a soulevé des problèmes de comparabilité, spécialement au regard des concepts utilisés (immigré/étranger ; migration permanente/temporaire ; regroupement familial/famille accompagnante) et des données statistiques compilées. L'histoire de l'immigration dans ces quatre pays est associée à des flux de migrants permanents et c'est la raison pour laquelle ils ont été qualifiés de pays d'installation. Encore aujourd'hui aux États-Unis les flux d'immigration les plus importants relèvent de la préférence familiale. Les trois autres pays d'installation sont surtout connus pour leur mode de sélection des immigrés sur la base d'un système à points et la catégorie de flux qui concernent les familles accompagnantes, c'est-à-dire que les travailleurs sélectionnés sont admis sur le territoire en même temps que les membres de leurs familles.

Les flux d'entrées à « caractère permanent » et les migrations temporaires

Compte tenu des différences tant dans les systèmes migratoires de ses pays membres que dans les concepts utilisés, l'OCDE a d'abord concentré ses efforts sur l'analyse des effectifs de migrants (privilégiant le concept d'immigré sur celui d'étranger) et a procédé à un inventaire systématique des sources et des informations statistiques disponibles sur les migrants, qu'il s'agisse des registres de population, des recensements, des enquêtes annuelles sur l'emploi ou d'autres types d'enquêtes contenant des informations pouvant concerner les immigrés et les membres de leurs familles. L'OCDE possède une base de données sur les migrations internationales ainsi qu'une base de données sur les immigrés dans les pays de l'OCDE (DIOC : *Database on Immigration in OECD Countries*), qui a été étendue récemment à de nombreux pays non membres.

Le tournant décisif de l'apport de l'OCDE dans le domaine du suivi statistique des flux* migratoires est intervenu en 2006, au terme de nombreux travaux statistiques destinés à mieux identifier le caractère permanent ou temporaire des flux, avec le souci, d'une part, de produire des statistiques harmonisées et, d'autre part, d'aider les décideurs politiques à mieux maîtriser et réguler les flux migratoires grâce à la mise en place de systèmes migratoires plus adaptés à leurs besoins de main-d'œuvre.

L'accent a d'abord été mis sur les entrées à « caractère permanent », qui correspondent aux entrées dans la population résidente de personnes titulaires d'un permis de séjour permanent ou renouvelable plus ou moins indéfiniment. Puis l'OCDE a décidé de recueillir plus d'informations sur les flux d'immigration temporaire et notamment les migrations de prestataires de services et les transferts intra-entreprises, la mobilité internationale des étudiants. Enfin, depuis 2008, l'OCDE a été chargée de suivre l'impact de la crise financière mondiale sur les mouvements migratoires.

Les prestataires de services sont des travailleurs qui franchissent les frontières pour assurer des services pour des périodes limitées auprès de particuliers, d'entreprises ou de gouvernements, soit en tant qu'employés d'une entreprise domiciliée dans un autre pays, soit comme travailleurs indépendants. Les transferts intra-entreprises consistent, pour l'essentiel, en des fournitures de services par une filiale d'une multinationale à une autre filiale. Il peut s'agir aussi de détachements à plus ou moins long terme de personnels chargés de gérer des opérations ou d'occuper des fonctions administratives dans la filiale d'une société multinationale.

Une autre contribution a porté sur les étudiants internationaux, source potentielle de migrants hautement qualifiés et instruits. L'OCDE, outre le suivi des flux annuels par pays d'origine et de destination qui souligne la part croissante des flux originaires de Chine, d'Inde et de Corée, a tenté d'estimer le pourcentage d'étudiants qui changent de statut et restent dans les pays d'accueil. Sur la base des données disponibles en 2009, le pourcentage de ceux qui restent dans le pays oscille entre 17 % en Autriche et 32 % au Canada et en France. Autre innovation, le calcul de la proportion d'étudiants internationaux dans une cohorte donnée (20-24 ans) dans le pays de destination, en supposant que tous les étudiants étrangers décident de rester dans le pays de destination. Cette proportion est relativement élevée en Australie (15,9 %) et en Nouvelle-Zélande (10,4), mais la moyenne OCDE s'établit à 4 %, ce qui signifie que l'apport des étudiants internationaux aux cohortes jeunes reste pour l'instant très limité comparé aux flux de migration permanente. Si on se fixait pour objectif de constituer un vivier important d'immigrés permanents via les flux d'étudiants internationaux, il faudrait augmenter de façon très significative les inscriptions d'étudiants étrangers dans les pays de l'OCDE.

Les effets de la crise financière mondiale sur les flux d'immigration

La crise financière mondiale de 2008 et la récession qui s'en est suivie ont entraîné un nouveau ralentissement des mouvements migratoires. Le fort intérêt manifesté au niveau politique pour les questions de migrations et d'intégration s'est traduit par l'organisation à l'OCDE du premier forum politique à haut niveau sur les migrations qui s'est tenu en juin 2009. Un rapport spécial, examinant les effets de la crise et présentant une feuille de route en cinq points pour réguler les migrations de travail, a été publié à cette occasion. Il précise que malgré la tendance générale au ralentissement des flux, voire leur diminution dans certains pays, les besoins de main-d'œuvre existent à tous les niveaux de qualification. Il est donc important de maintenir des canaux légaux de migrations de travail, y compris pour le recrutement de travailleurs moins qualifiés, sous peine d'encourager le recrutement de travailleurs immigrés en situation irrégulière. Le rapport mentionne aussi qu'une partie des futurs besoins en main-d'œuvre se situera vraisemblablement dans un contexte à long terme et ne pourra être satisfaite par des travailleurs migrants temporaires. Ce rapport propose de supprimer les obstacles qui s'opposent à une migration de retour et aussi de financer une formation pré-migratoire dans les pays d'origine. De fait, en dépit de la récession, les entrées de travailleurs immigrés se sont poursuivies aux deux pôles du spectre des emplois. Par exemple la demande de travailleurs dans le domaine des soins à la personne s'est accrue. Il s'agit à la fois de personnels de santé qualifiés et des aides-soignants.

Le rapport annuel de l'OCDE, *Perspectives des migrations internationales,* **étendra son champ d'analyse à un plus grand nombre de pays**

À l'avenir, la diversité des situations géographiques et des liens historiques des pays de l'OCDE incitera ces pays à apporter des réponses différentes aux changements de situations. En même temps il faudra renforcer la coopération dans le domaine des migrations internationales, à la fois entre les pays de l'OCDE et entre ces derniers et les pays non membres. En conséquence, il sera indispensable d'étendre l'analyse des mouvements et des politiques migratoires à un plus grand nombre de pays et d'en améliorer le suivi.

Organisation internationale pour les migrations (OIM)

L'Organisation internationale pour les migrations (OIM) est une organisation intergouvernementale engagée sur la scène migratoire internationale. Elle compte aujourd'hui 146 États membres, auxquels s'ajoutent 17 États qui ont le statut d'observateur et de nombreuses organisations internationales et non gouvernementales. Ses ressources financières viennent des contributions administratives des États membres pour sa structure de base mais surtout des contributions des donateurs pour des projets spécifiques sur le terrain. Le budget des activités en 2010 a dépassé les 1,4 milliard de dollars américains. Il a financé plus de 2 900 programmes et rémunéré quelque 7 300 membres du personnel déployés dans plus de 420 bureaux extérieurs couvrant plus d'une centaine de pays.

L'OIM a été fondée en 1951 sous le nom de Comité intergouvernemental provisoire pour les mouvements migratoires d'Europe. Elle a été créée en dehors du système des Nations unies, même si les deux institutions ont toujours mené une collaboration étroite dans plusieurs domaines. Mandatée par les gouvernements occidentaux pour chercher des pays de réinstallation pour les quelque 11 millions de personnes déracinées après la Seconde Guerre mondiale, elle a organisé le transport de près d'un million de migrants durant les années 1950. Une succession de changements de nom (Comité intergouvernemental pour les migrations européennes en 1952, Comité intergouvernemental pour les migrations en 1980 et enfin, en 1989, Organisation internationale pour les migrations), témoigne de l'évolution de l'organisation, qui est passée d'une agence logistique occidentale à une institution à l'échelle mondiale s'occupant de la gestion des flux* migratoires au sens large du terme. Au cours du demi-siècle écoulé, l'OIM s'est engagée dans une longue série d'opérations menées dans le cadre de catastrophes naturelles ou déclenchées par l'homme (Hongrie 1956, Tchécoslovaquie 1968, Chili 1973, boat people vietnamiens 1975, Koweït 1990, Kosovo et Timor 1999, tsunami en Thaïlande 2004, tremblement de terre au Pakistan 2005, cyclone Nargis en Birmanie 2008, le tremblement de terre à Haïti 2010 et les opérations d'évacuation depuis la Libye 2011). Aujourd'hui elle œuvre à contribuer à une gestion humaine et ordonnée des migrations, à promouvoir la coopération internationale, à faciliter la recherche de solutions pratiques, et enfin à fournir une aide humanitaire aux migrants dans le besoin, qu'il s'agisse de réfugiés, de personnes déplacées ou d'autres personnes déracinées, conformément à la stratégie adoptée par les États membres en juin 2007. L'OIM est également engagée dans le débat international sur les migrations. Le Dialogue international sur la migration au sein du Conseil de l'OIM constitue l'une des principales tribunes de débats intergouvernementaux sur la politique migratoire. En outre, à travers des processus de consultations régionales, mis en place dans tous les continents, l'OIM favorise la compréhension et la coopération parmi les acteurs concernés par cette thématique.

L'action de l'OIM peut se résumer dans quatre grands « piliers » :

– **Migration et développement.** L'OIM vise à renforcer le potentiel bénéfique des rapatriements de fonds, la constitution d'un capital humain par le biais de programmes de migration de main-d'œuvre, le retour et la réintégration de nationaux qualifiés, le renforcement des capacités institutionnelles des gouvernements et l'autonomisation des femmes migrantes. Une activité récente de l'OIM à cet égard est le programme

Migrations pour le développement en Afrique (MIDA). Son but est de promouvoir la circulation des ressources et compétences dont les migrants et les membres des diasporas sont détenteurs, en vue de l'établissement de partenariats durables avec les pays d'origine.

– **Migration assistée.** L'OIM prodigue aux gouvernements des conseils en politiques et techniques sur la régulation de la migration de main-d'œuvre et d'autres mouvements migratoires. Elle réalise des programmes qui aident les gouvernements et les migrants au niveau de la sélection et du recrutement, de la formation linguistique, de l'orientation culturelle, des services consulaires, de l'accueil, de l'intégration et du retour.

– **Migration régulée.** L'OIM offre son assistance technique et ses services de formation aux responsables des services d'immigration pour tout ce qui a trait à la gestion des frontières, aux systèmes d'octroi de visas, à la collecte et l'utilisation d'informations biométriques. Plusieurs projets destinés à lutter contre la traite et l'introduction clandestine de migrants, qui vont de la prévention à l'aide aux victimes, ont été activés dans différentes régions. L'OIM déploie en outre des programmes qui facilitent les retours volontaires et la réintégration des personnes déplacées ou se trouvant dans l'incapacité de repartir d'un pays étranger, en tenant compte des situations locales.

– **Migration forcée.** L'OIM s'efforce de venir en aide aux populations de réfugiés et de déplacés pendant et après les crises. Elle facilite la réinstallation des réfugiés admis dans un pays tiers à long terme. L'OIM est régulièrement invitée à contribuer à la recherche de solutions aux problèmes que posent les déplacés internes, les ex-combattants, les victimes de recompositions ethniques et les populations se trouvant sur des territoires qui traversent une phase de transition ou de redressement. Elle se charge également d'assister les électeurs potentiels dans les diasporas, pour leur permettre de prendre part à une élection ou à un référendum dans leur pays d'origine. L'OIM déploie aussi des programmes pour le traitement des demandes de dédommagement et de réparation faisant suite aux situations de guerre.

Dans ces domaines figurent aussi des thèmes transversaux, parmi lesquels on peut citer : la promotion du droit international ; la santé dans le contexte migratoire ; la dimension sexospécifique de la migration ; la recherche et l'analyse des politiques migratoires

En conclusion, l'OIM, fondée pour répondre aux besoins spécifiques de l'après-guerre, a su évoluer en fonction des besoins de ses États membres et de la complexité grandissante des flux migratoires actuels. Grâce à cette remise en question régulière, l'Organisation peut répondre aux nouveaux défis qui découlent des processus de mondialisation et de la reconnaissance par les États de la nécessité d'un dialogue multilatéral sur un phénomène qui les affecte tous et qu'aucun n'a les moyens de régler seul.

P

Les « passeurs » et l'immigration clandestine Depuis la fin des années 1980, avec une accélération à partir de septembre 2001, l'immigration clandestine est devenue une question politique et électorale dans toute l'Europe. L'enjeu, dans cette perspective, n'est pas de maîtriser les flux migratoires (contrôler, soumettre, etc.) mais de rendre très difficiles, sinon impossibles, les déplacements de populations et la circulation des personnes ou des groupes en dehors de leur espace national.

Les hommes politiques, les études sociologiques, mais également le théâtre, le cinéma et la littérature, ont tour à tour mis en scène, avec plus ou moins de talent, la figure de l'« immigré clandestin ». Derrière ou auprès de ce dernier se trouve, aussi indispensable qu'invisible, une autre figure, celle du « passeur ». Ces deux figures inséparables sont liées par la nécessité et proprement inconcevables l'une sans l'autre. Si la première (l'« immigré clandestin ») peut trouver quelques justifications morales et économiques (la misère, la persécution, etc.), la seconde en revanche (le « passeur ») est abhorrée. Le passeur suscite l'indignation et la condamnation car il est perçu et jugé comme un criminel. Son crime se présente ici sous la forme d'une violence pouvant entraîner la mort et d'une exploitation sans pitié de la faiblesse et du dénuement d'êtres humains à la recherche d'un minimum de sécurité.

Le passeur et son passager : des liens de dépendance. Mais on aurait tort de se représenter les passeurs comme étant exclusivement des criminels. Ce qu'ils peuvent être, mais pas partout et systématiquement. Si les passeurs « tiennent » leurs passagers parce qu'ils possèdent la connaissance des itinéraires, ils sont à leur tour tenus par les engagements qu'ils prennent devant la famille du candidat à l'immigration clandestine et les témoins de l'entourage des deux familles, la leur et celle du candidat à l'immigration illégale. Ces engagements qui précisent les conditions de sécurité minimales du voyage, en particulier lorsqu'il s'agit d'un mineur, sont publics et mettent en jeu l'honneur de chacun. Ils peuvent être oraux mais aussi, plus souvent qu'on ne le croit, rédigés par écrit par les contractants. Ce type de configuration se rencontre plus fréquemment lorsque le voyage est pris en charge par une filière longue, du pays d'origine jusqu'au pays d'accueil.

Soigner un corps victime de malnutrition sans s'attaquer aux causes de cette dernière n'a aucun sens, et surtout est voué à l'échec. Il en va de même pour les filières de passeurs. Les politiques de la faim et les filières de passeurs possèdent des propriétés communes : elles constituent, chacune à leur manière, un système de relations formelles contraignantes aux influences réciproques. Quand les mécanismes de fixation des populations dans le cadre de l'État-nation ont été perturbés, remis en cause ou sont devenus illégitimes, alors les populations se déplacent pour le pire et le meilleur. Elles ne deviennent pas étrangères une fois leur terre natale quittée. C'est parce qu'elles le sont devenues dans leur propre pays qu'elles sont parties en quête d'un pays où elles pourront enfin compter pour quelque chose. Les filières ne constituent pas une aide au voyage illégal du pays d'origine jusqu'au pays d'accueil mais une prise en charge, pour un temps et au sein d'un espace donné, de ceux qui doivent se déplacer sans être vus. Le travail des passeurs est réussi lorsque le passage entre deux filières a lieu sans dommage ni retard excessifs et selon les règles, orales ou écrites, préalablement établies entre les contractants.

Des enjeux financiers considérables. Ce marché du trafic d'êtres humains représente des sommes extrêmement importantes. Il représente la troisième activité de criminalité organisée derrière le commerce illégal des armes et celui de la drogue. D'après les services secrets allemands (cité par le journal *le Monde* du 7 novembre 2003), les « recettes annuelles » des passeurs au sein de l'Union européenne seraient estimées à 5 milliards d'euros. Au centre de Sangatte*, à raison d'une vingtaine de passages pour l'Angleterre par nuit (probablement moins après octobre 2002, mais la baisse de l'effectif se conjugue alors à une hausse des tarifs : plus le passage est difficile, plus le coût est élevé) et de 600 dollars en moyenne par passage, les chefs de réseaux de passeurs locaux pouvaient empocher plus de 12 000 dollars en une nuit, ce qui représentait quelque

84 000 dollars par semaine. Ces chiffres restent probablement, au moins jusqu'au deuxième trimestre de 2002, nettement au-dessous de la réalité.

Il ne suffit donc pas de s'indigner contre l'exploitation de la détresse pour faire disparaître l'une et l'autre. Il ne s'agit pas ici de résignation mais de lucidité politique. Les famines et les guerres mettent sur les routes des millions de personnes qui croisent des racketteurs, des associations humanitaires, des agences internationales, des militaires et bien évidemment des passeurs organisés en petites, moyennes ou grandes entreprises, ce que le langage commun et policier appelle des filières de passeurs. Par quel miracle seraient-ils absents de cet espace de professionnels en gestion du malheur ? La crise alimentaire actuelle n'a pas seulement des effets sur les plus pauvres, elle produit aussi des effets différés : dans quelques années (deux ou trois ans), ce sont des milliers de femmes, d'hommes et d'enfants qui prendront la route pour espérer manger tous les jours. Les plus pauvres, comme toujours, échoueront inéluctablement dans le pays voisin où ils rejoindront d'autres milliers de sans-rien. Là, seule l'assistance humanitaire pourra peut-être leur procurer la nourriture, la sécurité, quelques soins et l'accès à une école pour les enfants. Les autres, un peu moins pauvres, chercheront à se rendre chez nous, dans les pays capitalistes développés. Et pour les y conduire, ils ne passeront pas par les voies légales (demande de visa, regroupement familial, formation universitaire, asile, etc.) mais encore et toujours par les filières de passeurs.

⤏ routes et filières

le peuplement noir des Amériques
De la traite aux migrations contemporaines

Le peuplement noir des Amériques puise ses racines dans l'un des transferts de populations les plus massifs de l'histoire de l'humanité, la traite transatlantique au départ de l'Afrique. Après les abolitions de l'esclavage, l'appel à des travailleurs engagés africains et asiatiques se substitue à la traite. Au sein des Amériques, la géographie de ce peuplement évolue en permanence, au gré des migrations post-esclavagistes et contemporaines.

Introduction

La présence des populations d'origine africaine dans les Amériques, estimée à une centaine de millions d'individus, est le résultat de l'un des transferts de populations les plus conséquents de l'histoire de l'humanité. Son impact démographique, culturel, économique et social sur les sociétés d'origine et d'implantation est tout à fait considérable et a durablement marqué l'organisation et les structures sociales profondes des espaces concernés de part et d'autre de l'Atlantique. La traite négrière transatlantique organisée du XVe au XIXe siècle par les principales puissances européennes d'alors s'est développée sur la base d'une vision mercantiliste du capitalisme moderne. Cependant, loin de constituer un phénomène isolé historiquement, la traite transatlantique s'inscrit dans la continuité de temporalités beaucoup plus longues : celle d'une compétition entre les puissances européennes pour la maîtrise des mers et des réseaux marchands, et celle de rapports de forces internes à l'Afrique sur fond d'expansion de l'islam, de constitution de puissants royaumes et de traite transsaharienne. L'arrêt de la traite légale ne signifia pas la fin des transferts de populations, l'engagisme (engagement de travailleurs sous contrat) prenant le relais du milieu du XIXe siècle au début du XXe siècle. Et surtout, l'héritage de ces déplacements historiques massifs et prolongés de populations a profondément imprégné le rapport à l'espace de ces sociétés, caractérisé par une forte mobilité des populations pratiquement ininterrompue depuis plus de cinq siècles et dont témoignent les migrations internationales contemporaines.

Aux origines de la traite transatlantique

En Europe, les rivalités entre entités politiques et entre réseaux marchands et industriels du XVe au XIXe siècle et l'imposition progressive du mercantilisme ont constitué un contexte propice à la mise en place de la traite transatlantique. Dès le XVe siècle, la reconnaissance des côtes africaines et l'implantation de comptoirs (Gambie en 1445, Elmina dans l'actuel Ghana en 1482 et surtout São Tomé en 1474 en ce qui concerne la côte atlantique) posent les jalons de la traite portugaise en Afrique. La royauté portugaise s'appuie sur la prise de possession d'îles facilement contrôlables à proximité de ces côtes (Canaries dès 1312, île d'Arguin en Mauritanie, Cap-Vert en 1444, São Tomé) et s'implique progressivement dans un commerce d'esclaves africains qui jusque-là faisaient l'objet d'une traite arabe transsaharienne pluriséculaire. La traite prend donc une dimension littorale dès le milieu du xve siècle, avec l'acheminement d'esclaves africains dans la péninsule Ibérique. Mais elle n'acquiert une dimension transatlantique qu'avec l'implantation des Portugais au Brésil au début du xvie siècle, après le traité de Tordesillas (1494) qui confère au Portugal le monopole d'exploitation de l'Afrique et de l'actuel Brésil et à l'Espagne le reste des Amériques. Ce monopole n'est néanmoins pas absolu, des dérogations étant accordées par les monarchies ibériques à des compagnies souhaitant s'adonner à la traite. Il le sera encore moins par la suite avec la défaite de l'Invincible Armada en 1588, puis la possibilité croissante des autres États européens de réglementer le commerce maritime et de l'organiser à leur propre profit au xviie siècle.

La traite transatlantique s'inscrit dans la continuité de pratiques esclavagistes anciennes tant en Europe méditerranéenne (Venise, Naples, Gênes, la Sicile, l'Andalousie ou le Portugal pratiquent déjà l'esclavagisme au cours de l'époque médiévale) qu'en Afrique saharienne où plusieurs millions d'Africains sont acheminés vers les centres politiques et les zones agricoles du monde arabo-musulman par un système complexe de routes transsahariennes. De manière générale, l'esclavage est présent dans toute l'Afrique à l'arrivée des Européens, près d'une trentaine d'entités politiques y ayant recours. Dans le golfe de Guinée, les guerres font rage, et au xviie siècle quatre États expansionnistes prennent une part active à la capture et à la vente d'esclaves aux marchands européens, en échange notamment d'armes à feu : les Ashanti (actuel Ghana), le royaume d'Abomey (actuel Bénin), les Oyo et le royaume du Bénin (actuel sud du Nigeria). De nombreuses populations de tout le golfe de Guinée sont l'objet des razzias : incursions ashanti chez les Fante, les Ga ou les Akwamu ; attaques dahoméennes chez les Ewe ; ponction du royaume du Bénin chez les Ibo. La traite transatlantique prend alors une dimension croissante dans la géopolitique des rapports de forces internes à l'Afrique de l'Ouest.

Du point de vue de l'Europe, la consécration de la pensée mercantiliste donne une nouvelle impulsion à cette traite en affirmant sa dimension triangulaire. Cette pensée apparaît comme un temps fort de l'accélération de l'expansion mondiale du capitalisme et inspire un système de réglementation de l'économie où le développement du commerce maritime s'appuyant sur une flotte militaire conséquente et des dispositions protectionnistes occupe une place essentielle, au profit du pouvoir étatique central. L'essor d'une marine de guerre et la mise en place de grandes compagnies commerciales outre-mer telles que la Compagnie hollandaise des Indes occidentales (1621) sont les piliers de la constitution de vastes zones d'influence européenne, dont le Nouveau Monde est un enjeu majeur. Les comptoirs implantés par ces compagnies créent les conditions d'une systématisation du commerce triangulaire, dont la traite des Africains vers les Amériques est l'élément prépondérant. À la différence de la traite portugaise de l'Atlantique sud qui s'opérait en droiture entre l'Afrique (golfe de Guinée, Angola) et le Brésil, le commerce triangulaire de l'Atlantique nord repose sur trois étapes : les navires au départ des ports négriers transportent des biens (armes à feu, tissus, alcool, métaux, entre autres) dont le commerce en Afrique permet l'acquisition d'esclaves. Ces derniers font l'objet d'une traite au cours d'un deuxième voyage vers les Amériques où ils sont vendus. Le dernier voyage, des Amériques vers l'Europe, a pour objet l'acheminement de denrées tropicales (sucre de canne, tabac, café et autres produits coloniaux). Ce qui est en jeu dans la logique mercantiliste est l'exploitation des colonies américaines pour une production primaire d'exportation au bénéfice exclusif des métropoles européennes.

La dimension démo-géographique et économique de la traite transatlantique

Les travaux des historiens permettent d'estimer l'ampleur des déportations vers les Amériques entre 11 et 15 millions d'Africains, selon une fourchette large (Thomas, 1997). Ces chiffres n'intègrent ni la mortalité en amont liée à la brutalité des razzias et des conditions de vie des nouveaux captifs en Afrique, ni celle liée aux conditions éprouvantes et au traumatisme psychologique de la traversée, évaluée à près de 15 % en moyenne du XVIe au XIXe siècle sur un total de 12 à 13 millions de captifs (Eltis *et al.*, 1998 ; Dorigny et Gainot, 2006). L'ampleur de ce trafic est très inégale dans le temps, l'essentiel des esclaves ayant été embarqué au XVIIIe siècle (60 % du total) et au XIXe siècle (un tiers du total). Il connaît une activité particulièrement intense au cours de la deuxième moitié du XVIIIe siècle et dans les premières années du XIXe siècle. Certaines années, plus de 80 000 esclaves sont déportés. Malgré son interdiction en 1815, la traite se poursuit de manière illégale un demi-siècle durant.

Plusieurs puissances européennes de l'époque moderne ont pris une part active quoiqu'inégale à la traite : on estime que 42 % des déportations entre le XVe et le XIXe siècle ont été organisées par le Portugal, 24 % par l'Angleterre, 14 % par l'Espagne puis Cuba, 11 % par la France, et le reste par les Provinces-Unies (Pays-Bas), les États-Unis, le Danemark et d'autres États (Thomas, 1997). Les ports négriers anglais, français et hollandais ont joué un rôle essentiel dans le trafic. Liverpool, Londres, Bristol, Nantes ont ainsi été les lieux de départ de plus de 11 300 expéditions à elles quatre. La part importante des ports anglais dans le trafic est à mettre en lien avec la puissance maritime du Royaume-Uni de l'époque, qui approvisionne aussi en esclaves les colonies ibériques, hollandaises et françaises. L'argument de la rentabilité aléatoire de l'activité négrière de ces ports – 5 à 10 % de profit en moyenne – a parfois été avancé pour en minimiser l'impact économique sur les pays organisateurs. C'est oublier ses effets sur la revitalisation du littoral atlantique européen, et ses répercussions considérables sur d'autres secteurs économiques des arrière-pays portuaires et même de régions plus éloignées. Ainsi, les industries textiles de la région nantaise bénéficient directement de l'activité négrière de son port. Il en est de même pour l'armement charentais en lien avec le port de La Rochelle, celui de la région de Londres ou des vignobles bordelais. La nature triangulaire du commerce atlantique rappelle qu'une partie des exportations de textiles, d'armes ou d'alcool et l'importation de produits tropicaux (sucre de canne, café) étaient solidaires de la traite.

Les régions africaines côtières concernées par la traite transatlantique s'étendent sur plusieurs milliers de kilomètres, de l'actuel Sénégal à l'Angola. Sur toute la durée de la traite, près de la moitié des esclaves vient de la région du Congo et de l'Angola, le tiers est issu de la côte des Esclaves (littoral actuel des Bénin et Nigeria) et un esclave sur dix est originaire de la Côte-de-l'Or (ancien nom du Ghana). Les forts négriers sont les pièces maîtresses de ce dispositif, à la fois fortifications militaires sur des sites stratégiques, lieux de stockage de biens marchands, et espaces d'échanges et de métissage entre les fournisseurs locaux d'esclaves et les Européens. La densité remarquable de ces forts sur la Côte-de-l'Or et la côte des Esclaves témoigne autant de l'importance de ces dernières comme sources d'approvisionnement en main-d'œuvre servile que de l'âpreté des rivalités entre puissances européennes. La Côte-de-l'Or correspondant à l'actuel Ghana a compté pas moins d'une trentaine de forts concentrés sur un littoral d'à peine 250 km – dont Elmina, implantation portugaise de la fin du XVe siècle devenue hollandaise par la suite. Les incidences démographiques dans ces vastes régions côtières liées aux razzias et aux guerres internes ayant pour objet la mise en captivité sont mal connues, mais les historiens s'accordent sur des pertes en amont évaluées à plusieurs dizaines de millions d'individus.

L'ère migratoire post-esclavagiste : engagisme et intensification des mobilités intra-caribéennes

Directement liée à la prospérité de l'économie de plantation, la migration forcée qui n'a jusqu'ici cessé de prendre de l'ampleur connaît un déclin rapide dès la fin de la première moitié du XIXe siècle avec la remise en cause du système économique traditionnel de la plantation. La fin de la traite, officiellement décidée en Grande-Bretagne en 1807 et aux États-Unis en 1808, fait l'objet d'un consensus officiel en 1815 avec la signature du traité de Vienne. Dans les faits, la traite se poursuit pendant plusieurs années, du fait de la traite de contrebande et des réticences du Portugal et de l'Espagne à mettre un terme au trafic. Les planteurs de Cuba ne mettent fin à la traite qu'en 1868. Les abolitions de l'esclavage s'échelonnent de 1834 pour la Grande-Bretagne et 1848 pour la France à 1865 pour les États-Unis, 1886 pour Cuba et 1888 pour le Brésil.

En permettant la relative liberté de mouvement des anciens esclaves, la fin de l'esclavage ouvre une nouvelle ère migratoire, notamment dans la Caraïbe. Pour répondre aux nouveaux types de rapports entre le capital et le travail liés à l'abolition de l'esclavage et à l'apparition d'un salariat plus mobile et plus onéreux, les planteurs locaux font appel à une main-d'œuvre sous contrat originaire d'Afrique centrale, du sud de la Chine, d'Inde et de Java. Trinidad, la Guyane britannique et le Surinam sont les destinations privilégiées de ces nouveaux flux d'immigration qui se prolongent jusqu'à la fin de la Première Guerre mondiale, alors que la disponibilité de terres y attire aussi des anciens esclaves venus des Petites Antilles (des Barbadiens, en particulier). Les Antilles françaises apparaissent aussi comme des destinations importantes. L'orientation des flux migratoires de travailleurs engagés sous contrat ne s'est pas faite de manière aléatoire.

Ainsi, les 58 000 engagés venus du bassin du Congo ont été essentiellement acheminés vers la Caraïbe britannique (68 %), la Martinique (18 %) et la Guadeloupe (10 %). Les flux sont interrompus dès les années 1860. En Martinique, les patronymes constituent à l'heure actuelle l'une des empreintes les plus visibles de leur héritage : Mavoungo, Mavounzy, Mavounza, Bongo… 145 000 engagés chinois arrivent jusqu'en 1879 dans des conditions tout aussi difficiles à Cuba (100 000 arrivants) et en Jamaïque. En tant que colonie hollandaise, Java constitue une source de travailleurs engagés pour le Surinam. Les Indiens fournissent les plus importants contingents d'engagés à partir de 1838 pour les colonies britanniques, 1853 pour les Antilles françaises et 1873 pour la Guyane hollandaise. La Guyane britannique, Trinidad et la Guadeloupe constituent les trois principales destinations des 543 000 immigrants indiens (Emmer, 2002). Leur arrivée a généré une certaine hostilité chez les nouveaux libres et ils ont longtemps été l'objet d'ostracisme. L'apport de ces engagés de divers horizons aux cultures créoles de la région, tant dans le domaine linguistique, culinaire que religieux, est considérable, de même que les dynamiques de métissage avec les descendants d'esclaves. Leur destin ne peut être compris sans référence à la période esclavagiste, car il s'inscrit dans son prolongement direct. Cela justifie pleinement leur place dans toute réflexion consacrée à l'histoire du peuplement afrodescendant dans les Amériques, en particulier dans le bassin caribéen.

Parallèlement, les migrations de descendants d'esclaves à l'intérieur du bassin caribéen sont renforcées dès la fin du XIXe siècle par la restructuration de l'économie de plantation (concentration foncière, mécanisation) liée notamment aux investissements états-uniens à Porto Rico, à Cuba et en République dominicaine. Selon Williams (1970 ; Domenach et Picouët, 1992), plus de 210 000 travailleurs essentiellement originaires d'Haïti et de la Jamaïque y migrent entre 1913 et 1924, certains de manière saisonnière – comme l'exige désormais le rythme annuel de la coupe de la canne – ou temporaire, d'autres de manière définitive. Loin de se limiter à l'acquisition de plantations de canne à sucre, de bananes ou de café, les investissements des grandes compagnies états-uniennes dans la région s'orientent vers de grands chantiers visant à faciliter la mobilité des facteurs de production dans la région : la reprise par la Panama Canal Company de la construction du canal de Panamá (1904-1914) abandonnée vingt ans plus tôt par la Compagnie universelle du canal interocéanique et le développement du réseau ferroviaire en Amérique centrale en sont les meilleurs exemples. Plus de 30 000 originaires des Petites Antilles auraient ainsi immigré en Amérique centrale au cours du premier quart du XXe siècle (Westerman, 1961).

Mais dès les années 1920, l'apparition de politiques migratoires restrictives est à l'origine d'une forte contraction de l'immigration intra- et extra-caribéenne, renforcée par la crise économique mondiale des années 1930. Cette contraction marque l'entrée de la Caraïbe dans une période de transition migratoire où la région, longtemps réceptrice de flux d'origines géographiques variées, devient dès la Seconde Guerre mondiale une zone d'émigration importante.

Une géographie des populations afrodescendantes dans les Amériques : répartition spatiale et dynamique migratoire contemporaine

Au cours des cinq derniers siècles, la traite négrière et les mouvements de populations post-esclavagistes ont dessiné une géographie des populations d'ascendance africaine dans les Amériques. Cette dernière est difficile à évaluer statistiquement, les données officielles n'existant pas toujours, et les modes de catégorisation étant hétérogènes d'un pays à l'autre. Néanmoins, une acception large sur la base de statistiques officielles (États-Unis, Canada, Brésil, Caraïbe anglophone, notamment) prenant en compte les dynamiques de métissage permet d'évaluer aujourd'hui à plus d'une centaine de millions les originaires d'Afrique, dont 50 millions au Brésil, 30 millions aux États-Unis et 27 millions dans la Caraïbe insulaire. De fortes concentrations de populations afrodescendantes sont aussi présentes en Amérique centrale, dans les Guyanes et sur les côtes colombienne, vénézuélienne, équatorienne ou péruvienne.

Mais cette répartition, loin d'être statique, est en permanence remise en question par les flux migratoires incessants de populations afrodescendantes au sein même des Amériques, qu'il s'agisse de migrations du Sud des États-Unis vers le Nord industriel, du Nordeste brésilien vers Rio et São Paulo, ou du bassin caribéen vers l'Amérique du Nord. Ainsi, au cours du deuxième conflit mondial, la migration de travailleurs caribéens pour participer à l'effort de guerre et répondre à la pénurie de main-d'œuvre occasionnée par la mobilisation sous les drapeaux de jeunes ouvriers états-uniens a jeté les bases du développement d'une émigration vers l'Amérique du Nord. Dès la fin du conflit, les flux se sont également orientés vers les métropoles coloniales européennes pour participer à leur reconstruction.

Les mutations démographiques et économiques contemporaines – transition démographique de la Caraïbe et de l'Amérique latine, pénurie de main-d'œuvre dans le Nord, différentiels de niveaux de vie et d'opportunités d'emploi – ont été à l'origine d'une émigration antillaise substantielle, avec en toile de fond un contexte institutionnel favorable : nouvelles législations de 1962 au Canada et 1965 aux États-Unis s'ouvrant davantage à l'immigration extra-européenne ; travailleurs de territoires dépendants bénéficiant de l'appel de main-d'œuvre des économies métropolitaines (Portoricains, Antillais français) ; programmes privilégiant le recours saisonnier à la main-d'œuvre du bassin caribéen. En outre, aux portes des États-Unis, la région a été une zone de tensions majeures de la guerre froide dont l'instabilité a été entretenue par le développement de mouvements nationalistes et socialistes en contradiction avec les intérêts géopolitiques du puissant voisin du Nord.

La première conséquence de l'accroissement des flux migratoires de la Caraïbe vers quelques grandes métropoles nord-américaines et européennes – New York, Londres, Miami, Toronto, Paris, Amsterdam, Montréal – a été la constitution de communautés de plus en plus importantes, et désormais permanentes. Leur présence ainsi que la genèse de réseaux migratoires entre le pays de départ et la société d'accueil contribuent à l'auto-entretien des flux de migrants. Les États-Unis comptent environ 1,5 million d'Afro-Antillais en plus des 30 millions de Noirs états-uniens. Le Canada accueille plus de 200 000 Antillais, surtout des Jamaïcains et des Haïtiens. La Grande-Bretagne compte 600 000 Caribéens et la France hexagonale 400 000 d'entre eux (dont 50 000 Haïtiens), un ordre de grandeur comparable au poids des Surinamais et Antillais néerlandais aux Pays-Bas.

police Le contrôle des étrangers a toujours été une prérogative centrale des institutions policières ; la prérogative première, même, si le terme « étranger » ne se limite pas à son sens moderne de « non-national ». L'étranger est d'abord l'inconnu à la communauté locale, qui doit à ce titre faire l'objet d'une surveillance particulière. Avant même la création institutionnelle de corps de police en Europe, généralement au début du XIXe siècle, il appartenait aux citoyens investis des pouvoirs de surveillance de s'assurer que le nouveau venu pouvait se recommander d'autres familiers du village ou de la ville. L'urbanisation, l'industrialisation et le paupérisme ont amené les institutions policières à prendre à leur charge la surveillance de ces populations. Celle-ci s'est d'abord confondue avec la répression du vagabondage, de l'errance et du nomadisme : il revenait aux institutions policières de contrôler les documents de voyage, les livrets ouvriers, qui autorisaient les individus (nationaux ou non) à se rendre d'un point à un autre du territoire national. Puis, le développement des États-nations et de leurs appareils administratifs a amené la police à exercer une double prérogative : contrôler le séjour des non-nationaux, contrôler les passages aux frontières avec les autres États.

Le contrôle des frontières. Le contrôle des frontières est assuré par deux institutions, la douane (qui dépend du ministère du Budget) et la Police aux frontières (PAF). Celle-ci hérite de la double compétence historique de la police : contrôler les mobilités (l'une des trois sous-directions de la PAF est le Service national de police ferroviaire) ; contrôler l'entrée et le séjour des étrangers ainsi que leur éventuel éloignement (sous-direction de l'immigration irrégulière). Le contrôle du séjour des étrangers est assuré par l'ensemble des policiers et des gendarmes déployés sur le territoire français (environ 200 000 agents), soit au moyen d'opérations spécifiques (sur réquisition du procureur de la République ou sur instruction du préfet), soit au moyen de contrôles de routine.

En Île-de-France, ce sont les Renseignements généraux qui conservent la compétence de la lutte contre l'immigration clandestine, héritage du XIXe siècle lorsque la préfecture de police surveillait les non-nationaux, susceptibles d'être des agitateurs révolutionnaires cherchant refuge à Paris. Par ailleurs, c'est à la police aux frontières que revient la surveillance et la gestion des zones d'attente, et aux services de police et de gendarmerie celles de la trentaine de centres de rétention administrative et de la dizaine de locaux de rétention et celles des « dépôts » des plus grands tribunaux.

Le contrôle de l'immigration et, au-delà, des mobilités sur le territoire national, ont toujours constitué un vecteur majeur de renforcement des capacités techniques et bureaucratiques des appareils policiers en France. De la technique du « portrait parlé » au recueil des informations génétiques, en passant par le raffinement jamais satisfait des titres de séjour et des passeports, la police des étrangers a de tous temps renforcé les techniques d'identification et de fichage. Aujourd'hui, un certain nombre de fichiers sont spécifiquement consacrés aux étrangers : le fichier AGDREF (Application de gestion des dossiers des ressortissants étrangers en France), le fichier dactyloscopique qui conserve les empreintes digitales des demandeurs d'asile en France, le fichier des empreintes digitales des étrangers sollicitant une carte de séjour et de ceux en situation irrégulière, le fichier ELOI, le fichier dit « Réseau mondial Visa 2 », les fichiers dits « Schengen », etc. Par ailleurs, par le biais des politiques de visa, d'admission au séjour ou de réadmission dans les pays d'origine, de négociation internationale sur les flux migratoires, la lutte contre l'immigration clandestine a été un vecteur majeur de l'inscription de l'institution policière dans le jeu des relations internationales entre États.

Une gestion par le chiffre. La création en 2007 d'un ministère dit de l'Immigration, de l'Identité nationale et du Codéveloppement a constitué une rupture certaine qui amène les policiers à agir en application de directives d'un ministère qui n'est plus celui de l'Intérieur. Ceci s'est doublé d'un renforcement du management de l'activité policière par le chiffre, notamment la diffusion d'objectifs quantifiés de mesures d'éloignement du territoire que devaient « mettre en œuvre » les policiers, quand bien même l'éloignement définitif du territoire ne relève que partiellement de la police et des préfectures. Cette exigence a amené la multiplication des interpellations d'étrangers à la sortie des écoles ou à proximité des associations d'aide aux étrangers ou des préfectures qui ne sont pas sans créer de fortes tensions avec la population et au sein même de la police. Ces impératifs de chiffres énoncés ont conduit également à l'interpellation et à la reconduite à la frontière d'étrangers qui souhaitaient quitter le territoire… Multiplications d'« arrestations » qui n'ont pour but que d'afficher la satisfaction d'avoir rempli les « objectifs ».

Des relations difficiles. La police entretient avec les immigrés et leurs enfants (souvent français) une histoire ancienne, caractérisée par un degré d'hostilité réciproque que l'on trouve rarement chez, par exemple, nos voisins européens. Cet antagonisme est tel que l'identité politique de la police d'un côté, des immigrés de l'autre, se forme en partie par la répulsion de l'autre.

Ainsi, l'une des formes de socialisation politique des jeunes immigrés des cités les plus défavorisés en France est l'affrontement collectif avec les policiers (dit « émeutes urbaines »), dans des formes inchangées depuis la fin des années 1970 (destructions de véhicules entre autres, puis confrontation avec les policiers). Du côté de la police, la guerre d'Algérie et le contrôle des populations maghrébines a longtemps été l'un des récits collectifs structurants, avant que, dans les années 1980, de nouvelles générations de policiers, formés à un droit devenu plus strict en matière de comportement discriminatoire, ne viennent prendre leur place. Deux enquêtes de grande échelle (l'enquête Interface de 1982 menée auprès de 120 000 policiers et l'enquête Pruvost-Coulangeon de 2003 auprès de plus de 5 000 policiers) ont montré la baisse de la part des policiers plaçant les immigrés en tête des populations à surveiller en priorité (de 15 % à 9 % des policiers interrogés), lesquels sont désormais cinquième dans l'ordre des préoccupations déclarées des policiers.

Mais la priorité accordée dans les années 2000 à la police de maintien de l'ordre, qui privilégie la répression-éclair des troubles urbains sans souci d'un lien durable avec les populations, accentue la distance et la méfiance structurelles des policiers à l'égard des populations immigrées. Le politique contribue à la formation d'identités répulsives : l'éventualité d'une déchéance de nationalité à l'égard des meurtriers de policiers souligne le lien fort que les ministères de l'Intérieur ou de l'Immigration souhaitent établir entre police et immigration.

⟶ délinquance et immigration

polygamie
La polygynie, polygamie dans l'usage courant, est une institution matrimoniale qui légitime l'union d'un homme avec plusieurs femmes. Elle est pratiquée aujourd'hui dans plus de 50 pays.

Une institution toujours d'actualité. Cette forme de mariage est soumise à des règles précises liées à une structure sociale propre aux sociétés paysannes qui pratiquent une agriculture familiale d'autosubsistance. Ces sociétés sont fortement hiérarchisées et différenciées d'où les règles strictes d'endogamie de « caste ». La polygamie conforte la situation d'infériorité sociale des femmes, valorise leur capacité reproductrice (Jack Goody, *Polygyny*, 1973) et dans une moindre mesure productrice (Ester Bosrup, 1970).

La polygamie préexiste à l'islam qui l'autorise sous certaines conditions et la limite à quatre épouses (Coran : sourate 4). Elle ne relève ni de l'Église ni de l'État mais bien de l'organisation familiale contrairement au mariage dans les pays occidentaux.

Elle est relativement peu contraignante pour les hommes. Elle permet le divorce (répudiation), la mobilité conjugale, le changement de statut matrimonial, la mise en union de toutes les femmes. Elle maximise la probabilité pour les femmes de vivre en état de mariage ce qui comporte un double intérêt : l'augmentation de la fécondité collective (Thérèse Locoh, 2002) et la pérennité du contrôle des femmes. Une femme seule est en danger. En Afrique la proportion de femmes non célibataires après 50 ans varie de 97 % à 99 %.

La fluidité de cette forme d'union explique sa capacité à s'adapter à des situations différentes de celles qui l'ont vu naître. En effet la polygamie, contrairement à une hypothèse largement partagée, ne diminue pas avec la migration nationale ou transnationale des ruraux vers les grandes villes.

La polygamie en zone urbaine n'a pas notablement diminué dans les grandes villes d'Afrique subsaharienne (Richard Marcoux, 1997). Elle est en augmentation à Dakar chez les jeunes citadines, 45 % des ménages sont polygames à Bamako. Outre sa valeur symbolique, la polygamie répond à des stratégies de subsistance de ménages urbains en situation de précarité.

La polygamie en France. Durant la période coloniale en Afrique, l'État français, au grand dam de l'Église catholique, n'intervient pas contre ce type d'union. Il n'intervient pas davantage lorsqu'après les indépendances des pays africains (1960) les flux migratoires en provenance de ces pays s'intensifient. Durant 30 ans, notamment après 1974 (date de la suspension de l'immigration économique), les migrants africains en France vont procéder au regroupement* familial. Au fil des ans certains d'entre eux sont devenus polygames pour des motifs variés : pression familiale, prestige, amour. Ces raisons l'emportent d'autant plus que le manque de mobilité sociale, de reconnaissance, en France, est grand. Certains migrants se définissent alors en accord avec les normes ayant cours dans leur communauté d'origine. Il n'était pas donné d'avance qu'ils optent pour la polygamie, la majorité des migrants originaires d'Afrique subsaharienne n'ont pas fait ce choix. Aucune donnée statistique ne permet d'évaluer précisément le nombre des ménages polygames en France.

La fourchette se situe selon les études les plus sérieuses entre 8 000 et 10 000 ménages (CNCDH, Étude et propositions sur la polygamie en France, 2006). La migration, outre la nécessité et la volonté d'accéder au salariat, est aussi un moyen d'échapper à la dépendance des aînés.

Jusqu'en 1993, ceux qui ont opté pour cette forme d'union vont organiser leur polygamie sur le territoire français de différentes manières : venue des épouses à tour de rôle, venue d'une épouse dans un premier temps rejointe ensuite par une seconde, voire plus rarement par une troisième (Sylvie Fainzang, Odile Journet, 1988). Ces stratégies tâtonnantes dépendent de la situation de la famille restée au pays et de la situation de la famille en France.

Au regard de la société de départ, la polygamie est un signe de réussite, un symbole de richesse mais aussi un signe d'allégeance à l'ordre villageois.

En France, assurer la reproduction d'une famille composée de deux ou trois femmes et leurs enfants est une gageure pratiquement impossible à relever par la majorité des immigrés en raison de leur situation économique et des conflits intrafamiliaux inhérents à l'état de polygamie. Or, si l'on fait venir femmes et enfants, c'est aussi pour leur assurer une qualité de vie supérieure à celle existant dans le pays d'origine (santé, scolarité, confort). Afin de résoudre cette contradiction, certains époux polygames, toujours au détriment des femmes, parfois avec leur complicité, vont ajuster la situation de polygamie en diversifiant les ressources familiales. Une femme à la maison pour s'occuper des enfants, une femme au travail pour ramener un deuxième salaire nécessaire à l'entretien du foyer. En cas de maladie de l'une des épouses les enfants ne sont pas livrés à eux-mêmes. Ces calculs ne sont qu'une adaptation inadéquate et souvent malheureuse de la polygamie à la vie d'ouvrier.

Il n'en demeure pas moins que l'état de polygamie procède toujours d'une inégalité entre les hommes et les femmes, d'une domination de l'époux sur ces femmes et entraîne heurts et malheurs pour ces dernières, pour leurs enfants et parfois pour les époux eux-mêmes. Ce que n'a pas manqué de relever, après de nombreuses associations de femmes, le législateur.

L'interdiction de la polygamie en France. Depuis 1993, vivre en France en état de polygamie est interdit aux étrangers. La loi dite « loi Pasqua », du

24 août 1993 précise : « La carte de résident (10 ans) ne peut être délivrée à un ressortissant étranger qui vit en état de polygamie ni aux conjoints d'un tel ressortissant. Une carte de résident délivrée en méconnaissance de ces dispositions doit être retirée » (article 15 bis).

L'article 30 porte sur le regroupement familial : « lorsqu'un étranger polygame réside sur le territoire français avec un premier conjoint, le bénéfice du regroupement familial ne peut être accordé à un autre conjoint. Sauf si cet autre conjoint est décédé, déchu de ses droits parentaux, ses enfants ne bénéficient pas non plus de regroupement familial. Le titre de séjour sollicité ou obtenu par un autre conjoint est, selon le cas, refusé ou retiré. Le titre de séjour du ressortissant étranger polygame qui a fait venir auprès de lui plus d'un conjoint, ou des enfants autres que ceux du premier conjoint ou d'un autre conjoint décédé ou déchu de ses droits parentaux, lui est retiré ».

Ces dispositions pénalisent le polygame, ses femmes et leurs enfants. Elles ont probablement permis que le nombre de ménages polygames en France cesse de croître.

Mais, alors que la prohibition de principe de l'état de polygamie se fonde « sur le respect nécessaire des valeurs républicaines, du droit des femmes et de l'intégration des enfants », elle a engendré des situations contraires à l'égalité entre les hommes et les femmes. Un homme polygame, afin de régulariser sa situation, peut décider de renvoyer aux pays l'épouse de son choix. Par ailleurs, la rétroactivité de la loi rend possible l'expulsion de personnes, hommes et femmes, présentes en France depuis parfois plus de 20 ans ou, lorsque cette dernière n'est pas possible (étrangers protégés de l'éloignement en tant que parents d'enfants français par exemple), elle peut entraîner la perte d'emploi, le rejet dans l'illégalité, entraver l'intégration.

La décohabitation. Une circulaire émanant du ministère de l'Intérieur (circulaire du 15 avril 2000 concernant les étrangers polygames) atténue l'aspect régressif d'une loi qui restreint le droit des étrangers. Des mesures de décohabitation sont proposées aux ménages polygames afin d'offrir aux épouses une voie vers l'autonomie. Malgré la mise en place depuis 2001 d'un dispositif d'accompagnement, la décohabitation s'avère difficile à mettre en place : difficulté de trouver un logement, difficulté pour les femmes de trouver un emploi, problèmes liés à la garde des enfants.

Dans de nombreux cas, la décohabitation est cause de drames familiaux. Les femmes et leurs enfants éprouvent un sentiment d'arbitraire et d'insécurité d'autant plus fort que les conditions sociales nécessaires à la réalisation d'une famille considérée comme normale en France ne sont pas à leur portée. Enfin, dans les faits, la rupture du ménage polygame est extrêmement difficile à contrôler.

Un autre aspect paradoxal de cette interdiction faite aux étrangers de vivre en France en état de polygamie pour des raisons d'ordre public et d'intégration est qu'elle ne s'applique pas à certains étrangers en vertu d'accords entre États (c'est le cas des Algériens) et surtout qu'elle ne concerne pas certains Français. La polygamie est encore aujourd'hui une forme d'union reconnue aux nationaux de Mayotte et de Wallis-et-Futuna.

De nombreuses associations notamment féminines et féministes, françaises et africaines, des femmes africaines vivant en France en état de polygamie se sont prononcées contre la polygamie ; néanmoins elles ont attiré l'attention sur les effets pervers de dispositions qui ne prennent pas en compte la situation de familles qui hier résidaient en France en toute légalité et se retrouvent aujourd'hui interdites de séjour (Danièle Lochak, 1997 ; Sylvie Tissot, 2007 ; Elsa Dorlin). Dans un contexte où la polygamie est, de manière réitérée, mobilisée pour stigmatiser l'ensemble des Africains et des Africaines, ces associations alertent sur la dérive racisante à laquelle donnent lieu de nombreuses déclarations publiques fustigeant la polygamie non pas au nom de l'égalité entre les hommes et les femmes mais en vertu d'une altérité radicale, supposée immuable, des « races » et des cultures.

⇢ mariage forcé

la **presse de l'immigration**

Les premiers médias de l'immigration sont apparus en France dès le milieu du XIXe siècle. Il s'agit d'abord d'une presse écrite, dont l'exposition « France des étrangers, France des libertés – Presse et communautés dans l'histoire nationale », organisée en 1989 par l'association Génériques, révèle l'extraordinaire abondance : plus de 2 000 titres. Ces journaux sont d'abord le fait d'exilés, victimes de persécutions politiques ou religieuses. Intellectuels russes, militants polonais ou allemands, Juifs d'Europe orientale fuyant les pogromes, réformateurs de l'Empire ottoman créent des publications exprimant leurs aspirations nationalistes, socialistes ou leur soif de liberté, et destinées plutôt à une élite. Au début du XXe siècle apparaît une presse plus nettement populaire, communautaire, imprimée en français ou dans la langue d'origine, répondant aux besoins des populations qui arrivent par vagues, chassées par la misère, les génocides, la guerre. Des premiers journaux d'expression arabe, tels le mensuel libanais *Birgys Barys* créé en 1858 ou l'éphémère mais influent *Al Urwa Al Wuthqa* publié en 1884 par le penseur musulman d'origine afghane al Afghani avec son disciple égyptien Muhammad Abdou, aux quotidiens arméniens, tel *Haratch*, créé en 1925, à la longévité exemplaire ; des journaux polonais, chinois, espagnols, italiens de l'entre-deux-guerres aux périodiques sionistes en yiddish, en passant par la revue culturelle noire *Présence africaine* (1947), ces éditions, souvent fragiles, parfois censurées, accompagnent les rêves détruits des monarchistes russes comme des républicains espagnols, l'aspiration montante des Africains, Algériens, Vietnamiens à l'indépendance. Elles sont le miroir des combats de ces communautés qui s'intègrent peu à peu, ont des enfants (français) porteurs de nouvelles exigences.

À la télévision, c'est en 1975 que les pouvoirs publics, via le Fonds d'action sociale, décident de lancer un magazine spécifique à destination des immigrés, diffusé sur FR3, *Immigrés parmi nous*, remplacé par le très populaire *Mosaïque*, puis par *Ensemble aujourd'hui, Rencontre, Racines, Premier Service*… Ces émissions, qui ont leur pendant à Radio France internationale, disparaissent progressivement au profit de productions financées par les chaînes de radio et de télévision, censées mieux répondre aux nécessités de la « diversité » française. Un nouveau volet s'annonce. Celui de la presse de la « diversité », qui se développe en particulier dans les quartiers et banlieues pendant les années 2000, aussi bien à l'écrit qu'à la radio et sur Internet : quelque 300 médias aujourd'hui.

R

racisme

Il n'existe pas de définition consensuelle du mot « racisme » et la plupart des analystes sont mécontents de celles qu'en proposent les dictionnaires.

Au moins les historiens s'accordent-ils pour situer l'apparition du mot (à ne pas confondre avec le fait) au détour des XIXe et XXe siècles et sa diffusion après la Seconde Guerre mondiale. C'est à partir des années 1930 que le terme est utilisé pour dénoncer les projets politiques fondés sur une doctrine « raciale », en particulier celui du national-socialisme.

Cette apparition fort récente du terme « racisme » peut paraître surprenante. En effet, si quelque chose semble bien traverser le temps et l'espace, c'est bien la méfiance, le mépris, l'hostilité entre peuples qui se voient comme différents. Beaucoup gens pensent ainsi que le racisme est, en fait, un phénomène universel, « aussi vieux que l'humanité ».

Or cette aversion correspond plutôt à ce que les sciences sociales nomment « xénophobie ». Celle-ci a deux composantes. La première est l'adhésion spontanée, intellectuelle et affective, aux us, coutumes et croyances de son propre groupe et la tendance à les valoriser : l'ethnocentrisme. La seconde est la propension à mépriser les modes d'être, de faire, de penser et de croire des peuples avec lesquels, pour une raison ou une autre (transit, échange, migration, rivalité, guerre) une relation s'est engagée, de longue ou de fraîche date. La xénophobie – pas plus que de multiples autres types de perception ou de sentiment négatifs – ne renvoie ni littéralement, ni allusivement, à la notion de « race ».

Du racisme à la « race »... et retour

Cette notion, fort ancienne, elle, pose cependant problème. L'usage du mot est attesté, en France, dès le XVIe siècle, mais son sens n'a cessé de varier. Il a, au cours de l'histoire, désigné diverses réalités (lignage, principalement, mais aussi aristocratie, langue, métier, classe sociale, mode de vie, religion, nationalité…). Tout juste peut-on admettre que la principale signification de « race » est celle d'une continuité généalogique. De plus en plus explicitement, à mesure que l'on s'approche de l'époque contemporaine, le sens de « race » s'est restreint, à défaut de se préciser réellement. Surtout, ce n'est qu'à partir du XVIIIe siècle que l'on s'est soucié de lui donner un contenu proprement scientifique et ce n'est qu'au XIXe siècle qu'elle est devenue une catégorie universelle de classement au sein de l'espèce humaine. Loin d'introduire de la clarté, cette entreprise de classement a fini en impasse. Aujourd'hui, en dépit de beaucoup d'efforts conjugués ou séparés des sciences sociales et naturelles, il n'existe aucune définition de « race » applicable à l'homme.

Inventorier. La description des peuples est une activité fort ancienne à laquelle se sont livrés voyageurs, géographes, diplomates, « conquérants » et « savants »… Les dénominations choisies ont été longtemps à connotation géographique (*ibères, europeus, asiaticus*…), parfois associées à une couleur (*albus, rubescens*…). Dans ces témoignages, et dans les écrits de ceux qui les commentent, ces peuples sont toujours caractérisés autant par leurs mœurs, leur « caractère naturel » (*inconstant, irascible*…) que par leur aspect physique, sinon plus.

C'est avec les Lumières et l'essor des sciences naturelles qu'est venue l'idée d'un classement généralisé de l'humanité, chaque homme devant entrer dans une catégorie (qu'on la nomme alors *espèce*, *variété*, *race* ou tout simplement *homo*, suivi d'un adjectif, ainsi de l'*homo monstruosus*, catégorie où Linné range, en 1755, les géants, les hommes-singes, les hommes-loups, etc.). Aux dénominations parfois fantaisistes (ou intéressées, dès lors qu'elles servaient la colonisation) succède une classification systématique (taxinomie), à laquelle s'attellent diverses disciplines : l'anthropologie physique, en plein développement, mais aussi l'anatomie, la médecine, l'ethnologie, l'histoire, la philologie…

Durant plus d'un siècle (XIXe-XXe) à l'aide d'une multitude de mesures et de critères, cette entreprise raciologique a compté, caractérisé et ordonné des « races », des « sous-races » et des « groupes raciaux », sans parvenir à l'unification des savoirs dont elle se prévalait. La distribution obtenue au regard d'un trait physique (par exemple la texture des cheveux) ne correspondant généralement pas à celle obtenue à partir d'un autre (par exemple le prognathisme), ni l'une ni l'autre n'ayant de relation avec des modes de vie ou des productions culturelles, il n'a résulté de cette immense mobilisation et de ces interminables discussions qu'un grand désordre. Jusqu'à ce que la biologie se déleste, dans les années 1970, de l'idée même d'appliquer la catégorie « race » à l'espèce humaine (Ruffié Jacques, *Leçon inaugurale au Collège de France*, chaire d'anthropologie physique, 1972).

Privée de son fondement naturel par les sciences qui étaient supposées le démontrer (et qui s'y sont longuement appliquées), l'idée de « race » est apparue pour ce qu'elle était : une chimère. Au contraire de ce qu'affirmait Gobineau en 1855 et après lui tant de doctrinaires du racisme (Gustave Le Bon, Vacher de Lapouge, etc.), la « race » n'explique pas l'histoire humaine, car c'est au cours de cette histoire elle-même que se situe l'origine de la catégorisation des hommes en « races » prétendument naturelles. Ce qui est premier, dans cette intrigue, c'est le racisme. La « race » est un mythe dont l'unique fonction est de le conforter.

Hiérarchiser. Contrairement à une idée répandue, les « races » n'ont jamais été considérées comme des groupes strictement biologiques. et la catégorie « race » n'a jamais été une propriété privée des sciences naturelles, qui ne l'ont pas inventée à leurs propres fins et, tout au contraire, l'ont puisée à la fois dans le langage courant et dans la littérature savante. Elles l'ont trouvée notamment chez des intellectuels pour lesquels c'est dans les origines que s'enracine la valeur physique et morale des êtres humains. Réelles ou imaginaires, ces « origines » sont au principe de l'idée de « race », muée en facteur explicatif et justificatif des rapports de pouvoir, entre classes sociales, d'abord, entre peuples, ensuite. Au début du XVIIIe siècle (1727, dans une publication posthume) Boulainvilliers prétend que les nobles, parce qu'ils descendent des beaux et forts envahisseurs francs ont vocation à commander aux roturiers, qui descendent, eux, des Gaulois vaincus, incapables de se diriger eux-mêmes. C'est contre ce mythe aristocratique que les révolutionnaires ont inventé le cri de ralliement « nos ancêtres les Gaulois » – formule, muée en slogan, répétée *ad nauseam*, et de façon totalement décontextualisée, en particulier dans les colonies françaises, à des peuples qui, non seulement ignoraient cette histoire, mais en vivaient une autre, brûlante, immédiate, faite de conquête, de spoliation, de dépossession, d'asservissement. Elle est ainsi devenue – triste retournement – emblématique de la domination coloniale. Et en 1885, Jules Ferry appelle à la conquête coloniale en ces termes : « Il y a pour les races supérieures un droit, parce qu'il y a un devoir pour elles. Elles ont le devoir de civiliser les races inférieures ». Un siècle et demi sépare ces deux « manifestes », qui attribuent aux dominants une supériorité héréditaire.

Confondre. C'est de son caractère indéfinissable, de sa malléabilité d'usage que le mot « race » tire sa puissance. Y recourir permet, comme le souligne Colette Guillaumin, « de confondre en une seule réalité la lente construction historique à la fois cumulative et conflictuelle qui fait un groupe, et les traits physiques aléatoires, réels ou supposés, visibles ou bien invisibles, qui sont attribués à ce groupe ».

Ceci est important dans la mesure où certains scientifiques, jusque dans les années 1960, et beaucoup de gens, encore aujourd'hui, pensent qu'il devrait être possible d'étudier les « races » sans « tomber » dans le racisme – en fait, de classer les êtres humains en fonction de critères strictement biologiques, objectifs, dépourvus de jugement de valeur et de hiérarchisation. À supposer qu'une telle nomenclature soit jamais possible, tant classer et ordonner semblent des opérations conjointes, il n'y aurait aucune raison pour qu'elle reprenne à son compte un terme dont l'unique fonction réelle aura été de discriminer, de maintenir en dépendance et d'assassiner des millions de personnes. On peut prendre l'exemple de la génétique des populations qui étudie la distribution et la variation de la fréquence des gènes en fonction de la sélection naturelle, des mutations, des migrations… Pour ce qui concerne l'espèce humaine, cette discipline a isolé des marqueurs génétiques permettant d'attribuer aux individus une origine géographique probable, à l'échelle des continents. Les « agglomérats » de populations qu'elle distingue ne correspondent cependant pas à des « races » pour plusieurs raisons : les types de gènes dont la fréquence varie spatialement ne sont pas propres à l'espèce humaine ; la variabilité génétique entre ces « agglomérats » populationnels est inférieure à celle qui règne en leur propre sein ; les « groupes statistiques » génétiquement repérables ne coïncident ni avec des traits physiologiques précis, ni avec des caractéristiques psychologiques, ni, d'ailleurs, avec quelque collectivité sociale ou culturelle que ce soit.

On ne sait si c'est par bêtise, par provocation ou dans la volonté d'en réhabiliter l'idée que certains auteurs utilisent quand même le mot « race » pour désigner ces « agglomérats ». Leur équivalent « populations », ici d'usage strictement catégoriel et méthodologique, est déjà ambigu, en ce qu'il peut laisser croire à l'existence de peuples historiques réels. La reprise du mot « race » ne procède d'aucune nécessité méthodologique ou théorique. Elle n'a rien d'ambigu : elle est criminelle.

Du dessein de Dieu aux décrets de la nature
L'idée d'attribuer aux êtres humains une identité « naturelle » est étrangère à l'époque féodale, au cours de laquelle les identités collectives étaient plutôt pourvues par la famille ou la région. Le pouvoir se réclamait du « droit divin » qui ordonnait et contenait les inégalités et les hiérarchies. La disgrâce des païens était vue comme un verdict divin autorisant qu'on les maltraite et les combatte, mais aussi qu'on les convertisse. Cet univers de certitudes est progressivement affaibli au cours de l'âge moderne. Les « grandes découvertes » révèlent des « mondes » nouveaux et des peuples inconnus dont on se demande s'ils participent de l'humanité universelle, descendante d'Adam et Ève, d'une autre humanité ou d'une hybridation entre homme et animal… La montée de la bourgeoisie et le progrès des idéaux égalitaires et démocratiques ébranlent les certitudes théologiques et les pouvoirs théocratiques…

De « l'impureté des origines ». C'est néanmoins au sein même de l'univers religieux et du pouvoir royal que s'amorce l'idée d'entités collectives définitives et héréditaires. À la fin du XVe siècle et au début du suivant, la *Reconquista*, dans les royaumes d'Aragon et de Castille, fait de l'adhésion au dogme catholique une condition d'appartenance et même de droit de résidence. À côté des conversions forcées par la violence, les musulmans et les juifs sont sommés de choisir entre l'abjuration en faveur du catholicisme et l'expulsion. Cette intolérance religieuse radicale, cependant, a excédé ses propres références. Les convertis (*conversos*) n'ont pas été intégrés. Soupçonnés de tricher, ils ont été tenus à part. Et ce sont leurs descendants que le tribunal de l'Inquisition était chargé de traquer pour leur interdire l'accès à certaines fonctions et faire peser sur eux une menace omniprésente. On voit donc poindre à cette époque, l'idée d'une transmission héréditaire de l'impiété ou de l'impureté, constitutive d'un groupe particulier.

La colonisation de l'Amérique a, de son côté, puissamment contribué à la formalisation de la « race ». Passés les étonnements et émerveillements qui se sont rapidement transformés en dégoût et mépris, l'idée d'une infra-humanité ou d'une « autre humanité » des Amérindiens, et des Africains, a accompagné la conquête de leurs terres, de leurs biens et leur réduction en esclavage. Les autorités religieuses avaient résolu de reconnaître à ces peuples leur pleine appartenance à l'humanité. Ils étaient donc évangélisables, même si, comme les juifs, ils avaient été maudits (le passage de la Genèse, où Noé aurait condamné la descendance de son fils Cham en ces termes : « qu'ils soient les esclaves des esclaves de ses frères », a beaucoup été sollicité pour soutenir cette thèse).

La pensée moderne, elle, a cherché d'autres « preuves » de l'infériorité des peuples asservis et spoliés. Elle n'a pas « tout inventé » et c'est en les laïcisant qu'elle a repris toutes sortes de préjugés, de stéréotypes, de symboles et d'images légués par le christianisme.

Des « inégalités naturelles ». Avec la destitution des références théologiques, le monde – ce monde nouveau qui s'offre à l'intelligibilité à partir du XVe siècle – exige d'être compris pour lui-même. Laissant progressivement à l'Église l'interprétation de la volonté divine, l'essor intellectuel, scientifique et technique commencé à la Renaissance s'attache à déchiffrer les lois de la nature. Et c'est précisément au moment où l'ordre hiérarchique ancien est combattu au nom des valeurs d'égalité et de liberté, où l'individu se libère des ordres liés à la naissance que le racisme se formalise.

Il y a là quelque chose qui, a priori, peut paraître paradoxal. Ce l'est moins si l'on songe que c'est au cours de cette même période que se situe non seulement la découverte, comme on se plaît tant à le dire, mais surtout la conquête du monde par les Européens (après tout, les Amérindiens n'ont pas attendu Christophe Colomb pour découvrir l'Amérique !). Le traitement imposé aux peuples dépouillés, déplacés, forcés au travail, cadre mal avec le progrès des idéaux modernes. Il faut donc que leur subjugation ait une base objective. S'impose alors l'idée que la nature n'a pas distribué équitablement les dispositions et les capacités et que les hommes et les peuples sont plus ou moins accessibles à la civilisation. Les « races » inférieures sont nées de cette « évidence ». Les « races » supérieures aussi, pour offrir un tableau raisonné de l'humanité tout entière. Un certain évolutionnisme concurrence la loi de la hiérarchie naturelle : si elles étaient seulement arrêtées à un stade inférieur de développement, ces « races » pourraient sans doute, bien guidées, accéder à la civilisation. Telle était, selon certains, la « mission de l'homme blanc ». En fait, l'horizon de l'égalité n'a cessé de reculer et ces « races », soigneusement maintenues en dépendance, ont été déclarées définitivement inaptes et inassimilables. Si, à la condition du baptême et de la fidélité, tout individu, quelle que soit sa condition, pouvait (au moins en principe) intégrer le peuple de Dieu, devant qui tous les hommes sont égaux ; l'invention de la « race » rompt avec la possibilité même de « conversion ». On ne « quitte » pas sa « race », puisque c'est elle qui, en quelque sorte, vous possède. Héréditaire, elle fixe des différences « indélébiles ». C'est en s'autorisant de ce savoir « scientifique » que tous les régimes racistes ont fait de la généalogie des personnes un critère essentiel d'appartenance à une « race », indépendamment de leur aspect physique ou de leur comportement.

De « l'indignité nationale ». D'abord limité au monde des « autres », le racisme s'est aussi imposé « à usage interne », si l'on peut dire, au XIXe siècle, dans le cadre de la montée des nationalismes européens. C'est cette fois au sein même de la « race blanche », et en Europe occidentale, qu'une nouvelle hiérarchie « raciale » va être conçue. La Restauration, en France, ranime le mythe de la « guerre des deux races » (Germains supérieurs contre Gallo-Romains inférieurs), lequel sera « recyclé » par le national-socialisme allemand. La fin du XIXe siècle, entre réaction, contre-révolution et montée des socialismes, connaît une poussée des nationalismes belliqueux qui culminera dans la boucherie de 1914-1918. Chaque pays cherche à battre le rappel autour du roman national et à définir les contours de « son » peuple. Ce contexte est favorable à l'alerte contre les « ennemis de l'intérieur ». L'affaire Dreyfus, à elle seule – au-delà des multiples conclusions historiques, politiques et sociales que l'on peut en tirer – illustre jusqu'au cauchemar la composante raciste de ce nationalisme. De 1894 à 1906 on verra se succéder : la fabrication frauduleuse de documents destinés à compromettre un capitaine de l'armée française pour « trahison au profit de l'Allemagne » ; une première condamnation à l'issue d'une enquête entièrement menée à charge et où l'ascendance juive de l'inculpé a valu présomption de culpabilité ; une seconde condamnation « au bénéfice du doute » alors que la machination antisémite est tout entière avérée ; la réhabilitation de Dreyfus sans procès, donc sans démonstration de son innocence ni démontage de la conspiration qui l'avait visé *en tant que juif*.

L'« Affaire » illustre la rupture qu'introduit le racisme à l'intérieur même des sociétés européennes et au-delà. Ce n'est pas sa religion qui fait au premier chef de Dreyfus un présumé coupable, c'est son appartenance à une collectivité historique supposée, du fait de son existence diasporique, « naturellement » réfractaire à toute affiliation nationale. Au vieil antijudaïsme chrétien succède (et répond, sur fond de réaction contre l'émancipation des juifs), le mal nommé antisémitisme – c'est-à-dire un racisme antijuif, dans lequel la judéité forme une essence indélébile, indépendante de toute affiliation religieuse ou culturelle. La recherche des caractéristiques attestant de l'existence de la « race » juive (et de sa nocivité) prendra un tour frénétique, jusqu'à ce que, face à la difficulté de reconnaître les juifs dans la vie de tous les jours (en 1941, une exposition intitulée « Le juif et la France », se propose d'inculquer aux Français la faculté de reconnaître les attributs spécifiques du « juif »), l'obligation du port de l'étoile jaune vienne garantir l'ordre national raciste.

Dans nombre de pays d'Europe, y compris en France et en Allemagne, la racisation des populations nomades – *Tsiganes, Roms, Manouches, Gypsies, Gitans…* – a, schématiquement, et selon des voies propres à chaque contexte, suivi des chemins analogues.

Idéologie raciste et ordre social raciste

Nous l'avons vu, ce n'est pas à proprement parler la représentation négative et stéréotypée qui fait l'originalité du racisme (même si elle l'accompagne généralement). Affubler d'attributs dépréciatifs (déficience, anormalité, monstruosité) les personnes et les groupes que l'on perçoit comme ennemis, que l'on souhaite maintenir ou réduire en dépendance, voire éliminer, est vraisemblablement aussi ancien que les rapports de domination. C'est un « accompagnement » idéologique, une légitimation, qui se formalise en système argumentatif. La nouveauté du racisme a été d'enfermer progressivement toute l'humanité dans un quadrillage racial, où qualités et défauts sont pris dans un même système de catégorisation.

Un cadre de pensée. Fixé, à peu près au milieu du XIXe siècle, ce système est devenu un cadre de pensée. Diffusée à longueur d'articles de presse, de discours et d'ouvrages savants, enseignée dans les écoles, reprise dans les encyclopédies, la classification raciale est devenue une donnée d'évidence. Celle-ci a organisé la perception du réel et cette perception est syncrétique : traits physiques et traits moraux y sont indissolublement liés.

Surtout, elle perdure bien au-delà de la raréfaction du recours au terme « race », frappé par une certaine autocensure. Les mots « ethnie » et « culture », ont été chargés, dans bien des contextes, d'en endosser la signification. Il ne s'agit pas à proprement parler d'une euphémisation, mais d'un transfert de sens. D'autres mots peuvent subir ce processus sémantique de « synonymisation » ; « origine » par exemple.

Nombre d'auteurs considèrent que le racisme contemporain se distingue du racisme « classique », en ce qu'il a délaissé ou minimisé l'importance des traits physiques au profit des traits culturels. Ce « néo-racisme », ou « racisme différentialiste » tend à essentialiser la culture, à en faire « une seconde nature » et à la constituer en principe de distinction entre des groupes que l'on ne nomme plus « races ». La question se pose, cependant, de savoir à quel point l'inflexion contemporaine sur les distinctions culturelles est si nouvelle que cela. On peut en effet considérer que la *limpieza de sangre* (littéralement « propreté du sang ») de l'Inquisition, comme l'antisémitisme, ont visé, d'abord, des groupes dont la « culture » était jugée incompatible avec le projet politique national. Symétriquement, on peut s'interroger sur le recul de l'importance accordée aux traits physiques. Tous les jours, dans la rue, à la télévision, tout un chacun – raciste ou antiraciste – identifie des Noirs, des Blancs, des Beurs tout autant que des Arabes ou même des musulmans… C'est qu'on ne réforme pas un système perceptif comme on police (un peu) son langage. Le syncrétisme raciste a-t-il tellement reculé ?

Un fait social global. Si, à peu près tout le monde (philosophes, sociologues, historiens, politologues, journalistes, dictionnaires…) s'accorde à considérer que le racisme est une idéologie – proposition à laquelle il est difficile de ne pas souscrire tant l'idée de « race », l'idée, pas le mot, semble fondatrice – il n'est pas certain pour autant que tous s'accordent sur la définition de ce qu'est une idéologie. D'innombrables auteurs présentent ainsi le racisme comme la « justification » de politiques et de pratiques de mise à l'écart, de rejet, de maltraitance, d'exploitation et d'extermination. Le racisme, dans sa consistance sociale, ne se tient cependant pas dans le monde des idées, mais « plus prosaïquement », comme on dit étrangement, dans ces pratiques elles-mêmes, qu'elles soient ordinaires, banales ou institutionnalisées, voire légales. L'idéologie raciste n'« inspire » pas les actes racistes, elle les accompagne, les « explique », les justifie, si l'on veut.

Il faut donc voir le racisme comme un ensemble intégré, dans lequel on peut isoler, pour les besoins de l'analyse :
– des aspects idéologiques plus ou moins explicites, plus ou moins clairs, plus ou moins organisés en discours cohérent, en théorie voire en doctrine politique ;
– des éléments cognitifs plus ou moins conscients, telles les images et les représentations, les attitudes « spontanées », les opinions…
– des pratiques sociales, des comportements, soit ordinaires ou quotidiens, soit incorporés dans des normes institutionnelles, soit inscrits dans la loi, qui tous conduisent à une « mise à part » dont les modalités sont diverses, de l'évitement à l'agression, de la ségrégation au meurtre de masse.

C'est évidemment ce caractère pluridimensionnel et intégré du racisme qui rend difficile son élimination. Il interdit, en tout cas, de limiter sa dénonciation à ses seuls aspects idéologiques. Combattre les idées et les discours racistes est nécessaire. Mais si l'on ne s'attaque pas à ses formes concrètes et à leurs conséquences pour les groupes et les personnes qu'elles visent, et au-delà à l'ordre inégalitaire tout entier qu'elles instaurent (à l'échelle nationale comme à l'échelle mondiale) ce sera peine perdue. Car l'idéologie se nourrit du réel, des faits matériels, qu'en retour elle formalise mentalement. Faute de chercher à modifier cette réalité, on consent au racisme un long avenir.

⇢ antisémitisme, discriminations, Marche pour l'égalité et contre le racisme

réfugiés

Le réfugié est défini par la Convention de Genève du 28 juillet 1951 relative au statut de réfugié, en son article 1 § A 2° comme étant « toute personne qui, craignant avec raison d'être persécutée du fait de sa race, de sa religion, de sa nationalité, de son appartenance à un certain groupe social ou de ses opinions politiques, se trouve hors du pays dont elle a la nationalité et qui ne peut ou, du fait de cette crainte, ne veut se réclamer de la protection de ce pays ». Cette courte définition est éclaircie par la suite du texte, dont il ressort que le réfugié est par essence un étranger dans le pays d'accueil ; il doit avoir franchi une frontière internationale – à défaut de quoi il entre non dans la catégorie des réfugiés, mais dans celle des personnes déplacées ; si la situation de ces derniers est préoccupante et a donné lieu à des *Principes directeurs sur les personnes déplacées dans leur propre pays* (UNHCHR, 11 février 1998), ils restent dans les limites territoriales de leur État et ne sont pas, dès lors, des réfugiés au sens juridique du terme.

La réglementation internationale des réfugiés est un phénomène récent, apparu au sortir de la Première Guerre mondiale pour faire face aux flux de Russes et d'Arméniens. Aux premiers arrangements internationaux des années 1920 centrés sur la question de l'identification des intéressés ont succédé dans les années 1930 des Conventions internationales ; dans les deux cas, ces engagements étaient fondés sur un critère de détermination simple, celui de la nationalité des personnes concernées. La notion était dès lors très limitée, ne permettant ni d'anticiper des flux à venir, ni de prendre en charge les personnes persécutées de façon isolée : étaient ainsi visés notamment les Arméniens, les Allemands ou encore les Républicains espagnols, mais non les Italiens ou les Japonais. Ce n'est qu'au sortir de la Seconde Guerre mondiale, avec l'Organisation internationale pour les réfugiés (OIR, 1946), qu'est mise en œuvre une approche universaliste du phénomène : dans le contexte de l'adoption de la Déclaration universelle des droits de l'homme, il apparaît que la protection internationale ne saurait être réservée aux ressortissants de quelques États préalablement ciblés. C'est cette logique que retient la Convention de Genève de 1951 : si le texte primitif permettait aux États de restreindre dans le temps et dans l'espace la portée de leur engagement, le protocole additionnel du 31 janvier 1967 est venu enfoncer le clou de l'universalisme, écartant les limites à raison du temps et de l'espace (*rationae temporis* et *rationae loci*) établies en 1951

Le statut international des réfugiés, aujourd'hui, reste fondamentalement fixé par la Convention de Genève. Il a néanmoins été étendu par endroits, notamment par la Convention d'Addis-Abeba sur les aspects propres aux réfugiés en Afrique, adoptée par l'Organisation de l'Unité africaine (OUA) en 1969. Si l'article 1 § 1 reprend les termes de la Convention de Genève, le § 2 intègre dans le champ des réfugiés « toute personne qui, du fait d'une agression, d'une occupation extérieure, d'une domination étrangère ou d'événements troublant gravement l'ordre public dans une partie ou dans la totalité de son pays d'origine ou du pays dont elle a la nationalité, est obligée de quitter sa résidence habituelle pour chercher refuge dans un autre endroit à l'extérieur de son pays d'origine ou du pays dont elle a la nationalité ». La Convention de 1969 élargit donc non pas tant la définition que son champ d'application. Il apparaît donc logique d'envisager la notion de réfugié, puis les droits de ce dernier.

La notion de réfugié

La définition du réfugié impose une réflexion en deux temps, tout à la fois d'inclusion dans la définition, et d'exclusion de certains individus jugés indignes de la protection internationale, ou bénéficiant déjà d'une telle protection.

L'inclusion dans la notion de réfugié. Le droit international impose un certain nombre de conditions pour pouvoir être éligible au statut de réfugié. Trois éléments semblent pouvoir être mis en avant.

En premier lieu, si la nationalité semble a priori indifférente, on constate qu'elle constitue en réalité un élément non de reconnaissance, mais d'appréciation du bien-fondé de la demande. La Convention précise en effet que le réfugié ne peut ou ne veut se prévaloir de la protection de l'État dont il a la nationalité ; dès lors, lorsque l'intéressé possède deux nationalités distinctes, la reconnaissance du statut ne pourra intervenir que si, dans les deux États en cause, il craint avec raison des persécutions. L'existence de la crainte dans un État n'induit pas en effet, en soi, d'être également exposé à des persécutions dans l'autre État dont l'intéressé a la nationalité (pour le principe en France, voir CRR 7 juillet 1954, *Braicescu*, req. n. 316). Il en va de même lorsque la personne vit habituellement dans un État où elle craint d'être persécutée, mais a la nationalité d'un second État dans lequel elle ne vit pas ; les craintes alléguées seront alors examinées en considération de son État de nationalité (pour le principe en France, voir CE 27 mars 1981, *Tran Saty*, Leb.T.750).

En second lieu, le réfugié est celui qui ne peut obtenir de protection de cet État, et qui se trouve ainsi être un « orphelin de l'État » (M. Denis-Linton, concl. sur CE, Ass., 2 déc. 1994, *Agyepong*, Leb.523) ; ce sera le cas certes, et logiquement, si l'individu est persécuté par les autorités publiques, mais également s'il est visé par des groupes non étatiques (paramilitaires ou privés), dès lors que les autorités publiques ne peuvent ou ne veulent le protéger. C'est alors l'hypothèse soit de la tolérance des agissements en cause par l'État (refus systématique d'enregistrer une plainte, par exemple), soit de l'incapacité de l'État de lutter contre les agissements – on peut songer ici aux exactions des FARC en Colombie, ou des islamistes dans l'Algérie des années 1990.

Enfin, le statut conventionnel est limité par des chefs précis de persécution : la race, la religion, la nationalité, les opinions politiques, ou l'appartenance à un certain groupe social. La source de la persécution peut être réelle ou imputée : ce qui importe n'est pas tant la réalité de la religion ou des opinions politiques par exemple, que la perception qu'en ont les agents de persécution. Reste la difficulté posée par la notion d'appartenance à un certain groupe social, qui n'est pas définie par le texte ; elle renvoie à l'idée d'un groupe de personnes suffisamment circonscrit et identifiable, et dont le comportement est jugé comme étant transgressif eu égard à la communauté sociale d'origine. Ainsi peut-on y inclure tout à la fois les homosexuels dans les États qui pénalisent *cette orientation sexuelle*, les femmes qui contestent la pratique de l'excision, ou encore les femmes refusant un mariage contraint. L'appartenance à un certain groupe social permet ainsi, sous des conditions strictes, de moderniser le texte de la Convention ; les persécutions à raison de l'orientation sexuelle, tout comme les persécutions liées au genre, ne sont en effet pas visées par le texte de 1951, et n'ont pas a priori vocation à entrer dans le champ conventionnel. L'interprétation dynamique donnée à la Convention constitue alors un supplétif à ses limites, et ce alors que la Conférence des États-parties a clairement écarté toute perspective de révision ou de protocole additionnel à la Convention (déclaration de Genève, 13 décembre 2011). Il s'agit d'éviter d'ouvrir la boîte de Pandore, et de permettre, sous couvert d'améliorer le texte initial, de voir ce dernier réduit à peau de chagrin. Le principe de l'unité de famille, qui permet aux membres de la famille du réfugié de bénéficier également de la protection conventionnelle nonobstant l'absence de craintes personnelles, principe fondé aujourd'hui sur le seul acte final de la Convention de 1951 (§ B), a ainsi été rejeté.

Il importe ici de noter que le mandat offert par le HCR (Haut-Commissariat* des Nations unies pour les réfugiés) reprend cette même définition, sans référence néanmoins à ce cinquième chef de persécution qu'est l'appartenance à un certain groupe social. Ce mandat peut être accordé de façon stricte (après examen individuel) ou *prima facie*, c'est-à-dire dans le cadre d'arrivées massives ; il ne lie les autorités chargées de reconnaître le statut de réfugié que dans le premier cas. Dans le second, il appartient à l'organe de protection de reprendre l'examen individuel des craintes à l'aune de la Convention de 1951.

L'exclusion du champ conventionnel de protection. Le statut de réfugié est, traditionnellement, une protection réservée à ceux qui en sont jugés dignes ; l'idée est ancienne, formulée dès la Bible (Ex. 21, 14 ; Dt. 19, 11-13) et reprise avec constance depuis lors (E. Reale, 1938). Elle figure aujourd'hui à l'article 1 § F de la Convention de 1951. Elle permet de ne pas accorder de protection à ceux dont on a des raisons sérieuses de penser qu'ils ont commis des agissements prohibés. Il peut s'agir en premier lieu d'un crime international (1Fa), la Convention visant explicitement le crime contre la paix, le crime de guerre ou le crime contre l'humanité ; y est également ajouté traditionnellement le crime de génocide. De façon logique, on peut y rattacher les crimes visés par le Statut de Rome de 1998, entré en vigueur en 2001, et qui détermine le champ de compétence de la Cour pénale internationale. En second lieu sont exclus ceux dont on a des raisons sérieuses de penser qu'ils ont commis un crime grave de droit commun avant leur entrée sur le territoire d'accueil (1Fb) ; la formulation est large, notamment dans le cadre de la dépolitisation des actes les plus graves, et intègre aujourd'hui les actes de terrorisme (voir la résolution 1373 [2001] du Conseil de sécurité des Nations unies, Pt. 3 § f). Enfin, l'exclusion sera opposée en cas d'agissements contraires aux buts et principes des Nations unies (1Fc), c'est-à-dire contraires aux articles 1er et 2 de la Charte des Nations unies. Il peut s'agir notamment de violations massives des droits de l'homme commises par un haut responsable – ainsi de l'ancien chef d'État haïtien Jean-Claude Duvalier (CE, 31 juillet 1992, Leb.T.986).

Il importe de noter ici que la formulation de la Convention – que l'on retrouve dans le mandat HCR comme dans la directive de l'Union européenne de 2004 relative à la Protection subsidiaire (directive 2004/83/CE, du 29 avril 2004) – n'exige ni une condamnation, ni même une poursuite pénale. Il suffit d'un faisceau d'indices concordants pour laisser croire à une responsabilité.

Par ailleurs, sont exclus du champ conventionnel les Palestiniens, qui font déjà l'objet de la protection internationale offerte par l'UNRWA (*United Nations Relief and Works Agency*). Pour autant, la compétence de l'UNRWA étant géographiquement limitée, les États tendent à considérer que lorsque l'intéressé a quitté le Proche-Orient, il entre dans le champ conventionnel (pour la France, voir CE, 23 juillet 2010, OFPRA c. Asfour, req. 318356, Leb.).

Les droits du réfugié

Le réfugié statutaire, celui qui a été reconnu comme tel sur le fondement de la Convention de 1951, bénéficie d'un ensemble de droits fondamentaux (A) ; manque néanmoins, sur le plan international, la consécration du premier d'entre eux, à savoir le droit d'asile (B).

Les droits garantis. La Convention de Genève de 1951 garantit au réfugié un ensemble de droits essentiels. Si le réfugié a l'obligation de se conformer aux normes de l'État d'accueil (art. 2), il jouit en contrepartie de droits et principes fondamentaux : principe de non-discrimination (art. 3), liberté de religion (art. 4), tout un ensemble de droits civils (propriété, association, accès à la justice) et sociaux (travail, logement, sécurité sociale).

Pour autant, il serait restrictif de ne considérer que les seuls droits consacrés par la Convention de Genève – dont au demeurant l'article 5 précise que d'autres droits et avantages peuvent être accordés aux réfugiés. De façon générale, le réfugié bénéficie de l'ensemble des droits accordés aux êtres humains par les conventions et coutumes internationales relatives aux droits de l'homme. Dès lors que l'État d'accueil est lié par les textes pertinents, le réfugié a vocation à bénéficier des deux pactes de 1966 (Pacte international des droits civils et politiques, Pacte international des droits économiques, sociaux et culturels), des Conventions régionales de protection des droits de l'homme (Convention européenne, Convention interaméricaine, Charte africaine des droits de l'homme et des peuples) ou des Conventions ciblées comme celles relatives aux droits de l'enfant ou au rejet de toute discrimination envers les femmes.

Les droits propres aux réfugiés sont, en réalité, plus ciblés qu'il n'y paraît. Le premier des droits est celui de pouvoir, précisément, avoir des droits ; et donc de pouvoir prouver son identité. Le « passeport Nansen », du nom du Premier Haut-Commissaire aux réfugiés, est ainsi destiné à remplacer le passeport que devraient délivrer les autorités nationales de l'intéressé. Ce titre de voyage – qui cependant est plus limité dans ses effets qu'un passeport national, ne conférant notamment aucun droit acquis à l'entrée dans un État, fut-il celui qui a délivré le titre – est institué pour la première fois par un arrangement international du 5 juillet 1922. Aujourd'hui en France, c'est l'OFPRA (Office français de protection des réfugiés et apatrides) qui fournit des documents d'état civil et autres documents administratifs, après avoir reconstitué l'état civil du réfugié. L'intéressé peut, ainsi, non seulement prouver son identité, mais également voyager, dès lors qu'il lui est délivré par les services préfectoraux, sur présentation de la justification de la qualité de réfugié, un titre de voyage – qui continue d'être habituellement désigné sous le nom de « passeport Nansen ».

L'asile des réfugiés. Reste un grand absent dans la notion de réfugié : le statut n'induit pas d'asile, l'asile* se définissant en droit comme le territoire dans lequel l'individu ne craint pas de persécutions. Si le statut de réfugié est attaché à l'individu, l'asile renvoie aux compétences de l'État en matière d'accès à son territoire. L'article 14 de la Déclaration universelle des droits de l'homme (1948) déclare « le droit de chercher asile et de bénéficier de l'asile en d'autres pays », marquant ainsi le fait qu'il s'agit avant tout d'un droit de l'État (de l'accorder ou non), et non d'un droit des individus à l'obtenir. C'est cette même logique qui préside à la Convention de 1951, qui ne fait nulle mention d'un hypothétique droit au séjour du réfugié. Tout au plus peut-on mentionner l'article 33 de la Convention, qui établit un principe dit de non-refoulement : le réfugié ne doit pas être refoulé de quelque manière que ce soit vers des territoires dans lesquels il craindrait des persécutions. Un tel renvoi ne peut intervenir, le cas échéant, qu'une fois démontré que l'intéressé ne craint rien dans le pays de destination. Formulé pour la première fois en 1933, on le retrouve depuis lors dans plusieurs textes internationaux non normatifs comme la déclaration de l'Assemblée générale des Nations unies sur l'asile territorial (résolution 2312 [XXII] du 14 décembre 1967), ou la recommandation 14 (1967) du Comité des ministres du Conseil de l'Europe sur l'asile en faveur des personnes menacées de persécution (Pt. 2 et 3), ou des textes normatifs comme la Convention de l'OUA de 1969 concernant les réfugiés en Afrique (art. 2 § 3) et la Convention interaméricaine relative aux droits de l'homme de 1969 (art. 22 § 8). On retrouve toujours la même ambiguïté : si le principe de non-refoulement, interdisant tout à la fois de refuser l'accès au territoire et d'éloigner la personne, est consacré comme tel, c'est sous la limite de l'ordre public et de la sécurité nationale, qui peuvent toujours être invoqués par l'État (Convention de 1951, art. 33 § 2). Dès lors, le statut conventionnel n'octroie pas l'asile, ce qui reste une limite substantielle de la protection internationale.

La Convention de l'OUA de 1969 sur les réfugiés en Afrique, en revanche, se montre plus ouverte, puisqu'elle prévoit explicitement un article 2 intitulé « asile » mentionnant en particulier que les États « s'engagent à faire tout ce qui est en leur pouvoir, dans le cadre de leurs législations respectives, pour accueillir les réfugiés, et assurer l'établissement de ceux d'entre eux qui, pour des raisons sérieuses, ne peuvent ou ne veulent pas retourner dans leur pays d'origine ou dans celui dont ils ont la nationalité », rappelant que l'octroi de l'asile est un acte pacifique et humanitaire – ce dernier point étant repris d'ailleurs par la Déclaration de Carthagène adoptée en 1984 entre les États d'Amérique latine (point 4). Pour autant, il ne faut pas s'y tromper : le texte mentionne explicitement le cadre des législations nationales ; il appartient donc aux États, par la loi nationale, de permettre le cas échéant un asile. Dès lors l'avancée de la Convention de l'OUA doit être nuancée, car les États-parties à la Convention de Genève de 1951 ont déjà souverainement prévu un dispositif interne afin d'assortir la reconnaissance du statut d'un droit au séjour. La France prévoit ainsi la délivrance d'une carte de résident de dix ans aux réfugiés statutaires (Code de l'entrée et du séjour des étrangers et du droit d'asile [Ceseda] art. L.314-11, 8°).

En guise de conclusion, il importe de noter qu'en dépit des limites de la notion de réfugié, qui en fait un régime réduit aux persécutions prévues par la Convention de 1951, le régime statutaire reste la pierre angulaire de la protection contre des persécutions. Il a été conforté par le développement, dans le cadre de l'Union européenne, de la Protection subsidiaire, organisée par la directive 2004/83/CE du 29 avril 2004, et qui permet d'accorder une protection (et, partant, un asile) à ceux qui sont exclus de la Convention de Genève. La Protection subsidiaire prévoit ici trois nouveaux chefs : le fait d'être exposé à la peine de mort (a) ; à la torture ou à des peines ou traitements inhumains ou dégradants (b) ; enfin, s'agissant d'un civil, d'être exposé à une menace grave, directe et individuelle contre sa vie ou sa personne en raison d'une violence généralisée résultant d'une situation de conflit armé interne ou international (c). Le réfugié, protégé par son statut conventionnel, s'est ainsi vu adjoindre en Europe une sorte de réfugié « bis » en la personne du bénéficiaire de la Protection subsidiaire, conçue pour pallier les insuffisances pratiques de la notion de réfugié.

regroupement familial Le terme de « regroupement familial » recoupe deux ensembles de phénomènes. Il désigne, d'une part, un état des cycles migratoires : le moment où les travailleurs étrangers (généralement des hommes partis seuls) font venir leur famille « restée au pays » pour s'installer sur la longue durée. On parle alors de regroupement familial pour désigner le processus spontané et volontaire par lequel des ressortissants étrangers font venir sur leur territoire d'accueil leur famille. Il désigne, d'autre part, un ensemble de dispositifs administratifs et légaux pris par les pays « d'accueil ». Reprenant les terminologies des traités internationaux qui reconnaissent aux migrants à compter des années 1970 un droit à la vie de famille, le terme sert alors à désigner un ensemble de politiques publiques qui prennent acte de ces phénomènes de rapprochements familiaux.

Il faut bien prendre en compte le fait que ces deux ordres de processus ne sont pas nécessairement connectés. Ainsi, en France, le gouvernement entérine *le droit au regroupement familial* lors du Conseil des ministres du 21 mai 1975 sous l'impulsion de la proposition du secrétaire d'État Paul Dijoud qui reprend alors à son compte les préconisations de la Convention européenne des droits de l'homme. Mais le processus de regroupement familial entamé en France par différents groupes de migrants (italiens, espagnols et algériens par exemple) est bien plus ancien que ces dispositifs. Il renvoie à des dynamiques propres qui s'expliquent indépendamment de l'entérinement de ces réalités par les administrations des pays du Nord.

Le regroupement familial comme étape prévisible des cycles migratoires. Les spécialistes considèrent généralement que les cycles migratoires se décomposent en plusieurs étapes. Les migrations ont plusieurs « moments » si on en croit le modèle mis en place par les sociologues de l'école de Chicago ou plusieurs « âges » – pour reprendre le terme du sociologue algérien Abdelmalek Sayad. Ces scansions correspondent chacune à différentes étapes de la réorganisation des communautés de migrants dans le pays d'accueil. Le premier « âge » correspond généralement au départ ponctuel de travailleurs délégués et mandatés par le groupe d'origine pour compenser des difficultés économiques. Surtout dans les sociétés très marquées par l'agriculture, ces premières migrations sont alors calquées sur les temps creux de l'activité économique du groupe de départ (entre deux récoltes par exemple) et visent à constituer un revenu d'appoint pour les communautés paysannes. Les migrants sont alors autorisés à quitter le groupe pour des temps très courts et restent lors de leur migration au plus près de leurs pairs. Mais, selon Sayad – qui construit son modèle à partir de l'émigration algérienne –, ces premiers départs ouvrent généralement la porte à un deuxième âge qui correspond bien souvent à une individualisation des projets migratoires. Ces migrations ponctuelles ont, en effet, ouvert l'horizon des possibles pour ces travailleurs qui souhaitent désormais « tenter leur chance » dans une migration de plus longue durée. C'est au terme de ce deuxième âge que les migrations se massifient tout en s'individualisant (de plus en plus de migrants partent mais avec un projet de réussite individuel). Et c'est alors que peut potentiellement débuter un processus de regroupement familial. À mesure que les liens avec le groupe de départ élargi qui a rendu possible les migrations initiales se distendent, la migration redéfinit, en effet, les liens familiaux au plus près d'un noyau familial resserré. Les migrations de travailleurs isolés sont alors suivies de migrations familiales (épouses, enfants et éventuellement parents). Ces deuxième et troisième âges de l'immigration marquent alors l'effacement progressif de la figure de *l'homme seul* opérant des allers-retours entre famille et travail (la figure du *Gastarbeiter* pour reprendre le terme allemand) au profit d'une installation durable et familiale dans le pays d'accueil. Les politiques publiques menées en Europe à compter des années 1970 ne font qu'entériner la stabilisation des migrations de travail débutées dans les années 1920 et qui se sont densifiées lors des Trente Glorieuses. Elles accompagnent juridiquement un processus de regroupement déjà débuté depuis les années 1950 voire avant.

Fermeture des frontières et tentatives de remise en cause du droit au regroupement familial. Comme la République fédérale d'Allemagne (RFA) en 1973, la France annonce en juillet 1974 la suspension officielle de l'immigration de travail. Cette mesure rend délicates les migrations tournantes et l'obtention de nouvelles cartes de séjour pour les travailleurs déjà présents en France qui désireraient rentrer ponctuellement au pays. Au début des années 1970, les administrations européennes vont alors adopter des politiques de regroupement familial comme un contrepoint à la stabilisation de la main-d'œuvre étrangère sur leur territoire : aucune nouvelle carte de travail ne sera délivrée mais les migrants déjà présents auront le droit à une vie de famille. Par le décret du 29 avril 1976, la France autorise ainsi un conjoint et ses enfants à obtenir de droit un titre de séjour pour rejoindre son conjoint déjà installé. Mais à mesure que la réduction de l'immigration va être perçue comme une solution à la crise économique par les dirigeants politiques de plusieurs pays européens, des mesures restrictives vont tenter de revenir sur ces premiers textes. Se référant à la décision de la RFA, Lionel Stoléru, secrétaire d'État aux travailleurs manuels et immigrés tente ainsi dès le 27 septembre 1977 de suspendre pour trois ans l'immigration familiale. Mais ses décisions seront systématiquement cassées par le Conseil d'État et les instances juridiques supérieures, notamment sous l'impulsion du Groupe d'information et de soutien des immigrés (GISTI). En 1978, dans un arrêt considéré comme faisant désormais partie des « grands arrêts du Conseil d'État », le droit au regroupement familial se voit en France reconnu comme conforme aux principes généraux du droit et garanti ainsi par la Constitution. Le Conseil d'État considère, en effet, que « les étrangers résidant régulièrement en France ont, comme les nationaux, le droit de mener une vie familiale normale, qui comporte, en particulier, la faculté de faire venir auprès d'eux leur conjoint et leurs enfants mineurs ». La France est également tenue par un idéal de réciprocité dans les relations bilatérales : la remise en cause du droit au regroupement familial par la France a pour horizon limite le sort des ressortissants français qui en bénéficient en retour dans les pays où ils ont migré. Il n'en reste pas moins qu'en France des tentatives de durcissement d'accès au droit au regroupement familial ont marqué les années 1980, 1990 mais surtout 2000 : augmentation du plafond des ressources minimales et de la durée de séjour préalable à la demande (2006), exigences de condition d'emploi, signature obligatoire d'un contrat d'accueil et d'intégration (2011). Mais malgré ces durcissements des conditions d'accès et les effets d'annonce, l'européanisation des politiques migratoires rend cependant difficile une remise en cause des principes fondamentaux du droit au regroupement familial. La directive du 22 septembre 2003 (directive 2003/86/CE) impose notamment aux États membres de l'Union européenne des garanties minimales en la matière.

→ familles immigrées

régularisation La régularisation, qu'elle concerne ou non les étrangers en situation irrégulière, est une mise en conformité au droit ou à un acte de procédure. Régulariser, c'est rendre conforme aux règles et aux lois. Lorsqu'il s'agit d'étrangers présents sur un territoire sans documents officiels (ou documents administratifs) les y autorisant, alors le droit qualifie cette situation de non légale, autrement dit d'illégale. L'histoire de l'immigration est donc aussi une histoire de la régularisation, du passage de l'illégal au légal, de l'officieux à l'officiel, de l'interdit au permis. Contrairement aux apparences, il n'y eut pas seulement quelques régularisations depuis le début des années 1980 mais des régularisations continuelles, qu'elles soient sous forme collective, ou au cas par cas. Un simple rappel chronologique non exhaustif suffira à le rappeler.

En mai 1980 les ouvriers de la confection du Sentier bénéficient d'une régularisation à la suite d'une grève de la faim qui durera un mois. Lionel Stoléru affirme que les « Turcs du Sentier resteront une exception ».

En août 1980 une circulaire interministérielle précise les conditions de régularisation exceptionnelle instaurées en faveur des travailleurs clandestins et des autres immigrés en situation illégale.

Entre août 1981 et janvier 1982, 120 000 dossiers de demandes de régularisation sont examinés par les pouvoirs publics. En septembre 1982 seront délivrées environ 105 000 cartes de travail et de séjour valables un an. Il nous faut nous attarder un instant sur la régularisation de 1981-1982. Cette régularisation, qui a été qualifiée *d'exceptionnelle*, s'est distinguée des régularisations précédentes par son ampleur, par la volonté des pouvoirs publics *d'adapter les procédures* à la réalité administrative et sociologique des « clandestins », et enfin par la *publicité* politique et médiatique donnée à cette « régularisation exceptionnelle ». Par ailleurs, l'intention profonde qui présidait à cette régularisation était la volonté d'en terminer une bonne fois pour toutes avec la présence de clandestins sur le territoire national, afin de dégager pour l'avenir des conditions plus strictes de contrôle des flux migratoires : surveillance accrue des frontières, contrôle policier renforcé sur le territoire, contraintes sur le marché du travail, traités internationaux, etc. Ce sont là autant d'aspects qui ont fait de cette régularisation un « laboratoire » sociologique, c'est-à-dire un matériau de connaissance inédit de ces populations.

Juillet 1991, une circulaire est adressée aux préfets, par Jean-Louis Bianco, ministre des Affaires sociales et de l'Intégration, et Philippe Marchand, ministre de l'Intérieur, autorisant une « régularisation exceptionnelle » pour des raisons humanitaires de demandeurs d'asile déboutés ayant notamment déposé leur dossier avant le 1er janvier 1989 et pouvant faire état d'une « promesse d'embauche » ou d'un « contrat de travail ». Environ 25 000 des 100 000 déboutés remplissaient les conditions de la circulaire.

Juillet 1996, une circulaire de M. Jean-Louis Debré, ministre de l'Intérieur est envoyée aux préfets, sur « l'admission au séjour d'étrangers parents d'enfants français » : il s'agit de la troisième circulaire concernant l'application des « lois Pasqua » qui demande aux préfets de mettre fin aux « situations difficiles » des parents étrangers d'enfants français en situation régulière. En décembre 1996, l'Assemblée nationale examine en première lecture le projet de loi sur l'immigration. Elle adopte un amendement supprimant la possibilité de régularisation automatique pour les étrangers vivant en France irrégulièrement depuis plus de 15 ans. Le même jour, le projet est adopté (RPR et UDF pour, PCF et PS contre).

En août 1997, le gouvernement français décidait, dans le cadre de la circulaire de juin 1997, de régulariser un peu plus de 80 000 étrangers en situation irrégulière. Les conditions, pour faire partie des heureux élus, n'étaient pas subordonnées à la possession d'un emploi mais au degré d'intégration des candidats dans la société française. Deux critères permettaient de mesurer cette intégration : l'existence d'une famille « constituée de longue date en France » et la durée du séjour. C'est la dernière grande régularisation « massive ».

Depuis, les régularisations d'étrangers en séjour irrégulier se font *au cas par cas*, selon la formule administrative. La Cimade (rapport de janvier 2012) évaluait à environ 28 000 sans-papiers régularisés à titre individuel en 2010. Ce chiffre n'indique pas si ces régularisations l'ont été pour motifs professionnels, familiaux ou humanitaires.

L'importance d'être nommé. C'est probablement là, dans le domaine fondamental de ce qu'on pourrait appeler les libertés de base (liberté d'aller et venir, liberté de circuler, etc.) que se situe, pour les régularisés, l'apport essentiel de la régularisation. Et ce, quels que soient l'âge, la profession, le sexe et la nationalité. Tous disent, à leur manière, que se voir reconnaître ou attribuer de nouveau (ou pour la première fois) une identité officielle permet de se libérer de l'expérience du mépris et de la honte. Expérience qui, à terme, si elle n'est pas stoppée, constitue une menace pour l'identité de la personne dans sa totalité. En témoignent toutes les expressions pour dire la nouvelle vie et la reprise d'activités considérées comme normales : « c'est mieux d'être en règle que comme un chien sans collier », avoir enfin « la tête haute », retrouver sa « dignité » et le « plaisir de vivre », le « la liberté de circuler », etc. Ces « saveurs de la vie » prennent une résonance particulière pour ceux qui étaient en France depuis de nombreuses années : « J'ai eu le sentiment d'être reconnu par un pays qui m'avait rejeté et sanctionné et qui m'accepte […], être régularisé donne de l'assurance… J'ai envie de voyager, j'exulte quand je prends le TGV pour aller dans des pays qui m'étaient fermés ».

Cette liberté de circulation rendue possible grâce « aux papiers » et qui se manifeste quasiment pour tous par la possibilité de voyager traduit à la fois l'existence d'un chez-soi officiel et le sentiment que l'on peut prendre des risques (quitter son domicile ou le territoire national) en toute confiance. On peut partir et revenir en toute sécurité. À ce propos, on pourrait dire pour les régularisés ce que Jean Amery faisait très justement remarquer à propos de l'importance du sol national comme facteur essentiel du maintien de l'identité personnelle : « Vivre dans son pays signifie voir ce que l'on connaît se reproduire toujours de la même manière autour de soi, avec des variations minimales ».

⇢ sans-papiers

Roms en Europe

Population originaire du nord de l'Inde et dispersée dans le monde entier, principalement en Europe où l'on distingue des Roms orientaux (Europe centrale et orientale, Balkans), des Sinti ou Manouches (Europe occidentale), des Gitanos ou Kale (péninsule Ibérique), des Gypsies ou Romanitchals (îles Britanniques), des Kaale (Finlande) et quelques autres groupes de moindre importance. Les Roms constituent en Europe une population de 8 à 12 millions de personnes.

Ils parlent une langue proche du hindi et du panjabi qui a incorporé diverses influences – persane, caucasienne, grecque, slave, latine ou germanique – au fil de déplacements et de contacts plus ou moins prolongés avec les populations des pays fréquentés. Sous la pression de politiques assimilationnistes, cette langue s'est parfois transformée en argot ou a cédé le pas à la langue vernaculaire.

Un long périple. Les ancêtres des Roms quittent le nord de l'Inde entre le XIe et le XIIe siècle de notre ère. Leur présence est attestée dans l'Empire byzantin au XIIe siècle. Ils apparaissent en Serbie et en Roumanie vers le milieu du XIVe siècle. Des compagnies dites « de Bohémiens » circulent en France et en Europe occidentale dans le courant du siècle suivant. En 1500, les Roms vivent sur l'ensemble du continent européen. Une implantation plus durable apparaît progressivement en divers endroits. Elle est très nette dans la péninsule Ibérique où, dès 1499, les Gitanos doivent faire face à diverses mesures d'assimilation prises contre eux par les suzerains espagnols. Elle apparaît également aux confins de l'empire des Habsbourg et de l'Empire ottoman, dans une zone frontalière longtemps mouvante, qui s'étend de la Croatie à l'Ukraine. Dans cette région, les Roms participent notamment aux travaux de fortification et de construction, mais aussi à la fabrication et à l'entretien des armes. Certains s'intègrent à la paysannerie. Des familles de forgerons et de musiciens reçoivent l'autorisation de s'établir dans plusieurs villes des territoires hongrois et slovaques. Sous l'impulsion des souverains hongrois puis autrichiens, un nombre important de Roms s'implante en Transylvanie. Des privilèges sont octroyés aux laveurs d'or qui vivent sur le versant nord des Carpates méridionales. L'esclavage qui touche les Roms depuis le milieu du XIVe siècle dans les principautés de Moldavie et de Valachie contribue à la fixation massive de leurs familles dans la région, mais aussi à sa périphérie où fuient ceux qui cherchent à échapper à leur condition servile. Dans les Balkans, où l'influence turque est prépondérante, les Roms occupent une place propre au sein de l'édifice social. Fait rare dans l'Empire ottoman, ils sont recensés à des fins fiscales, sur une base ethnique et non en fonction de leur religion. Au XVIe siècle déjà, les Roms de Bosnie qui travaillent dans les mines de fer comme mineurs ou forgerons sont entièrement exemptés d'impôts par le sultan Selim II. Ailleurs, de nombreux Roms se fixent dans des villages où ils développent leurs activités artisanales ; d'autres deviennent agriculteurs ; plusieurs maintiennent des activités ambulantes saisonnières. Des quartiers roms, les *mahalas*, se forment dans les villes. Peu à peu, des corporations professionnelles spécifiques aux Roms voient le jour. En maints endroits de l'empire – notamment à Istanbul – des Roms contrôlent le commerce des chevaux. Cette insertion dans la société ottomane se traduit progressivement par le renforcement de l'Islam au sein des communautés.

Le rejet et la persécution. Des mesures assimilationnistes et paternalistes sont prises dans tout l'Empire austro-hongrois dès le milieu du XVIIIe siècle. La reine Marie-Thérèse d'Autriche puis l'empereur Joseph II mettent au point une politique axée sur la sédentarisation forcée, la scolarisation obligatoire des enfants hors du milieu familial, l'interdiction de traits culturels distinctifs comme la langue, le vêtement, la musique, l'exercice de certaines professions. De nombreux Roms sont transplantés à titre de « nouveaux Hongrois » en Transylvanie et dans le sud de la Slovaquie. À la même époque, les Manouches et autres Roms d'Europe occidentale sont rejetés d'un État à l'autre et se regroupent dans les régions frontalières escarpées, notamment dans le nord de l'Alsace. La suppression de l'esclavage en Moldavie et en Valachie, processus amorcé au début du XIXe siècle et achevé en 1858, pousse un grand nombre de Roms locaux à migrer dans diverses parties du monde. Certains d'entre eux pénètrent en France en 1868. L'afflux de cette population pousse les États occidentaux à prendre des mesures d'exclusion à l'égard des populations itinérantes, dorénavant répertoriées comme nomades. En 1888, le ministre autrichien de l'Intérieur promulgue une ordonnance en vue de combattre la « menace tsigane ». Cette réglementation restera en vigueur sous la première république tchécoslovaque, jusqu'en 1927, et sera remplacée par une loi sur les « Tsiganes errants » qui instaure, entre autres mesures administratives discriminatoires, des cartes de nomades. Des pogroms anti-tsiganes apparaissent en divers lieux de Slovaquie, à la fin des années 1920. En France, un gigantesque recensement des populations nomades est organisé en 1895. Il est suivi de mesures sévères de contrôle qui culmineront avec l'instauration du carnet anthropométrique en 1912. À l'arrivée des nazis en Allemagne, les Roms sont placés au centre du débat sur la redéfinition de la citoyenneté biologique allemande et bien vite placés dans la catégorie des « Mischlinge » (métis). Une partie d'entre eux est exterminée au cours de la Seconde Guerre mondiale, principalement à l'est de l'Europe.

Entre assimilation forcée, inégalités et pauvreté. Dans les pays d'Europe centrale et orientale qui tombent dans la sphère d'influence soviétique, les Roms apparaissent aux yeux des nouveaux régimes comme une couche sociale pauvre, affublée d'un statut inférieur, vestige de l'ordre ancien. Leur pauvreté matérielle ne peut que disparaître avec l'avènement de la société socialiste. À l'exception de la Bulgarie qui développe un embryon de reconnaissance culturelle entre 1947 et 1953, les États communistes cherchent à assimiler les Roms. Ceux-ci sont massivement dirigés vers les fermes collectivisées ou les entreprises d'État, généralement pour n'occuper que des postes à faible niveau de qualification. Malgré les efforts des autorités politiques, la masse des Roms résiste à l'assimilation. Par réaction, les pouvoirs populaires s'en prennent au nomadisme. Des mesures de sédentarisation brutales sont prises en Bulgarie et en ex-Tchécoslovaquie dès 1958, en Roumanie dès 1962. D'une manière générale, la scolarisation, le service militaire, la dispersion des communautés, le travail réservé dans des secteurs économiques étatisés, une aide accrue à l'accession au logement, toutes ces mesures sont prises pour éradiquer l'infériorité sociale des Roms. Mais les politiques assimilationnistes mises en place n'annulent pas la reproduction de toutes les inégalités héritées d'une exclusion sociale enclenchée quelques siècles plus tôt. L'insertion des Roms dans la classe ouvrière est accélérée, mais la plupart d'entre eux sont confinés à des tâches subalternes, non qualifiées et dévalorisées socialement. La politique d'aide sociale qui contribue au mieux-être de nombreux Roms ne débouche pas non plus sur un surcroît d'autonomie économique. L'absence de réflexion politique sur les contraintes culturelles des Roms (langue maternelle originale, éducation orientée vers la collectivité, disponibilité économique particulièrement tournée vers les sources de revenus ponctuelles) et le manque flagrant d'attention pour les discours xénophobes qui se développent ici et là à leur encontre ne contribuent pas à l'émancipation ultérieure des jeunes générations au sein des sociétés socialistes. La déflagration du bloc de l'Est se solde par une incroyable mise à l'écart des Roms. Les pogroms, les skinheads, l'inemploi et le massacre des communautés en Bosnie et tout récemment au Kosovo, en montrent toute la violence.

À l'heure actuelle, une situation toujours déplorable. Aujourd'hui, la situation économique et sociale d'un nombre élevé de Roms est déplorable. Les chiffres sont affolants. Entre 60 % et 80 % des Roms de Hongrie en âge de travailler seraient sans emploi. Plus de 60 % des Roms de Roumanie vivraient sous le seuil local de pauvreté ; 80 % d'entre eux n'auraient aucune qualification. En Bulgarie, 60 % des Roms vivant en ville seraient sans travail. Dans certaines communautés du sud et de l'est de la Slovaquie, c'est la totalité des Roms adultes qui seraient privés de ressources. En maints endroits, des déficiences graves sont constatées dans les domaines de l'habitat, de la santé et de l'hygiène. Plusieurs communautés semblent avoir perdu tout espoir d'amélioration de leurs conditions d'existence. Toutes les statistiques qui émanent des grandes organisations internationales, Banque mondiale, PNUD (Programme des Nations unies pour le développement), OSCE (Organisation pour la sécurité et la coopération en Europe), sont unanimes pour dénoncer une situation alarmante qui confine une majorité de Roms dans une extrême pauvreté. Face à ce problème, nombre d'États tentent de réagir, notamment en se regroupant. En février 2005, huit pays (la République tchèque, la Slovaquie, la Hongrie, la Roumanie, la Bulgarie, la Croatie, la Macédoine et la Serbie-et-Monténégro) s'engagent à éliminer la discrimination* dont les Roms sont victimes, en lançant la « Décennie des Roms ». En attendant, nombre de Roms entreprennent de nouvelles migrations sur l'ensemble du continent européen. Mais, la stigmatisation ethnique, les entraves administratives à leur installation et l'utilisation sécuritaire de leur présence par des États comme la France et l'Italie montrent toute la fragilité de leur situation et interrogent autant sur la place qui leur est faite en Europe que sur le type de société européenne en construction.

routes et filières

Les premières migrations marocaines vers l'Europe, au tout début du XXe siècle, ont suivi une route algérienne. C'est en effet pendant la guerre du Rif alors espagnol, que des Rifains sont venus travailler en Algérie, et très régulièrement jusqu'à l'indépendance les colons français de l'Oranais allaient chercher leur main-d'œuvre agricole dans les régions frontalières marocaines du Rif et de l'Oriental. Ces Marocains installés en Algérie ont suivi le mouvement lorsque les grandes industries françaises, belges ou allemandes sont venues recruter leur main-d'œuvre en Algérie. Les routes migratoires, définies comme l'ensemble matériel et immatériel des modalités par lesquelles s'effectue la migration, sont rarement le plus court chemin entre les régions d'origine et les pays d'arrivée. Si l'on entend que le terme de route migratoire vient en lieu et place de l'idée mécaniste et un peu simpliste que les migrations dépendent d'une logique de push and pull, celles-ci combinent en fait des filières et des modalités de circulation qui sont bien souvent des possibilités de franchissement des frontières, y compris immatérielles. Il ne suffit pas en effet qu'une population ait des raisons impérieuses de partir de chez elle d'une part, et d'autre part que des économies aient un besoin criant de main-d'œuvre, localement indisponible, pour créer de la migration. Comme le rappellent par exemple tous les chercheurs qui travaillent actuellement sur les crises politiques des États africains, les populations expulsées par les processus guerriers dans leur pays dépassent rarement une zone frontalière externe limitrophe à leur territoire national, pour peu qu'elles trouvent au plus près une relative sécurité.

Les filières vers l'Europe. On peut, en ce qui concerne l'Europe, distinguer trois grandes filières migratoires qui ont fonctionné au XXe siècle pour organiser les communautés migrantes aujourd'hui établies. L'une peut être dite « coloniale » dans la mesure où elle résulte de liens produits par la colonisation entre pays de départ et pays d'arrivée : c'est le prototype des migrations maghrébines puis subsahariennes vers la France, turque vers l'Allemagne, du Commonwealth vers l'Angleterre, érythréenne vers l'Italie et, car c'est l'essentiel des migrations de ce pays, de l'Amérique du Sud vers l'Espagne. Dans leur grande majorité, depuis les processus de décolonisation, ce sont les États et les grandes firmes industrielles qui ont organisé les filières, le recrutement et l'établissement des populations déplacées. Faut-il rappeler par exemple en France la création en 1958 du FAS (Fonds d'action sociale devenu en 2001 le Fonds d'aide et de soutien pour l'intégration et la lutte contre les discriminations [FASILD]), des organismes HLM « dédiés » au logement des migrants, etc. La seconde filière est la conséquence de la précédente et peut être dite « diasporique ». Les communautés établies, lorsqu'elles diversifient leurs activités, sont en mesure d'organiser leurs propres filières migratoires pour les besoins de l'économie que génère l'établissement. C'est le cas très massif de ce qu'on appelle aux États-Unis l'économie ethnique, dominée par les Latinos notamment dans le domaine de la confection et de l'informatique, c'est le cas en France avec les filières chinoises dans la confection également et dans le commerce. D'une manière générale, l'existence de communautés établies est un des modes les plus réguliers de construction de filières migratoires, même en l'absence d'une économie ethniquement organisée et même si celle-ci peut prendre des formes complexes et différées : c'est l'exemple type de la filière des bonnes philippines, filière organisée d'abord à l'intérieur de la communauté libanaise chrétienne de Beyrouth via les pays du Golfe, puis déplacée à Paris à l'intérieur de la diaspora libanaise.

La troisième filière enfin peut être dite « de voisinage », dans la mesure où elle résulte de relations établies de part et d'autre d'une frontière entre des populations partageant des intérêts économiques communs ou qui ont tissé avant l'établissement de la frontière des liens sociaux qui peuvent être d'abord de mobilité puis se font migration. L'exemple emblématique est celui des relations transfrontalières alpines entre l'Italie et la France au XIXe siècle, où les populations des vallées italiennes sont d'abord venues régulièrement en France pour des cycles de travail agricole avant de s'établir en migration dans l'industrie. C'est le cas plus récemment des relations entre les régions nord du Maroc et sud de l'Espagne. Il est assez étonnant, et paradoxal, de rappeler par exemple que des années 1930 aux années 1950 une importante migration clandestine de travailleurs andalous alimentait en main-d'œuvre les entreprises agricoles des colons français établis au Maroc… En Italie également, les principales communautés migrantes présentes, roumaines et albanaises, sont issues de cette filière de voisinage.

Des itinéraires complexes. Il est à ce titre important de signaler que, même si aujourd'hui les mouvements migratoires africains se dirigent lentement – car les effectifs sont faibles quoique très médiatisés – vers l'Europe, jusqu'au tout début des années 2000 la quasi-totalité de ces populations migrantes restait sur le continent africain dans des filières de voisinage, à l'exception d'une faible migration francophone vers la France et la Belgique. Contrairement aux grandes paniques morales que suscite ici ou là l'annonce de flux* migratoires, les routes migratoires s'inscrivent dans l'histoire et l'on observe des logiques de continuité bien plus que des basculements brutaux et désordonnés. La panique morale tient largement au fait que, parce qu'ils semblent échapper aux contrôles institutionnels les mouvements migratoires apparaissent comme n'obéissant à aucune règle. En réalité, ce sont toujours des continuités sociales et historiques qui organisent les routes migratoires, si complexes soient-elles, et l'invention de nouvelles routes est un fait rare, qui dépend souvent de logiques aventurières : l'histoire des migrations révèle fréquemment que les étudiants et les commerçants jouent le rôle de pionniers de nouvelles routes qui mettent parfois des décennies avant de s'établir et générer des flux conséquents.

→ cartographie des itinéraires migratoires clandestins, flux migratoires, passeurs

S

le centre de Sangatte (1999-2002) Le centre de Sangatte était comme une structure sans sujet. Dans pratiquement tous les commentaires, les opinions ou les images télévisuelles (qu'ils soient savants ou ordinaires) sur les « réfugiés », la figure privilégiée fut avant tout le centre de Sangatte (qui pouvait être décliné sous d'autres qualificatifs : le « centre de la Croix-Rouge », « un lieu de non-droit », « le refuge des clandestins », etc.). Il est vrai que ce vaste hangar froid et lunaire de 25 000 m^2 qui abritait en moyenne un peu plus de mille personnes chaque jour, posé au milieu des champs, était à la fois étrange et massif. Ainsi, ce sont plus de 70 000 étrangers sans droits, le plus souvent inexpulsables, qui ont transité par ce centre entre septembre 1999 (date de son ouverture) et octobre 2002 (date de sa fermeture). Être un lieu de transit, de réparation, de refuge, c'est-à-dire un lieu où l'ennemi ne peut pas entrer : voilà ce qu'a été la vocation fondamentale du centre de la Croix-Rouge.

Des milliers d'Irakiens (principalement des Kurdes) et d'Afghans, entre autres, arrivaient jusque dans le nord de la France pour se rendre de l'autre côté de la Manche. Jamais dans l'intention de rester en France. Tout était provisoire : le lieu et la présence des personnes. Mais dans cette configuration, seul le centre de Sangatte assurait de l'ordre, de la permanence et de la stabilité dans le va-et-vient incessant des populations : en servant des repas, en donnant des couvertures, en permettant l'accès aux douches, etc. Bref, en fixant ces populations dans un espace visible reconnu par tous comme un *refuge* et en obligeant, à cause de la publicité de leur condition de « réfugiés clandestins », ces populations à une forte ritualisation des déplacements (partir le soir, jamais le matin ; sortir en groupe non pas par habitus culturel mais pour des raisons de sécurité et de crainte de l'environnement ; emprunter toujours les mêmes itinéraires pour se rendre sur le site Eurotunnel ou au port, etc.), le centre de Sangatte a indéniablement contribué de manière décisive à préserver l'ordre public et social. L'activité essentielle de ses responsables participait d'une activité qui, habituellement, est du ressort quasi exclusif du pouvoir d'État : la gestion quotidienne des entrées, du séjour et des sorties de populations étrangères répertoriées et non répertoriées. Au fond, ce dispositif d'accueil a fonctionné, à sa manière, comme une *procédure officielle de régulation des flux et de la circulation des personnes.*

Le rôle joué par le Haut-Commissariat* aux réfugiés (HCR) comme *tiers garant* a sans aucun doute été capital dans la recherche d'une solution générale qui nécessairement ne pouvait procéder que par un contournement des contraintes juridiques nationales et internationales. Laissés à eux-mêmes, les États français et britannique auraient été plus enclins à procéder de manière restrictive et avec moins de générosité. *La remise de soi* des États au HCR leur a permis de sauver la face par une internationalisation du « problème » et de bénéficier du même coup d'une compétence et d'une légitimité incontestable en matière de réfugiés* et de déplacements de population.

sans-papiers Depuis maintenant quelques années en France, à côté des sans-emploi, nous avons une multiplication des « sans » : les sans-logis, les sans-abri, les sans domicile fixe, les sans-famille, les sans-patrie, les sans-État, etc. Toutes ces déterminations négatives, *identités par défaut*, peuvent se ramener en définitive à deux manquements majeurs, en ce sens qu'ils tiennent sous leur dépendance toutes les autres qualités ou absences de qualités : le *manque de travail* et le *manque de domicile*. On se fait connaître et reconnaître, on se présente aux autres, on s'identifie et on est identifié au moyen de ces deux critères. On les veut suffisamment stables et durables au point de croire qu'ils sont inhérents à la personne même et qu'ils sont par conséquent assez pertinents pour situer chacun, sans risque d'équivoque, à sa place dans l'espace social des professions et aussi dans l'espace physique des localisations.

Cette multiplication des « sans » est aussi source de confusions conceptuelles. Bien souvent dans la presse ou dans le discours politique et militant le mot « sans-papiers » est l'équivalent du mot « clandestin ». En réalité ces mots recouvrent des réalités différentes.

Le sans-papiers comme être collectif. Le sans-papiers est doté d'une identité collective construite dans la lutte avec d'autres groupes sociaux et politiques. Il sollicite le droit de résider temporairement ou en permanence dans son nouveau pays d'accueil. Cette sollicitation ne se déroule pas dans un face-à-face singulier entre l'État et la personne, elle s'inscrit et trouve sa légitimité politique dans un cadre collectif construit dans la seule perspective d'établir un rapport de force favorable à la demande de régularisation*. C'est un étranger dépourvu d'identité légale mais non d'existence publique. Avec le sans-papiers, l'institution d'une communauté nationale fermée devient à la fois fragile, aléatoire, non définitive. Son apparition est inséparable du politique et de l'action politique. Cette figure se sépare résolument de la figure du clandestin. Ce dernier a partie liée pendant un temps plus ou moins long avec le secret et les pratiques subreptices (au sens d'obtenir par surprise, à l'insu de la volonté d'autrui). Il est condamnable et ne cesse d'être condamné. Il est celui qui cause du tort à tous et à tout : au droit, à la législation nationale et aux conventions internationales, à la nation dont il viole les principes de l'hospitalité d'État, aux autres immigrés depuis longtemps installés. Surtout, il devient un « être mauvais et imprévisible » dès lors que ses propos, ses gestes et ses déplacements échappent à l'enregistrement et aux contrôles des pouvoirs d'État. Sa présence n'est pas perçue et posée en termes d'intégration mais en termes de sécurité nationale et de soucis humanitaires. Il incarne ces « populations flottantes » qui par définition sont de partout et de nulle part.

Pour revenir au sans-papiers, celui-ci est un mot, une appellation, une auto-désignation ou une auto-catégorisation, car rien au premier abord ne différencie un sans-papiers d'un immigré ordinaire. En revanche, au sein de la population des sans-papiers, il existe non seulement un nombre important de nationalités mais aussi des différences sensibles dans les conditions qui ont présidé au « statut » de sans-papiers. Ce mot est devenu un mot de la langue française et un mot sur toutes les lèvres dès qu'il s'agit d'étranger sans possession de document officiel lui donnant le droit d'être là où il est. L'absence de document juridiquement attesté (ne pas posséder de « papiers »), un fait reconnaissable et reconnu par tous comme tel, s'est transmuée par la lutte et la protestation collectives en une sorte de condition ontologique (« être » un sans-papiers, ou n'être que cela d'une manière absolue, c'est-à-dire n'exister qu'en tant que sans-papiers).

Hospitalité et sans-papiers. Cette condition ontologique implique par définition une vision particulière de l'irrégularité, du droit et de la morale. Elle s'éloigne délibérément (en tant que discours construit) d'une vision et d'une pensée d'État qui définit le sans-papiers comme un être transgressif qui ne se conforme pas à l'attitude naturelle, courante, normale qui devrait être la sienne : la présence d'un non-national dans une nation qui n'est pas la sienne est légitime à partir du moment – et seulement à partir de ce moment-là – où il a été invité, où la procédure d'accueil s'est déroulée selon les normes de la puissance invitante.

Au fond, le sans-papiers est celui qui, du point de vue de l'État, dépasse la limite, le « point » (le droit, une frontière, l'espace national, etc.) au-delà duquel on ne doit pas aller. C'est exactement l'imagerie inverse que tente de produire le discours du sans-papiers.

L'étranger en situation irrégulière, en exprimant publiquement son intention de rester, ne dépossède pas l'État de sa souveraineté nationale et de son droit fondamental de définir qui est national et qui est étranger. Le sans-papiers (et non plus le clandestin ou l'immigré en situation irrégulière) proteste de sa dépossession d'un droit légitime d'avoir des papiers pour le mettre en règle, pour qu'il puisse se mettre en règle. Ce droit serait donc aussi légitime que celui d'avoir un toit ou un emploi, ou une terre dans un autre pays. Par cette opération de requalification des faits, nous quittons le terrain strict du droit et de la froide technicité juridique pour inscrire la confrontation des opinions dans l'espace du juste et de l'injuste, de la justice et de l'injustice ; au fond, dans la morale du bien et du mal.

À partir des années 1980 l'une des caractéristiques de la nouvelle politique migratoire, fondée sur le *contrôle a priori* des conditions d'accès au territoire national, oscille entre deux postures : l'une plutôt bienveillante avec la gauche, l'autre ouvertement répressive avec la droite malgré quelques concessions. Mais pour les uns et les autres se construit, sous l'effet de la montée en puissance idéologique du Front* national et de ses thèmes nationalistes, une vision partagée des mouvements migratoires et de l'immigration. Désormais pour l'ensemble des forces politiques (de gauche ou de droite), l'espace migratoire français sera divisé en deux pôles, celui de l'immigration régulière et celui de l'immigration clandestine. L'intégration sociale, économique et culturelle de la première est conditionnée par les victoires remportées sur la seconde. C'est dans ce contexte historique et politique qu'apparaît la figure du sans-papiers (les années 1970) et que vont se multiplier ses « collectifs », ses protestations et ses revendications. Jamais épuisés jusqu'à ce jour.

santé et immigration

Exilés, réfugiés, sans-papiers, demandeurs d'asile ou encore étrangers malades, les migrants des « pays tiers » à l'Union européenne cumulent les facteurs de vulnérabilité pour la santé. Mises en place dans le domaine de la lutte contre le VIH, les actions de santé publique destinées aux migrants doivent désormais prendre en compte l'impact des syndromes psychotraumatiques, des hépatites virales et des maladies chroniques. Or les acteurs de la santé, et particulièrement les médecins, se trouvent aujourd'hui au cœur des tensions entre les logiques de protection de la santé et celles du contrôle de l'immigration.

Maux d'exil et mots de l'exil. Au cours des trente dernières années, les questions de santé des immigrés se sont déplacées des anciens manuels de « médecine tropicale » – incluant les stéréotypes associés à la « sinistrose » des travailleurs immigrés – vers les publications de santé publique et de sciences humaines. Elles sont aujourd'hui le plus souvent associées aux conditions sociales et au traitement politique des populations concernées. La diversité des qualificatifs utilisés témoigne de cette évolution contrastée : au cœur des inégalités sociales de santé, le terme de « migrants » est aujourd'hui privilégié par les autorités de la santé publique et les associations de solidarité internationale, celui « d'étrangers » par les acteurs du droit au séjour et de la protection sociale, alors que celui « d'exilés », utilisé par les associations de soutien aux demandeurs d'asile et aux réfugiés, insiste sur la dimension psychologique des migrations contraintes ou contrariées. Cible préférentielle des politiques de contrôle de l'immigration, les étrangers en situation irrégulière sont tour à tour présentés dans le débat public sous leur figure légitime (« sans-papiers ») ou illégitime (« clandestins »).

Ces termes recouvrent les principaux facteurs de vulnérabilité qui affectent la santé des migrants/étrangers : expériences du déracinement et de la violence, exclusions de droit et discriminations de fait, difficultés de communication pour les primo-arrivants non francophones. Les données d'épidémiologie médico-sociale restent rares, en dehors du sida et de la tuberculose où le profil épidémiologique de certains groupes est bien documenté. Toutefois, l'observation effectuée par les principales associations et institutions intervenant dans le champ de la santé des migrants/étrangers permet de mettre en évidence la fréquence et le retentissement des syndromes psychotraumatiques, des hépatites virales B et C, ainsi que des maladies chroniques (principalement diabète et maladies cardiovasculaires). En outre, en lien avec la précarité sociale, la fréquence de certaines pathologies est associée à des conditions spécifiques comme le saturnisme chez les enfants, ou les maladies de la périnatalité pour les femmes enceintes.

La lutte contre le VIH a largement contribué à l'émergence des migrants dans les politiques de santé publique, et les recherches récentes ont conduit à redéfinir les populations cibles pour des actions de prévention en voie de diversification. La prévention du VIH s'adresse ainsi non pas aux migrants en général, mais bien aux migrants originaires d'Afrique subsaharienne et de Haïti, seules populations migrantes ayant des taux de prévalence très supérieurs à la moyenne nationale. De même, la prévention de la tuberculose prend en compte, au-delà des migrants primo-arrivants de toutes origines, l'ensemble de la population en situation de grande précarité sociale, incluant les autochtones. Plus généralement, en raison d'un statut administratif stable (carte de résident), les ressortissants d'Europe de l'Ouest et la majorité de ceux d'Afrique du Nord ne présentent pas les différents facteurs de vulnérabilité affectant les autres migrants, et c'est principalement aux exilés d'Afrique, d'Europe de l'Est, d'Asie et des Caraïbes que s'adresseront les messages de prévention.

Outre les difficultés d'accès à la prévention, les migrants/étrangers en situation précaire se trouvent confrontés à des difficultés spécifiques d'accès aux soins et à la protection maladie du fait de leur statut juridique. Exclus pour la première fois de la sécurité sociale en 1993, puis de la couverture maladie universelle (CMU) en 1999, les étrangers en séjour irrégulier relèvent de l'Aide médicale de l'État (AME), dont l'accès et la portée ont été progressivement restreints par les lois de finances de 2002, 2003 et 2010. De plus, si les professionnels et associations spécialisés par leur intervention permettent de résoudre les principales difficultés d'accès à la protection maladie, ils sont impuissants face à d'autres problèmes d'accès aux soins, comme les carences en interprétariat dans les dispositifs de santé ou encore les refus de soins de la part de certains professionnels à l'encontre des bénéficiaires de l'AME ou de la CMU.

Du social au médical, vers un asile apolitique. Ces difficultés d'accès aux soins ont été exacerbées par les soubresauts des politiques d'immigration et d'asile en France, entre reconnaissance du corps malade et répression des indésirables. Les professionnels de santé, et particulièrement les médecins, se trouvent aujourd'hui au cœur des tensions entre les logiques de la santé publique et celles du contrôle de l'immigration. Le droit d'asile*, qui échappe théoriquement à la politique des quotas, repose en effet très largement sur l'expertise médicale, sollicitée officieusement dans le cadre de l'asile « politique » (fondé sur l'application de la convention de Genève de 1951), et officiellement dans le cadre de l'asile « médical » (droit au séjour des étrangers malades, inspiré de l'article 3 de la Convention européenne des droits de l'homme).

Pour les demandeurs d'asile, le discours dominant sur les « faux réfugiés » s'accompagne d'un haut niveau d'exigence et d'une logique d'accumulation de « preuves » de persécutions, dont le « certificat médical de sévices et torture » est devenu l'un des éléments d'appréciation. Tout se passe comme si la voie étroite vers la reconnaissance du statut de réfugié* passait par la reconnaissance préalable du statut de victime, en dehors de tout fondement juridique, dans le but de solliciter la compassion du juge à défaut d'emporter sa conviction. Entre « mythe de la preuve » et « prime à la torture », cette évolution est dangereuse à la fois pour la santé mentale des personnes concernées et pour l'application pleine et entière de la protection conférée aux réfugiés par la convention de Genève. Signe de la dérive de l'asile politique vers l'asile médical, le droit au séjour des étrangers malades a été reconnu par la loi Chevènement en 1998, soit l'année où le nombre de statuts de réfugiés délivrés était le plus bas depuis la création de l'OFPRA en 1952.

La figure de l'étranger malade a ainsi été consacrée au moment même où celle du demandeur d'asile était particulièrement discréditée. Mais ce nouveau droit souvent qualifié d'« humanitaire » par les autorités en charge des questions d'asile et d'immigration n'a attendu que quelques années pour connaître la même évolution restrictive que le droit d'asile. Considéré comme la « faille majeure du système » selon les termes d'un rapport parlementaire de 2002 sur l'immigration, le droit au séjour pour raison médicale voit depuis lors son application entravée par d'officieuses et efficaces pressions diligentées par les préfectures sur l'ensemble des médecins intervenant dans la procédure. Dernier mais non des moindres parmi les effets de la médicalisation de l'asile : pour maîtriser l'immigration, il faut désormais pouvoir « maîtriser » les médecins qui interviennent auprès des étrangers, au prix parfois de leur indépendance professionnelle. L'application future de ce droit, réformé par la loi Besson en 2010, dépendra en grande partie de la capacité des médecins à préserver les règles de la déontologie médicale : protection de la santé, continuité des soins, et respect du secret professionnel.

Schengen → espace Schengen

le **seuil de tolérance**
La croyance en un « seuil de tolérance » au-delà duquel la proportion d'immigrés deviendrait intolérable a nourri le débat public depuis les années 1970 en France. « Selon des sociologues américains… » – au demeurant jamais cités – le racisme apparaîtrait lorsqu'il y a trop d'étrangers dans une société donnée.

Ainsi, le « seuil de tolérance » offre des éléments d'explication, voire de justification aux comportements racistes, en toute bonne conscience. Le chiffrage de ce seuil fantasmatique n'a jamais été exactement fixé, entre 5 et 15 % suivant les cas.

En France, la première apparition du terme remonte à 1964 à l'occasion des expériences menées par la Société nationale de construction de logements pour les travailleurs algériens (SONACOTRA) pour loger en habitations à loyer modéré (HLM) des familles immigrées provenant du bidonville de Nanterre ou arrivant d'Algérie. Puis les enquêtes de l'Institut national d'études démographiques (INED) de 1971 et 1974 sur les attitudes des Français à l'égard de l'immigration s'intéressent à cette notion, présentée par Alain Girard dans la revue *Population* comme « la proportion d'étrangers dans une région ou un secteur au-delà de laquelle l'accommodation se fait difficilement provoquant des risques de tension ». Ces investigations tentent d'évaluer les attitudes sur des questions liées à l'immigration en tenant compte de la proportion d'étrangers dans la commune ou le quartier de résidence des sondés. Mais au final, aucune corrélation n'est constatée entre les attitudes et le pourcentage d'étrangers. Conclusion : le « seuil de tolérance » n'existe pas. Démystifiée scientifiquement au milieu des années 1970, la notion ne disparaît pas pour autant, connaissant une intense carrière médiatique, depuis le titre de *l'Aurore* du 28 août 1973 (« Quand le seuil de tolérance est dépassé »), jusqu'à sa reprise par le président Mitterrand lors d'une intervention radiotélévisée le 10 décembre 1989, en réponse à une question de la journaliste.

Loin de n'être l'apanage que de quelques-uns, cette notion a servi d'argumentaire à toutes les familles d'opinion, y compris les plus antiracistes. Par exemple en 1971, Eugène Claudius-Petit, alors vice-président de l'Assemblée nationale estime que, dans la région parisienne, il faut éviter d'aller au-delà d'un taux de 8 à 10 % de familles maghrébines. La violence à l'encontre des Maghrébins à cette époque banalise le « seuil de tolérance » : dès lors que la limite est dépassée, le racisme s'explique et se justifie. À la fin de 1980, à Vitry l'affaire du bulldozer lancé par le maire communiste contre un foyer pour migrants en construction traduit bien le succès du « seuil de tolérance » : le Parti communiste évoquant la nécessité d'une « répartition équitable » des travailleurs immigrés sur le territoire use du même argument sans en mesurer les conséquences.

Quelque peu atténuée avec les années 1990 et une attention plus forte accordée à l'interculturel plutôt qu'à une séparation stricte entre Français et étrangers, la sensibilité au « seuil de tolérance » relayée par les hommes politiques tant au niveau local que national, illustre la crainte d'une partie des Français au sujet de l'immigration.

⇢ logement des immigrés

statistiques ethniques

Une entrée de dictionnaire commence habituellement par une définition, ou l'origine d'une notion. Concernant les « statistiques ethniques », c'est impossible. Il faut partir du contexte social et politique qui a vu apparaître l'expression, sans pour autant pouvoir la définir.

L'évolution de la terminologie pour penser les immigrés et leurs descendants

Bref rappel historique. L'immigration de travail, venue dans les années 1960 et supposée provisoire, s'est transformée en migration de peuplement. La jeunesse issue de l'immigration réclame sa place depuis les années 1980 (Marche* pour l'égalité et contre le racisme, dite « des Beurs », création de SOS racisme…). Les faits de racisme* et de discriminations* sont de plus en plus attestés : des témoignages affluent dans la presse, les associations antiracistes pratiquant une sorte de « testing » à l'entrée des boîtes de nuit font constater par huissier que les jeunes garçons issus de l'immigration n'y sont pas bienvenus. Des chercheurs mettent en évidence les discriminations à l'embauche. En 1999, Martine Aubry, alors ministre du Travail, intronise le Groupe d'étude et de lutte contre les discriminations (Geld), devenu la Halde (Haute autorité de lutte contre les discriminations et pour l'égalité) en 2003 (désormais supprimée en tant que telle au profit du Défenseur des droits en 2011).

Les recherches sociologiques, de leur côté, dévoilent que la prise en considération des origines réelles ou supposées, de la culture, et de la « race » s'immisce explicitement dans les rapports interindividuels et les institutions, qu'il s'agisse de l'école, du logement social, des prisons, de la vie quotidienne, etc. On parle alors d'une ethnicisation des rapports sociaux qui s'articule à des catégorisations plus classiques (l'âge, le sexe, le statut social).

Parce que la France a été et est un pays d'immigration, parce qu'y vivent un grand nombre d'anciens colonisés, et en métropole des ressortissants des DOM-TOM, la problématique de l'assimilation, puis de l'intégration des étrangers et de leurs enfants a évolué. Les institutions françaises, qui prétendent ne connaître que des individus et non des communautés, s'avèrent être moins insensibles aux origines qu'elles le devraient et paraissent surtout aveugles à l'égard des pratiques discriminatoires racistes. Pour certains, il faut rendre un contenu réel au « modèle français républicain » et en finir avec les « fausses promesses » auxquelles ne croient plus ceux qui, de par leur filiation ou leur apparence, sont rejetés. Pour d'autres, il faut s'orienter vers plus de multiculturalisme et offrir aux minorités des possibilités d'organisation, d'expression et de représentation spécifiques. Se trouve être en question l'opportunité de politiques publiques différentes : adoption de quotas, chartes de diversité, mise en place de procédures de « discrimination positive ».

Des besoins scientifiques et politiques de recensement

C'est dans ce contexte que se posent pour la recherche et l'action publique les questions suivantes. Les outils dont dispose la recherche sont-ils suffisants pour décrire les rapports sociaux et l'attitude des institutions vis-à-vis de groupes qui se trouvent de fait dans une situation minoritaire? L'action publique peut-elle s'appuyer sur des mesures, des indicateurs, lui permettant d'asseoir sa politique? La question n'est cependant pas aussi nouvelle: la recherche et l'action publique classifiant déjà ces populations que l'on appellerait aujourd'hui « ethniques ». Quels étaient alors leurs outils?

Depuis que le recensement a décompté les étrangers (en 1850), l'INSEE a produit tous les dix ans des chiffres qui mesurent la population étrangère, la population des « Français par acquisition » et des Français de naissance. Elle a fourni des indications communes à tous (âge, composition des familles, Catégorie socio-professionnelle (CSP), logement, etc.) et produit ces données également par nationalité ou groupe de nationalités. Ces statistiques concernant les étrangers ont servi à de nombreux travaux de recherche. Ils ont permis de comparer les étrangers aux Français et les étrangers entre eux, sur nombre de critères et ont conclu à leur situation inégalitaire dans la société française (*les Immigrés en France*, 1997).

Les prémisses du débat: des années 1970 aux années 1990

Ce qui l'emporte à l'époque est la distinction Français/étranger. On ne parle pas encore de statistiques ethniques. Mais on voit déjà apparaître une demande « politique » d'usage des statistiques et d'instrumentalisation des compétences scientifiques.

À la frontière de la recherche et de l'action publique, on peut citer un exemple fameux: la commande à l'Institut national d'études démographiques (INED), alors sous la tutelle du Premier ministre, de la recherche d'un « seuil de tolérance aux étrangers » (Alain Girard, 1971), entendu comme « la proportion d'étrangers, dans une région ou un secteur, au-delà de laquelle l'accommodation se fait difficilement, provoquant des risques de tension ». La notion de « seuil de tolérance » circule dans le débat social et politique, car, même si l'arrêt de l'immigration n'est pas encore acté, on voit se multiplier les intentions de maîtrise des flux migratoires. Le « seuil de tolérance » renvoie à un imaginaire « biologique », le rejet du corps étranger et a suscité une vive réaction dans les milieux de la recherche.

Considérant que les catégories juridiques de nationalité ne reflétaient pas suffisamment la place de l'immigration dans la population, sous l'impulsion du Haut* Conseil à l'intégration et sous l'influence de démographes comme Michèle Tribalat, l'INSEE publie depuis 1990 des tableaux concernant les « immigrés » (toutes les personnes nées étrangères à l'étranger, quelle que soit leur nationalité) et non plus seulement les étrangers. Ce faisant, on s'intéresse davantage qu'auparavant à l'origine nationale des personnes et au processus de mobilité sociale. On ne parle pas d'ethnies mais on se focalise sur le passé. Déjà, à l'époque, Hervé Le Bras condamnait cette orientation qui conforte, selon sa formule, « l'obsession des origines ». Dans le même temps, l'extrême droite française dénonce la sous-estimation officielle de la population immigrée et cherche à faire le tri entre assimilables et non-assimilables. Il est alors possible de passer de la recherche des origines nationales à une approche que d'aucuns peuvent qualifier de raciste, considérant que c'est dans la culture d'origine, voire dans les « gènes » des immigrés que viennent se loger les problèmes d'intégration.

Lutter contre les discriminations et pour l'égalité

Cette concordance des temps, entre l'agenda politique, les débats sociaux, les recherches en sciences sociales, quand le constat des discriminations sera plus consensuel, fera émerger de nouvelles demandes scientifiques et politiques, qui seront cependant, le plus souvent, contradictoires. C'est le moment où est introduit le terme de « diversité ». On peut citer en exemple la mise en place de chartes de la diversité dans les entreprises ou la demande de la présence de « minorités visibles », sur les écrans de télévision. À la Marche pour l'égalité et contre les discriminations, en 1983, succèdent des demandes de reconnaissance de l'ancienne domination coloniale et surtout la dénonciation d'un racisme postcolonial à l'œuvre aujourd'hui même dans l'ancienne métropole. En mars 2009, le gouvernement met en place un Comité pour la mesure et l'évaluation de la diversité et des discriminations (COMEDD). Les scientifiques sont invités à proposer des outils de mesure de la diversité et des discriminations. Le principe qui sous-tend cette demande est le suivant: soutenir la lutte pour l'égalité. Ainsi, est réapparue la proposition de produire des statistiques ethniques, pour accroître la connaissance sur la situation des minorités.

Ces statistiques, contrairement aux précédentes, ne se confondent plus désormais avec le comptage de groupes de nationalité étrangère présente ou passée. Sont considérés comme potentiellement victimes de discriminations des groupes français, voire d'enfants de Français, qui se distingueraient par leur apparence ou leur origine « supposée », ce qui conduit à valider l'approche ethnique, jusqu'alors totalement récusée.

Le débat sur les statistiques ethniques

La question est d'autant plus épineuse, qu'en France l'outil statistique officiel corrobore le fait que la République ne connaît que des citoyens français ou étrangers, sans référence à la race, la religion, la culture ou l'appartenance ethnique et qu'y persiste le sombre souvenir du fichier des Juifs sous Vichy. N'existent que des dérogations à des fins de recherche strictement encadrées par la Commission nationale pour l'informatique et les libertés (CNIL) et le Conseil national de l'information statistique (CNIS). Ce n'est pas le cas dans d'autres pays où des catégories raciales, religieuses, linguistiques sont recensées par des statistiques officielles, parfois sous d'autres noms telle la « nationalité » dans l'ancienne URSS.

L'idée d'introduire des données « ethniques » en France, dans les recensements de population, avait déjà engendré, dès la fin des années 1990, un débat entre démographes et, plus largement, entre chercheurs en sciences sociales. Repris régulièrement, ce débat fait apparaître une forte division sur l'opportunité de se doter d'un tel outil statistique. Une partie des chercheurs pense en effet qu'introduire des statistiques ethnico-raciales dans des recherches de grande ampleur, « quasi officielles », aboutira à renforcer une vision fragmentée et ethnicisée de la société, sans offrir aucune ressource pour la lutte contre les discriminations. Pour d'autres au contraire, l'usage de statistiques ethniques rendra visible l'ampleur des discriminations subies par certaines franges de la population française et/ou résidant en France, celles-ci étant systématiquement minorées par les uns et les autres, du fait de l'indifférenciation républicaine. Cette absence de décompte permettrait d'occulter par exemple qu'à « diplôme égal et origine sociale équivalente, les personnes définies comme d'"origine maghrébine" ont 2,5 fois moins de chance de trouver un emploi que des personnes dites d'origine française » (Francis Danvers, 2009).

Un débat complexe

Introduire des catégories de classement, les modifier, les interdire, rien de cela n'est neutre. Une des premières difficultés est de savoir de quoi on parle. Quantité de termes circulent : diversité, immigrés, minorités visibles, communautés, origines, etc. Précisons-en quelques-unes.

Si la notion d'ethnie* renvoie à plusieurs dimensions (langue, religion, culture, race, territoire), évolutives dans le temps, il est très rare que ces dimensions se superposent durablement. Il est donc difficile de les définir. Les Arabes, les Noirs, les Roms, les Corses relèvent-ils de ce registre ? Pour parer l'obstacle que constitue la définition, a priori et de l'extérieur, des ethnies, ceux qui proposent d'introduire des statistiques ethniques préfèrent construire leurs données à partir du « sentiment d'appartenance ». C'est ce que l'on appelle l'auto-définition, qui serait saisie par des questionnaires. Mais là encore, la complexité demeure. Quelle question poser ? « À quel groupe vous sentez-vous appartenir ? ». Si la question est totalement ouverte, elle peut générer des réponses qui n'ont rien à voir avec le but recherché (femmes, Bretons, jeunes, fonctionnaires, peuple de gauche, etc.). Si on ferme la question, en s'appuyant sur des questions liées (par exemple « Avez-vous subi des discriminations et pourquoi ? »), on peut espérer voir apparaître, en cas de réponse positive, des réponses liées à l'origine ou à l'apparence physique, sans pour autant avoir une vision claire de la distribution des réponses en termes ethniques. De plus, les « labels ethniques » évoluent dans le temps (Nègres, Noirs, Black, Afro-Américains, passent du registre racial au registre ethnique aux USA) et ne sont pas identiques selon les pays ni toujours consensuels dans une même contrée. Ainsi, en Grande-Bretagne, les Pakistanais refusent d'être enregistrés comme asiatiques et répondent toujours par leur nationalité, ce qui met en cause la fiabilité des comparaisons dans le temps et internationales. Est-il alors possible de transformer une notion telle que l'ethnicité (ou l'appartenance ethnique) fondamentalement relationnelle, en variable statistique robuste et fiable ?

La question de la pertinence des catégories

Selon Hervé le Bras, c'est bien le rapport entre un projet politique et les outils pertinents pour le mettre en œuvre qui est crucial.

« [...] Quelles questions seraient précisément posées, à qui elles seraient posées lors d'enquêtes, comment elles seraient collectées et regroupées, quelle organisation ou administration en serait responsable, comment les réponses individuelles seraient réparties en catégories restreintes et exclusives, qui fabriquerait ces catégories, comment, une fois constituées, ces comptages permettraient-ils de faire régresser les discriminations dans les entreprises, les administrations, le logement, à l'entrée des boîtes de nuit, lors de contrôles policiers, dans les carrières professionnelles et dans d'autres circonstances de la vie quotidienne ? [...] » Or le débat préalable sur cette politique et ses moyens n'a pas eu lieu et a encore moins été tranché. Avant même la difficulté technique de transformer cette catégorie « ethnique » en variable, se pose la question de son impact social et de son usage.

Il existe une circulation et un effet de renforcement entre les catégories du sens commun qui s'expriment dans les conversations voire dans les médias et les catégories scientifiques, administratives, juridiques, statistiques, qui constituent des « groupes » plus ou moins artificiels (les « rmistes », les « sans-papiers » par exemple) et contribuent à forger les représentations sociales.

Or, ces circulations n'intéressent pas seulement les institutions, mais les catégories elles-mêmes.

Une des craintes est de figer des représentations « fluides » et que des chiffres, contestables d'un point de vue scientifique, servent des mouvements politiques qui préfèrent substituer aux questions d'inégalités sociales ou de domination, la recherche chez « l'Autre » d'un bouc émissaire. Ou plus prosaïquement, on craint de légitimer des pratiques institutionnelles discriminatoires, quelles qu'elles soient : ségrégation, regroupements, etc., qui s'opèrent déjà mais n'ont pas de label scientifique les légitimant.

D'autre part, concernant l'action publique, il faut là aussi définir des objectifs. À quoi serviraient précisément ces catégories ? Toujours selon Le Bras : « Si les Allemands comptent les catholiques et les protestants, c'est parce que leur gouvernement, qui salarie les prêtres et les pasteurs, doit répartir entre eux la taxe religieuse. En grattant un peu les pratiques de chaque État, apparaissent rapidement des nécessités concrètes et leurs enchaînements historiques […] »

Pour sortir de ces difficultés, il apparaît donc nécessaire de distinguer plusieurs objectifs. En matière de recherche sur le racisme, les discriminations et les conflits de cohabitation, il existe des dispositifs quantitatifs, qualitatifs et provisoires et qui n'impliquent aucun référentiel « ethnique » a priori. C'est en situation qu'on voit des groupes se définir ou s'affirmer, les appartenances se faire et se défaire. La plupart du temps, l'appartenance réelle ou supposée à un groupe dit ethnique se combine d'ailleurs avec d'autres variables : l'âge, le sexe, le lieu de résidence, l'ancienneté migratoire. Les recherches peuvent ainsi avoir recours à de nombreux procédés (testings, études de cas, etc.) qui ont valeur d'exemple significatif, ou d'alerte, sans prétendre à la généralisation. Dans d'autres grandes enquêtes, à finalité scientifique, il a aussi été admis de poser des questions sur la langue parlée ou sur la religion. Ainsi, la problématique « avantage-inconvénient » de l'introduction de ces statistiques ethniques ne peut être déclinée de façon univoque.

Finalement, le COMEDD s'est résolu à s'en tenir à des données légales pour la statistique officielle, en particulier pour le recensement : lieu de naissance et nationalité, tout en demandant que soient ajoutées des questions sur les parents de la personne enquêtée. « À un dernier niveau, enfin, désormais répandu dans la statistique européenne, l'origine ethnique ou l'ethnicité (et non pas l'ethnie) renvoie simplement à la nationalité ou au pays d'origine des immigrés ou de leurs parents » (*Pour un usage critique et responsable de l'outil statistique* – rapport du COMEDD présenté par F. Héran, février 2010).

Par un simple déplacement sémantique de la notion d'ethnie, la population « allochtone » devient ainsi « ethnique » dans les recensements ou les enquêtes, comme aux Pays-Bas et en Belgique

Mais il échappe cependant à la mesure statistique, les discriminations des groupes non migrants, comme les « Noirs » qui se sentent souvent discriminés, en tant que tels, quelle que soit leur origine récente ou lointaine (Afrique, Caraïbes) ou leur nationalité.

Cette perte potentielle d'information est-elle dommageable ? Certains, comme l'association le Conseil représentatif des associations noires (CRAN) et des chercheurs en sciences sociales le pensent. À l'inverse, d'autres avancent qu'il est impossible de recenser (à seules fins d'en savoir plus sur leurs expériences de groupes minoritaires) les Noirs de France, en tous cas ceux qui se définissent comme tels, sauf à faire des enquêtes associatives partielles et volontaires, sans objectif de représentativité.

Le débat reste ouvert, mais non binaire, selon qu'il s'agisse de recherche, d'action publique, d'institutions comme les prisons ou l'école, les entreprises publiques ou privées qui cherchent à connaître leur public ou à concrétiser des procédures nouvelles (parité, égalité, etc.). En aucun cas la mise en œuvre d'un outil statistique ne pourra faire l'économie d'un débat sur la légitimité des buts poursuivis, les conséquences attendues ou inattendues de ces catégorisations.

⟶ etnie, groupe ethnique, ethnicité

T

transferts financiers

Au niveau mondial, la croissance des transferts financiers issus du travail à l'étranger (« remises ») est spectaculaire depuis les années 1970 : 3 milliards de dollars en 1970, 35 milliards dans les années 1980, 70 milliards en 1990, 443 milliards en 2008 dont les deux tiers destinés aux pays du Sud (source Banque mondiale). La crise a affecté cette évolution (416 milliards en 2009), mais la croissance a repris depuis (464 milliards en 2011), avec une prévision à 500 milliards fin 2012.

Cette croissance étonnante traduit la puissance des logiques affectives qui attachent les migrants à leur société d'origine et l'intensité des liens conservés avec celle-ci. À l'échelle française, les envois annuels des immigrés, qui ont connu leur maximum en 1992 (8,152 milliards) ont régressé depuis (6,452 milliards en 2008) et semblent nettement affectés par la crise (5,413 milliards en 2009, 5,264 milliards en 2010, 0,2 % du PIB, source Banque Mondiale). Ces transferts émis vers l'étranger sont très inférieurs à ceux reçus en France révélant ainsi l'importance méconnue du travail des Français à l'étranger : avec 16,629 milliards de dollars reçus en 2010 (0,6 % du PIB) la France est au cinquième rang mondial des pays récepteurs de remises, et au premier rang des pays riches, devançant l'Espagne et l'Allemagne, d'où au final une balance des paiements migratoires très positive au profit de la France. L'effet de la crise sensible en 2009 (15,866 milliards contre 16,597 milliards en 2008) semble totalement absorbé.

Les enjeux considérables des transferts financiers

Les enjeux des remises sont doubles et se placent, d'une part, sur le plan des échanges financiers internationaux et, d'autre part, sur celui des dynamiques engendrées dans les pays et les régions d'origine ; avec leurs effets sur le plan du développement humain et de la lutte contre la pauvreté. Un véritable marché mondial stimulé par l'ampleur considérable des sommes en circulation en direction du Sud s'est constitué autour de la circulation régulière des envois de fonds des migrants, mettant à profit les nouveaux services offerts par la révolution communicationnelle. L'ampleur des masses financières en mouvement, la régularité et la stabilité de l'économie migratoire mondialisée, la faiblesse des risques ne pouvaient laisser indifférents les grands opérateurs transnationaux, qui interviennent désormais aux côtés des acteurs traditionnels (établissements postaux, banques nationales des pays d'origine), mais aussi tout le tissu de petits opérateurs individuels ou artisanaux. La Western Union (WU), la vieille agence télégraphique du Far West qui avait relié, en 1861, l'Atlantique au Pacifique, est devenue le leader de ce marché mondialisé en pleine expansion, après son recentrage sur les remises et son rachat en 1995 par First Data, dont elle est devenue indépendante en 2006. À la différence des banques, la WU pratique le transfert instantané (*cash to cash*), en partenariat avec d'autres opérateurs bancaires (Wafa, Barid-al-Maghrib, Société Générale Marocaine de Banques) et surtout avec les établissements publics, comme la Banque postale en France ou les établissements postaux des pays d'origine. Ses commissions, plus élevées que celles de ses concurrents (Travelex, MoneyGram) et pouvant aller jusqu'à 20 % de la somme transférée, ont suscité de nombreuses critiques et parfois même des actions en justice.

Le cas des transferts vers le Maroc, dont la majorité des ressortissants résident en France, est très représentatif des transferts au Sud. Même si le change manuel reste encore largement pratiqué lors du retour annuel des Marocains au pays, une grande partie des transferts en cours d'année s'effectue par les circuits institutionnels, dont celui de « la Poste » ; le paiement par mandat a représenté longtemps l'alternative par rapport au « passeur » dénommé aussi « postier » (personne de confiance qui rapporte l'argent au pays), grâce à la densité du réseau de bureaux postaux en milieu rural. Mais cet établissement d'État a vu sa part régresser, passant de 65 % du trafic financier en 1981 à 10 % en 2003, au profit du système bancaire marocain, la bancarisation étant perçue localement comme l'un des symboles de la modernité. Le développement des réseaux bancaires au Maroc et dans les pays d'implantation des Marocains dans l'Union européenne explique la captation des flux ; les circuits bancaires drainent actuellement 61 % des flux (2003). Longtemps monopole de la Banque populaire (banque Chaâbi), celle-ci a dû partager la rente migratoire lors de la phase de libéralisation de l'économie à la fin des années 1980 au profit d'autres établissements bancaires. Les remises constituent une véritable « mine d'or » pour les banques, les fonds reçus en 2010 sont de 6,433 milliards de dollars, soit 6,8 % du PIB.

Bien que l'épargne des émigrés soit rarement transférée en totalité – une part variable est conservée dans le pays d'accueil selon les groupes et le contexte politique et économique du pays d'origine –, l'importance des enjeux financiers de la migration internationale, pour la majorité des États des migrants et des sociétés du Sud, est fondamentale dans la logique de la migration internationale. L'ampleur de ces enjeux éclaire la mise en place par les États d'origine de législations très avantageuses afin de favoriser le drainage de l'épargne de leurs ressortissants et d'encourager l'investissement productif au pays (primes de change, facilités douanières pour l'introduction de biens de consommation et d'équipement, encouragements fiscaux de projets à caractère industriel, artisanal, agricole, ou de services).

Des retombées essentielles dans les familles et l'espace des pays d'origine

Au niveau local, la sphère familiale d'origine, qui a bien intégré les règles du jeu transnational et diasporique, est le lieu privilégié vers lequel conflue l'essentiel des remises, et c'est à l'intérieur de cette cellule majeure de la vie sociale, fondée autour des liens de la parenté, que s'élaborent les stratégies quant à l'utilisation des ressources migratoires et des investissements éventuels à travers les différents points du champ migratoire. Les observations réalisées dans les pays et les régions à tradition migratoire bien établie confirment l'augmentation indiscutable des niveaux de vie de ces familles, l'amélioration de la nourriture, de l'habillement, et de l'équipement des ménages. Les dépenses pour l'éducation des enfants sont avec l'amélioration du logement les postes principaux de l'investissement des familles.

Mais au bout de quelques années, les effets débordent de la sphère familiale et concernent l'ensemble du tissu social. Ils s'expriment dans le paysage local par les progrès de l'équipement collectif, de la scolarisation et de l'état sanitaire de la population, la création de pistes et de routes, le désenclavement des lieux et leur articulation croissante avec l'espace national et international, comme le montre l'évolution de nombreuses régions marocaines, de la vallée du fleuve Sénégal ou la région de Kayes au Mali. Le Sud tunisien fournit un cas exemplaire de ces mutations, parfois spectaculaires en l'espace d'une ou deux générations de migrants. Cette région de confins entre Algérie et Libye – connue dans l'Europe entière, pour ses complexes hôteliers des rivages de Djerba, ses oasis intérieures et son tourisme présaharien –, est restée très longtemps isolée et abandonnée du pouvoir central, vivant essentiellement des revenus migratoires de ses migrants fixés à Tunis et surtout, depuis l'indépendance (1956), à Paris et à Lyon. Aujourd'hui, cette région, l'un des principaux foyers de l'immigration tunisienne en France, connaît un véritable processus de développement signé par l'inversion des flux migratoires internes et l'arrivée de populations des autres régions tunisiennes. Même s'il est impossible de déterminer la part des différents acteurs dans ce processus régional, et principalement le rôle de l'État par sa politique d'équipement et d'aménagement du territoire, les effets des transferts migratoires n'en sont pas pour autant moins réels, par les initiatives économiques des migrants (dans le commerce local, l'artisanat et les services liés à l'habitat), et essentiellement grâce à l'accumulation de l'épargne depuis deux ou trois décennies – souvent au prix de grandes privations –, puis par redistribution à l'ensemble de la population non migrante. Les initiatives des migrants à l'extérieur, leurs envois de fonds destinés à répondre aux besoins monétaires des populations ou au financement de projets locaux, peuvent par le jeu des interactions contribuer à impulser de véritables dynamiques de développement régional quand elles s'intègrent dans des stratégies régionales et nationales où interviennent les différents acteurs, dont les ONG.

Au-delà des régions rurales d'origine, les effets de cette économie migratoire transnationale s'étendent désormais aux principales métropoles des pays de départ (Casablanca, Tanger, Alger, Tunis, Dakar, Istanbul) où de nombreux immigrés en France et en Europe investissent le marché métropolitain du logement, sur le plan foncier et immobilier, domaine où la demande de logements est immense. Par achat ou financement de constructions nouvelles pour le logement familial ou en vue de revenus dans l'habitat locatif, le migrant international apparaît de plus en plus comme un acteur urbain original et porteur de nouvelles dynamiques économiques, sociales et spatiales. Sans nier les effets secondaires (inflation des coûts d'accès au logement pour les non-migrants et risques de spéculation urbaine), ces injections de revenus migratoires ainsi que l'adoption de nouvelles pratiques sociales et culturelles accélèrent le rythme des mutations urbaines des pays de départ. En définitive, et même s'il faut se garder de voir dans ces transferts réalisés par les migrants et les pratiques qui leur sont liées, le moteur principal du développement des régions d'origine, la capacité des migrants à pouvoir assurer la subsistance et le mieux-être de leur famille restée au pays constitue déjà en soi un résultat très important pour la lutte contre la pauvreté et pour la dignité humaine dans les pays du Sud.

⇢ activité des immigrés

transnationalisme

À l'heure où n'importe qui peut être connecté à peu près de n'importe où aux chaînes télévisées de son pays, dialoguer en direct avec ses proches et les voir sur l'écran de son ordinateur, s'approvisionner ou recevoir rapidement tous les produits des cuisines du monde, il semblait désormais désuet et dépassé de raisonner comme si les migrants, coupés radicalement et durablement de leur culture d'origine et des liens qui la nourrissent, étaient condamnés ou bien à s'acculturer à leur nouveau monde ou bien à devenir des êtres sans culture, déracinés, comme on le pensait encore au début des années 1980. Le terme de « transnationalisme » est donc apparu sous la plume des anthropologues d'abord pour signaler cette possibilité désormais offerte aux migrants de vivre sans choisir, en maintenant les liens, les pratiques et les rituels culturels de leur monde d'origine, y compris sans avoir forcément à y retourner, tout en prenant au nouveau monde ce qu'ils avaient envie d'y prendre.

Une notion controversée

Le terme a suscité de nombreux débats, ses détracteurs lui reprochant de faire la part trop belle à l'accessibilité, en oubliant les contraintes normatives et les conflits de valeurs. On a en Europe une parfaite illustration de ces limites par la médiatisation des conflits institutionnels sur les symboles religieux exhibés. Par-delà ces débats, il reste que les dynamiques migratoires ne peuvent plus être analysées hors du contexte de la mondialisation culturelle qui a produit une mise en mouvement généralisée des cultures locales. Il y a certes depuis longtemps des microcosmes « cosmopolites », le terme est d'ailleurs assez synonyme de ce qu'on entend aujourd'hui par transnationalisme. Ce qui est par contre plus caractéristique de l'époque contemporaine tient à la très grande banalisation urbaine des marqueurs culturels et ethniques. Vivre en migration ne signifie plus seulement vivre dans une culture étrangère avec la nostalgie d'un soi culturel lointain. Vivre en migrant c'est avoir la possibilité quotidienne et banale d'un accès simultané à ses propres biens identitaires, à ceux de la culture consumériste dominante, comme à ceux des autres cultures minoritaires. L'établissement durable des diasporas dans les métropoles européennes a installé dans les villes des lieux et zones d'étrangeté et d'exotisme autant que d'ethnicité, qui sont moins des lieux « confisqués » par tel ou tel groupe dans la ville que des lieux de rencontre, de frottement sinon de métissage non seulement entre culture dominante localement et cultures importées, mais entre les cultures importées elles-mêmes. Ces lieux de rencontre aussi peuvent être dits transnationaux.

Des classes moyennes mobiles ?

Dans son premier sens, le transnationalisme peut donc être défini comme la condition des migrants pour qui l'accès banal aux biens culturels mondialisés annule ou relativise la distance à leur culture d'origine, en même temps qu'elle leur offre une infinité d'alternatives à une intégration conformiste aux cultures dominantes. Cela cependant sans angélisme, en gardant lucidement à l'esprit qu'il s'agit là d'un privilège réservé aux citadins des grandes métropoles et plutôt aux classes moyennes éduquées. On peut d'ailleurs se demander si le « transnationalisme » n'exprime pas d'abord le fait que la condition migrante ne se ramène plus seulement à une condition défavorisée ou prolétaire mais que des classes moyennes urbaines se sont formées aujourd'hui sur le terreau social des migrations ouvrières fordistes.

L'abolition de la distance culturelle aux mondes d'origine ne se limite pas à un accès médiatisé et consumériste aux cultures minoritaires. Il prend la forme de mobilité et de déplacements, voire de navettes, du moins dans ce contexte géopolitique de voisinage relatif qui caractérise la grande majorité des mondes migrants établis en Europe, à l'exception des Sud-Américains en Espagne, des Chinois et autres peuples issus des pays asiatiques. Cette possibilité de lien cette fois direct et relationnel aux mondes d'origine se dit aussi « transnational » et bouleverse tout autant les représentations que l'on se faisait voici peu de la condition de migrant. C'est en effet une évidence que la multiplication des mobilités dans l'espace-temps migratoire lui-même. En gros, si un migrant de l'époque fordiste, assigné à sa carrière ouvrière, n'avait d'autre perspective que de passer sa vie professionnelle sédentarisé dans son pays d'accueil, les moyens modernes de communication, les facilités de déplacement, comme l'évolution vers la flexibilité des conditions de travail, rend mieux possible la mobilité. On se déplace donc plus, lorsqu'on est migrant, et cette mobilité fait sens comme révolution culturelle.

Un exemple peut illustrer le concret de ce changement : lorsqu'ils accèdent à leur droit à la retraite, bien peu de migrants rentrent définitivement dans leur pays d'origine. Soit qu'ils aient désormais une partie de leur famille installée dans le pays d'accueil, soit qu'ils aient eux-mêmes ancré leur vie personnelle dans ce pays, soit, plus trivialement, parce qu'ils trouvent en Europe des conditions de vie plus favorables et auxquelles ils sont parfois plus attachés qu'ils ne l'avaient cru eux-mêmes, bon nombre d'entre eux s'installent dans un régime de pendularité, bien souvent rythmé par l'échéance de la pension de retraite. Certains, parmi les plus valides, font d'ailleurs de ces allers-retours et des facilités qu'ils y ont une occasion de commerce et de revenus complémentaires. Bon nombre de petites entreprises informelles de camionnage, assurant des navettes régulières entre le Maroc et l'Europe sont le fait de retraités ouvriers.

Des allers et retours de plus en plus fréquents

Le terme de transnational désigne donc aussi cette complexification de ce qu'il est convenu d'appeler aujourd'hui des « circulations migratoires » plus que des migrations. Sont donc « transmigrants » tous ceux dont la migration est ou bien provisoire et séquentielle, ou bien organisée de telle sorte qu'elle permet des déplacements pendulaires entre pays d'origine et pays d'accueil. On l'a vu à propos des retraités, on pourrait le dire des étudiants, qui constituent sans doute, en Europe, l'un des principaux flux réguliers et contrôlés, pour des durées de migration de quelques années, soit une courte durée, du moins au regard des migrations ouvrières du siècle précédent. Transmigrants ces travailleurs agricoles qui viennent cycliquement en Europe accomplir des saisons agricoles, transmigrants ceux qui ne trouvent plus à s'employer que pour des courtes périodes, changeant souvent d'emploi ou d'entreprise comme c'est le cas dans les grands secteurs employeurs de main-d'œuvre migrante, hôtellerie et BTP. Transmigrants, ces marchands « au long cours » qui assurent l'approvisionnement des commerces ethniques d'Europe, y compris celui de l'art ou de l'artisanat africain. Transnationaux enfin ces « fourmis » virtuoses du commerce* à la valise.

Là encore, les historiens ont beau jeu de signaler que ces figures ne sont pas nouvelles. On ne fait que s'étonner de la visibilité de phénomènes anciens, restés discrètement méconnus sous la massivité de la migration ouvrière fordiste qui a, sans doute de manière trop schématique, organisé les cadres imaginaires au travers desquels l'Europe se représente les phénomènes migratoires et les formations sociales qui en découlent. Il est clair que l'un des enjeux de connaissance sur les migrations contemporaines porte paradoxalement sur la nécessité d'un retour réflexif sur les coins obscurs de l'histoire migratoire. Cependant, si les migrations pendulaires, circulaires ou cycliques ont toujours existé, elles sont aujourd'hui d'une grande banalité, au point que la migration de travail de longue durée, sur des cycles stables d'installation, est en grande partie une exception qui ne concerne que quelques catégories professionnelles, en général très qualifiées : enseignants, médecins, ingénieurs, scientifiques.

Expatriés ou migrants ?

Autre mutation à signaler dans le cadre de ces processus généraux de mobilité, les pays européens aussi sont devenus, ou redevenus pour ceux qui, tels l'Espagne, l'Italie ou le Portugal, l'avaient été au siècle précédent, des pays émetteurs de migration. Là encore, tout un débat s'est développé chez les sociologues et les démographes sur la pertinence du terme « migrant » lorsqu'il désigne des mobilités émises des pays riches vers les pays pauvres. Faut-il penser que les « expatriés » européens, bénéficiant souvent d'un statut très protégé de leurs ambassades ou de leurs entreprises sont des migrants alors qu'il est clair que leur statut privilégié les « libère » de toute contrainte d'intégration ou d'acculturation ? En fait la question se pose moins pour les ainsi nommés « expats », engagés dans la coopération et les relations internationales, que pour ceux qui, venant des pays du Nord industriels, échappent justement à cette filière. Et c'est bien cela la nouveauté, que de voir désormais des Européens s'affranchir justement de ce statut d'expat dans les pays ex-colonisés. Évoquons seulement au passage ces jeunes Français, Anglais, Italiens, Espagnols qui, d'abord engagés dans des échanges universitaires type Erasmus, finissent par s'installer, provisoirement ou pas dans ces pays européens où ils font désormais une partie de leurs études. Même s'il s'agit là d'une mobilité très importante parce qu'elle fabrique de l'identité européenne bien mieux que les accords économiques et politiques il faut signaler d'autres phénomènes, qui, sous le registre de la transmigration, manifestent des recompositions importantes encore mal perceptibles dans l'ordinaire des opinions.

Voici par exemple d'autres retraités, européens cette fois, de plus en plus nombreux à investir dans l'achat d'une résidence secondaire au Maroc ou en Tunisie, voire au Sénégal où des villes entières se construisent à leur usage. Ils seraient plus de 30 000 aujourd'hui dans la seule ville de Marrakech selon les chiffres consulaires, souvent très inférieurs à la réalité des effectifs. Moins nombreux mais plus visibles, d'autres retraités européens se font « camping caristes » que l'hiver ramène, tels des oiseaux migrateurs, sur les mêmes plages et les mêmes campings de Sidi Ifni, Agadir ou Tan-Tan. Avec l'augmentation de l'espérance de vie et du temps de loisir, le terme même de tourisme perd son sens pour se transformer en « circulations transmigrantes », lorsque les temps de séjour à l'étranger sont souvent plus longs que les temps de séjour au pays d'origine des retraités. Là encore, ces séjours s'effectuent dans des niches, enclaves délocalisées et qui méritent, par leur neutralité et leur indifférenciation culturelle, le terme de transnationales. Et l'on pourrait aussi nommer transmigrants ces jeunes Européens que les zones touristiques des pays du Sud attirent d'autant plus que, chômage et précarisation du travail en Europe aidant, ils trouvent désormais à Marrakech, Hammamet ou Djerba des conditions d'emploi acceptables. Quant à ces jeunes Européens qui dans le cadre d'Erasmus s'installent – provisoirement ou non – dans d'autres pays pour leurs études, les opinions européennes ont encore du mal à la nommer « migration ».

Ethniques bizness

Le terme de transnational revient enfin très fréquemment à propos de ces entrepreneurs, tous issus d'un parcours migrant, dont les activités économiques supposent une bi- voire une multipolarité entre les différents lieux de leur vie. L'idéal type est bien celui des transporteurs, car l'une des caractéristiques des nouvelles circulations migratoires c'est d'abord de générer et nourrir toute une logistique de transports de marchandises et plus encore de personnes. Si l'instrument symbolique des migrations a longtemps été le bateau, c'est aujourd'hui le bus, frappé du logo justement « transnational » de Eurolines, qui en est la figure. Sont donc transnationaux aussi ces entrepreneurs, plus souvent dans le secteur de la confection que dans d'autres, qui, après un passage professionnel dans les usines des grandes marques européennes, retournent dans les zones franches de leur pays pour y ouvrir des ateliers où ils travaillent en exclusivité pour leurs anciens patrons. Entrepreneurs transnationaux également ces migrants, souvent de seconde génération, qui rentrent au pays pour y ouvrir un hôtel, un gîte rural ou un ryad, s'appuyant sur leurs réseaux amicaux européens pour s'y faire une clientèle. Transnationaux encore ces centres d'appel délocalisés où des jeunes parfaitement acculturés aux habitudes et langues européennes, traitent par téléphone au Maroc ou en Tunisie les communications des grandes entreprises européennes de vente par correspondance, ou des fournisseurs d'accès Internet et téléphonie.

Mobilité généralisée

L'ensemble de ces exemples très disparates que le terme transnational, peut-être encore trop incertain, tente de rassembler, met cependant en lumière un fait incontournable et encore relativement énigmatique. Il apparaît à l'évidence que les migrations ne peuvent plus être considérées comme des phénomènes isolés de mise en mouvement dans un monde dominé par la stabilité et la sédentarité. Les circulations migratoires sont une des pièces d'un processus général de mobilité qui affecte aujourd'hui l'ensemble du monde et rend caduques les catégories imaginaires et culturelles sous lesquelles on se représente encore trop souvent les déplacements humains. La plupart des chercheurs s'entendent donc aujourd'hui pour parler de « pratiques transnationales », celles qui organisent la mobilité et ses logistiques, d'« espaces transnationaux » qui, bien au-delà des seuls phénomènes de migration, signalent des lieux de vie où des standards culturels, juridiques parfois, mondiaux, prévalent sur les logiques nationales, enfin de « cultures transnationales », pour désigner ces environnements faits de cadres culturels déterritorialisés.

Nous n'en sommes sans doute encore qu'aux prémices de l'analyse de ces « nouveaux mondes » et nouvelles configurations sociales formées par la mise en mouvement du monde, mais il apparaît clairement que les migrants en sont l'un des analyseurs privilégiés. Deux phénomènes au moins méritent en ce sens d'être mis en lumière. Le premier concerne le rôle des États-nations et les processus que l'on avait coutume d'appeler « d'intégration ». Il apparaissait à peu près clair voici encore quelques années que l'accès à la citoyenneté légale était une condition sine qua non de tout processus d'intégration, et que, parce que la citoyenneté relevait évidemment d'un droit de souveraineté, l'État jouait en la matière un rôle décisif. Les choses de ce point de vue se sont très radicalement modifiées, car s'il apparaît clairement que vivre en migration signifie vivre dans des mondes transnationalisés (cultures, espaces et pratiques de mobilité), c'est bien cette double articulation, entre intégration et citoyenneté d'une part et citoyenneté et souveraineté d'autre part qui tombe en désuétude, voire en crise. Il est assez paradoxal de remarquer que les problèmes dits d'intégration, en Europe, concernent précisément cette frange paupérisée issue des migrations ouvrières fordistes qui est certainement la plus sédentarisée et la moins « transnationale » dans l'ensemble des dynamiques migratoires. Il existe d'ailleurs aujourd'hui une véritable fracture sociale entre anciens et nouveaux migrants, même issus des mêmes pays et cultures d'origine. Paradoxe qui voit les « anciens migrants », les plus intégrés dans une logique de citoyenneté souverainiste, privés d'un accès au travail et fragilisés, voire stigmatisés, par leur sédentarité, coincés, notamment par l'échec scolaire, dans leurs aspirations à une promotion sociale que leur société leur refuse, tandis que des migrants fraîchement débarqués occupent des niches économiques, si précaires soient-elles et y réussissent parfois des carrières entrepreneuriales.

La nouvelle condition migrante ?

C'est d'ailleurs un fait plus général que cette scission, cette disjonction dans les destins migrants que met en évidence la « transnationalisation » des circulations migratoires. En effet, si un temps la « condition migrante » pouvait paraître, même un peu illusoirement, unifiée et solidairement prolétarienne, c'est aujourd'hui une condition profondément segmentée et qui révèle de grandes disparités de destin et de condition. Là encore un exemple qui, s'il n'est pas généralisable, est néanmoins révélateur.

Contrairement à l'image que tendent à donner les presses européennes, la condition de clandestin tient moins aux modalités d'entrée sur le sol européen qu'aux conditions de résidence. Pour le dire autrement, la plupart de ceux qui sont en situation d'irrégularité en Europe aujourd'hui le sont parce qu'ils y sont maintenus par leurs conditions très précaires de travail et l'inadéquation des conditions administratives aux conditions professionnelles. Même si la presse titre largement sur la situation des « oiseaux de passage », pour ainsi qualifier ceux qui tentent à divers points le passage « forcé » des frontières, la réalité banale et cruelle de la clandestinité concerne au premier chef des ouvriers agricoles, des employés de restaurant, des manœuvres dans le BTP que leurs patrons continuent d'employer malgré l'expiration de la durée de leur visa de séjour. D'une manière plus générale, ce que l'on désigne sous le terme stigmatisant et soupçonneux de « clandestinité » cache en fait des situations d'extrême précarité parce que spécifiques de migrants dont le sort dépend étroitement du caractère discrétionnaire des conditions dans lesquelles ils vivent, tant dans leurs rapports salariaux que dans leur rapport aux administrations. L'exemple radical en la matière est celui de ces employées du « care », terme par lequel on désigne les soins à la personne qui se sont considérablement développés ces dernières années en Europe et qui sont le domaine privilégié de recours à des mains-d'œuvre migrantes.

Dans ce domaine, les très bas salaires, la dépendance, parfois aux limites de la séquestration, la confiscation des papiers d'identité sont les conditions de vie très ordinaires des femmes* engagées dans ce domaine.

La liberté de circulation donnée par l'obtention de visas réguliers vers les pays européens, instaurée par des conditions très draconiennes et de plus en plus dépendantes de critères sociaux (niveau de revenu, diplôme, réseau social au pays d'accueil) tend aujourd'hui à devenir un critère de discrimination, assignant, hors de toute logique de compétence ou de mérite, de manière discrétionnaire, les uns à la précarité et à des formes de sujétion indignes, les autres à une capacité de mobilité qui devient ainsi, plus qu'une condition technique, un véritable capital social.

⇢ commerce à la valise

travail « clandestin »

Le thème de l'économie informelle (ou encore économie souterraine, travail au noir, économie illégale, etc.) est depuis de nombreuses années une préoccupation politique et sociale. La variété des approches mobilisées, le nombre important de réalités et de domaines concernés, les controverses mêlant le plus souvent enjeux scientifiques et positions politiques et morales, illustrent l'abondance des travaux sur le sujet et les multiples aspects qui ont fait son intérêt. Les économistes ont, bien évidemment dans ce champ de recherche, une position dominante. Ne dit-on pas pour qualifier toutes les « transactions » non enregistrées qu'elles font partie ou qu'elles sont de l'économie informelle ? Celle-ci est le plus souvent envisagée par eux comme un espace créateur de richesses que l'on soustrait au pouvoir de la puissance publique et à la collectivité. Plus largement, l'économie informelle est dotée d'une pluralité de « fonction » liée à la crise : tantôt, lieu de surexploitation ouvrière ; tantôt, mécanisme de « concurrence déloyale » ; tantôt, économie « compensant » le dénuement social et la pénurie d'emploi.

Aujourd'hui, être « immigré » n'autorise au fond que deux perspectives statutaires : être dans le droit (salarié et séjour régulier) ou être hors-droit (séjour et travail irrégulier). Impossible d'endosser successivement ou simultanément plusieurs rôles. Par exemple, être « immigré », chômeur ou salarié et travailler au noir. Quand il existe un intérêt (essentiellement politique et législatif) aux relations qu'entretiennent ces populations à l'économie informelle, à la manière dont elles y accèdent et s'y installent, cet intérêt provient le plus souvent des préoccupations régulatrices de l'État. C'est parce que cette capacité régulatrice est doublement frappée d'impuissance que la question de l'immigration et de l'économie informelle est infiniment plus politique, c'est-à-dire du ressort de l'ordre public et national : tout d'abord, parce qu'il y a production de richesse non « ponctionnée », ensuite, parce qu'une partie de ces producteurs sont des étrangers, c'est-à-dire des personnes doublement condamnables, comme « clandestins » (non « invités ») et comme travailleurs irréguliers, donc comme concurrents déloyaux à l'égard d'un bien rare, le travail.

Une économie informelle. La littérature concernant l'économie informelle et l'immigration se caractérise aujourd'hui encore par une absence de problématisation, de corpus théoriques, d'instruments de mesure homogènes et d'enquêtes empiriques, rendant ainsi très aléatoire toute appréhension de ce domaine et des réalités qui lui sont liées. La notion d'économie informelle, lorsqu'elle est évoquée, est réservée aux nationaux. Aussi bien dans l'entendement populaire que dans l'entendement scientifique, l'informel renvoie à des pratiques de survie, de débrouillardise, parfois même de « résistance » à l'État, par exemple dans le cas de grèves de l'impôt dont le calcul et la redistribution sont jugés injustes. Aujourd'hui, l'économie informelle est synonyme des rapports de force entre l'économie officielle (privée et publique), donc relativement ou plus ou moins administrée, et l'économie clandestine, c'est-à-dire illégale et plus ou moins tolérée selon les secteurs, la nature de la production, les besoins de l'économie et de certaines populations, les « défaillances » financières de l'État providence, etc.

À la fin des années 1970, début des années 1980, l'enjeu dans le discours profane comme dans le discours politique n'est pas l'insertion des immigrés dans l'économie informelle mais la réalité et le poids de l'immigration illégale ou clandestine dans certains secteurs économiques et les effets sociaux, juridiques et financiers induits par cette présence universellement reconnue comme négative. Cette configuration est particulière. Ce ne sont pas seulement des activités qu'on dissimule, ce sont des personnes qui se dissimulent, non pas tant pour échapper à d'éventuelles contraventions mais parce qu'elles n'ont tout simplement pas d'existence officielle. L'activité salariée illégale quand elle associe certains secteurs économiques et certaines populations, comme les immigrés en situation irrégulière, touche directement au droit de présence, c'est-à-dire au droit d'exister légalement.

Le « travail au noir », principalement français. Quelques chiffres existent qui montrent l'ampleur de ce que l'on appelle communément le « travail au noir » et l'importance statistique des étrangers en situation irrégulière dans ce champ d'activités. Une étude inédite de l'Observatoire national de la délinquance (OND) rendue publique fin décembre 2009 montre qu'en l'espace de cinq ans, le « travail au noir » a plus que doublé en France. Entre 2003 et 2008, le nombre d'infractions pour travail dissimulé (qualification officielle) est passé de 8 467 à 19 400. L'enquête menée par l'OND s'est appuyée sur les données de la Direction générale du travail (DGT), qui collecte les procès-verbaux de travail illégal dressés par les services de police, de gendarmerie, de la douane et des impôts. C'est la dissimulation de salariés (traditionnellement appelé « travail clandestin ») ou/et d'activité qui vient au premier rang des infractions :

72 % des motifs d'infraction entre 2003 et 2008. Pour la seule année 2008 on a recensé 14 046 procès-verbaux pour activité clandestine, dont 9 900 concernent de la dissimulation de salariés. Selon l'OND, il existe une « surreprésentation de l'emploi des étrangers sans titre de travail » dans le BTP, alors que, dans les hôtels-restaurants, il s'agit surtout de *travail dissimulé*. Cette enquête révèle que plus de 65 % des contrevenants sont des employeurs français, 7,3 % turcs, 3,3 % chinois, 2,5 % tunisiens, 2,2 % marocains, 2,1 % algériens et 1,6 % portugais. Du côté des victimes, 36,5 % sont de nationalité française, 6,9 % de nationalité turque et 4,2 % de nationalité chinoise. Une constatation s'impose : le travail illégal augmente certes, concerne de plus en plus d'étrangers (entre 2003 et 2008, il y a eu quatre fois plus d'infractions d'emploi d'étrangers sans titre de travail : 626 en 2003, 2 505 en 2008), mais reste majoritairement le fait de Français ou de personnes ayant la nationalité française. Un rapport du Conseil des prélèvements obligatoires de 2007 situe le coût des fraudes entre 1,7 et 2,3 % du produit intérieur brut. Le travail illégal représenterait ainsi une perte de 29 à 40 milliards d'euros de recettes par an pour l'État français.

⤳ activité des immigrés

immigration de Turquie Familiale et communautaire, l'immigration de Turquie en France apparaît dans les statistiques de l'INSEE en 1964, avec 111 000 travailleurs turcs ; ils sont 250 000 en 1992 pour atteindre environ 500 000 individus en 2011. C'est surtout vers l'Allemagne que se sont orientés les premiers candidats à l'émigration. L'accord bilatéral signé entre les deux pays en 1961 a fait de la République fédérale d'Allemagne le premier pays d'émigration où se trouvent installés environ 3 millions de personnes en 2010. Les travaux des spécialistes sur le sujet, en Turquie, considèrent les premiers partants comme une main-d'œuvre qualifiée provenant des régions développées du pays. Le mouvement s'amplifie rapidement avec l'arrivée des travailleurs non qualifiés, et les régions les plus démunies, notamment dans l'Est, voient leurs villages se dépeupler par des départs vers l'Allemagne, la France, ou encore la Hollande et la Belgique. Mis à part la France et surtout l'Allemagne, ils sont environ 200 000 aux Pays-Bas, environ 100 000 en Belgique sans compter les naturalisations, moins de 100 000 en Suisse (le taux de naturalisation étant très bas), plus de 20 000 au Danemark et en Suède.

Les populations venues de l'est de la Turquie qui se déclarent comme Kurdes constituent environ 30 % de l'immigration turque.

Le caractère familial et communautaire de l'immigration turque se traduit par des regroupements dans certaines banlieues des grandes villes, ou dans des centres-villes des petites agglomérations, et dans des quartiers spécifiques en Allemagne. La transparence dans les relations sociales due à la proximité spatiale, la solidarité comme la rivalité entre les familles de même origine régionale de départs regroupés dans le même espace de résidence dans le pays d'immigration, la pression du contrôle social fondé sur les valeurs avant tout religieuses laissent penser à une organisation communautaire structurée autour d'une langue et d'une religion communes.

La fermeture des frontières en 1973-1974 en France et en Allemagne a provoqué le regroupement familial et par conséquent l'accroissement des ressortissants turcs en Europe. En France, en 1987, 4 % des arrivées de Turquie s'inscrivent dans le cadre du regroupement familial. En Allemagne, l'ancienneté de l'immigration turque et sa taille, d'une part, une politique plus restrictive quant au regroupement familial, d'autre part, expliquent l'arrêt des flux depuis les années 1980. Mais cela n'a pas empêché l'amplification du mouvement migratoire en provenance de Turquie dans d'autres pays européens comme la Belgique, les Pays-Bas, la Suisse, les pays du Nord, la France, la Grande-Bretagne. Ce qui fait des ressortissants turcs le groupe national le plus important en Europe.

Les Turcs de l'étranger. L'amplification du mouvement a changé le caractère de l'immigration turque en Europe : du travailleur qualifié au travailleur non qualifié d'abord, du chômeur au demandeur d'asile, par la suite. Ce changement est, en partie, le résultat de la situation économique dans les pays européens touchés par la crise. Le ralentissement de la croissance, et le taux de chômage atteignant des proportions importantes au fil des années, réduisent les chances d'accéder sur le marché de l'emploi par des voies régulières. Mais, bien entendu, ce processus est aussi le reflet de l'évolution économique, sociale et politique de la Turquie. En effet, le pays traverse une crise économique relayée par des crises politiques depuis les années 1970. L'instabilité politique du pays traduite par des coups d'État en 1971 et 1980 avait aggravé la situation économique avec un taux d'inflation de 110 % en 1980. Les effets de cette crise se font sentir dans l'immigration à travers les vagues successives, dans les années 1980 et même 1990. Les migrants de Turquie se trouvent à présent installés dans différents pays européens avec des activités diverses et variées qui vont de l'ouvrier non qualifié jusqu'à l'entrepreneur. Leur présence est devenue durable malgré les ambiguïtés des discours qui expriment à la fois une volonté de retour et une volonté d'installation. Pour la Turquie, ils constituent une nouvelle catégorie sociale : les *Turcs à l'étranger*.

Au début de l'immigration, l'organisation et même l'institutionnalisation de l'identité des « exilés » étaient assurées par l'État turc, à travers l'enseignement de la langue et l'extension de la vie politique turque en Europe. L'importance de la religion dans l'identité turque, et le poids de l'identité nationale comme marqueur de frontières identitaires avec les autres populations musulmanes en Europe a poussé les familles à se mobiliser et solliciter un imam de Turquie. C'est ainsi que dès les années 1980 des conseillers religieux sont envoyés par les Affaires religieuses (*Diyanet*) – rattachées au Premier ministre en Turquie – auprès des ambassades de toutes les capitales européennes.

Cependant, les actions de l'État turc se sont trouvées en compétition avec des actions militantes et révolutionnaires de droite ou de gauche, religieuses et/ou ethniques, en référence à la Turquie, mais interdites en Turquie et développées dans les pays d'immigration. La mobilisation s'est accrue avec l'arrivée des réfugiés politiques, et organisée autour des associations financées par des particuliers, ou par des partis politiques turcs, notamment le parti religieux, Parti du Salut national, créé par Erbakan dans les années 1979, et qui a changé plusieurs fois de nom jusqu'au AKP, parti actuellement au pouvoir et son association *Millî Görüs*, ou encore par des organismes privés internationaux. Ces associations se présentaient comme la transposition de la vie politique en Turquie avec ses clivages idéologiques. Ces mouvements de tendances diverses et variées avaient comme raison d'être la protestation vis-à-vis de la politique menée en Turquie, et parfois vis-à-vis de l'État turc, de sa conception de la nation et de la religion. Quant aux associations d'immigrés, elles ont été, pour la plupart, prises dans le courant général du mouvement associatif en France comme dans d'autres pays européens, subventionnées le plus souvent par les pouvoirs publics pour des cours d'alphabétisation pour les femmes, le suivi scolaire pour les enfants, des cours de langue, de folklore, l'organisation de conférences, de débats, etc. Pareillement en Allemagne, où la majorité d'entre elles s'efforcent de répondre aux attentes des autorités locales ou fédérales. Elles multiplient leurs projets sur des activités sociales, culturelles, sportives. Il en est de même en Belgique, en Hollande, en Suisse, pour ne citer que quelques pays européens.

Naissance d'une communauté transnationale. Les nouvelles générations issues de l'immigration des années 1960 manifestent de leur côté une volonté commune de participer à la vie politique nationale de leur pays d'immigration pour mieux défendre leurs intérêts, qui se traduisent de plus en plus en termes identitaires. Citoyens de leur pays de résidence dans la plupart des cas, ils suivent les règles du jeu des États français, allemand, hollandais, etc., et réagissent vis-à-vis des traditions politiques des pays européens, pour négocier leurs identités collectives et leurs intérêts à la fois en Europe et en Turquie.

Ainsi, qu'elles soient orientées vers la Turquie ou vers le pays d'immigration, qu'elles se définissent comme socioculturelles ou comme religieuses, les associations contribuent à la formation de nouvelles solidarités de migrants venus de Turquie et installés dans différents pays européens. Des rivalités internes, qui, de fait, conduisent les individus à prendre part dans le jeu, font accroître paradoxalement des formes des solidarités grâce à l'identification à une « communauté transnationale » ainsi créée et qui correspond à la désignation de *Turcs à l'étranger*. Circulant à travers différents réseaux familiaux, commerciaux et associatifs, ces derniers relient espaces privés et publics, espaces économiques, sociaux, culturels et politiques en Europe et entre la Turquie et l'Europe. Leur but est de faire accroître l'influence des composantes identitaires que l'immigration a libérées de leur répression en Turquie (telles que Kurdes et/ou Alevis) et d'agir de façon plus efficace sur la vie politique turque en sensibilisant à leur cause l'opinion internationale et les institutions supranationales telles que la Cour européenne de justice et la Cour européenne des droits de l'homme. Ces mobilisations en Europe donnent non seulement un nouveau contenu aux actions militantes ainsi qu'aux discours à la fois en Europe et en Turquie, mais intègrent l'État turc dans la communauté transnationale au même titre qu'un acteur politique, ou social, ou encore économique.

U-V

Les immigrés dans l'Union européenne Avec 500 millions d'habitants en 2012, l'Union européenne compte trente millions d'étrangers, dont 6,7 millions en Allemagne, premier pays d'immigration en Europe, suivie par l'Espagne (5,5 millions), la France (3,5 millions), le Royaume-Uni (3,3 millions), l'Italie (4,5 millions) et, hors Union européenne, la Suisse (1,5 million). Cette présence étrangère est aussi très inégalement répartie en proportion de la population de chacun des pays européens, puisqu'elle représente 40 % de la population du Luxembourg, 30 % de la population de la Suisse pour seulement 2 % de la population en Finlande, en Pologne (à peine 50 000 étrangers) ou en Slovaquie (35 000). En Estonie et en Lettonie, la présence étrangère est due à une importante minorité russe. Le paysage migratoire des pays européens varie aussi sensiblement en fonction des nationalités qui le composent : « couples migratoires » (une seule nationalité dans un seul pays d'installation), souvent liés au passé colonial ou à la proximité géographique comme les Portugais ou les Algériens en France, les Albanais en Italie et en Grèce, « quasi-diasporas » du fait de la présence d'une nationalité dans plusieurs pays européens, à la source de liens transnationaux forts de nature familiale, culturelle, économique, associative, religieuse comme les Turcs (Allemagne, Autriche, France, Benelux et, hors Union, Suisse) et les Marocains (France, Espagne, Italie, Allemagne, Pays-Bas, Belgique).

De nouvelles nationalités et une immigration familiale. La mondialisation des migrations a aussi introduit un « saupoudrage » de nationalités récemment entrées depuis les années 1990 dans des pays européens avec lesquels elles avaient peu de liens antérieurs (Sri-Lankais, Indiens et Pakistanais en France alors qu'ils étaient surtout implantés au Royaume-Uni ; Chinois, Philippins et Latino-Américains en Italie, Ukrainiens et Roumains en Espagne et au Portugal). Tandis que les pays d'Europe du

Sud, anciens pays de départ devenus depuis le milieu des années 1980 des pays d'accueil, comptent surtout des immigrés primo-arrivants (nés dans un pays autre que celui où ils vivent et de première génération), plusieurs pays de plus ancienne tradition migratoire, comme la France depuis le milieu du XIXe siècle, le Royaume-Uni, l'Allemagne et les pays du Benelux depuis la fin de la Seconde Guerre mondiale, comptent de plus en plus de secondes ou troisièmes générations issues de l'immigration ayant acquis la nationalité des pays d'accueil en fonction du droit de la nationalité, différent selon chacun de ces pays.

Pendant longtemps, l'Europe a été une terre de départ vers le Nouveau Monde, pour la colonisation, les missions religieuses, les conquêtes militaires, le commerce intercontinental avant de devenir une terre d'immigration. Celle-ci a ensuite été considérée, pendant les Trente Glorieuses (1945-1975), dans un contexte de reprise économique, comme une solution provisoire à des pénuries de main-d'œuvre. Mais la sédentarisation des immigrés s'est surtout développée après la suspension des entrées de salariés, en 1973 et 1974, suite à la crise pétrolière de 1973. L'immigration familiale, amorcée plus tôt, s'est accélérée, les migrations en forme de norias (allers-retours) se sont raréfiées, au point que l'immigration familiale constitue aujourd'hui la moitié des entrées légales annuelles, une tendance que les gouvernements et l'Union européenne cherchent à inverser au profit de l'immigration économique.

Un continent d'immigration. L'Europe est devenue un important continent d'immigration depuis les années 1990. La chute du mur de Berlin a été à l'origine de nouvelles formes de mobilités : migrations ethniques du fait de groupes s'identifiant à des pays européens, restées longtemps derrière le « rideau de fer » comme les Allemands ethniques, vivant surtout en Russie, revenus en Allemagne et acquérant la nationalité allemande pour deux millions d'entre eux (les « Aussiedler ») et d'autres désenchevêtrements de nationalités en Europe centrale et orientale ; des migrations pendulaires circulant entre l'est et l'ouest de l'Europe comme les Polonais et les Roumains et s'installant parfois dans la mobilité comme mode de vie ; des migrants à la recherche de travail venant de la rive sud de la méditerranée, dans des conditions parfois périlleuses aux points de passage stratégiques comme l'île de Lampedusa, les îles Canaries, les îles grecques ; des réfugiés, d'abord au nombre de 500 000 par an dans les années 1990, puis de 200 000 par an en 2012. L'histoire, la géographie et la multiplicité des échanges contribuent à rendre l'Europe toujours attractive et à susciter des imaginaires migratoires par les médias et les nouvelles technologies de la communication, ainsi que les transferts de fonds.

Un Livre vert européen. Un tournant dans la politique européenne centrée sur le contrôle des frontières a été pris en 2000 avec la publication d'un rapport de l'ONU qui met l'accent sur le vieillissement du continent européen, Russie incluse. Des pénuries de main-d'œuvre se font jour dans les métiers dits « en tension » (bâtiment, agriculture, services à la personne, tourisme) sans qu'une substitution des nationaux aux étrangers ne s'effectue malgré le chômage. En fermant ses frontières, l'Europe risque de perdre sa compétitivité dans les professions les plus qualifiées et les plus innovantes comme l'informatique, la recherche scientifique, la création artistique. Les générations du baby-boom arrivant à la retraite, les cohortes d'inactifs dépasseront celles des actifs dans certains pays, et, à l'horizon 2030, le seul facteur de croissance démographique des pays européens sera l'immigration. Cette prise de conscience a conduit à l'adoption en 2005 d'un Livre vert européen qui entrouvre les frontières à certaines catégories de migrants (très qualifiés et saisonniers) tout en poursuivant l'objectif de contrôle renforcé des frontières externes et de lutte contre l'immigration clandestine. Les travaux les moins qualifiés sont souvent occupés par des migrants irréguliers ou très précaires. Quant aux nouvelles migrations de l'Est, qui acquièrent par paliers la liberté de circulation puis de travail et d'installation, elles dessinent une mobilité circulaire affectée par la crise de 2008 (retour des Polonais du Royaume-Uni et d'Irlande au pays chez les saisonniers et les plus précaires). Le Pacte européen sur l'immigration et l'asile, adopté en 2008, est un engagement des pays de l'Union à renforcer le contrôle des frontières tout en les entrouvrant, à adopter une politique commune de l'asile et à conclure des accords bilatéraux de retour et de développement avec les pays du Sud.

Mais les révolutions arabes de 2011 ont mis à l'épreuve le système européen de contrôle des frontières de Schengen face aux accords bilatéraux qui avaient été conclus entre l'Italie et la Libye, la Tunisie et la France et montré la fragilité de ces derniers accords. Face à la montée des sentiments sécuritaires dans la plupart des pays européens et des stratégies dissuasives et répressives, on peut se demander si l'Europe continuera toujours à être attractive ou à être concurrencée par d'autres destinations, outre atlantique ou vers les pays émergents..

⇢ droit communautaire européen

visa Le visa désigne un titre par lequel les autorités d'un État permettent à un étranger de pénétrer sur le territoire national pour une durée et des motifs déterminés. Ce titre est matérialisé par un tampon généralement apposé sur le passeport de l'étranger. Il ne confère pas un droit d'entrée, le détenteur devant satisfaire à certaines conditions d'accès au territoire. Si un visa est requis et qu'il n'est pas présenté, cela signifie que l'étranger est entré de façon irrégulière dans l'État et qu'il peut faire l'objet d'un éloignement, voire d'un placement en zone d'attente.

Chaque État est libre de fixer les conditions d'obtention du visa, dans le respect de ses accords internationaux. Selon leur pays de provenance, les étrangers sont ainsi tenus ou dispensés d'obtenir un visa. Expression du pouvoir étatique de contrôler l'entrée des étrangers sur son territoire, les visas constituent désormais un instrument des politiques d'immigration et de sécurité. Par exemple, en France, entre 2007 et 2012, le gouvernement a fixé les lignes directrices d'une « politique d'attribution des visas » favorisant une « immigration choisie » (selon un Rapport du secrétariat général du comité interministériel de contrôle de l'immigration, 2011).

L'Union européenne conduit aussi une politique commune des visas qui uniformise les conditions d'octroi des visas de court séjour pour circuler dans l'espace* Schengen. Ce sont essentiellement ces « visas uniformes Schengen » que les autorités consulaires et diplomatiques françaises délivrent aujourd'hui (en 2009 : 1 645 797 »visas Schengen » sur les 1 842 856 visas délivrés). Le droit français prévoit également l'octroi de visas de long séjour pour s'installer, destinés aux étudiants, aux fins du regroupement familial ou de l'établissement professionnel. Dans tous les cas, le visa est accordé au terme d'une procédure dont l'issue est tributaire de l'appréciation portée sur la personne de l'étranger (État d'origine, état civil, motifs et durée du séjour, etc.). Cela implique une identification des étrangers, la politique des visas allant de pair avec les progrès de la biométrie. Cela explique le développement d'un contentieux en matière de visa.

→ droits des étrangers en France

le **voile** entre recompositions identitaires et réaffirmation des valeurs républicaines

Née dans un collège de Creil en octobre 1989, la controverse française sur le voile et ses multiples rebondissements constitue un débat public particulièrement sensible en France. Cette dernière n'a toutefois pas l'apanage d'une controverse qui trouve ses origines dans les sociétés majoritairement musulmanes et a essaimé, à la faveur des migrations et selon les formes diverses, dans les sociétés occidentales. L'ampleur prise par la controverse française et les mesures très prohibitives adoptées par le législateur en font toutefois un point de focalisation international.

La polysémie du voile. Les femmes voilées attribuent à cette pratique des significations variables. Cette polysémie qu'illustre d'ailleurs la multiplicité des vêtements référés au voile (tchador, burqa, hidjab, djilbab, khiar, etc.) et de leurs usages est d'autant plus grande que les origines et trajectoires migratoires sont diverses. Sa portée symbolique s'est toutefois transformée à la fin du XXe siècle tandis que l'islam s'est affirmé comme un référent identitaire et politique. Cette « islamisation » du voile devient manifeste en France à travers le choix que certaines des filles d'immigrés font de le porter à la fin des années 1980, se démarquant en cela de leurs sœurs aînées, les « beurettes » plus enclines à l'assimilation culturelle. Pour les cadettes de la seconde génération, il en va moins, à la différence des primo-immigrantes, de perpétuer une coutume culturelle que d'une réinvention de la tradition sur fond de revendication identitaire.

L'« islamisation » du voile, dont les sociétés migratoires n'ont pas l'exclusive, a partie liée avec la renégociation des rôles familiaux induite par la modernité. Le voile y revêt une signification paradoxale. Signe d'asservissement à une tradition patriarcale qui s'autorise de l'islam, il permet cependant d'échapper au confinement domestique. Assumé, au prix parfois d'un conflit avec les parents qui le désapprouvent, il peut constituer un gage de loyauté au groupe d'appartenance pour des jeunes femmes soumises à l'injonction paradoxale de réussite sociale et de fidélité à leurs origines. Au-delà de la question du choix de le porter ou non se dessine la dépendance matrimoniale, sociale et économique des jeunes femmes à l'égard de leur groupe et la structuration d'un espace communautaire nourrie par la crise du modèle d'intégration républicain.

Les débuts de la carrière du voile coïncident avec l'échec du mouvement beur et reflètent la transformation de l'islam en référent d'identité collective. Procédant d'une logique réactive à la relégation sociale que subissent les jeunes issus de l'immigration, l'investissement symbolique dont ce vêtement fait l'objet au tournant des années 1990 est favorisé par les entrepreneurs identitaires qui opèrent aussi bien dans le domaine cultuel, éducatif, social qu'économique. Ce succès se nourrit en partie de la stigmatisation de l'islam, perçu comme une menace identitaire et sécuritaire, et du voile, analysé comme l'expression d'une domination sexiste, voire une marque d'islamisme. Tandis que le voile devient le symbole d'une islamisation jugée incompatible avec les valeurs républicaines, il se transforme en une bannière identitaire pour des populations s'estimant victimes de racisme.

Enjeu symbolique entre nouveaux entrants et vieux nationaux, la controverse sur le voile divise cependant autant les premiers que les seconds. Si la nature religieuse de cette pratique déchire l'islam immigré, l'affaire du voile pointe vers les incertitudes de la société française quant à ses propres fondements. Touchant à l'organisation des rapports de sexe, la controverse a réactivé le débat féministe pour constituer l'un des terrains privilégiés de militantisme en faveur de la cause des femmes, qu'il s'agisse de voir dans le voile l'exemplification des violences subies par les femmes immigrées ou un sujet à partir duquel poser la question du rapport entre lutte antiraciste et féministe. Le débat sur le voile est simultanément l'un des sujets d'affrontement entre républicanisme et multiculturalisme. La controverse s'articule enfin au débat centenaire sur la laïcité et à celui sur la mémoire coloniale. L'intrication de ces différentes dimensions plus passionnelles les unes que les autres explique les difficultés rencontrées pour clore une dispute qui se déploie simultanément dans l'espace national et international.

Juridicisation de la controverse et réaffirmation des valeurs républicaines. Les divisions politiques suscitées par l'incident de Creil ont conduit à un déplacement du problème vers l'arène juridique. Cette judiciarisation de l'affaire a apporté un surcroît de légitimité à la ligne médiane du gouvernement

Rocard, qui tout en se déclarant hostile au port du voile dans les écoles, s'est refusé à l'exclusion des élèves voilées. Les jugements prononcés par le juge administratif dans le sillage de l'avis rendu par le Conseil d'État le 27 novembre 1989, admettant sous certaines conditions la compatibilité du port du foulard avec le principe de laïcité, et prônant le cas par cas n'ont permis qu'un apaisement provisoire. La tentative du ministre de l'Éducation François Bayrou de bannir les voiles de l'école via une circulaire en 1994 a remis le feu aux poudres sans parvenir à ses fins. L'annulation par le juge de certaines décisions d'exclusion provoquées par ladite circulaire a cependant suscité des mobilisations croissantes en faveur d'une loi permettant d'interdire le port du voile. Ce n'est qu'en 2003 néanmoins qu'une loi est mise à l'agenda, et, à la faveur du travail de la commission Stasi, votée à une très large majorité (Loi du 15 mars 2004).

L'échec des mobilisations contre la loi est révélateur des difficultés rencontrées par les acteurs islamiques pour susciter l'engagement des musulmans en faveur d'une cause controversée et tisser des alliances avec des mouvements aguerris au militantisme. Cet échec n'a cependant enrayé ni le développement du port du voile très présent dans les banlieues ni l'indignation qu'il suscite. Tandis qu'une partie des militants de la laïcité a poursuivi l'offensive en vue de l'interdiction du port du voile dans d'autres lieux que l'école publique, la mise à l'agenda d'une politique de lutte contre les discriminations a semblé pouvoir servir de point d'appui à la cause du voile. Cette tendance s'est révélée toutefois passagère comme l'illustre de manière exemplaire l'affaire de la crèche Baby-Loup. En 2011 la cour d'appel de Versailles a en effet confirmé la validité juridique du licenciement par cette crèche privée d'une salariée qui s'était prévalue, dans un premier temps avec succès, du principe de non-discrimination.

Cette logique de restriction des conditions du port du voile n'a de fait cessé depuis 2004 de s'affirmer. Le port du voile constitue ainsi l'un des critères pris en compte dans l'examen des candidats à la naturalisation. En 2010 une loi interdisant la dissimulation du visage destinée à bannir le voile intégral de l'espace public a été votée, puis confirmée par le Conseil constitutionnel. Les tentatives faites entre-temps par certaines familles musulmanes de porter des affaires d'exclusion scolaire en raison du port du foulard devant la Cour européenne des droits de l'homme se sont révélées infructueuses. Consacrant le principe d'une « marge d'appréciation nationale » en matière religieuse, la Cour de Strasbourg s'est en effet refusée d'imposer son propre standard juridique et a considéré qu'à l'aune du principe de la laïcité cette interdiction ne contrevient pas au droit. Le verrouillage progressif de l'espace juridique, dont témoigne encore l'interdiction faite aux mères voilées d'accompagner des sorties scolaires, manifeste avec force la réaffirmation d'un républicanisme assimilateur, lequel semblait dans les années 1990 vouloir céder le pas au droit à la différence.

Annexes

Liste des entrées du dictionnaire

Liste des abréviations

Bibliographie

Liste des entrées du dictionnaire

Les entrées en **gras** signifient que ce sont des dossiers.

activité des immigrés
affirmative action
aide au retour
antisémitisme
apatridie
asile
banlieues
carte de séjour
cartographie des itinéraires migratoires clandestins
centres de rétention
Chine
cités de transit
citoyenneté et participation politique
Cité nationale de l'histoire de l'immigration (CNHI)
commerce à la valise
Commission européenne
communautarisme
communauté(s)
délinquance et immigration
diaspora
discriminations
droit communautaire des étrangers
droit de vote des étrangers
droits des étrangers en France
échec scolaire et éducation
Église et immigration
émigration française
espace Schengen
État-nation
États-Unis
ethnie, groupe ethnique, ethnicité
excision
exil et paria
expulsion
familles immigrées
femmes
flux migratoires
Français à l'étranger
Front national
grands frères
Haut-Commissariat des Nations unies pour les réfugiés (HCR)
Haut Conseil à l'intégration (HCI)
hospitalité
identité nationale
invasion
islam
logement des immigrés
Marche pour l'égalité et contre le racisme
mariage forcé
médias et immigration
mémoire de l'immigration
migrants âgés
minorités
mots de l'immigration
multiculturalisme, multiculturel
nationalité
OCDE
Organisation internationale pour les migrations (OIM)
passeurs
peuplement noir des Amériques
police
polygamie
presse de l'immigration
racisme
réfugiés
regroupement familial
régularisation
Roms en Europe
routes et filières
Sangatte
sans-papiers
santé et immigration
seuil de tolérance
statistiques ethniques
transferts financiers
transnationalisme
travail « clandestin »
Turquie
Union européenne (les immigrés dans)
visa
voile

Liste des abréviations

AAH, Allocation aux adultes handicapés
ADRI, Association pour le développement des relations interculturelles
AGDREF, Application de gestion des dossiers des ressortissants étrangers en France
AME, Aide médicale de l'État
AMI, Association pour un musée de l'immigration
APRF, Arrêté préfectoral de reconduite à la frontière
ARH, Aide au retour humanitaire
ARV, Aide au retour volontaire
ASI, Actions de solidarité internationale
ASPA, Aide sociale aux personnes âgées
ASSFAM, Association service social FAmilial Migrants
ASTI, Association de soutien aux travailleurs immigrés
ATRIS, Association des travailleurs Renault de l'île Seguin
BIT, Bureau international du travail
BTP, Bâtiments et travaux publics
CCFD, Comité catholique contre la faim et pour le développement
CCCE, Caisse centrale de coopération économique
CE, Communauté européenne
CEDH, Convention européenne des droits de l'homme
CEDH, Cour européenne des droits de l'homme
CEFEB, Centre d'études financières économiques et bancaires
CESDH, Convention européenne de sauvegarde des droits de l'homme et des libertés fondamentales
CESEDA, Code de l'entrée et du séjour des étrangers et du droit d'asile
CGLPL, Contrôleur général des lieux de privation de liberté
CIMADE, Comité inter mouvements auprès des évacués
CMU, Couverture maladie universelle
CNCDH, Commission nationale consultative des droits de l'homme
CNDA , Cour nationale du droit d'asile
CNHI, Cité nationale de l'histoire de l'immigration
CNIL, Commission nationale pour l'informatique et les libertés
CNIS, Conseil national de l'information statistique
COMEDD, Comité pour la mesure et l'évaluation des discriminations et de la diversité
CONS. CONSTIT., Conseil constitutionnel
CRA, Centre de rétention administrative
CRAN, Conseil représentatif des associations noires
CRR, Commission des recours des réfugiés
CSP, Contrat de sécurisation profes-sionnelle
DGT, Direction générale du travail
DIOC, Database on Immigrants in OECD (base de données sur les immigrés dans les pays de l'OCDE)
DOC. FR., Documentation française
DUDH, Déclaration universelle des droits de l'homme de 1948

ENE, Étrangers d'origine non européenne
FARC, Forces armées révolutionnaires de Colombie
FAS, Fonds d'action sociale
FASILD, Fonds d'aide et de soutien pour l'intégration et la lutte contre les discriminations
FCC, Français contemporain des cités
FRONTEX (FRONTières EXtérieures), Agence européenne pour la gestion de la coopération opérationnelle aux frontières extérieures
GELD, Groupe d'étude et de lutte contre les discriminations
GIA, Groupe islamique armé
GISTI, Groupe d'information et de soutien aux travailleurs immigrés
HALDE, Haute Autorité de lutte contre les discriminations et pour l'égalité
HBM, Habitation à bon marché
HCI, Haut Conseil à l'intégration
HCR, Haut-Commissariat des Nations unies pour les réfugiés
HLM, Habitation à loyer modéré
IGAS, Inspection générale des affaires sociales
INED, Institut national d'études démographiques
INSEE, Institut national de la statistique et des études économiques
ITF, Interdiction du territoire français
JLD, Juge des libertés et de la détention
LICRA, Ligue internationale contre le racisme et l'antisémitisme
MIDA, Migrations pour le développement en Afrique
MRAP, Mouvement contre le racisme et pour l'amité entre les peuples
MSF ou **MGF**, Mutilations sexuelles (ou génitales) féminines
OAS, Organisation armée secrète
OCDE, Organisation de coopération et de développement économiques
OFII, Office français de l'immigration et de l'intégration
OFPRA, l'Office français de protection des réfugiés et apatrides
OIM, Organisation internationale pour les migrations
OIR, Organisation internationale pour les réfugiés
OIT, Organisation internationale du travail
OMS, Organisation mondiale de la santé
OND, Observatoire national de la délinquance
ONG, Organisation non gouvernementale
ONI, Office national d'immigration
ONU, Organisation des Nations unies
OQTF, Obligation de quitter le territoire français
OSCE, Organisation pour la sécurité et la coopération en Europe
OSII, Observatoire statistique de l'immigration et de l'intégration
OTAN, Organisation du traité de l'Atlantique Nord
OUA, Organisation de l'Unité africaine
PAF, Police aux frontières
PNUD, Programme des Nations unies pour le développement
RAV, Retour assisté volontaire
SDN, Société des nations

SIS, Système d'information Schengen

SIVE, Système intégré de vigilance électronique

SONACOTRA, Société nationale de construction de logements pour les travailleurs algériens

SOPEMI, Système d'observation permanente des migrations

TFUE, Traité sur le fonctionnement de l'UE

UE, Union européenne

UNAFO, Union nationale des associations gestionnaires de foyers de travailleurs migrants, de résidences sociales

UNRWA (*United Nations Relief and Works Agency*), Office de secours et de travaux des Nations unies pour les réfugiés de Palestine dans le Proche-Orient

VIH, Virus de l'immunodéficience humaine

VTA, Visas de transit aéroportuaires

WASP (*White Anglo-Saxon Protestants*), Blancs d'origine anglo-saxonne et protestants

WU, Western Union

ZUP, Zone urbaine protégée

ZUS, Zone urbaine sensible

Bibliographie

Questions

Existe-t-il une spécificité française en matière d'immigration ?

Pierre CHAUNU, *l'Expansion européenne du XIIIe et XVe siècles*, Paris, PUF, 1969.

Jean-Claude CHASTELAND, Jean-Claude CHESNAIS (dir.), *la Population du monde. Géants démographiques et défis internationaux*, Les Cahiers de l'INED, 2003.

Jean-Claude CHESNAIS, *la Démographie*, Que sais-je ? PUF, 2002.

François HÉRAN, *le Temps des immigrés*, Seuil, 2007.

Smaïn LAACHER, *l'Immigration*, Le Cavalier Bleu, 2006.

Abdelmalek SAYAD, « Les maux à mots de l'immigration. Abdelmalek Sayad, entretien avec Jean Leca », *Politix*, n° 12, 1990.

Gildas SIMON, *Géodynamique des migrations internationales dans le monde*, PUF, 1995.

Patrick WEIL, *La république et sa diversité*, Seuil, 2005.

Une citoyenneté sans appartenance nationale est-elle possible en France ?

Giorgio AGAMBEN, *Homo Sacer, le Pouvoir souverain et la vie nue*, Seuil, 1997.

Étienne BALIBAR, *Nous Citoyens d'Europe. Les frontières, l'État, le peuple*, La Découverte, 2001.

Jean-François BAYARD, *le Gouvernement du monde*, Fayard, 2004.

Jean-Yves CARLIER, *la Condition des personnes dans l'Union européenne*, Bruxelles, Larcier, 2007.

Nancy L. GRENN, *Repenser les migrations*, PUF, 2002.

Riva KASTORYANO, « Participation transnationale et citoyenneté : les immigrés dans l'Union européenne », *Cultures & Conflits*, N° 28, 1997.

Smaïn LAACHER, *le Peuple des clandestins*, Calmann-Lévy, 2008.

Dominique SCHNAPPER, *la France de l'intégration. Sociologie de la nation en 1990*, Gallimard, 1991.

La fin du « modèle français d'intégration » ?

Jean BAZIN, « Les fantômes de Mme Du Deffand. Exercices sur la croyance », in *Revue Critique*, n° 529-530, 1991.

Élisabeth CLAVERIE, « La Vierge, le désordre, la critique, les apparitions de la Vierge à l'âge de la science », revue *Terrain*, n° 14, 1990.

Émile DURKHEIM, *De la division du travail social*, PUF, 1986. – *les Formes élémentaires de la vie religieuse*, PUF, 1985. – *le Suicide*, PUF, 1986.

Smaïn LAACHER, *l'Institution scolaire et ses miracles*, La Dispute, 2006.

Ludwig WITTGENSTEIN, « Leçon sur la croyance religieuse », in *Leçons et conversations*, Paris, Gallimard, 1971.

POURQUOI UNE SCIENCE DE L'IMMIGRATION EST-ELLE SI DIFFICILE ?

Pierre BOURDIEU, « Esprits d'État », *Actes de la recherche en sciences sociales*, 96-97, mars 1993.

COLLECTIF, *le Retour de la race*, éd. L'aube, 2010.

Abdelmalek SAYAD, *la Double Absence*, Seuil, 1999.

Temps forts

LES NOUVELLES CONFIGURATIONS MONDIALES APRÈS LA SECONDE GUERRE MONDIALE ET LA FIGURE DU RÉFUGIÉ

Frank ATTAR, *Dictionnaire des relations internationales de 1945 à nos jours*, Seuil, 2009.

Yves LACOSTE, *Dictionnaire de géopolitique*, Flammarion, 1995.

RAPPORTS :

Sur les réfugiés, rapports annuels du HCR : http://www.unhcr.fr.

Sur les migrations internationales : http://hdr.undp.org/en/media/HDR_2009_FR_Complete.pdf.

COLONISATION ET IMMIGRATION

Pascal BLANCHARD, Nicolas BANCEL, *De l'indigène à l'immigré*, coll. folio-Gallimard, 1998.

Pascal BLANCHARD, Nicolas BANCEL, Sandrine LEMAIRE, *la Fracture coloniale*, Paris, La Découverte, 2005.

Olivier LE COUR GRANDMAISON, *Coloniser, exterminer : sur la guerre et l'État colonial*, Paris, Fayard, 2005.

Daniel LEFEUVRE, *Pour en finir avec la repentance coloniale*, Flammarion, Paris 2006.

Nancy L. GREEN, Marie POINSOT (dir.), *Histoire de l'immigration et question coloniale en France*, Paris, La Documentation française et Cité nationale de l'histoire de l'immigration, 2008.

Le tournant des années 1970 en Europe et en France et Immigration ordinaire, immigration clandestine, asile et terrorisme depuis 2001

Giorgio AGAMBEN, *Homo Sacer, le pouvoir souverain et la vie nue*, Seuil, 1997.

Jean-François BAYARD, *le Gouvernement du monde*, Fayard, 2004.

Marie-Claire CALOZ-TSCHOPP, *les Étrangers aux frontières de l'Europe. Et le spectre des camps*, La Dispute, 2004.

Olivier CLOCHARD, Smaïn LAACHER, *Vers une banalisation de l'enfermement des étrangers dans l'Union européenne*, Bulletin de l'association de géographes français, n° 1, mars 2006.

Nancy L. GRENN, *Repenser les migrations*, PUF, 2002.

Smaïn LAACHER, *Après Sangatte... Nouvelles Immigrations. Nouveaux Enjeux*, La Dispute, 2002.

Smaïn LAACHER, « Passeurs, passagers et points de passage », in *l'Enjeu mondial. Les migrations*, Christophe JAFFRELOT et Christian LEQUESNE (dir.), Sciences-Po, Les presses, *l'Express*, 2009.

MIGREUROP, http://www.migreurop.org.

Gildas SIMON, *Géodynamique des migrations internationales dans le monde*, PUF, 1995.

Gildas SIMON, « Les migrations internationales », *Population et Sociétés*, 382, 2002.

Dictionnaire

ACTIVITÉ DES IMMIGRÉS

Catherine BORREL, « Enquêtes annuelles de recensement 2004 et 2005 – Près de 5 millions d'immigrés à la mi-2004 », *Insee Première,* n° 1098, août 2006.

Marilyne BÈQUE, « Quels sont les nouveaux bénéficiaires d'un titre de séjour ? », *Drees, Études et Résultats*, n° 612, décembre 2007.

Jacqueline PERRIN-HAYNES, « L'activité des immigrés en 2007 », *Insee Première*, n° 1212, octobre 2008.

AFFIRMATIVE ACTION

CONSEIL D'ÉTAT, *Rapport public 1996 sur le principe d'égalité*, Paris, La Documentation française, coll. « Études et Documents » n°48, 1997.

Gwenaële CALVES, *l'Affirmative Action dans la jurisprudence de la Cour Suprême des États-Unis*, Paris, LGDJ, 1998 ; du même auteur, *la Discrimination positive*, Paris, PUF, coll. « Que sais-je ? », 2004.

Julie THERMES, *Essor et déclin de l'Affirmative Action. Les étudiants noirs à Harvard, Yale et Princeton*, Paris, éd. du CNRS, 1999.

Julien DAMON, *Discrimination positive et « Affirmative Action »*, Paris, CNAF, coll. « Dossier d'Études » n° 7, avril 2000.

Daniel SABBAGH, *L'égalité par le droit : les paradoxes de la discrimination positive aux États-Unis*, Paris, Économica, 2004.

AIDE AU RETOUR

Kamel ALIMAZIGHI, *Les émigrés algériens de retour au pays, du rêve à la réalité*, Alger, Office des Publications Universitaires, 1993.

Paul LANIEL, « Au confluent des relations internationales : l'immigration », *Économie et Humanisme*, n° 52, 1969.

Sylvain LAURENS, *Une politisation feutrée. Les hauts fonctionnaires et l'immigration en France (1962-1981)*, Paris, Belin, coll. Socio-histoire, 2009.

Sylvain LAURENS, « Les agents de l'État face à leur propre pouvoir. Éléments pour une micro-analyse des mots griffonnés en marge des décisions officielles », *Genèses*, n° 72, 2008.

Patrick WEIL, *La France et ses étrangers : l'aventure d'une politique de l'immigration (1938-1991)*, Paris, Gallimard, 1991.

ANTISÉMITISME

Michael MARRUS et Robert O. PAXTON, *Vichy et les Juifs*, Paris, éd. Calmann-Lévy, 1981.

Ralph SCHOR, *l'Antisémitisme en France dans l'entre-deux-guerres : prélude à Vichy*, Bruxelles, éd. Complexe, 1991.

Pierre BIRNBAUM, le *Moment antisémite. Un tour de la France en 1898*, Paris, Fayard, 1998.

Jean-Jacques BECKER, Annette WIEVIORKA (dir.), les *Juifs de France, de la Révolution française à nos jours*, Paris, Liana Levi, 1998.

Pierre-André TAGUIEFF, la *Nouvelle Judéophobie*, Paris, Mille et une Nuits, 2002.

APATRIDIE

Marie-Claire CALOZ-TSCHOPP, les *Sans-État dans la philosophie d'Hannah Arendt, les humains superflus, le droit d'avoir des droits et la citoyenneté*, éd. Payot? Lausanne, mars 2000.

Catherine GOUSSEFF, *L'exil russe : la fabrique du réfugié apatride (1920-1939)*, éd. du CNRS, Paris, 2008.

ASILE

Luc CAMBRÉZY, Smaïn LAACHER, Véronique LASSAILLY-JACOB, Luc LEGOUX (eds), *l'Asile au Sud*, La Dispute, 2008.

Olivier CLOCHARD, Luc LEGOUX, Ralph SCHOR (eds), « l'Asile politique en Europe depuis l'entre-deux-guerres », in *Revue européenne des migrations internationales*, vol. 20 n°2, 2004.

Forum réfugiés, *l'Asile en France et en Europe, état des lieux 2010*, La Dispute, 2010.

Luc Legoux, *le Sens des chiffres de l'asile*, Plein droit, la revue du GISTI, n° 77, juin 2008.

UNHCR, *Tendances mondiales en 2008 : Réfugiés, demandeurs d'asile, rapatriés, personnes déplacées à l'intérieur de leur pays et apatrides*, juin 2009, disponible en ligne sur www.unhcr.fr.

BANLIEUES

Gérard Beaudin, Philippe Genestier (dir.), *Banlieues à problèmes. La construction d'un problème social et d'un thème d'action publique*, Paris, La Documentation française, 2002.

Marie-Claire Blanc-Chaléard, « Les immigrés et le logement en France depuis le XIXe siècle, une histoire paradoxale », in *Hommes et Migrations*, n° 1264, nov.-déc. 2006.

Louis Chevalier, *Classes laborieuses et classes dangereuses à Paris pendant la première moitié du XIXe siècle*, Paris, Plon, 1958.

Paul-Henry Chombart de Lauwe, Françoise Fichey-Poitret (dir.), *Familles et habitation*, éd. du CNRS, 1959.

Sabine Effosse, *l'Invention du logement aidé en France*, CHEFF éd., Paris, 2003.

Nicole Haumont, Henri Raymond, *les Pavillonnaires et l'habitat pavillonnaire*, Paris, Centre de recherche d'urbanisme, 1970-1971.

Henri Lefebvre, *le Droit à la ville*, Paris, Anthropos, 1968.

Michelle Perrot, « Dans la France de la Belle Époque, les 'apaches', premières bandes de jeunes » in *Les marginaux et les exclus dans l'histoire*, Cahiers Jussieu, n° 5, Université Paris VII, Paris, 10/18/1979.

Michel Verret, *l'Espace ouvrier*, Paris, A. Colin, 1979.

CARTE DE SÉJOUR

Ilsen About, Vincent Denis, *Histoire de l'identification des personnes*, Paris, éd. La Découverte, coll. « Repères », 2010.

Marie-Claude blanc-chaleard, *Histoire de l'immigration*, Paris, éd. La Découverte et Syros, coll. « Repères », 2001.

Marie-Claude blanc-chaleard, Nicole Dyonet, Caroline Douki, Vincent Milliot (dir.), *Police et migrants*, France 1667-1939, Rennes, Presses universitaires de Rennes, 2001.

Gérard Noiriel, *État, Nation et immigration*, Paris, éd. Belin, 2001.

Patrick Weil, *La France et ses étrangers. L'Aventure d'une politique de l'immigration de 1938 à nos jours*, Paris, Calmann-Lévy, 1991.

CARTOGRAPHIE DES ITINÉRAIRES MIGRATOIRES CLANDESTINS

Frédéric Dumont, Romain Liagre, (2005), *Sangatte : vie et mort d'un centre de « réfugiés »*, Annales de géographie, n° 641.

Smaïn LAACHER, *Le peuple des clandestins*, Calmann-Lévy, 2007.

Gildas SIMON, *La planète migratoire dans la mondialisation*, Armand Colin, 2008.

CENTRES DE RETENTION

CIMADE, *Centres et locaux de rétention administrative*, Rapport 2009 ; *Contrôleur général des lieux de privation de liberté*, Rapport d'activité 2010.

CIMADE, *Enquête sur les pratiques des consulats de France en matière de délivrance des visas*, juillet 2010.

GISTI, *Guide de l'entrée et du séjour des étrangers en France*, La Découverte, 2010.

GISTI, *Entrée, séjour et éloignement : ce que change la loi du 16 juin 2011*, Les Cahiers juridiques, 2011.

Olivier LECUCQ (dir.), *La rétention administrative des étrangers*, Paris, L'Harmattan, 2011.

Danièle Lochak, *Droits et libertés des étrangers*, Jurisclasseur, 2011, Fascicules 720, 725, 730.

MIGREUROP, *Aux frontières de l'Europe : contrôles, enfermement et expulsions*, 2010.

Yves PASCOUAU, *La politique migratoire de l'Union européenne : de Schengen à Lisbonne*, Fondation Varenne, LGDJ, DL 2010.

Pour une politique de l'immigration juste et efficace, Rapports présentés au Premier ministre par M. P. WEIL, La Documentation française, 1997.

SECRÉTARIAT GÉNÉRAL DU COMITÉ INTERMINISTÉRIEL DE CONTRÔLE DE L'IMMIGRATION, *Les orientations de la politique d'immigration et d'intégration*, 7e rapport au Parlement, mars 2011.

Vincent TCHEN, *Droit des étrangers*. 2e éd., 2011, Ellipses.

Vincent TCHEN et Fabienne RENAULT-MALIGNAC, *Code de l'entrée et du séjour des étrangers en France : Juriscode*, Litec, 7e éd. 2012.

Xavier VANDENDRIESSCHE, *Le droit des étrangers*, Dalloz, 4e éd., 2010.

CHINE ET DIASPORA CHINOISE

Peter KWONG, *Forbidden Workers : Illegal Chinese Immigrants and American Labor*, New York : New Press, 1997.

Emmanuel MA MUNG, *La diaspora chinoise : géographie d'une migration*, Paris, Ophrys, 2000.

Lynn PAN (dir.), *The Encyclopedia of the Chinese overseas*, Richmond, Curzon Press, 1999.

Laurence ROULLEAU-BERGER (dir.), *Nouvelles Migrations chinoises et travail en Europe*, Toulouse, Presses universitaires du Mirail, 2007.

Leo SURYADINATA (dir.), *The ethnic Chinese as Southeast Asians*, Singapour, Institute of South East Asian Studies, 1997.

Gungwu WANG, *China and the Chinese Overseas* (1991), Singapour, Times Academic Press, 1992.

Lingchi WANG et Gungwu WANG (dir.), *The Chinese Diaspora : Selected Essays*, Singapour, Times Academic Press, 1998.

CITÉS DE TRANSIT

Jacques BAROU, *Les immigrés maghrébins dans les années cinquante*, in *La ville divisée : les ségrégations urbaines en questions, France, XIXe et XXe siècles*, Annie FOURCAUT (dir.), Paris, Créaphis, octobre 1996.

Valérie BARRE, « La cité de transit; un lieu non-urbain », in *Quand Besançon se donne à lire. Essais d'anthropologie urbaine*, Anne RAULIN (dir.), Paris, L'Harmattan, 1999.

Jean-François LAÉ, Numa MURARD, *L'argent des pauvres. La vie quotidienne en cité de transit*, Paris, Seuil, 1985.

Amélia LYONS, « Du bidonville au HLM, le logement des familles algériennes en France avant l'indépendance de l'Algérie », in *Hommes et migrations*, n°1264, novembre-décembre 2006.

Colette PÉTONNET, *Espaces habités. Ethnologie des banlieues*, Paris, Galilée, 1982.

CITOYENNETÉ ET PARTICIPATION POLITIQUE

Sylvain BROUARD, Vincent TIBERJ, *Rapport au politique des Français issus de l'immigration*, Paris, CEVIPOF, Sciences-Po, 2005.

Romain GARBAYE, *Getting into local power. The politics of ethnic minorities in British and French cities*, Malden, Blackwell, 2005.

Vincent GEISSER, *Ethnicité républicaine. Les élites d'origine maghrébine dans le système politique français*, Paris, Presses de Sciences-Po, 1997.

Rahsaan MAXWELL, « Political Participation in France among Non-European Origin Migrants : Segregation or Integration ? », *Journal of Ethnic and Migration Studies*, 19 (1), iFirst article, 2009.

Sylvie STRUDEL, « La participation des Portugais aux élections européennes et municipales en France », *Cahiers de l'Urmis*, N° 9, 2004.

CNHI

Angéline ESCAFRÉ-DUBLET, « L'État et la culture des immigrés », *Histoire@Politique. Politique, culture, société*, n° 4, janvier-avril 2008.

Hélène LAFONT-COUTURIER (dir.), « Une coll. en devenir », *Hommes et migrations,* n° 1267, mai-juin 2007.

Jacques TOUBON (dir.), *Mission de préfiguration du Centre de ressources et de mémoire de l'immigration*, La Documentation française, 2004.

SITE INTERNET de la Cité nationale de l'histoire de l'immigration : www.histoire-immigration.fr.

COMMERCE À LA VALISE

Ahmed Henni, *Essai sur l'économie informelle, le cas de l'Algérie*, ENAG, Oran, 1991.

Michel Peraldi (dir.), *Cabas et containers. Activités marchandes informelles et réseaux migrants transfrontaliers*, Paris, Maisonneuve et Larose, 2001.

Jean-François Pérouse, Mustafa Aslan, *Istanbul, le comptoir, le hub, le sas et l'impasse. Fonction dans le système migratoire international*, in *Revue européenne des Migrations internationales*, vol. 19, n°3, 2003.

Alain Tarrius, *La mondialisation par le bas : les nouveaux nomades de l'économie souterraine*, Paris, Balland, 2002.

COMMUNAUTARISME

Fabrice Dhume, « L'émergence d'une figure obsessionnelle : comment le "communautarisme" a envahi les discours médiatico-politiques français », in *Asylon(s)*, n° 8, juillet 2010 ; en ligne : URL : http://www.reseau-terra.eu/article945.html.

Fabrice Dhume-Sonzogni, *Liberté, égalité, communauté ? L'État français contre le « communautarisme »*, Paris, éd. Homnisphères, 2007.

Pierre-André Taguieff, « Vous avez dit communautarisme ? », *le Figaro*, 17 juillet 2003.

Sylvie Tissot, « Le "repli communautaire" : un concept policier. Analyse d'un rapport des Renseignements généraux sur les "quartiers sensibles" », 28 octobre 2004 ; en ligne : URL : http://lmsi.net/article.php3.

COMMUNAUTÉ

Collectif, « Qu'est-ce qu'une communauté ? », *Mana*, revue de sociologie et d'anthropologie, n° 16, 2009.

Norbert Elias, John Lloyd Scotson, *Logiques de l'exclusion. Enquête sociologique au cœur des problèmes d'une communauté*, Paris, Fayard, 1997.

Roberto Esposito, *Communitas. Origine et destin de la communauté*, Paris, PUF, 2000.

Ferdinand Tönnies, *Communauté et société, catégories fondamentales de la sociologie*, Paris, PUF, 1944.

Max Weber, *Économie et société 2*, Paris, Pocket, 1995.

DÉLINQUANCE

Fabien Jobard, René Lévy, *Police et minorités visibles : les contrôles d'identité à Paris*, Open Society, New York, 2009.

Fabien Jobard, Sophie Névanen, « «La couleur du jugement». Discriminations dans les décisions judiciaires en matière d'infractions à agents de la force publique (1965-2005) », *Revue française de sociologie*, 2, 243-272, 2007.

Véronique Le Goaziou, Laurent Mucchielli, *La violence des jeunes en question*, Nîmes, Champ social éd., 2009.

René Lévy, Renée Zauberman, « Police, minorities and the French republican ideal », *Criminology*, 41, 4, 1065-1100, 2003.

Mohammed Marwan, *La formation des bandes. Entre la famille, l'école et la rue*, Paris, PUF, 2011.

Laurent Mucchielli, *L'invention de la violence. Des peurs, des chiffres, des faits*, Paris, Fayard, 2011.

Laurent Mucchielli, Sophie Nevanen, « Délinquance, victimation, criminalisation et traitement pénal des étrangers en France », in Palidda S. (dir.), *Migrations critiques, repenser les migrations comme mobilités humaines en Méditerranée*, Paris, Karthala, 303-328, 2011.

Devah Pager, « The Republican ideal ? National minorities and the criminal justice system in contemporary France », *Punishment and Society*, 4, 375-400, 2008.

DIASPORA

Lisa Anteby-Yemini, William Berthomière et Gabriel Sheffer (dir.), *Les diasporas, 2 000 ans d'histoire*, Rennes, Presses universitaires de Rennes, 2005.

William Berthomière et Christine Chivallon (dir.), *Les diasporas dans le monde contemporain*, Paris, MSHA-Karthala, 2006.

Chantal Bordes-Benayoun et Dominique Schnapper, *Diasporas et nations*, Paris, Odile Jacob, 2006.

Avtar Brah, *Cartographies of Diaspora : Contesting Identities*, Londres, Routledge, 1996.

Christine Chivallon, *La diaspora noire des Amériques. Expériences et théories à partir de la Caraïbe*, Paris, CNRS éd., 2004.

Robin Cohen, *Global Diasporas. An Introduction*, Londres, Routledge, 2009 (1re éd. 1997).

Stéphane Dufoix, *les Diasporas*, Paris, PUF, coll. « Que sais-je », 2003.

Edgar Morin, les Sept Savoirs nécessaires à l'éducation du futur, Paris, Unesco, 1999.

DISCRIMINATIONS

Véronique De Rudder, Christian Poiret, François Vourc'h, « L'inégalité raciste. L'universalité républicaine à l'épreuve », PUF, coll. *Pratiques théoriques*, Paris, 2000.

Éric Cediey et Francesco Foroni, « Les Discriminations à raison de "l'origine" dans les embauches en France. Une enquête nationale par tests de discrimination selon la méthode du BIT », Genève, Bureau international du travail, 2006.

Cris Beauchemin, Christelle Hamel, Patrick Simon (dir.), « Trajectoires et origines. Enquête sur la diversité des populations en France. Premiers résultats », coll. « Document de travail » de l'Ined, Paris, 2010.

Gwenaële Calvès, « "Il n'y a pas de race ici". Le modèle français à l'épreuve de l'intégration européenne », Critique internationale n° 17, 2002.

Laure BERENI, « "Faire de la diversité une richesse pour l'entreprise". La transformation d'une contrainte juridique en catégorie managériale », Raisons politiques n° 35, 2009.

Didier FASSIN, « Du déni à la dénégation. Psychologie politique de la représentation des discriminations », in Didier FASSIN (dir.), « De la question sociale à la question raciale ? », Paris, La Découverte, 2006.

DROIT COMMUNAUTAIRE DES ÉTRANGERS

Christine BERTRAND (dir.), *L'immigration dans l'Union européenne*, éd. L'Harmattan, 2008.

Jean Yves CARLIER (dir.), *L'étranger face au droit*, Bruxelles, éd. Bruylant, 2010.

Christel COURNIL, *Le statut de l'étranger et les normes supranationales*, Paris, éd. L'Harmattan, 2005.

Thierry DI MANNO et Marie-Pierre ELIE (dir.), *L'étranger : sujet du droit et sujet de droits*, Bruxelles, éd. Bruylant, 2008.

Anne MILLET-DEVALLE (dir.), *L'Union européenne et la protection des migrants et des réfugiés*, Paris, éd. Pédone, 2010.

Caroline PICHERAL, *Les standards du droit communautaire des étrangers*, Cahiers de l'IDEDH n° 12, Publ. Université Montpellier I, 2008.

RÉFÉRENCES JURISPRUDENTIELLES :.

CJCE 15 octobre 1969, Ugliola, aff. C-15/69 ; CJCE 26 février 1975, Bonsignore, aff. C-67/74 ; Cour EDH, 7 juillet 1989, Soering c. Royaume Uni, req. 140378/88 ; CE, 24 octobre 1990, Ragusi, req. 81333 ; CJCE, 5 mars 1991, Giagounis, aff. C-376/89 ; CE, 19 décembre 1994, Min. Intérieur c. Gantier, req. 122589 ; CJCE, 21 septembre 1999, Wijsenbeek, aff. C-378-97 ; CJCE, 11 juillet 2002, Marie-Nathalie D'Hoop, aff. C-224/98 ; CE, Avis, 26 novembre 2008, Victor, 315441 ; CJ, 28 avril 2011, Hassen Dridi, C-61/11.

DROIT DES ÉTRANGERS

Jean-Yves CARLIER (dir.), *L'étranger face au droit*, Bruylant, 2010.

F. JULIEN-LAFERRIÈRE, *Droit des étrangers*, PUF, 2000.

Emmanuelle NERAUDAU-D'UNIENVILLE, *Ordre public et droit des étrangers en Europe*, Bruylant, 2006.

Emmanuelle SAULNIER-CASSIA et Vincent TCHEN (dir.), *Unité du droit des étrangers et égalité de traitement*, Dalloz, 2009.

Vincent TCHEN, *Droit des étrangers*, Ellipses, 2e éd., 2011.

Xavier VANDENDRIESSCHE, *le Droit des étrangers*, Dalloz, 2010.

DROIT DE VOTE DES ÉTRANGERS

Dominique COLAS, *Citoyenneté et nationalité*, éd. Gallimard, 2004.

Smaïn LAACHER, *L'immigration*, éd. le Cavalier Bleu, 2006.

Dominique SCHNAPPER, *La communauté des citoyens : sur l'idée moderne de nation*, éd. Gallimard, 1994.

ÉCHEC SCOLAIRE ET ÉDUCATION

Yaël Brinbaum et Annick Kieffer, « Les scolarités des enfants d'immigrés de la sixième au baccalauréat : différenciation et polarisation des parcours », Population-F, 64 (3), 2009.

Jean-Paul Caille, « Perception du système éducatif et projets d'avenir des enfants d'immigrés », *Éducation & formations*, n° 74, avril 2007.

Smaïn Laacher, L'institution scolaire et ses miracles, Paris, La Dispute, 2005.

Olivier Schwartz, Le monde privé des ouvriers, Paris, PUF, 1990.

ÉGLISE ET IMMIGRATION

Bernard Fontaine (dir.), *Les Églises, les migrants et les réfugiés : 35 textes pour comprendre*, Les éd. de l'Atelier, 2006.

Migrations-société, *Les Églises avec les immigrés*, vol. 9 n° 3, 1997.

Marc Spindler et Anne Lenoble-Bart, *Chrétiens d'outre-mer en Europe. Un autre visage de l'immigration*, Karthala, 2000.

ESPACE SCHENGEN

Yves Bertoncini, Thierry Chopin, Anne Dulphy, Sylvain Kahn, Christine Manigand (dir.), *Dictionnaire critique de l'Union européenne*, Paris, A. Colin, 2008 (entrées « Immigration « et « Schengen »).

Serge Weber, N*ouvelle Europe, nouvelles migrations, Paris*, Le Félin, 2007.

ÉTATS-NATION

Anne-Marie Thiesse, *La création des identités nationales*, Seuil, 1999.

Gérard Noiriel, *État, nation, immigration*, Paris, Belin, 2001.

Serge Slama, *Le privilège du national. Étude historique de la condition civique de l'étranger en France*, Thèse de droit public, université Paris X, 2003.

Carlos Miguel Pimentel, « L'exception britannique. L'identité non écrite », in Xavier Crettiez et Pierre Piazza, *Du papier à la biométrie*, Paris, Presses de Sciences-Po, 2006.

ÉTATS-UNIS ET IMMIGRATION

Sophie Body-Gendrot, *Les États-Unis et leurs immigrants. Des modes d'insertion variés*, Paris, La Documentation française, 1991.

Philip Kasinitz, John Mollenkopf, Mary Waters, Jennifer Holdaway, I*nheriting the City. The Children of Immigrants Come of Age*, New York, Russell Sage, Cambridge, Ma, Harvard UP, 2008.

Mae Ngai, *Impossible Subjects : Illegal Aliens and the Making of Modern America*, Princeton, Princeton UP, 2004.

Martin Schain, *The Politics of Immigration in France, Britain, and the United States*, New York, Palgrave Macmillan, 2008.

Aristide ZOLBERG, *A Nation by Design. Immigration policy in the fashioning of America*, New York, Russell Sage Foundation, Cambridge, Ma, Harvard UP, 2006.

ETHNIE

Jean-Louis AMSELLE et Elikia M'BOKOLO, *Au cœur de l'ethnie : ethnies, tribalisme et État en Afrique*, Paris, éd. La Découverte, 1985.

Fredrik BARTH, « Les groupes ethniques et leurs frontières », 1969 ; traduction in P. POUTIGNAT et J. STREIFF-FÉNART, *Théories de l'ethnicité*, PUF, 1995.

Nathan GLAZER, Daniel MOYNIHAN (eds), *Ethnicity : Theory and experience*, Cambridge, Harvard University Press, 1975.

Abel HOVELACQUE, « Ethnologie et ethnographie », in *Bulletins de la Société d'anthropologie de Paris*, II Série, tome 11, 1876.

Danielle JUTEAU, *L'ethnicité et ses frontières*, Presses Universitaire de Montréal, 1999.

William LLOYD WARNER, *Yankee City Series*, Yale University Press, New Haven, 5 vol., 1941-1949.

Philippe POUTIGNAT et Jocelyne STREIFF-FÉNART, *Théories de l'ethnicité*, PUF, 1995.

Jean-Paul SARTRE, *Réflexions sur la question juive*, Folio-Essais, Gallimard, 2007 [1re édition, 1946].

EXCISION

Armelle ANDRO, Marie LESCLINGAND, *Les mutilations sexuelles féminines : le point sur la situation en Afrique et en France*, Paris, Ined, Populations et Sociétés n° 438, 4 p., 2007.

Christine BELLAS CABANE, *La coupure. L'excision ou les identités douloureuses*, Paris, La Dispute, 2008.

OHCHR, UNAIDS, UNDP, UNECA, UNESCO, UNFPA, UNHCR, UNICEF, UNIFEM, WHO, *Eliminating Female Genital Mutilation an Interagency statement*, 2008.

Stanley YODER P., Noureddine ABDERRAHIM et Arlinda ZHUZHUNI, *Female Genital Cutting in the Demographic and Health Surveys : A Critical and Comparative Analysis*, ORC Macro, Calverton, Maryland, (DHS Comparative Reports No. 7), 2004.

EXIL ET PARIA

Hannah ARENDT, *la Crise de la culture*, Gallimard, 1989.

Smaïn LAACHER, *le Peuple des clandestins*, Paris, Calmann-Lévy, 2007.

Jan PATOČKA, *Essais hérétiques sur la philosophie de l'histoire*, Verdier, 1981.

EXPULSION

Affaire Paquet (Commission mixte des réclamations Belgique-Venezuela, 1903), *Nations unies, Recueil des sentences arbitrales internationales*, vol. IX.

CIMADE, *Enquête sur les pratiques des consulats de France en matière de délivrance des visas*, juillet 2010.

COMMISSION DU DROIT INTERNATIONAL Cinquante-Neuvième Session, Genève, 7 mai-8 juin et 9 juillet-10 août 2007 *Troisième rapport sur l'expulsion des étrangers*.

COUR EUROPÉENNE DES DROITS DE L'HOMME :

CEDH, 15 nov. 1996, *Chahal* c/ Royaume-Uni, § 73.

CEDH, 5 févr. 2002, *Čonka* c/ Belgique, req. n° 51564/99.

CEDH, 12 mai 2006, Hussun et autres c/ Italie, Req. n°10171/00 (expulsion vers la Libye).

CEDH, GC, 21 janv. 2011, *M.S.S.* c/ Belgique et Grèce, Req. n° 30696/09.

CEDH, 12 oct. 2006, *Mubilanzila Mayeka et Kaniki Mitunga* c/ Belgique, Req. n°13178/03.

CEDH, 25 juin 1996, *Amuur* c/ France, Req. n° 19776/92.

CEDH, 2 août 2001, *Boultif* c/ Suisse, Req. n° 54273/00.

CEDH, 13 juill. 1995, *Nasri* c/France, Req. n° 19465/92.

GISTI, *Entrée, séjour et éloignement : ce que change la loi du 16 juin 2011*, Les Cahiers juridiques, 2011.

GISTI, *Guide de l'entrée et du séjour des étrangers en France*, La Découverte, 2010.

D. LOCHAK, *Droits et libertés des étrangers*, Jurisclasseur, 2011, Fascicules 720, 725, 730.

MIGREUROP, *Aux frontières de l'Europe : contrôles, enfermement et expulsions*, 2010.

Yves PASCOUAU, *La politique migratoire de l'Union européenne : de Schengen à Lisbonne*, Fondation Varenne, LGDJ, DL 2010.

Pour une politique de l'immigration juste et efficace, Rapports présentés au Premier ministre par M. P. WEIL, La Documentation française, 1997.

SECRÉTARIAT GÉNÉRAL DU COMITÉ INTERMINISTÉRIEL DE CONTRÔLE DE L'IMMIGRATION, *Les orientations de la politique d'immigration et d'intégration*, 7e rapport au Parlement, mars 2011.

SÉNAT, *Rapport relatif à l'immigration et à l'intégration*, 2006.

Vincent TCHEN, *Droit des étrangers*, 2e éd., Ellipses, 2011.

Vincent TCHEN et Fabienne RENAULT-MALIGNAC, *Code de l'entrée et du séjour des étrangers en France : Juriscode*, Litec, 7e éd. 2012.

Xavier VANDENDRIESSCHE, *le Droit des étrangers*, Dalloz, 4e éd., 2010.

FAMILLES IMMIGRÉES

Claudine ATTIAS-DONFUT (dir.), *L'enracinement. Enquête sur le vieillissement des immigrés en France*, Armand Colin, 2006.

Catherine BORREL et Chloé TAVAN, *France, portrait social*, éd. 2003-2004, Insee Références.

Collectif, *Les immigrés en France,* éd. 2005, coll. Références.

Caroline HELFTER, « Vies de familles immigrées », in *Informations sociales*, 2007/8 n° 144.

Smaïn LAACHER, *L'institution scolaire et ses miracles*, Paris, La Dispute, 2005.

Laurent TOULEMON, « La fécondité des immigrées : nouvelles données, nouvelle approche », in *Population et Sociétés*, n° 400, avril 2004.

FEMMES DANS LES MIGRATIONS

Thérèse LOCOH et Isabelle PUECH (eds), « Migrations et discriminations », in *Travail, genre et sociétés*, 20(2), 2008.

Barbara EHRENREICH et Arlie Russell HOCHSCHILD, *Global woman : Nannies, maids, and sex workers in the new economy*, Metropolitan Books, 2003.

Jules FALQUET, Helena HIRATA et Bruno LAUTIER (éds), « Travail et mondialisation. Confrontations Nord/Sud », in *Cahiers du genre*, 40, 2006.

FNUAP, *L'état de la population mondiale 2006. Vers l'espoir : les femmes et la migration internationale*, New York : UNFPA, 2006.

Claudie LESSELIER (éd) « Femmes contre les violences », in *Hommes et migrations*, 1262, 2006.

Christine CATARINO et Mirjana MOROKVASIC (éds), « Femmes, genre, migrations et mobilités », in *Revue des Migrations internationales*, 21(1), 2005.

Magaly HANSELMANN, Karine LEMPEN, Natalie BENELLI, Magdalena ROSENDE, Janine DAHINDEN (éds), « Genres et frontières. Frontières du genre », in *Nouvelles Questions féministes*, 26, 1, 2007.

FLUX MIGRATOIRES

Gildas SIMON, « Les migrations internationales », in *Population et Sociétés*, n° 382, septembre 2002.

Olivier CLOCHARD, Smaïn LAACHER, « Vers une banalisation de l'enfermement des étrangers dans l'Union européenne », *Bulletin de l'association de géographes français*, n° 1, mars 2006.

Smaïn LAACHER, *Mythologie du sans-papiers*, éd. Le Cavalier bleu, 2009.

ORGANISATION DE COOPÉRATION ET DE DÉVELOPPEMENT ÉCONOMIQUES (OCDE), *Perspectives des migrations internationales*, éd. 2010 (www.oecd.org/els/migrations/pmi).

George PEREC, *Récits d'Ellis Island. Histoires d'errance et d'espoir,* éd. du Sorbier, 1980 (avec Robert BOBER), rééd. POL, 1994.

FRONT NATIONAL

Nonna MAYER et Pascal PERRINEAU, *Le Front national à découvert*, Paris, Presses de la Fondation nationale des sciences politiques, 1989.

Pascal PERRINEAU, *Le Symptôme Le Pen. Radiographie des électeurs du Front national*, éd. Fayard, Paris, 1997.

René RÉMOND, *Les Droites aujourd'hui*, Paris, éd. Audibert, 2005.

Erwan LECŒUR, *Un néo-populisme à la française. Trente ans de Front national*, Paris, éd. de La Découverte, 2003.

Christiane CHOMBEAU, *Le Pen fille et père*, Paris, éd. du Panama, 2007.

GRANDS FRÈRES

Pascal DURET, *Anthropologie de la fraternité dans les cités*, Paris, PUF, coll. « Le sociologue », 1996.

Gérard MAUGER, *Les bandes, le milieu et la bohème populaire. Études de sociologie de la déviance des jeunes des classes populaires (1975-2005)*, Paris, éd. Belin, coll. « Sociologiquement », 2006.

Dossier « La médiation », in *Problèmes politiques et sociaux*, n° 872, Paris, La Documentation française, 29 mars 2002.

Fabienne BARTHELEMY, « Médiateur social, une profession émergente ? », in *Revue française de sociologie*, 2009/2, vol. 50.

HAUT-COMMISSARIAT DES NATIONS UNIES POUR LES RÉFUGIÉS (HCR)

Yves BEIGBEDER, *Haut Commissariat des Nations unies pour les réfugiés*, Que sais-je ?, éd. des PUF, Paris, juillet 1999.

HAUT COMMISSARIAT DES NATIONS UNIES POUR LES RÉFUGIÉS, *Les réfugiés dans le monde : cinquante ans d'action humanitaire*, éd. Autrement, Paris, janvier 2001.

Rénè RISTELHUEBER, *Au secours des réfugiés, l'œuvre de l'Organisation internationale pour les Réfugiés*, éd. Plon, Paris, 1951.

HOSPITALITÉ

Hannah ARENDT, *L'impérialisme*, Fayard, 1982.

Émile BENVENISTE, *Le vocabulaire des institutions indo-européennes*, t. 1, éd. de Minuit, 1969.

Jacques DERRIDA, *Cosmopolites de tous les pays encore un effort !*, Galilée, 1997.

Emmanuel KANT, *Anthropologie du point de vue pragmatique*, GF-Flammarion, 1993.

IDENTITÉ NATIONALE

Fethi BENSLAMA, Nadia TAZI, *La virilité en Islam*, La Tour d'Aigues, éd. de l'Aube, 2004.

Norbert ELIAS, *La société des individus*, Paris, Fayard, 1991.

Claude LEFORT, *L'invention démocratique. Les limites de la domination totalitaire*, Paris, Fayard, 1981.

Hugues POLTIER, Claude LEFORT, *La découverte du politique*, Paris, Michalon, 1997.

INVASION

Alfred SAUVY, *L'Europe submergée*, Paris, Dunod, 1987.

Jean-Christophe RUFIN, *L'Empire et les nouveaux barbares*, Paris, éd. Jean-Claude Lattès, 1991.

Jean-Baptiste DUROSELLE, *L'« invasion »*, Les migrations humaines, chance ou fatalité ?, Plon, Paris, 1992.

Yvan GASTAUT, *L'immigration et l'opinion en France sous la Ve république*, Paris, Seuil, 2000.

ISLAM

Gilles KEPEL, *Les banlieues de l'islam. Naissance d'une nouvelle religion en France*, Seuil 1986.

Abdelmalek SAYAD, « l'Islam 'immigré' », in C. CAMILLERI, I. TABOADA-LEONETTI (éd.), *L'immigration en France : le choc des cultures*, Dossiers du Centre Thomas More, Recherches et documents, 51, 1987.

John BOWEN, *L'islam à la française*, Steinkis éd., 2011.

LOGEMENT DES IMMIGRÉS

Jacques BAROU, *L'habitat des immigrés et de leurs familles*, Paris, La Documentation française, 2002.

Marc BERNARDOT, *Loger les immigrés : la SONACOTRA, 1956-2006*, Bellecombe-en-Bauge, éd. du Croquant, 2008.

Marie-Claude BLANC-CHALÉARD, *Le logement et les immigrés en France depuis le XIXe siècle. Une histoire paradoxale*, Hommes et migrations, n° 1264, novembre-décembre 2006, p 20-34.

Abdelamalek SAYAD, *Un logement provisoire pour des travailleurs provisoires*, Actes de la recherche en sciences sociales, n° 73, p. 45-56.

Hervé VIEILLARD-BARON, *Les banlieues, des singularités françaises aux réalités mondiales*, Paris, Hachette, 2000.

MARCHE POUR L'ÉGALITÉ ET CONTRE LE RACISME

Saïd BOUAMAMA, *Dix ans de marche des beurs. Chronique d'un mouvement avorté*, Paris, Desclée de Browers, 1994.

Ahmed BOUBEKER, Abdellali HAJJAT (dir.), *Histoire politique des immigrations, France, 1920-2008*, Paris, éd. Amsterdam, 2008.

Mylena DOYTCHEVA, *Le multiculturalisme*, Paris, La Découverte, coll. « repères », 2011 (2e éd.).

Smaïn LAACHER, « Insertion, intégration, immigration : la définition des mots est toujours un enjeu dans les luttes sociales », in Bernard CHARLOT, Dominique GLASSMAN (dir.), *Les jeunes, l'insertion, l'emploi*, Paris, PUF, 1998.

Éric MARLIÈRE, *La France nous a lâchés ! Le sentiment d'injustice chez les jeunes de cité*, Paris, Fayard, 2008.

MARIAGES FORCÉS

Association Voix de Femmes : www.association-voixdefemmes.fr.

Smaïn Laacher, *Femmes invisibles. Leurs mots contre la violence*, Paris, Calmann-Lévy, 2008.

Smaïn Laacher, *De la violence à la persécution. Femmes migrantes sur la route de l'exil*, Paris, La Dispute, 2010.

Maryse Jaspard, *Enquête sur les comportements sexistes et violents envers les jeunes filles*, enquête commandée par le Conseil général de Seine-Saint-Denis dans le cadre de son Observatoire des violences envers les femmes, 2006.

MÉDIAS ET IMMIGRATION

Monique Dagnaud (éd.), *Médias : promouvoir la diversité culturelle*, Paris, La Documentation française, 2000.

Thomas Deltombe, *L'islam imaginaire. La construction médiatique de l'islamophobie en France, 1975-2005*, Paris, La Découverte, 2005.

Claire Frachon, Virginie Sassoon (éd.), *Médias et diversité. De la visibilité aux contenus. État des lieux en France, au Royaume-Uni, en Allemagne et aux États-Unis*, Paris, Karthala, Institut Panos Paris, 2008.

Édouard Mills-Affif, *Filmer les immigrés. Les représentations audiovisuelles de l'immigration à la télévision française, 1960-1986*, Bruxelles/Paris, De Boeck/INA, 2004.

Isabelle Rigoni (éd.), *Qui a peur de la télévision en couleurs ? La diversité culturelle dans les médias,* Montreuil, Aux Lieux d'Être, 2007.

MIGRANTS ÂGÉS

Claudine Attias-Donfut, *L'enracinement. Enquête sur le vieillissement des immigrés en France*, Paris, Armand Colin, 2006.

Jacques Barou, *Être père à distance en France. Le devenir des enfants d'immigrés demeurés au pays d'origine*, Sonacotra, Unicef, 2001.

Tom Charbit, *Le vieillissement des travailleurs immigrés en foyer, Le point sur…*, ADRI, 1er semestre 1999.

Abdelmalek Sayad, *La double absence*, Seuil, Paris, 1999.

Abdelmalek Sayad, *Vieillir et mourir en exil. Immigration maghrébine et vieillissement*, Presses universitaires de Lyon, 1993.

MINORITÉS

Hélène Bertheleu, « Les rapports sociaux constitutifs des groupes minoritaires et majoritaires : une approche sociologique », in F. Martinez, M.-C. Lichaud (dir.) *Minorité(s). Construction idéologique ou réalité ?*, Paris, PUR, 2005.

Colette Guillaumin, *L'idéologie raciste. Genèse et langage actuel*, Paris, Gallimard, 2002 [1972].

Danielle JUTEAU, *L'ethnicité et ses frontières*, Montréal, Presses universitaires de Montréal, 1999.

Elise PALOMARES, Aude RABAUD (coord.), « Ethnicisations ordinaires. Voix minoritaires », *Sociétés contemporaines*, n°70/2, 2008.

Abdelmalek SAYAD, *La double absence. Des illusions de l'émigré aux souffrances de l'immigré*, Paris, Seuil, 1999.

Pierre-Jean SIMON, *Pour une sociologie des relations interethniques et des minorités*, Rennes, PUR, 2006.

Louis WIRTH, *The problems of minority groups*. In The Science of Man in the World Crisis, in R. LINTON (red.), *Morningside Heights*, N.Y., Columbia University Press, 1945.

MOTS DE L'IMMIGRATION

Mohamed BEN SMAIL, *Dictionnaire des mots français d'origine arabe*, Tunis, Ster, 1994.

Pierre BOURDIEU, *Vous avez dit « populaire »*, in *Actes de la Recherche en Sciences sociales*, Paris, Minuit, n° 46, 98-105, 1983.

Pierre BOURDIEU, *Ce que parler veut dire. L'économie des échanges linguistiques*, Paris, Fayard, 1984 (1re éd. 1982).

Georges CALVET, *Dictionnaire tsigane-français ; dialecte kalderash*, Paris, L'Asiathèque, 1993.

Jean-Paul COLIN & Jean-Pierre MEVEL, *Dictionnaire de l'argot*, Paris, Larousse, 1990.

Louise DABÈNE & Jacqueline BILLIEZ, *Le parler des jeunes issus de l'immigration*, in Geneviève VERMES & Josiane BOUTET (éds), *France, pays multilingue*, Paris, L'Harmattan, t. II, 62-77, 1987.

Albert DAUZAT, Jean DUBOIS, Henri MITTERAND, *Nouveau dictionnaire étymologique et historique*, Paris, Larousse, 1964.

Jean-Michel DÉCUGIS, Aziz ZEMOURI, *Paroles de banlieues*, Paris, Plon, 1995.

Gilles FAVIER, Mathieu KASSOVITZ, *Jusqu'ici tout va bien...*, scénario et photographies autour du film «La haine», 1995.

Omar GUENDOUZ, Jean-Karim NICOLO, *La Cité : Wahab, Kouna, Éric et les autres, jours tranquilles en banlieue*, Paris, Le Pré-aux-Clercs, 1997.

Jean-Pierre GOUDAILLIER, *Comment tu tchatches! – Dictionnaire du français contemporain des cités*, Paris, Maisonneuve et Larose 2001 (1re éd. 1997).

Jean-Pierre GOUDAILLIER, *La langue des cités françaises comme facteur d'intégration ou de non intégration*, Rapport de la Commission nationale « Culture, facteur d'intégration » de la Fédération nationale des Collectivités territoriales pour la Culture, Paris, Conseil économique et social, 16 février 1996, in *Culture et intégration : expériences et mode d'emploi*, Voiron, éd. de « La Lettre du cadre territorial », février 1998, 3-14.

Jean-Pierre GOUDAILLIER, *Français contemporain des cités (FCC), langue en miroir, langue du refus de la société*, in *Adolescence*, n° 59 (Droit de cité), Paris, L'Esprit du temps, 2007.

Faïza Guène, *Kiffe kiffe demain*, Paris, Hachette, 2004.

Jean Claude Izzo, *Total Khéops*, Paris, Gallimard, 1995.

Jean Claude Izzo, *Chourmo*, Paris, Gallimard, 1996.

Frédéric Max, *Apports tsiganes dans l'argot français moderne*, in *Études tsiganes*, 1972/1, 12-18, 1972.

Hervé Prudon, *Nadine Mouque*, Paris, Gallimard, 1995.

Paul Smaïl, *Vivre me tue*, Paris, Balland, 1997.

Paul Smaïl, *Ali le magnifique*, Paris, Denoël, 2001.

MULTICULTURALISME, MULTICULTUREL

Milena Doytcheva, *Le multiculturalisme*, Paris, La Découverte, 2011.

Danièle Juteau, « Multiculturalisme, interculturalisme et production de la nation », in Martine Fourier, Geneviève Vermès, *Ethnicisation des rapports sociaux, ethnismes et culturalismes*, Paris, L'Harmattan, 1994.

Denis Lacorne, *La crise de l'identité américaine. Du melting-pot au multiculturalisme*, Paris, Fayard, 1997.

Charles Taylor, *Multiculturalisme. Différence et démocratie*, Paris, Aubier, 1994.

NATIONALITÉ

Jean-Jacques Foelix, *De la nationalité et des modifications diverses de la personnalité et de la réalité*, Durand, 1844.

Hugues Fulchiron, *La nationalité française*, Que sais-je ?, PUF, 2000.

Friedrich-Ludwig Jahn, *Recherches sur la nationalité, l'esprit des peuples allemands et les institutions qui seraient en harmonie avec leurs mœurs et leur caractère*, trad. de l'allemand, Bossange frères, 1825.

Paul Lagarde, *La nationalité française*, Dalloz, 4e éd., 2011.

Pierre Louis-Lucas, *La nationalité française*, Sirey, 1929.

Ministère de la Justice, *La nationalité française*, Textes et documents, La Documentation française, 2002.

Patrick Weil, *Qu'est-ce qu'un Français ? Histoire de la nationalité française depuis la Révolution*, Grasset, 2002.

OCDE

Jean-Christophe Dumont, Gilles Spielvogel et Sarah Widmaier, *Les migrants internationaux dans les pays développés, émergents, et en développement : élargissement du profil*, Document de travail de l'OCDE, Questions sociales, emplois et migrations, n° 114, 2011.

Jean-Christophe Dumont, Georges Lemaitre, *Comptabilisation des immigrés et des expatriés dans les pays de l'OCDE : une nouvelle perspective*, Revue économique de l'OCDE, n° 40, 59-97, 2005.

OCDE, *Les personnels de santé dans les pays de l'OCDE. Comment répondre à la crise imminente*, 2008.

OCDE, *Perspectives des migrations internationales*, 2009.

OIM

Constitution de l'*Organisation Internationale pour les Migrations*, 1989.

Marianne Ducasse-Rogier, « Organisation Internationales pour les Migrations 1951-2001 », OIM, 2002.

Stratégique de l'Organisation Internationale pour les Migrations, Résolution du Conseil n°1150, MC/INF/287, 9 novembre 2007.

PASSEURS ET L'IMMIGRATION CLANDESTINE

Luc Cambrézy, Smaïn Laacher, Luc Legoux, Véronique Lassailly-Jacob (dir.), *L'asile au Sud. Un enjeu contemporain*, Paris, La Dispute, 2008.

André Guichaoua (dir.), *Exilés, réfugiés, déplacés en Afrique centrale et orientale*, Paris, Kartala, 2004.

Smaïn Laacher, *Le peuple des clandestins*, Paris, Calmann-Lévy, 2007.

Smaïn Laacher, *Après Sangatte*, Paris, La Dispute, 2002.

Smaïn Laacher et Laurette Mokrani, « Passeur et passager, deux figures inséparables », in *Plein Droit*, 55, 2002.

Smaïn Laacher, « Passeurs, passagers et points de passage », in Christophe Jafferlot et Christian Lequesne (dir.), *L'Enjeu mondial. Les migrations*, Paris, Presses de Sciences-Po, octobre 2009.

PEUPLEMENT NOIR DES AMÉRIQUES

Hervé Domenach et Michel Picouet, *La dimension migratoire des Antilles*, Paris, Economica, 1992.

Marcel Dorigny et Bernard Gainot, *Atlas des esclavages : traites, sociétés coloniales, abolitions de l'Antiquité à nos jours*, Autrement, Paris, 2006.

Pieter Emmer, *Une vision d'ensemble des migrations de main-d'œuvre au XIXe siècle*, Paris, Outremer, 2002.

Eltis *et al.*, *The transatlantic slave trade*, A database on CD Rom, Cambridge, 1998.

Hugh Thomas, *The slave trade : The History of the Atlantic slave trade (1440-1870)*, Simon & Shuster, New York, 1997.

George Westerman, « Historical notes on West Indians on the Isthmus of Panama », *Phylon*, 22 (4), 1961.

POLICE

Marie-Claude Blanc-Chaléard, Caroline Douki, Nicole Dyonet, Vincent Millot (dir.), *Police et migrants : France, 1667-1939*, Rennes, PUR, 2001.

Emmanuel Blanchard, *L'encadrement des Algériens de Paris (1944-1954), entre contraintes juridiques et arbitraire policier*, Crime, Histoire & Sociétés, 11(1), 2007.

Fabien Jobard, *Gibier de police. Immuable ou changeant ?*, Archives de politique criminelle, 2010.

Gérard Noiriel, *État, nation et immigration. Vers une histoire du pouvoir*, Paris, Belin, 2001.

Geneviève Pruvost, Sophie Névanen, *Étrangers. Quels policiers prônent la vigilance ?*, Plein droit (82), 2009.

POLYGAMIE

Ester Boserup, *Woman's Role in Economic Developpement*, New York, St Martin's Press, 1970.

CNCDH, *Étude et propositions sur la polygamie en France*, 2006.

Elsa Dorlin, *Pas en notre nom !*, L'autrecampagne.org/article.php ?id=132.

Sylvie Fainzang, Odile Journet, *La femme de mon mari. Anthropologie du mariage polygamique en Afrique et en France*, L'Harmattan, 1988.

Danièle Lochak, *Polygamie : ne pas se tromper de combat !*, Plein Droit n° 36-37 déc. 1997.

Thérèse Locoh, *Les facteurs de la formation des couples*, in G. Caselli, J. Vallin et ali, *Les déterminants de la fécondité*, II Démographie analyse et synthèse, INED 2002.

Richard Marcoux, « Nuptialité et maintien de la polygamie en milieu urbain au Mali », *Cahiers québécois de démographie*, vol. 26, 1997.

Jack Goody Polygyny, « Economy, and the Role of women », in *The Character of Kinship* (Goody ed.), London, Cambridge University Press, 175-190, 1973.

Catherine Quiminal, « Du contrôle colonial des femmes : unions, polygamie, sexualité » in www.ladocumentationfrancaise.fr/catalogue/9782110067920.

Sylvie Tissot, *Bilan d'un féminisme d'État*, Plein droit n° 75 décembre 2007.

PRESSE DE L'IMMIGRATION

Génériques, *Presse et mémoire. France des étrangers, France des libertés*. Ouvrage collectif pour l'exposition « France des étrangers. France des libertés : Presse et communautés dans l'histoire nationale », conçue et réalisée par l'association Génériques (Mémoire-Génériques, les Éditions ouvrières, septembre 1990).

Reynald Blion (dir.), Nedjma Meknache-Boumaza (coord), *MediaDiv, le Répertoire des médias des diversités*, Panos, L'Harmattan, 2007.

Catherine Humblot, *Les émissions spécifiques : de Mosaïques à Rencontres*, Migrations Société, août 1989.

Catherine Humblot, *Intégration des minorités visibles, les politiques des chaînes de télévision*, Migrations Société, mai-août 2007.

Catherine Humblot, *Médias et diversité : de la visibilité aux contenus, état des lieux en France, au Royaume Uni, en Allemagne et aux États-Unis*, ouvrage collectif dir. Claire Frachon, Virginie Sassoon, Panos/Karthala, 2008.

RACISME

Colette GUILLAUMIN, *L'idéologie raciste, genèse et langage actuel*, Paris-La Haye, Mouton, 1972 (rééd. Gallimard, 2002).

Claude LIAUZU, *La société française face au racisme*, Bruxelles, éd. Complexe, 1999.

Léon POLIAKOV, *Le mythe aryen*, Paris, Calmann-Lévy, 1971.

Pierre-André TAGUIEFF, *le Racisme*, Paris, Flammarion, 1997.

Pierre-Jean SIMON, *Pour une sociologie des relations interethniques et des minorités*, Presses universitaires de Rennes, 2006.

RÉFUGIÉS

Denis ALLAND et Catherine TEITGEN-COLLY, *Traité du droit de l'asile*, Paris, éd. PUF, coll. Droit fondamental, 2002.

Erika FELLER, Volker TÜRK et Frances NICHOLSON (dir.), *La protection des réfugiés en droit international*, Bruxelles, éd. Larcier/UNHCR, 2009.

Guy GOODWIN-GILL et Jane MCADAM, *The refugee in International Law*, Oxford, Oxford University Press, 3e éd. 2007.

Egidio REALE, « Le droit d'asile », in *Recueil des Cours de l'Académie de droit international*, La Haye, 1938, vol. 63.

A. ZIMMERMANN (dir.), *The 1951 Convention relating to the Status of Refugees and its 1967 Protocol : a commentary*, Oxford, Oxford University Press, 2011.

REGROUPEMENT FAMILIAL

Abdelmalek SAYAD, *La double absence*, Seuil, 1999.

Abdelmalek SAYAD, « Les trois «âges» de l'émigration algérienne en France », in *Actes de la recherche en sciences sociales*, 1977, n°15.

Arrêt GISTI du conseil d'État du 24 novembre 1978.

William I. THOMAS et Florian ZANIENCKI, *Le paysan polonais en Europe et en Amérique : récit de vie d'un migrant (Chicago, 1919)*, Nathan, coll. Essais et Recherches, série Sciences sociales, 1998.

RÉGULARISATION

Jean AMERY, *Par-delà le crime et le châtiment. Essai pour surmonter l'insurmontable*, Actes Sud, 1995.

François BRUN, Smaïn LAACHER, *Situation régulière*, Paris, coéd. Centre d'études de l'emploi-l'Harmattan, 2002.

Smaïn LAACHER, *Après Sangatte*, Paris, La Dispute, 2002.

ROMS EN EUROPE

Henriette ASSEO, *Les Tsiganes. Une destinée européenne*, Paris, Gallimard, coll. « Découverte », 1994.

ÉTUDES TSIGANES, depuis 1955, 59, rue de l'Ourcq, 75019 Paris.

Angus FRASER, *The Gypsies, Oxford & Cambridge*, Blackwell, 1992.

Guenter LEWY, *La persécution des Tsiganes par les Nazis*, Paris, Les Belles-Lettres, 2003.

Jean-Pierre LIEGEOIS, *Roms et Tsiganes*, La Découverte, coll « Repères », 2009.

Alain REYNIERS, *Tsigane, heureux si tu es libre !...*, Paris, UNESCO, coll. « Mémoire des Peuples », CD Rom intégré, 1998.

Christophe ROBERT, *Éternels étrangers de l'intérieur ? Les groupes tsiganes en France*, Paris, Desclée de Brouwer, 2007 .

ROUTES ET FILIÈRES

Marie-Claude BLANC-CHALEARD, *Histoire de l'immigration*, La Découverte, Paris, 2001.

Gérard NOIRIEL, *Le creuset français, histoire de l'immigration*, Seuil, Paris, 1987.

Gildas SIMON, *Géodynamique des migrations internationales dans le monde*, PUF, 1995.

Ali BENSAAD (dir.), *Le Maghreb à l'épreuve des migrations subsahariennes*, Paris, Karthala, 2009.

Michel PERALDI (dir.), *D'une Afrique à l'autre, migrants subsahariens au Maroc*, Paris, Karthala, 2011.

SANGATTE (LE CENTRE DE)

Smaïn LAACHER, *Après Sangatte*, Paris, La Dispute, 2002.

SANS-PAPIERS

Smaïn LAACHER, *Mythologie du sans-papiers*, éd. Le Cavalier bleu, 2009.

SANTÉ ET IMMIGRATION

Élodie AÏNA, Arnaud VEÏSSE, *Prévention pour les populations migrantes. Traité de prévention*, Flammarion-Médecine-Sciences, 2009.

COMEDE, Rapport d'activité et d'observation 2010.

Didier FASSIN, *Les nouvelles frontières de la société française*, La Découverte, 2010.

Marie HÉNOCQ, Arnaud VEÏSSE, *Hommes et médiations, à propos du droit au séjour des étrangers malades*, in *Hommes et migrations*, n° 1282, 2009.

Arnaud VEÏSSE, *Aux bons soins du droit d'asile*, Pratiques, n° 46, 2009.

SEUIL DE TOLÉRANCE

Yves CHARBIT et Marie-Laurence LAMY, *Attitudes à l'égard des étrangers et seuils de tolérance : les enquêtes de l'INED*, in numéro spécial de *Sociologie du Sud-Est*, 1975, n° 5-6, « Le seuil de tolérance aux étrangers ».

Yvan GASTAUT, Le « seuil de tolérance », une justification du racisme, in *Historiens et Géographes*, « L'immigration en France au XXe siècle », vol. 385, n° 3, 2004.

STATISTIQUES ETHNIQUES

Alain BLUM, « Resistance to Identity Categorization in France », in D. KERTZER et D. AREL (eds), *Census and Ethnicity : the Politics of Race, Ethnicity and Language* in *National Censuses*, Cambridge, Cambridge University Press, 2002.

Collectif CARSED, *Le retour de la race, contre les statistiques ethniques*, éd. de l'Aube, juin 2009.

Francis DANVERS, *S'orienter dans la vie : une valeur suprême ?*, éd Septentrion 2009.

FORUM DE DISCUSSION listcensus@ined.fr.

Alain GIRARD, *Attitudes des Français à l'égard de l'immigration étrangère*, enquête d'opinion publique in *Population*, 1971, vol. 26, n° 5.

COLLECTIF, *les Immigrés en France*, ouvrage Insee, coll. « Contours et caractères », mars 1997.

COMEDD, *Pour un usage critique et responsable de l'outil statistique*, Rapport du comité pour la mesure de la diversité et l'évaluation des discriminations (COMEDD) présidé par M. François HÉRAN présenté à M. Yazid SABEG, commissaire à la diversité et à l'égalité des chances. Version du 3 février 2010.

Fabien JOBARD et René LÉVY, *Police et minorités visibles : les contrôles d'identité à Paris*, Open Society Institute, New-York, 2009.

Sylvain LAURENS, *Une politisation feutrée. Les hauts fonctionnaires et l'immigration en France*, Belin, 2009.

Hervé LE BRAS, Elena FILIPPOVA, « Quelles statistiques ethniques pour quelle politique ? », fondation Jean Jaurès, 2009.

Maryse TRIPIER, « De l'usage des statistiques ethniques », in *Hommes et migrations*, n° 27, mai juin 1999.

TRANSNATIONALISME

Arjun APPADURAI, *Après le colonialisme. Les conséquences culturelles de la globalisation*, Paris, Payot, 2001.

Emmanuelle BRIBOSIA, Andrea REA (dir.), *Les nouvelles migrations : un enjeu européen*, Bruxelles, éd. Complexe, 2002.

Rosita FIBBI, Gianni D'AMATO, Marie-Antoinette HILY (dir.), *Pratiques transnationales, mobilités et territorialités*, dossier in *Revue européenne des Migrations internationales*, vol. 24, n° 2, 2008.

Alejandro PORTES, *Globalization from below : The rise of transnational communities*, Princeton, Princeton University Press, 1997.

Saskia SASSEN, *La globalisation. Une sociologie*, Paris, Gallimard, 2009.

Nina Glick SCHILLER, Linda BASCH, Cristina BLANC-SZANTON, *Transnationalism : a new analytic framework for understanding migration*, in *Annals of the New York Academy of sciences*, n° 645, 1992.

Roger WALDINGER, *Transnationalisme des immigrants et présence du passé*, in *Revue européenne des Migrations internationales*, vol. 22,n° 2, 2006.

Roger WALDINGER, David FITZGERALD, *Transnationalism in question*, in *American Journal of Sociology*, vol. 109, n° 5, 2004.

TRAVAIL « CLANDESTIN »

Édith ARCHAMBAULT, Xavier GREFFE, *Les économies non officielles*, Paris, La Découverte, 1984.

Marie-Annick BARTHE, *L'économie cachée*, Paris, Syros/Alternatives, 1988.

Smaïn LAACHER, *Les SEL. Une utopie anticapitaliste en pratique*, La Dispute, 2003.

Adam SMITH, *Vue sur l'économie informelle dans les pays de la Communauté*, Commission des communautés européennes, Bruxelles, 1981.

TURQUIE

R. KASTORYANO, *Nationalisme transnational turc*, in A. DIECKHOFF et R. KASTORYANO (dir.), *Nationalismes en mutation en Méditerranée orientale*, Paris, éd. du CNRS, 2002.

Stéphane DE TAPIA, *L'émigration turque : circulation migratoire et diaspora* ; in *l'Espace Géographique*, 1994, t. XXIII, n° 1.

MANÇO, *Turcs en Europe ; l'heure de l'élargissement*, Paris, L'Harmattan, 2006.

UNION EUROPÉENNE (IMMIGRÉS DANS L')

Catherine WIHTOL DE WENDEN, *la Globalisation humaine*, Paris, PUF, 2009, chapitre « L'Europe, un continent d'immigration malgré lui ».

Catherine WIHTOL DE WENDEN, *Atlas mondial des migrations*, 2e éd., Paris, Autrement, 2009.

VISA

CIMADE, *Enquête sur les pratiques des consulats de France en matière de délivrance des visas*, juillet 2010.

GISTI, *Entrée, séjour et éloignement : ce que change la loi du 16 juin 2011*, Les Cahiers juridiques, 2011.

GISTI, *Guide de l'entrée et du séjour des étrangers en France*, La Découverte, 2010.

D. LOCHAK, *Droits et libertés des étrangers*, Jurisclasseur, 2011, Fascicules 720, 725, 730.

MIGREUROP, *Aux frontières de l'Europe : contrôles, enfermement et expulsions*, 2010.

Yves PASCOUAU, *La politique migratoire de l'Union européenne : de Schengen à Lisbonne*, Fondation Varenne, LGDJ, DL 2010.

Pour une politique de l'immigration juste et efficace, Rapports présentés au Premier ministre par M. P. Weil, La Documentation française, 1997.

Secrétariat général du comité interministériel de contrôle de l'immigration, *Les orientations de la politique d'immigration et d'intégration*, 7e rapport au Parlement, mars 2011.

Vincent Tchen, *Droit des étrangers*, 2e éd., 2011, Ellipses.

Vincent Tchen et F. Renault-Malignac, *Code de l'entrée et du séjour des étrangers en France : Juriscode*, Litec, 7e éd., 2012.

Xavier Vandendriessche, *Le droit des étrangers*, Dalloz, 4e éd., 2010.

VOILE

John Bowen, *Why the French don't like Headscarves ? Islam, the State, and public Space*, Princeton, Princeton University Press, 2007.

Claire de Galembert, *Le voile en procès*, in numéro spécial *Droit et Société*, n° 86, 2008.

Farhad Kosrokhavar et Françoise Gaspard, *Le foulard et la République*, La Découverte 1995.

Imprimé en Espagne par Rodesa (Villatuerta)
Dépôt légal : avril 2012
302339-01/11007500-mars 2012